L'HISTOIRE ROMAINE

A ROME

PAR

J. J. AMPÈRE

E L'ACADÉMIE FRANÇAISE, DE L'ACADÉMIE DES INSCRIPTIONS
DE L'ACADÉMIE D'ARCHÉOLOGIE DE ROME
DE LA CRUSCA, ETC.

TOME QUATRIÈME

PARIS
MICHEL LÉVY FRÈRES, LIBRAIRES ÉDITEURS
15, RUE VIVIENNE, ET BOULEVARD DES ITALIENS, 15
A LA LIBRAIRIE NOUVELLE

1864
Tous droits réservés

L'HISTOIRE
ROMAINE
A ROME

DU MÊME AUTEUR

CÉSAR
SCÈNES HISTORIQUES
Un volume in-8

PROMENADE EN AMÉRIQUE
ÉTATS-UNIS — CUBA — MEXIQUE
Troisième édition. — Deux volumes in-8

XIII

L'ART CHEZ LES ROMAINS.

L'art à Rome étrusque avant d'être grec. — Quand l'art grec s'introduisit-il à Rome? — Pureté du goût grec dans les monuments de la république. — Le cirque de Rome et l'hippodrome d'Olympie. — Théâtres, masques et personnages dramatiques. — Amphithéâtres, gladiateurs, combats d'hommes et d'animaux. — Le gladiateur et l'athlète, athlètes à Rome. — Arcs de triomphe, basiliques et curies. — L'architecture grecque et l'architecture romaine. — Monuments d'utilité générale, égouts, aqueducs, voies romaines, rues de Rome, ponts, forums, marchés, magasins publics. — Architectes romains et architectes grecs. — Sculpteurs romains et grecs. — Sculpture grecque et romaine. — Portraits d'hommes. — Portraits de villes, de provinces, de fleuves. — La peinture et la mosaïque à Rome.

En nous transportant par la pensée dans la Rome antique, nous nous sommes vus environnés des marbres, des bronzes, des peintures de la Grèce. Pour ma part, après avoir retrouvé le lieu d'exposition de tous les chefs-d'œuvre et les avoir mis à leur véritable place, je me sens ébloui en présence de tant de merveilles. Si, en traversant les salles du Vatican, on est comme fasciné par l'antiquité, que devaient éprouver les Romains quand Rome était devenue elle-même un grand musée où l'on rencontrait à chaque pas les prodiges de l'art grec? Aussi le peuple romain, tout grossier qu'il était naturellement, ce peuple barbare à l'endroit des arts, ainsi que nous autres visiteurs de Rome le sommes d'abord, fit comme nous : il subit le charme, il apprit à voir, à admirer; il finit par s'initier à l'intelligence du beau; ses artistes copièrent les produits de l'art grec qu'ils avaient devant les yeux, ou s'essayèrent à en imiter l'esprit. Dès qu'il eût été mis, par la conquête, en contact avec la Grèce, l'art romain fut presque entièrement grec.

Mais l'art à Rome fut-il purement grec? L'imitation de l'Étrurie et l'originalité du génie national y revendiquent-elles une certaine part qu'il s'agit de déterminer? Les monuments vont répondre, et la foule de ceux qui ont disparu de Rome, mais qu'elle a possédés, et ceux trop rares, quoique bien nombreux, qu'elle possède encore.

J'ai tenté de refaire par les monuments l'histoire de cette ville extraordinaire; à plus forte raison dois-je chercher dans les monuments l'histoire de l'art chez les Romains qui est une partie de l'histoire romaine.

Avant que la Grèce vint à Rome, l'Étrurie y était venue. Rome n'avait pas attendu la Grèce pour avoir des murs, des maisons, des temples, des peintures;

des statues; elle avait appris des Étrusques, nous le savons déjà, à bâtir ses murailles, à disposer l'intérieur de ses maisons [1], à construire ses temples, à en peindre les murailles [2], à sculpter le bois [3], à mouler l'argile [4], à fondre le bronze [5]. Sur le Capitole, édifices et statues étaient étrusques. A Rome, tout fut étrusque dans les édifices, selon Varron [6], jusqu'au jour où deux

[1] La première idée de l'atrium avait été empruntée aux Étrusques. L'atrium sans colonnes, le plus simple, s'appela toujours *tuscanicum*. (Vitr., VI, 3, 1.)

[2] On peut le conclure des peintures plus anciennes que Rome dont parle Pline (xxxv, 6) et que de son temps on voyait encore à Ardée. Ces peintures, mentionnées avec celles de Cæré, ville étrusque, étaient probablement étrusques. J'ai dit que les Étrusques avaient très-anciennement passé le Tibre; cette assertion est confirmée par les tombes d'Ardée. J'ai remarqué dans une de ces tombes la forme du linteau des portes semblable à celui de la porte égyptienne, mais avec *crochet* aux extrémités, tel qu'on le trouve en Étrurie et tel qu'on ne le trouve, je crois, nulle part ailleurs. Une pareille ressemblance ne saurait être fortuite. Quant à l'*Atalante* et à l'*Hélène* de Lanuvium, que Pline disait être d'un même artiste, sans toutefois le nommer, et quant aux peintures dont un Grec à nom et prénoms romains, Marcus Ludius Clétas, orna le temple de Junon dans la ville d'Ardée (Pl., xxxv, 37, 4), elles étaient beaucoup plus modernes et, selon M. Letronne (*Lettre d'un antiquaire à un artiste*, p. 39), du septième siècle.

[3] La Junon de Véies était en bois.

[4] Præterea elaboratam hanc artem et maxime Etruriæ. (Pl., xxxv, 45, 3.)

[5] Has primum Thusci in Etruria invenisse referuntur (Cassiod., Var., VII, 15). Dans cet endroit, Cassiodore parle des statues en bronze.

[6] Pl., *Hist. nat.*, xxxv, 45, 1.

Grecs vinrent décorer d'ornements en terre cuite et de peintures le temple de Cérès. Ce temple était de la seconde moitié du troisième siècle de Rome; mais, et c'est ce qu'on n'a pas assez remarqué, bien que Vitruve le dise positivement, ce temple était construit dans le style étrusque [1], et rien ne prouve que les ornements fussent contemporains de la fondation du temple. Je crois donc pouvoir transporter à une date plus récente l'introduction de l'art grec à Rome. Cette date ne doit pas être antérieure à l'époque où, après avoir soumis les Samnites, les Romains commencèrent à se trouver en rapport avec les villes grecques de l'Italie méridionale, c'est-à-dire à la fin du cinquième siècle ; jusque-là, tout ce qui se fit à Rome dut être fait d'après les Étrusques. Les statues en bronze dont parlent les anciens, celles des rois, celles de Clélie, d'Horatius Coclès, de Camille, si elles dataient du temps où vécurent les personnages qu'elles représentaient, ce qui est peu vraisemblable [2], durent être de style étrusque. On en a

---

[1] Ainsi que le Capitole, le temple dit de Pompée (Vitr., III, 3, 5) : celui d'Hercule au forum Boarium. On imitait donc encore les Étrusques lorsqu'on imitait déjà la Grèce. J'ai montré (II, p. 199-200) combien le goût des vases et des statues étrusques a duré longtemps à Rome.

[2] Parce que plusieurs de ces statues, par exemple celle de Romulus et de Tatius (Pl., XXXV, 11, 3), étaient nues, c'est-à-dire dans le style héroïque grec, lequel pouvait difficilement avoir pénétré à Rome au temps de Romulus et même de Camille. La nudité, qui était dans les mœurs grecques, n'était point dans les mœurs romaines.

une preuve encore aujourd'hui visible dans le bas-relief de Curtius [1], qui semble copié d'un vase étrusque d'ancien style et dans la louve de bronze du Capitole, le premier monument où l'on puisse reconnaître à la fois et l'influence d'un art étranger, et l'empreinte du caractère romain.

C'est d'après le style de l'Étrurie que nous devons nous figurer les peintures dont un Fabius, auquel l'exercice de cet art fit donner le surnom de *pictor* et qui appartenait à la race Sabine, très-anciennement en relation avec les Étrusques, décora sur le Quirinal le temple de la déesse Sabine *Salus* [2].

Tous les temples qui furent élevés avant la prise de Syracuse devaient être également de style étrusque et l'on peut supposer que le style grec se montra pour la première fois dans le double temple érigé à l'Honneur et à la Vertu par Marcellus et qu'il avait rempli des dépouilles de la première grande ville grecque tombée au pouvoir des Romains [3].

L'art de peintre exercé par un Fabius fait voir que l'art n'était pas alors à Rome plus qu'en Grèce, une

---

[1] Escalier du palais des Conservateurs.

[2] Dans la guerre contre les Latins, des Étrusques furent employés à peindre les vaisseaux. (Müll., *Etr.*, II, p. 258-9.)

[3] Quand, à la fin du sixième siècle, après les guerres de Grèce, le poëte Pacuvius, né à Brindes, en pays grec, peignit dans le marché aux Bœufs le temple d'Hercule (Pl., xxxv, 7, 1), il suivit certainement des modèles grecs pour ses peintures, comme il imitait les poëtes grecs dans ses tragédies.

chose servile¹; il ne le devint que plus tard, quand il y eût été exercé par des affranchis et des esclaves, et ne le fut même jamais complétement. Lorsque Paul Émile perdit ses fils, il faisait venir de Grèce un peintre qui était en même temps un philosophe, Métrodore, pour leur enseigner son art. Plus tard, le jeune Pédius, cohéritier de César, et qui était muet, fut destiné à la peinture, ce qu'Octave approuva beaucoup². Pline parle d'un chevalier romain, artiste habile et qui peignait de la main gauche. Sous l'empire, un vieil amateur, ancien proconsul des Gaules, faisait de mauvais petits tableaux qui le rendaient ridicule³, mais seulement parce qu'ils étaient mauvais.

La construction des murs de Rome, qui datent du temps des rois, est étrusque, et ce mode de construction, on le voit par le Tabularium⁴, le tombeau de Cæcilia Metella et l'aqueduc de Claude, a été encore employé à la fin de la république et sous les empereurs. L'emploi de la brique lui-même peut très-bien provenir d'un peuple qui excellait dans le maniement

---

¹ En Grèce, les enfants des citoyens apprenaient tous le dessin; la peinture et la sculpture étaient interdites aux esclaves. (Pl., xxxv, 36, 15.) Socrate, un fils de Xénophon, un des fils d'Aristote furent sculpteurs, un autre peintre. (Diog. Laert.)

² Pl., *Hist. nat.*, xxxv, 7, 3. Il annonçait un grand talent, quand il mourut.

³ Pl., *Hist. nat.*, xxxv, 7, 2.

⁴ Des blocs de tuf ou de péperin disposés alternativement dans le sens de leur largeur et dans le sens de leur longueur. (Nibb., *R. Ant.*, i, p. 274.)

de l'argile. Vitruve, parmi les plus anciennes murailles de briques, cite celle d'Arezzo, en Étrurie [1]; les tours qui défendaient les murs de Rome, et dont quelques-unes subsistent encore, pouvaient être, ainsi que les murs, d'origine étrusque [2]; mais les Étrusques n'avaient pas plus inventé les tours que les murailles des villes; les unes et les autres, comme le montrent les ruines des cités pélasgiques [3], remontaient aux Pélasges.

Durant les derniers siècles de la république, tous les monuments de Rome furent grecs; aussi le petit nombre de débris qui en restent sont-ils remarquables par leur pureté. Alors l'architecture à Rome était aux mains d'artistes grecs ou disciples des Grecs : les Romains n'en savaient pas encore assez pour la gâter.

Si nous voulons nous figurer ce qu'était Rome pendant les trois derniers siècles de la république, il nous faut la couvrir par l'imagination de petits temples dont

[1] Vitr., II, 8, 9. Pl., *Hist. nat.*, xxxv, 49, 4.
[2] Selon Tzetzès (Müll., *Etr.*, I, 251), *tursis* voulait dire mur d'enceinte, et les *Tyrrhéniens* auraient inventé les murailles, c'est-à-dire les remparts des villes; mais les Étrusques ne les ont pas même introduites les premiers en Italie, où les murs pélasgiques ont précédé les murs étrusques. S'il existe vraiment quelques rapports avec un mot qui voulait dire *mur* et le nom des *Tyrrhéniens*, qui signifierait bâtisseur de murs et de tours, il faut se souvenir que les *Tyrrhéniens* étaient des Pélasges.
[3] La base d'une tour à Norba (Dodwell, *Cycl. or Pel. remains*, pl. LXXVIII), toute l'enceinte pélasgique d'Alea en Arcadie bordée de tours. (Rangabé, *Mém. des sav. étr.*, t. V, pl. 11.)

chacun est daté par une victoire, dont la matière est rude, c'est le grossier pépérin, et l'architecture très-fine; ce contraste, qui nous a frappés en présence du sarcophage de Scipion Barbatus, frappe aussi dans les fines moulures des tombeaux en pépérin de la voie Appienne. Quand on connaît la place qu'occupaient ces temples et qu'on s'est formé une idée de leur architecture par ce qui subsiste encore de plusieurs, on arrive à se représenter vivement l'aspect monumental de Rome libre; une fois qu'on l'a ainsi retrouvée, on s'y transporte volontiers, on s'y réfugie avec plaisir contre le spectacle moins satisfaisant pour les yeux, bien qu'admirable encore mais triste au cœur, de Rome esclave. Un pilastre du Tabularium, du tombeau de Bibulus, un morceau de l'entablement d'un des trois petits temples du *marché aux Herbes*[1], suffisent pour donner le sentiment de cette architecture imprégnée d'élégance grecque et de simplicité républicaine. Ces qualités se montrent encore dans les monuments de l'âge d'Auguste[2] avec quelque dureté[3] et une élégance un peu recherchée[4] qui va bientôt s'effaçant sous la roideur et la surcharge dans la magnificence de plus en plus

---

[1] Dans l'église de *S. Nicolà in Carcere*.
[2] Plus dans le temple de Mars Vengeur et le temple de Castor et Pollux que dans Panthéon.
[3] Théâtre de Marcellus, portique d'Octavie.
[4] Théâtre de la Concorde : débris sous le péristyle du musée Capitolin.

ornée et de moins en moins correcte de l'architecture impériale.

Il y a un style romain, mais on ne peut pas dire qu'il a existé un art romain. Quand ils ont eu une architecture à eux, les Romains n'en ont point créé les éléments, qu'ils empruntaient à l'architecture grecque, ils les ont seulement modifiés, altérés trop souvent, combinés quelquefois d'une manière nouvelle pour satisfaire des besoins qui leur étaient propres. Ils n'ont créé que deux genres d'architecture : l'amphithéâtre, qui suppose les gladiateurs, et l'arc de triomphe, qui suppose le triomphe. Or, le triomphe, comme le gladiateur, est exclusivement romain. Mais ils ont imprimé aux divers genres de monuments adoptés par eux le caractère de leur génie et le sceau de leur grandeur.

Le cirque fut construit par les rois étrusques; il ne différait de l'hippodrome grec que par quelques particularités. Peut-être moins vaste d'abord que celui d'Olympie, il finit par le surpasser en étendue et en magnificence; sa longueur était d'un tiers plus considérable[1]. Cependant l'hippodrome d'Olympie

[1] On pense que l'hippodrome d'Olympie avait environ deux stades de long. (Leake, *Tr. in Mor.*, I, p. 40.) Denys d'Halicarnasse (III, 68) et Pline (XXXVI, 24, 2) donnent à peu près trois stades de longueur au grand cirque. Pour la largeur, ils varient de quatre cents à six cents pieds. Mêmes différences dans l'évaluation de la largeur de l'hippodrome. (Pauly, *R. encycl*, III, p. 1375.) A Rome, le spectacle

était pour toute la Grèce, le grand cirque pour Rome seule ; mais Rome c'était le monde.

Dans l'hippodrome d'Olympie, Pausanias ne mentionne que quelques autels, et encore sont-ils placés en dehors de l'enceinte destinée aux courses [1]. Le cirque avait un autre aspect avec ses temples, son Euripe, sa statue de Cybèle assise sur un lion, sa statue de la Victoire placée sur une poutre [2] qu'Auguste remplaça par l'obélisque, aujourd'hui ornement de la place du Peuple, en regard duquel devait venir se placer, au temps de l'empereur chrétien Constance, celui de saint Jean de Latran, le plus grand et le plus beau des obélisques connus. On ne voit pas non plus que l'hippodrome d'Olympie eût à son entrée ces tours qui donnaient au cirque romain un aspect guerrier et qu'on appelait le *fort*, oppidum. Du reste, la disposition générale de l'hippodrome d'Olympie et du grand cirque de Rome étaient fort semblables ; l'hippodrome, comme le cirque, était partagé dans sa longueur ; à l'extrémité de cette division qui correspondait à la Spina, du côté de l'entrée était un dauphin en bronze qu'on abaissait quand la course commençait. Dans les bas-reliefs romains qui représentent les courses du cirque, on voit sur une édicule sept dauphins ; on

des lieux confirme au premier abord et, étudié avec soin, pourrait préciser les assertions des auteurs.

[1] Paus., v, 14, 6. Voyez la carte de Leake.
[2] Nibb., R. Ant., i, p. 626-7.

en faisait disparaître un au commencement de chaque tour des chars.

Il ne subsiste presque rien du grand cirque. Un autre cirque, moins ancien et beaucoup moins considérable, mais très-conservé, celui de Maxence, nous rend l'aspect du grand cirque, qui lui était fort semblable, aux dimensions près. La disposition des *carceres* s'y reconnaît aisément [1], et elle est curieuse [2] : on nommait ainsi les écuries placées à l'entrée du cirque d'où les chars s'élançaient pour disputer le prix [3]. Une corde placée en avant des carceres retenait les chars jusqu'au moment où le

[1] On la voit encore mieux dans les *carceres* du petit cirque de Boville, près d'Albano, qui sont à peu près intactes, et sur deux bas-reliefs, l'un au musée Britannique, l'autre tiré du musée Borgia, à Velletri. (Smith, *Dict. of Gr. and Rom. antiquities*, I. 285.)

[2] Pour établir une chance égale entre les concurrents, il fallait que, partant de points différents, ils eussent le même espace à parcourir. A Rome, pour résoudre ce problème, on donnait aux *carceres* la forme d'un segment de cercle dont tous les rayons étaient égaux; de sorte que le point de départ de celui qui se trouvait le plus loin de la Spina fût le moins éloigné du but. A Olympie, on arrivait au même résultat par une disposition différente : les carceres, ἄφεσις, étaient comme une proue, tournée vers l'hippodrome, ce qui semble donner un double désavantage aux chars, placés le plus loin de l'entrée; on y remédiait en abaissant plus tôt la corde devant eux (Paus., VI, 20, 7.) Au temps d'Homère, les concurrents tiraient leurs places au sort. *Il.*, XXIII, 352.)

[3] Les portes des carceres et les deux tours qui s'élevaient à leurs extrémités, comme on le voit encore dans le cirque de Maxence, leur avaient fait donner le nom d'*oppidum*.

signal du départ était donné, exactement pareille, à la corde qui retient les chevaux prêts à partir de la place du Peuple durant les courses du carnaval : ceux des chars faisaient sans doute les mêmes efforts pour se précipiter avant l'heure marquée. Sur une mosaïque de Lyon, on voit un char renversé au moment du départ, ce qui arrive souvent aujourd'hui aux chevaux trop pressés qu'on s'efforce en vain de contenir. Il y avait aussi dans l'ancienne Rome, comme à Olympie, des courses de chevaux les uns montés par des cavaliers, les autres libres comme les *barberi* du Corso. Quelquefois les cavaliers, en courant, sautaient d'un cheval sur l'autre. Ce genre de course, qui figure sur des bas-reliefs, est déjà dans Homère[1].

La passion des Romains était surtout pour les courses des chars. De cette passion semble vraiment provenir celle de leurs descendants, dont le plus grand plaisir est de se faire traîner dans une *caratelle* avec toute la rapidité possible.

Une foule de bas-reliefs, dont plusieurs au Vatican, nous montrent les courses du cirque dans tous leurs détails et avec tous leurs accidents. On y voit la *Spina*, les édicules portant les dauphins, les œufs, en même nombre que les dauphins, et qui étaient destinés à indiquer par leur disparition la fin de chaque tour

---

[1] *Il.*, xv, 679 (*Vat. S. Lapid., M. Chiar.*, 609-617.)

Charlemagne. Dans cet espace, réduit d'un sixième, les jeunes filles se disputaient le prix de la vitesse. Elles couraient les cheveux tombants, en courte tunique, l'épaule droite découverte[1]. C'est à peu près le costume d'une statue du Vatican déjà citée. Les courses de char sont dans Homère; l'*hippodromos* est une plaine; au terme de la course est un tronc d'arbre, et à ses deux côtés sont deux pierres blanches[2]. Ces pierres, auxquelles on conserva leur nom, qui voulait dire *terme*, furent l'origine des *metæ* (terme, extrémité), quoique dans les cirques elles ne fussent plus le but de la course qui se terminait là où elle avait commencé.

Bien que les théâtres romains aient surpassé les théâtres grecs en éclat et en grandeur, comme le reconnaît Pausanias[3], le théâtre est grec; il n'y eut de théâtre à Rome que lorsque la Grèce y eut pénétré. Mummius, qui y apporta les chefs-d'œuvre de Corinthe, y aurait introduit les jeux de la scène grecque selon Tacite[4]; mais une plus ancienne représentation donnée dans le cirque est décrite par Polybe comme très-ridicule[5]. On ne connut pas d'abord de théâtre en

[1] Paus., v, 16, 2.
[2] *Il.*, xxiii, 327-50.
[3] Paus., ii, 27, 5. Les premiers théâtres en Grèce étaient adossés à une colline, ce qui dispensait de l'emploi de la voûte sous les gradins, comme dans les théâtres de Rome.
[4] Tac., *Ann.*, xiv, 21.
[5] Polyb., xxx, 13; Athen., xiv, p. 615. Cette représentation ayant été

de char¹. Les œufs ne paraissent point à Olympie. La forme conique des *metæ*, qui rappelle le monument étrusque d'Albano et ce que dit Pline de la tombe de Porsena, doit avoir une origine étrusque². On remarque aussi des objets semés sous les pas des chevaux et qui sont bien vraisemblablement des *obstacles*. Sur ces bas-reliefs sont indiqués aussi des temples, ornements du cirque à Rome, les statues de Cybèle et de la Victoire; un magistrat donne, avec le linge appelé *mappa*, le signal des courses. Souvent ce sont de petits génies, des Amours qui se livrent aux jeux du cirque³ ou qui sont traînés par des animaux, des cerfs, des boucs, des sangliers, espèce de parodie des courses⁴ qui rappelle certains caprices de la Rome impériale.

A Olympie, près de l'hippodrome destiné aux courses de chevaux et de chars, était le stade destiné aux courses à pied; il avait en longueur six cents pieds grecs, mesure qui passait pour être celle du pied d'Hercule, comme notre *pied de roi* celle du pied de

---

¹ La fin, parce que les dauphins devaient annoncer le commencement, comme le dauphin d'Olympie. (Varron, *de R. Rust.*, I, 2, 11.)

² Une meta de cirque se voit dans le jardin de la villa Albani, et un *œuf* a été placé sur une colonne dans le parterre de la villa Pantili.

³ *M. Chiar.*, 524, 525. Canachus avait représenté celetizontas *pueros*. (Pl., XXXIV, 19, 25.)

⁴ *M. Chiar.*, 239, 406.

pierre avec des gradins en pierre pour s'asseoir[1] ;
quand cette innovation voulut se produire[2], elle échoua
contre la résistance du sénat qui tenait a ce que les
spectateurs fussent debout, dans la crainte qu'ils ne
donnassent tout leur temps à la scène[3]. Caton appelait le théâtre une volupté grecque. Le premier théâtre
en pierre fut celui de Pompée, et, pour cette raison,
fut nommé *Lapideum*[4].

Un contemporain de Pompée devait dépenser, pour
l'érection d'un théâtre, des sommes énormes et y étaler un luxe prodigieux. M. Æmilius Scaurus, de cette
famille Æmilia qui fit tant pour l'embellissement de
Rome, construisit un théâtre temporaire d'une extrême
magnificence; il avait trois étages, comme le théâtre
de Marcellus, comme le grand cirque et comme le

donnée par L. Anicius à l'occasion de son triomphe sur Gentius, roi
d'Illyrie (586), elle précéda de vingt-deux ans la prise de Corinthe
(608).

[1] On trouvait moyen de s'asseoir en apportant son siége. (Moms.,
R. Gesch, I, p. 864.) Quand il y eut des gradins, on apporta des
coussins pour être mieux assis comme on faisait en Grèce. (Ov., *de
Art. am.*, I, 159 ; Theophr., *Car.*, 2.)

[2] Le censeur Cassius avait ordonné l'érection du théâtre, qui était
en voie d'exécution ; à la requête du consul, le Sénat le fit démolir
(T. Liv., *Ep* 48.) Velleius Paterculus (I, 15) admire beaucoup cet acte
de sévérité patricienne.

[3] Tac., *Ann.*, XIV, 20.

[4] Bien qu'un architecte soit cité à propos du théâtre de Libon comme
en ayant fait le toit (Pl., XXXVI, 24, 2), cela ne prouve pas que ce théâtre
fût en pierre ; au contraire, en ce cas on n'eût pas parlé seulement du
toit, mais mentionné l'auteur de tout l'édifice.

Colisée. Le premier était en marbre, le second de verre, c'est-à-dire revêtu d'une mosaïque vitreuse, le troisième, où se trouvaient, comme chez nous, les places les moins recherchées, en bois doré. Ce théâtre, qui pouvait contenir quatre-vingt mille spectateurs, était orné de trois cent soixante colonnes, de trois mille statues [1]; et tout cela ne devait durer qu'un mois ! Cette prodigalité est un signe éclatant de la décadence des mœurs romaines, au moment où, par suite de cette décadence, la république s'acheminait vers l'empire. Scaurus était beau-fils de Sylla, Sylla était dictateur perpétuel, c'est-à-dire souverain absolu de Rome. Son beau-fils tranchait du prince; pour construire son théâtre, Scaurus s'était rendu coupable de malversations et de violences; il en fut plusieurs fois accusé, mais toujours scandaleusement acquitté, et, c'est là le plus grand scandale, Cicéron le défendit. Le théâtre était à Rome un grand moyen de séduction électorale, d'autres que Scaurus l'employèrent. Murena couvrit la scène d'argent [2] : on en faisait contre lui un motif d'accusation. Cicéron essaya de le justifier en disant que le théâtre était les comices de la multitude [3]; c'était trop vrai.

On voit que l'histoire du théâtre est liée à l'histoire politique de Rome : le peuple y exerçait une sorte de

---

[1] Pl., *Hist. nat.*, xxxvi, 2, 1; 24, 10-11.
[2] Pl., *Hist. nat.*, viii, 7; xxxv, 4.
[3] *Pro Mur.*, 19.

censure; il applaudissait ou sifflait les acteurs politiques, qui, au sein de la curie ou à la tribune, avaient parlé dans un sens ou dans un autre; nous le savons par les lettres de Cicéron ; il raconte à Atticus que les spectateurs faisaient répéter aux acteurs les allusions contre Pompée : les plus modérés, dit-il, ont appris à siffler [1].

La distribution des places aux théâtres marque, par les changements qu'elle subit, des changements plus essentiels survenus dans l'État. Scipion l'Africain voulut qu'une place à part fût réservée aux sénateurs [2]; le grand aristocrate réclamait, comme on devait l'attendre de lui, cette marque d'honneur pour les représentants de l'aristocratie patricienne qui déclinait. Quand une aristocratie nouvelle se fut formée, celle de la richesse, celle des financiers, qu'on appela les *cheva-*

[1] *Ad Att.*, II, 19, 2-3.
[2] Les sénateurs se plaçaient dans l'orchestre. Le nom *lieu des danses* venait des évolutions qu'en Grèce le chœur y exécutait, ce qu'il ne fit jamais à Rome. M. Hirt pense, contre l'opinion commune, qu'une partie de l'orchestre, lequel est toujours plus considérable dans le théâtre grec, y était réservée aux prêtres et aux magistrats. J'en trouve une preuve de plus dans un passage de l'*Apologie de Socrate* par Platon; Platon fait dire à son maître que ceux qui veulent connaître la philosophie d'Anaxagore n'ont qu'à aller, pour un drachme, l'entendre à l'orchestre, c'est-à-dire aller assister aux représentations des tragédies d'Euripide, qui semait ses pièces de maximes empruntées à la philosophie d'Anaxagore. Cette malice de Platon montre qu'à Athènes il y avait des spectateurs, même des spectateurs payants, dans l'orchestre, et nous apprend le prix des places.

liers, une loi pareille fut portée par un tribun pour les chevaliers [1], et Cicéron, qui eut toujours fort à cœur les intérêts de l'ordre d'où il était sorti, exalta les mérites de cette loi [2].

Un détail des mœurs théâtrales nous est conservé par un bas-relief [3]; on y voit ceux qui apportent des rafraîchissements aux spectateurs, comme on le faisait à Athènes où, dans les intervalles entre les représentations dramatiques, circulaient du vin et des gâteaux [4].

S'il ne reste pas assez du théâtre de Marcellus, construit par Auguste et le seul des trois théâtres de Rome dont elle conserve un grand débris, pour nous former par lui une idée de la *scène*, nous pouvons, sans aller bien loin, le compléter par le petit théâtre de Tusculum, dont la scène est presque intacte [5].

Quant aux personnages dramatiques, nous pouvons les replacer sur cette scène qu'il nous est loisible d'agrandir par la pensée. Les personnages tragiques

[1] L. Roscius tribunus legem tulit, ut equitibus romanis in theatro quatuordecim gradus proximi assignarentur. (T. Liv., *Épit.*, 99.)

[2] *Pr. Mur.*, 19.

[3] *Vill Borgh.*, *péristyle* 16. Le théâtre paraît ici dressé au bord de la mer, vraisemblablement à Ostie, et les spectateurs semblent occupés à contempler une *régate*.

[4] Athen.. xi, p. 464. Quelques-uns, pendant la représentation, mangeaient des noix. (Arist. *Éthic. ad Nic.*, x, 5.)

[5] Encore mieux par le théâtre de Pompéi, surtout par celui de Fermo, un des mieux conservés de l'Italie ; en France, par les théâtres romains d'Arles et d'Orange.

sont rares; cependant on en voit quelques-uns en scène avec le costume majestueux de la tragédie dans la mosaïque de la salle des Muses, au Vatican; le cothurne, leur chaussure, nous est montré au pied de Melpomène, et des masques tragiques nous donnent l'idée de cette tragédie antique, si différente de la nôtre, qui remplaçait la mobilité expressive du visage par la beauté immobile des traits; leur bouche toujours ouverte, en renflant le son, permettait à la mélopée dramatique d'arriver aux oreilles de quatre-vingt mille spectateurs.

Mais si les personnages et les masques tragiques sont en petit nombre[1], les personnages et les masques comiques sont très-nombreux, et cela nous apprend combien sous l'empire, époque à laquelle appartiennent ces vestiges de la scène, le sérieux à Rome était devenu rare et peu goûté au théâtre comme dans la vie.

On a cru reconnaître cependant sur un bas-relief un acteur auquel un poëte tragique fait répéter son rôle[2],

[1] Un masque tragique avec la disposition des cheveux qu'on donnait à Melpomène (*Vill. Alb.*, au bas de l'escalier); deux masques tragiques (*M. Chiar.*, 106), l'un menaçant, l'autre plaintif, correspondant aux deux sentiments qui étaient l'âme de la tragédie antique, la terreur et la pitié; un très-beau masque *comique*, villa Ludovisi (1, 31); masques tragiques et masques comiques en regard (beau vase noir du Nuovo Braccio); musée de Saint-Jean de Latran (s. viii); mosaïque du *cabinet des Masques* au Vatican. Chaque genre de personnage comique avait son masque approprié. Pollux en énumère une quarantaine; à Rome, on en peut voir un certain nombre dans le Térence du Vatican.

[2] *Vill. Alb*, *mur du jardin*. Cette explication est douteuse.

mais les nombreux acteurs dont on rencontre les statues sont toujours des acteurs comiques et souvent des acteurs grotesques. Par là nous avons une idée de quelques-uns des types de la comédie latine et de la comédie gréco-romaine, du *Maccus* des farces osques, tout à fait semblable au polichinelle napolitain [1], du satyre faisant des contorsions [2] et du Papposilène au corps velu.

Les acteurs comiques sont souvent représentés [3], et comme nous l'avons vu dans tel ou tel rôle, quelquefois tenant à la main le rouleau *rotulus*, d'où est venu ce mot *rôle*, dont ils offrent aux yeux l'étymologie pour ainsi dire visible [4], ou ayant un masque sur le visage [5].

Des statues de femmes [6] nous révèlent la grâce de ces danses de théâtre si voluptueusement variées dans les peintures de Pompéi [7].

Des tragédies et des comédies furent jouées à Rome

---

[1] Figurine dans la collection Campana, maintenant à Paris.

[2] *Vat., g. des Candél.*, 176, 178.

[3] *Vat., g. des Candél.*, 191, 197, 231. Ces statues, assez nombreuses, rappellent qu'un sculpteur grec, Chalchosthène (Pl., xxxiv, 19, 37) et un peintre grec Calatès (Pl., xxxv, 37, 2) s'étaient fait un nom en représentant des acteurs comiques.

[4] *Vill. Alb., Coffee house.*

[5] Un Acteur, *M. Chiar.*, 75; une Chanteuse, *M. P. Cl.*, 313.

[6] *M. P. Cl.*, 254, 427.

[7] On peut en avoir idée par des danseuses qui font partie des peintures du Vatican, *gal. des Candélabres*.

bien avant qu'il y existât un théâtre en pierre[1]; car, sans parler des atellanes, les représentations dramatiques faisaient partie des jeux mégalésiens établis avant la fin du sixième siècle[2]. Ces jeux se célébraient sur le Palatin, près du temple de Cybèle[3]. Plusieurs pièces de Térence, l'*Andrienne*, l'*Eunuque*, l'*Heautontimorumenos*, furent représentées pendant ces jeux, et nous savons d'une pièce de Plaute qu'elle le fut pendant les jeux plébéiens[4]. Ceux-ci avaient lieu dans le cirque plébéien, le cirque Flaminien. Térence, l'ami des Scipions et de Lélius, était joué sur le mont aristocratique, le Palatin, aux fêtes de Cybèle, la déesse étrangère, la déesse du beau monde ami de tout ce qui venait de Grèce et d'Orient. Plaute, le comique populaire, était joué dans les fêtes plébéiennes, près du cirque plébéien.

Si le *théâtre* est grec, l'*amphithéâtre* est romain, comme les jeux sanglants qu'il était destiné à offrir aux regards furent romains. Ce n'est pas que les combats d'hommes armés aient été entièrement étrangers au monde grec : un duel de deux héros, mais seulement jusqu'au premier sang, figure parmi les diver-

[1] Il est fait mention d'un théâtre près du temple d'Apollon, vers 575. (T. Liv., xl, 51.) Ce devait être un théâtre en bois voisin du cirque Flaminien, et par suite il devait être destiné aux jeux plébéiens.

[2] En 560 (T. Liv., xxxiv, 54). Selon Ovide (*de Art. am.*, i, 105), la décoration de cette première scène du Palatin n'eût été formée que de feuillage

[3] Cic., *de Harusp. resp.* 11.

[4] Le *Stichus*

tissements funèbres qui accompagnent dans l'*Iliade* les funérailles de Patrocle [1]. Les Étrusques de Campanie, qui donnèrent à Rome les gladiateurs, pouvaient devoir cette coutume, comme beaucoup d'autres choses, à la Grèce antique [2]; mais dans les temps historiques on ne les trouve établis chez aucun peuple grec, et quand les Romains en introduisirent et quelquefois en imposèrent l'usage, des protestations s'élevèrent et l'on s'écria dans Athènes que si une telle barbarie était tolérée, il faudrait renverser les autels élevés à la Miséricorde. Antiochus Épiphane donne des combats de gladiateurs en Sicile pour célébrer le triomphe de Paul Émile et faire sa cour aux Romains [3].

L'amphithéâtre est romain, mais c'est dans un monument d'origine grecque qu'il faut chercher la sienne. En effet, l'amphithéâtre se compose de deux théâtres, les deux demi-cercles formant le cercle ou plutôt l'ovale entier, et nous savons positivement que c'est ainsi que fut fabriqué le premier amphithéâtre [4].

---

[1] *Il.*, XXIII, 802-6.

[2] Le casque des gladiateurs ressemble assez au casque de Patrocle dans les statues d'Égine; il a une visière et des trous pour les yeux (Müll., *Atl.*, VI, 29, E); il est pareil aussi à ceux qu'on a trouvés dans les tombes étrusques.

[3] Dès l'âge d'Alexandre, Ménandre connaît déjà les gladiateurs. (Egger, *Mém.*, p. 29.) Dion Chrysostome place des gladiateurs dans le théâtre de Bacchus à Athènes, mais Athènes était alors une ville de l'empire romain. On parle cependant de combats de taureaux dans les mystères d'Éleusis. (Gerh., *Gr. Myth.*, I, p. 459.)

[4] Pl., *Hist. nat.*, XXXVI, 24, 14.

Curion, celui qu'achetèrent les millions de César, voulut réunir dans le même lieu les plaisirs de l'art et les plaisirs du sang; il imagina de faire construire deux théâtres en bois tournant sur des pivots. Quand ces deux théâtres étaient dos à dos, on pouvait donner à la fois deux représentations différentes, une pour chaque moitié du public; en les retournant et les disposant face à face, on formait par leur réunion ce qu'on appela un théâtre circulaire, un *amphithéâtre* : après avoir vu jouer des acteurs, on voyait des gladiateurs s'égorger. L'un de ces deux plaisirs était préféré de beaucoup par les Romains[1]; Térence se plaint, dans le prologue de *l'Hécyre*, que le public ait cessé d'écouter sa pièce après le premier acte, parce que l'on avait annoncé des gladiateurs[2]; aussitôt le peuple se précipite en foule, on se dispute les places...

J'ai dit que les combats de gladiateurs précédèrent à Rome l'établissement des amphithéâtres. Ces combats eurent lieu d'abord dans le marché aux Bœufs et dans le grand marché, le Forum. Selon l'usage des villes

---

[1] On l'a vu, M. Ginain a constaté que le théâtre de Taormine était construit de telle sorte qu'on pouvait au besoin en changer l'usage et le rendre propre à recevoir des combats d'hommes ou d'animaux. Ainsi le stade de Laodicée fut transformé en amphithéâtre (Hirt, *L. d. Geb.*, p. 124), et l'*orchestre* finit par s'appeler *conistra*, arène. (*Ib.*, p. 91.)

[2] ... Media inter carmina poscunt
Aut ursum aut pugiles...
(Hor., *Ep.* II, 1, 185.)

d'Italie, pour célébrer des funérailles illustres[1]; au-dessus des boutiques du Forum étaient des balcons (mæniana), d'où l'on pouvait voir les jeux. On dressait aussi à cet effet des échafaudages en planches pareils à ceux qu'on établit le long du Corso pendant le carnaval. César donna aux Romains un amphithéâtre, mais il était encore en bois[2], et couvert d'un velarium. Le premier amphithéâtre en pierre date du règne d'Auguste[3]; il n'y eut jamais à Rome que cet amphithéâtre et le grand amphithéâtre des Flaviens, le Colisée[4].

L'amphithéâtre n'étant qu'un théâtre doublé n'introduisit nul élément nouveau dans l'architecture. Romain par sa destination, il resta grec sous le rapport

[1] Donnés par deux frères du nom de Brutus. (T. Liv., épit. xvi. Val. Max., ii, 4, 7.) Scipion l'Africain donna en Espagne, à l'occasion de la mort de son père et de son oncle, un spectacle dans lequel combattirent *volontairement*, non des esclaves, mais des personnages distingués; pour quelques-uns ce fut une manière de terminer un procès douteux. (T. Liv., xxviii, 21.) On cite encore les deux Levinus qui mirent aux prises cinquante gladiateurs (T. Liv., xxxi, 50); on en vit cent vingt aux funérailles d'un Licinius (T. Liv., xxxix, 46), et soixante-quatorze combattirent pendant trois jours pour honorer la mémoire d'un Flamininus. (T. Liv., xli, 28.) Il faut noter aussi la terrible représaille de Spartacus qui fit combattre devant lui comme des gladiateurs trois cents soldats romains.

[2] D. Cass., xliii, 22.

[3] Construit par Statilius Taurus. (Suet., *Oct.*, 29.)

[4] Les combats d'hommes et d'animaux eurent encore lieu dans le Forum et dans le cirque, même après qu'on eût construit des amphithéâtres.

de l'art par son plan et sa décoration. O. Müller fait remarquer que les amphithéâtres, bien que sans modèles en Grèce, ont été construits dans le goût simple et grandiose de l'architecture grecque.

L'idée de faire combattre des hommes contre des animaux[1] ou de les leur livrer pour les voir déchirer par des bêtes féroces était sans précédent dans l'histoire de l'Occident, quand les Romains s'en avisèrent. Pour trouver quelque chose de pareil, il faudrait l'aller chercher dans les annales de la cruauté des despotes d'Orient et jusqu'en Cochinchine. Mais cet usage abominable n'atteignit toute son horreur que sous l'empire. Dans l'origine, ce furent des exhibitions d'animaux étrangers qu'on montrait aux Romains comme un trophée de plus des conquêtes lointaines. Puis on eut l'idée de leur faire donner la chasse devant lui, de là le nom de *chasses* (venationes) donné à ces combats qui finirent par être ces repas d'hommes servis à des bêtes féroces, si dégoûtants dans l'histoire des empereurs et rendus si sublimes par l'intrépidité des martyrs.

Dès la fin de la république, qui, il faut le reconnaître, annonce trop par ses corruptions la dépravation de l'empire, les combats contre les animaux avaient un caractère d'atrocité qui révoltait l'âme

[1] Après le repas donné aux bêtes, on repaissait aussi les spectateurs par des festins servis dans le Forum, où le sang des animaux et des hommes venait de couler, « post ludos epulum. » (T. Liv., xxxix, 46.)

humaine de Cicéron. Cicéron, malgré son humanité, était Romain, et il approuvait les combats de gladiateurs comme une énergique discipline qui fortifiait contre la douleur et la mort; mais quel plaisir peut-on trouver, s'écriait-il, à voir un homme faible déchiré par une bête très-forte, ou un noble animal transpercé par un javelot [1]?

Les *chasses* commencèrent à Rome après la guerre contre les Étoliens [2]. Sylla, qui faisait aussi la chasse aux proscrits, montra aux Romains des lions qui furent tués à coups de flèches par des Numides [3], et Claudius Pulcher [4] des éléphants. Scaurus [5] fit voir cent cinquante panthères d'Afrique, peut-être fut-ce une simple exhibition dans son théâtre, car on ne dit

---

[1] Cic., *ad Fam.*, vii, 1. Cicéron plaint les pauvres éléphants massacrés. Il aurait dû plaindre aussi les pauvres gladiateurs, bien que pour le plus grand nombre ce fut un métier embrassé volontairement et qu'on soit peu disposé à s'apitoyer sur cette canaille armée qui se mettait au service de tous les ambitieux. Je lui sais gré pourtant de s'attendrir ici sur les hommes faibles tués par les bêtes et même sur les bêtes tuées par les hommes. Je ne suis point de ceux qu'ont charmés les taureaux égorgés et les chevaux éventrés de l'amphithéâtre espagnol, où, pour mon début, j'ai eu le malheur de voir tuer deux hommes, et je rends grâce au ciel de n'avoir jamais regardé par la fenêtre d'un palais une curée aux flambeaux.

[2] T. Liv., xxxix, 22; xliv 18. On avait, avant cette époque, tué dans le cirque des éléphants pris en Sicile, parce qu'on ne savait pas s'en servir. (Pl., viii, 6.)

[3] Sen., *de brev. Vitæ*, xiii.

[4] Cic., *de Off.*, ii, 16; *in Verr.*, ii, 4, 3, 59.

[5] Pl., *Hist. nat.*, viii, 24.

pas qu'elles aient été mises à mort. Pompée, le premier, fit écraser des criminels par des éléphants [1]. Pompée n'était pas naturellement sanguinaire, mais il avait été à l'école de Sylla.

Pompée et César, qui se disputaient le peuple romain, rivalisèrent pour lui complaire en luxe de carnage. Pompée, pour la dédicace du temple de Vénus victorieuse, qui couronnait les gradins de son théâtre, fit paraître, probablement dans ce théâtre même, six cents lions [2], et César quatre cents, mais il ne voulut pas être surpassé : le premier en tout ; c'était sa devise. Il fit combattre des hommes et des animaux dans son amphithéâtre [3] ; il donna cinq jours de combat contre les animaux [4] dans le grand cirque, autour duquel, toujours humain et soigneux de la multitude, il fit creuser l'*Euripe*, nom d'un canal qui mettait les spectateurs à l'abri de tout danger. On vit pour la première fois des girafes à Rome : pour charmer le peuple romain d'alors et le préparer à livrer sa liberté, lui montrer des girafes n'était pas un mauvais moyen.

Heureusement on n'a plus la chance de voir à Rome les hommes et les bêtes s'égorger, et les massacres de l'amphithéâtre ont été réduits à d'innocentes luttes

[1] Sen., *de Brev. Vitæ*, XIII.

[2] Pl., *Hist. nat.*, VIII, 20. App., *B. civ.*, II, 102. Plut., *Pomp.*, 52.

[3] Suét., *Cæs.*, 39. Vell. Pat., II, 56. Pl., VIII, 7, combat de lions et d'éléphants contre des hommes armés. (*M. Cap., s. des Emp.; Vat., S. à croix gr.*)

[4] D. Cass., LXIII, 25.

contre des taureaux très inoffensifs, et qui même n'ont plus lieu, dans le mausolée d'Auguste; mais les statues, les bas-reliefs et les mosaïques nous rendent, sans autre horreur que celle du souvenir, le spectacle de ces plaisirs sauvages. Des groupes sculptés montrent des animaux qui se déchirent entre eux, et un d'eux nous fait voir un gladiateur renversé sous un tigre qu'il poignarde [1]. Nous avons sous les yeux des scènes choisies dans ces tragédies de l'amphithéâtre : ici, c'est un lion qui dévore un cheval [2], le lion mord bien et pour un amateur de ces représentations sanguinaires l'agonie du cheval devait avoir de l'intérêt. Le tigre en mosaïque conservé dans l'église de Saint-Antoine, patron des animaux, est, selon toute apparence, le portrait d'un *acteur* renommé. Pourquoi les tigres n'auraient-ils pas eu leurs portraits à Rome, les gladiateurs, qui n'étaient pas beaucoup moins féroces que les tigres, nous l'allons voir, y avaient bien les leurs.

Sur un bas-relief provenant du palais Orsini [3] est représenté vivement un combat d'hommes et d'ani-

---

[1] *M. Chiar.*, 312.

[2] Cour du palais des Conservateurs, derrière la grille, et *M. P. Cl.*, 195; deux lions ainsi occupés (*Vat.*, *s. lap.*), avec les gardiens du cirque; un taureau attaqué par un ours (*M. P. Cl.*, 108), divers animaux combattants, des tigres, des éléphants, un aurochs. (*M. P. Cl.*, 109.)

[3] Maintenant au palais Torlonia. Rien de semblable en Grèce; on avait bien figuré sur le tombeau de Laïs, à Corinthe, une lionne tenant un bélier entre ses pattes (Paus., II, 2, 4), mais il s'agissait d'autres victimes et d'une tout autre *lionne* que celles de l'amphithéâtre.

maux. Le palais Orsini est bâti sur le théâtre de Marcellus; ce bas-relief, trouvé probablement dans les ruines du théâtre, en rappelait la dédicace célébrée par le meurtre de six cents animaux [1] égorgés pour l'avénement du despotisme, avec une plus noble victime, la liberté. Pour la première fois, on y vit un tigre apprivoisé [2]; était-ce un emblème du peuple romain, choisi par Auguste?

Du reste, le bas-relief était à sa place dans un théâtre, car les théâtres romains, où l'on jouait des traductions de Sophocle et d'Euripide, voyaient aussi jouer ces drames brutaux [3]; les gladiateurs, dont ceux qui conspirèrent la mort de César s'étaient assurés le concours, ne pouvaient, sans donner d'ombrage se rassembler au théâtre de Pompée, voisin de la curie de Pompée, où le sénat tenait séance, que parce qu'ils devaient paraître dans les jeux célébrés alors sur ce théâtre.

D'autres représentations figurées nous font connaître les différents personnages de ces horribles scènes, qui avaient chacun leur costume et leur rôle : le *rétiaire*, avec son trident et son filet, le *secu-*

---

[1] D. Cass., LIV, 26.

[2] Pl., *Hist. nat.*, VIII, 25.

[3] J'ai dit que les combats d'hommes et d'animaux avaient lieu également dans le grand cirque; quand nous ne le saurions pas autrement, une tête de tigre trouvée parmi des ossements humains dans le voisinage du cirque ne laisserait aucun doute à cet égard.

tor, qui suivait le *rétiaire* pour achever son ennemi quand le trident ne l'avait pas dépêché, le *mirmillon* avec son poignard, l'*hoplomaque* avec son armure, et qu'en dérision des guerriers du Samnium, à l'armure desquels elle ressemblait sans doute, on appelait le *Samnite*, le *cavalier*[1], qui combattait à cheval comme le picador, sauf que le picador n'a pas le droit de se défendre, n'est là que pour être renversé de cheval et quelquefois, je l'ai vu, écrasé.

Une mosaïque fort curieuse nous offre et les combats des gladiateurs entre eux et leurs luttes avec les animaux féroces[2]. Cette mosaïque est d'un dessin aussi barbare que les scènes représentées; tout est en harmonie, le sujet et le tableau. Le sentiment de répulsion qu'inspire la cruauté romaine n'en est que plus complet; celle-ci n'est point adoucie par l'art et paraît dans toute sa laideur.

On voit les gladiateurs se poursuivre, s'attaquer, se massacrer, couverts d'armures qui ressemblent à celle des chevaliers : vous diriez une odieuse parodie du moyen âge. Dans le corps de l'un des combattants un glaive est enfoncé. Des cadavres sont gisants parmi des flaques de sang; à côté d'eux est le θ fatal, initiale du

---

[1] *M. Chiar.*, 12. Les fonctions et les armures des diverses sortes de gladiateurs sont représentées en détail sur le tombeau d'un Scaurus à Pompéi (Mazois, *Pompéi*, 1; Pl., 52). C'est sans doute l'image de jeux funèbres célébrés en l'honneur de Scaurus.

[2] *Vill. Borgh.*, grand salon.

mot grec θάνατος, la mort, à laquelle leur juge impitoyable, le peuple, les a condamnés; du grec partout. Le maître excite ses élèves en leur montrant le fouet et la palme; les vainqueurs élèvent leurs épées, et sans doute la foule applaudit. Ils ont un air de triomphe; ce sont des acteurs renommés. Auprès de chacun son nom est écrit; ces noms sont barbares ou étranges : l'un s'appelle Buccibus, un autre Cupidon, un autre *Licentiosus*, avis effronté aux dames romaines. Les bustes de gladiateurs qui figurent dans une mosaïque de Saint-Jean de Latran sont aussi des portraits. On avait soin, quand on devait donner une représentation, d'indiquer les noms des *sujets* qui devaient y figurer dans le *libellus* publié à l'avance, comme on met ceux des acteurs sur l'affiche. Là se voient aussi des combats d'hommes et de bêtes féroces; enfin quelques-uns de ces animaux rares qui paraissant dans le cirque, amusaient la curiosité romaine entre deux égorgements. Parmi eux on remarque une autruche [1], qui rappelle un des plus mémorables exploits de Commode dans l'amphithéâtre. Un taureau furieux ou une vache furieuse, comme celle à laquelle fut livrée sainte Félicité, complètent le spectacle des divertissements de l'arène. Les combats de l'amphithéâtre espagnol viennent en droite ligne de l'amphithéâtre romain. Des cavaliers thessa-

[1] J'ai cru y reconnaître aussi l'oryx d'Égypte et l'élan, si rare aujourd'hui.

liens poursuivaient le taureau, et le mot *course* désigne en Espagne les combats de taureaux. Sur une tombe de Pompéi[1], un homme présente un morceau d'étoffe à une bête féroce qui s'élance sur lui. Ce moyen de tromper le taureau, sans lequel le *matador* serait infailliblement tué, fut donc connu à Rome. Un autre homme sans armes n'a pour éviter deux bêtes furieuses que son agilité à la course, comme les *chulos* quand, dans leur élégant costume à la *Figaro*, ils fuient avec tant de grâce devant le taureau qui les poursuit.

Les mosaïques de la villa Borghèse peuvent avoir eu pour origine des peintures plus anciennes, car de telles peintures existaient à Rome. C. Terentius Lucanus, qui avait fait combattre trente paires de gladiateurs dans le Forum, fit peindre ce combat et exposa le tableau dans le *bois sacré* du temple de Diane[2], probablement la Diane *Nemorensis* d'Aricie, qui était la Diane sanguinaire de la Tauride.

Des portraits de gladiateurs nous ont été conservés par d'autres mosaïques tirées des thermes de Caracalla, d'où je les ai vu sortir de terre il y a trente-huit ans et qu'on a placés dans le musée de Saint-Jean-de-Latran ; celles-ci, mieux exécutées, achèvent dans notre esprit l'idée de ces êtres abjects et féroces : toutes les figures sont épaisses, vulgaires, bestiales; des épaules énormes,

---

[1] Mazois, *Pompéi*, I, p. 32, 5
[2] Pl., *His. nat.*, xxxv, 33, 1.

des bras massifs, un regard de brute, une face d'animal stupide et méchant, tels étaient les monstres qu'il fallait former avec soin et en grand nombre, car la consommation était considérable, pour amuser les Romains ; on les formait dans des écoles qui s'appelaient des *jeux*, *ludi*[1], comme toutes les autres, tant l'étude était chose peu sérieuse aux yeux des premiers Romains. Une école considérable de gladiateurs[2] était sur le mont Cælius. Dans une inscription trouvée près du Colisée, est mentionné le nom d'un médecin de l'établissement. L'aimable Atticus achetait *un jeu* de gladiateurs, et Cicéron lui faisait compliment de leur succès[3].

Les gladiateurs de la mosaïque de Saint-Jean de Latran ont reçu la forte alimentation qu'on donnait à leurs pareils[4] ; ils ont bien cet air de résolution brutale que devaient avoir ceux qui prononçaient ce féroce serment que nous a conservé Pétrone[5] : « Nous jurons d'obéir à notre maître Eumolpe, qu'il nous ordonne

---

[1] Le résumé du *Curiosum urbis* en compte quatre : ludi IIII.

[2] Ludus magnus reg. III. Le Ludus magnus est figuré sur le plan de Rome antique. Il contenait une arène de forme ovale comme le Colisée destinée aux exercices des gladiateurs; des chambres étaient disposées à l'entour, ainsi que le sont autour du camp des prétoriens les chambres de soldats. Selon Canina, les ruines qui vont de ce qu'il appelle le Nymphée et le portique de Claude à la rue *S. Giovanni* sont des restes du Ludus magnus. (Canin., *R. Ant.*, p. 108-9.)

[3] Cic., *ad Att.*, IV, 4.

[4] Gladiatoria sagina (Tac., *Hist. nat.*, II, 88).

[5] Petr., *Satyric.*, 117.

de nous laisser brûler, enchaîner, frapper, tuer par le fer ou autrement ; et comme vrais gladiateurs, nous dévouons à notre maître nos corps et nos vies. »

Après le gladiateur romain voulez-vous voir l'athlète grec[1]? Allez au Vatican le contempler d'après Lysippe. Oui, c'est bien un athlète dans la plénitude de la force et de la beauté ; mais en même temps c'est une créature intelligente et libre : les athlètes n'étaient point des esclaves, des condamnés ou des mercenaires vendant leur vie à l'amusement de la foule ; c'étaient des citoyens libres, quelquefois des guerriers illustres[2] : leurs exercices n'avaient d'autre but que de développer la force du corps et d'en déployer la grâce[3]; leur gloire, qui intéressait toute la Grèce, était chantée par Pindare. On a pris des athlètes pour des Apollons ou des Ptolémées ; on n'aurait certes pas pris les gladiateurs des mosaïques pour des dieux ou pour des rois. Une extrême élégance caractérise un bas-relief de travail grec où paraissent trois athlètes dont les noms

---

[1] Le nom du *gladiateur* est latin et celui de l'*athlète* est grec comme lui ; ce nom se trouve déjà dans Euripide (*Fragm. Eurip. Didot*, 681). L'usage du strigile était grec.

[2] Doricus, descendant d'Aristomène, qui vainquit sur mer les Athéniens. (Paus., vi, 7, 2.) Phayllus, qui combattit les Perses. (Paus., x, 9, 1.)

[3] J'ai vu à Paris des lutteurs français qui rappelaient un peu les lutteurs grecs ; les attitudes de quelques-uns eussent offert aux sculpteurs de parfaits modèles. Rien ne manquait aux souvenirs de l'antique, même la poussière qu'ils répandaient sur leur corps. On distribuait des vers composés en leur honneur par leur Pindare.

sont grecs[1]. Sur un autre, deux athlètes se heurtent de front, tandis qu'un vase rempli de poussière gît à leurs pieds; c'est la lutte. Ailleurs c'est le pancratium, dont faisaient partie la lutte et le pugilat[2]. Ces deux exercices sont en effet combinés dans un bas-relief : un athlète dirige vers son adversaire un coup de poing savant, en poussant le bras en avant selon les règles du pugilat anglais, tandis que son rival, en lutteur exercé, s'apprête à le jeter à terre par un croc en jambe.

Deux petits pugilistes qui se menacent très-gracieusement du ceste[3], font penser aux combats d'enfants usités en Grèce[4]; de là vient, en partie du moins, la

---

[1] *M. P. C.*, 425. 393, une palestre. Athlètes, *M. Cap.*, salles des Hercules, 7. 17; l'un beaucoup moins beau. *Vat., br. nucv.*, 97, 99, 101. *M. Chiar.*, 154, 297. *Pal. Mattei*, 2⁰ cour, athlète se préparant aux jeux de la palestre. *S. des Candél.*, 119.

[2] De plus, la course et deux jeux qui sont restés bien chers aux Romains de nos jours, le ballon, où ils excellent, et le disque, qu'on ne lance plus dans la palestre, mais souvent dans les rues de Rome, au péril des jambes du passant. Tous les exercices du pancratium ou pentathlon (les cinq combats) sont déjà dans Homère.

Les pugilistes se reconnaissent à leurs oreilles écrasées par les coups de poing. *M. Chiar.*, 139. On donne de telles oreilles à Hercule comme président au pugilat (*M. Chiar.*, 367) et à Pollux comme étant le type héroïque des pugilistes. (Escalier du Capitole.)

[3] *M. Chiar.*, 372.

[4] Philostrate (*Im.*, II, 32) parle de ces combats enfantins de la palestre, et Pindare les a plusieurs fois célébrés. La dixième et la onzième olympique sont consacrées à des enfants vainqueurs au pugilat.

substitution de génies *enfants* à des personnages adultes sur plusieurs bas-reliefs qui représentent des courses de chars ou de chevaux et d'autres jeux athlétiques.

Les statues et les bas-reliefs qui se rapportent aux athlètes ont, en général, une origine grecque. Que ne trouvons-nous aussi à Rome avec certitude quelques-unes des nombreuses statues élevées en Grèce à des athlètes vainqueurs, et les *athlètes* de deux peintres grecs, Protogène et Antidotus[1], qui aimaient à les représenter, comme le faisait aussi une classe de sculpteurs grecs dont plusieurs sont cités par Pline.

Au sixième siècle de Rome, les athlètes, que sous les rois on allait chercher en Étrurie, furent amenés de Grèce à Rome par Fulvius Nobilior, qui aimait la Grèce[2]. Sylla[3] apporta comme un butin, pour orner son triomphe, des coureurs d'Olympie. Scaurus fit figurer des athlètes sur son théâtre, dont il inaugurait la magnificence passagère par toutes sortes de divertissements[4]. César, qui ne voulait rien laisser faire aux autres qu'il ne le fît lui-même, célébra, dans un stade construit en bois au milieu du Champ de Mars, des jeux athlétiques durant trois jours[5].

A Rome, le pugilat participa de la férocité romaine

---

[1] Pl., *Hist. nat.*, xxxiv, 19, 40 ; xxxv, 40, 6.

[2] T. Liv., xxxix, 22. En 568, et non, comme dit Valère Maxime (ii, 4, 7), par M. Scaurus en 696.

[3] App., *B. Civ.*, i, 99.

[4] Val. Max., ii, 4, 7.

[5] Suet., *Cæs*, 39.

et devint un combat à mort; il s'en faut de peu que la *boxe* anglaise, féroce elle aussi, n'aille jusque-là.

L'amphithéâtre, monument bien romain par sa destination romaine, étant formé de deux théâtres juxtaposés, l'architecture n'eut pas à innover beaucoup dans sa construction; aussi se composa-t-il des mêmes éléments. Les trois ordres grecs, dorien, ionique, corinthien, qui décoraient le théâtre de Marcellus, et dont deux sont encore visibles, décorent également le Colisée.

Il en fut de même d'un autre genre de monument qui appartient bien aussi aux Romains et qu'il leur est plus glorieux de revendiquer, l'arc de triomphe.

L'arc de triomphe n'est pas grec, d'abord parce que c'est un arc, c'est-à-dire une voûte, et que la voûte n'est point venue aux Romains des Grecs qui en firent peu d'usage, mais des Étrusques qui l'inventèrent avant les Grecs et l'employèrent souvent. De plus, le triomphe était une pompe, et je dirai presque une institution romaine.

Tous les arcs conservés à Rome sont du temps de l'empire, ce qui, pour moi, leur ôte beaucoup de leur intérêt; mais cette classe de monuments existait déjà sous la république; on les voit commencer avec Scipion l'Africain, grand homme et médiocre citoyen dont, nous l'avons dit, la superbe toujours révoltée contre les lois présageait de loin le pouvoir *légalement* supérieur aux lois des empereurs. Au dernier siècle de la république (634), un arc de triomphe fut élevé dans le Forum, là où l'on y entrait de la voie Sacrée, à un Fabius, vainqueur des Allobroges, les aïeux de nos concitoyens de Savoie.

Nous pouvons juger des arcs de triomphe de la république par ceux de l'empire; dans ces monuments, sauf la voûte, tout est emprunté à l'architecture grecque, les colonnes, l'entablement, mais traité à la romaine ; on ménage sur celui-ci une large place à l'inscription qui va toujours prenant plus de développement et occupant un plus grand espace à mesure qu'elle s'éloigne de la simplicité républicaine remplacée par l'emphase impériale.

La pompe du triomphe elle-même est reproduite sur les arcs de triomphe, comme on peut le voir à l'arc de Titus et par les bas-reliefs détachés des arcs de Claude et de Marc Aurèle[1]; divers autres bas-reliefs[2] nous offrent le spectacle des pompes triomphales. A ceux qui représentent le triomphe mythologique de Bacchus sur les Indiens, parfois on a donné avec une intention évidente le caractère du triomphe romain[3].

---

[1] *Vill. Borgh.*, péristyle. *M. P. Cl.*, 81, 88.

On ne trouve nulle part hors de l'empire romain un monument analogue à l'arc de triomphe, si ce n'est à la Chine où on élève des arcs honorifiques, non à la gloire des guerriers, mais à la mémoire des fils pieux, des veuves vertueuses et des lettrés illustres.

[2] Triomphe proconsulaire. (*M. P. Cl.*, 39. *M. P. Cl.*, 75.)

[3] On y a mis des chefs les mains liées, des vases précieux, des ima-

Les arcs de triomphe avaient pour décoration des trophées semblables à ceux qui ornent la place du Capitole; on en voit sur les bas-reliefs. Au Vatican se voit, ce qui est plus rare, un trophée maritime près d'une Victoire, qui est peut-être le portrait de la victoire d'Actium¹.

La basilique, bien que son nom soit grec², est un monument romain. C'était un tribunal dans l'origine, surtout un tribunal de commerce et un peu une Bourse. Le commerce n'était pas assez estimé pour que les procès commerciaux fussent jugés par le pré-

ges de pays soumis (*Vill. Alb.*), une Victoire tenant une couronne, des barbares suppliant le vainqueur. (*M. Chiar.*, 595.)

¹ *Gal. des Candél.*, 262.

² Ce nom, qui n'a rien à faire avec les idées d'empire, vient de celui d'un portique d'Athènes qui s'appelait *stoa basilikè*, le portique royal, parce que l'archonte-*roi* y avait son tribunal. De là l'emprunt du nom, de là aussi une confusion qui en est parfois résultée. Ce que Dion Cassius (LIII, 27) appelle le *portique* est la même chose que la *basilique* de Neptune de Spartien (*Hadr.*, 19). Hirt (*L. der Geb.*, p. 179) fait remarquer que le triple portique de l'agora d'Élis (Paus., VI, 34) avait la forme d'une basilique. Canina (*R. ant.*, p. 406) s'est donc trompé en faisant de la basilique ou portique de Neptune, un temple de Neptune dont rien n'établit l'existence et que par conséquent rien n'autorise à retrouver comme on l'a fait dans le temple où est la douane. Le Ποσειδώνειον de Dion Cassius (LXVI, 24) n'est pas nécessairement un *temple de Neptune*, ce mot peut vouloir dire simplement *le monument de Neptune* et s'entendre de la basilique où l'on avait représenté les *Argonautes* et qu'on appelait aussi le *portique* des argonautes, parce que le mot grec *stoa*, portique, s'appliquait aux *basiliques* à cause de l'origine de leur nom, *stoa basilikè*, portique royal, et de leur ressemblance avec les portiques.

teur dont le siège domina longtemps le comitium patricien, où les gens d'affaires ne pouvaient avoir accès. Au sixième siècle cependant, leur importance était devenue assez grande pour que l'on érigeât un monument spécial destiné à les recevoir et à prononcer sur leurs différents, et ce fut un Romain de la vieille roche, mais d'un caractère très-positif, très-pratique, très-ami du gain, ce fut Caton le Censeur qui fit construire la première basilique.

La basilique qui a donné son nom aux églises chrétiennes bâties sur son modèle, se composait de trois ou de cinq nefs divisées par des rangs de colonnes et aboutissant au *tribunal*, placé dans un hémicycle ou abside. Pour cette raison, la partie correspondante des basiliques chrétiennes où était le siège de l'évêque s'est appelée la *tribune*.

Des deux côtés de la basilique s'élevaient, au-dessus des portiques latéraux, des portiques supérieurs dont les colonnes avaient une moindre hauteur. Cette disposition ne peut s'étudier dans aucune des trois basiliques païennes [1] dont Rome présente les débris ou les vestiges, mais seulement dans quelques basiliques chrétiennes où elle a été reproduite [2]. Du reste, déjà dans la religion païenne le temple était fort analogue

---

[1] La basilique Julia au Forum; la basilique Trajane; la basilique de Maxence, appelée improprement temple de la Paix.

[2] Surtout dans la basilique de Sainte-Agnès et dans une partie de la basilique de Saint-Laurent, où l'on voit les deux étages de portiques.

à la basilique, sauf le portique supérieur, qui en général n'y existait point. Pourtant, dans le temple de Minerve, à Tégée, dont Scopas avait été l'architecte, au-dessus des colonnes doriques s'élevaient des colonnes corinthiennes[1]. On voit que si les basiliques ont fourni un modèle à des églises, elles ont pu avoir un temple pour modèle. Les temples servaient quelquefois au même usage que les basiliques[2].

Les anciennes curies romaines furent dans l'origine analogues au prytanée grec, un lieu de sacrifices et de festins en commun. La curie Hostilia[3] fut ce qu'était pour les Grecs le Bouletèrion, salle du conseil[4].

Aux basiliques et aux curies était joint parfois un portique qu'on appelait d'un nom grec *chalcidicum*[5] ;

---

[1] Paus., VIII, 45, 4

[2] Hirt *Lehre v. d. Geb.*, p. 36) cite comme remplissant l'office judiciaire des basiliques : le temple de Mars Vengeur, élevé à Rome par Auguste; le temple d'Auguste à Fano; le monument de Nîmes, dédié à Plotine par Adrien, que Spartien (*Hadr.*, 12) appelle une basilique et Dion Cassius (LXIX, 10) un temple, ce qui fait voir quelle était la ressemblance de ces deux sortes d'édifices. Le temple d'Éleusis (Vitr., *Præf.*, VII) est comparé, d'après ses restes, par Hirt (*Gesch. d. bauk.*, II, p. 21) à une basilique à cinq nefs; la seule différence qu'il indique, l'entrée sur le côté, n'est pas réelle, car l'entrée était placée de même sur le côté dans les basiliques de Rome, et en particulier dans la basilique Trajane.

[3] Les vieilles curies situées à l'est du Palatin étaient distinctes de la curie Hostilia, placée au nord-ouest du Forum.

[4] De même, selon Thucydide (II, 15), Thésée supprima les *Prytaneia* de l'Attique et les remplaça par le *bouleutèrion* d'Athènes.

[5] Selon Festus, *s. voce;* parce que ce genre de constructions pro-

il y en avait un près de la curia Julia, bâtie par Auguste [1].

Ces diverses classes de monuments, théâtres, amphithéâtres, arcs de triomphe, basiliques, curies, les uns grecs, les autres romains d'origine, étaient composés d'éléments empruntés primitivement à la Grèce; on y employait les *ordres* grecs, le dorique, l'ionique, le corinthien, mais ces *ordres* y furent plus ou moins modifiés ou altérés par le génie et le goût romains.

Cette altération n'est pas très-sensible dans le petit nombre des monuments de la république dont il reste quelque chose [2]; ceux-là étaient presque purement

---

venait de la ville de Chalcis. Ce nom était assez obscur jusqu'à ce que son sens eût été mis hors de doute grâce à la découverte faite à Pompéi d'un monument élevé par la prêtresse Eumachia, en avant duquel se trouve une sorte de portique dont le nom, écrit sur une table de marbre, est *chalcidicum*. (Rich., *Dict. d'Ant.*, p. 142-3.) Vitruve (v, 1, 4) veut qu'on ajoute des *chalcidica*, lorsque l'espace le permet, aux extrémités des basiliques.

[1] Curiam ei (basilicæ Juliæ) continens et chalcidicum. (*Inscript. Ancyr.*)

[2] A Rome, le tombeau d'un Scipion, le tombeau du boulanger, le tombeau de Bibulus, le tombeau de Cecilia Metella et tous les tombeaux en pépérin de la voie appienne, le Tabularium, les trois temples dans l'église de San Nicolà in Carcere, le temple appelé d'Hercule Custos, le temple appelé de la Fortune Virile (celui-là refait); à Palestrine, le temple de la Fortune; à Tivoli, le temple appelé de la Sybille; le tombeau des Plautii (près de Tivoli); les deux temples de Cori; et encore l'exécution n'est pas toujours aussi pure que le style; on remarque une certaine grossièreté de travail dans le temple de Palestrine et dans celui de la Sybille. Le temple de Vesta est analogue

grecs. Les architectes étaient des Grecs ou des disciples dociles des Grecs; les Romains n'en savaient pas encore assez pour oser être eux-mêmes, et à cette ignorance timide les monuments gagnaient sinon en originalité, en pureté. Cette pureté alla se corrompant à mesure que la brutalité romaine l'emporta sur la délicatesse grecque; mais alors les Romains, en mettant leurs défauts dans l'architecture, y mirent leurs qualités propres; ils remplacèrent l'élégance par la grandeur et la pureté par la force.

Les *ordres* sont d'invention grecque. On attribuait à Chersiphron la création de l'ordre ionique, et celle de l'ordre corinthien à Callimaque. L'ordre dorique, le premier en date, tel que le montrent sous sa forme la plus ancienne le temple de Corinthe et les temples grecs de Pæstum, l'ordre dorique, qui existait en Égypte deux mille ans avant Périclès[1], semble avoir été le premier employé à Rome[2]. Il y paraît dans les premiers siècles de la république; il ne se continue sous l'empire qu'associé à l'ionique et au corinthien; à

au monument de Lysicrate, à Athènes, sauf la perfection; les colonnes, trop longues (onze diamètres au lieu de neuf), ressemblent à celles de l'époque macédonienne. Jamais, dans les monuments romains les colonnes ne vont diminuant de diamètre vers leur extrémité supérieure, ce qui est d'un art plus délicat et plus difficile. Dans le tombeau des Scipions, si grec d'ensemble, les denticules sont trop allongés: tout cela c'est du grec, mais du grec romain.

Tombes de Beni-Hassan, antérieures à l'invasion des *pasteurs*.

[2] Le temple de Quirinus, cinquième siècle de Rome. (Vitr., III, 2, 7.

Rome, il se transforme un peu : le chapiteau perd sa simplicité primitive[1], la colonne a une base[2] que dans son principe la colonne dorique grecque n'avait point.

Si je voulais donner une définition visible de la grâce je dirais : Regardez la volute grecque, celle par exemple des colonnes ioniques de l'Érechthéum d'Athènes. Les volutes romaines sont moins gracieuses et moins développées. Presque toujours les Grecs infléchissaient la ligne horizontale qui les réunit; cela n'a jamais lieu dans l'ionique romain; à cette charmante ondulation, les Romains substituent constamment la ligne droite, leur ligne.

L'ordre corinthien, le plus riche, le plus fleuri des trois, nous est connu surtout par sa transformation romaine; dans les spécimens grecs assez rares qui en ont été conservés, il a plus de sobriété et de naturel[3], les feuilles du chapiteau imitent plus naïvement la nature. A Rome, elles sont d'une exubérance splendide, mais le *convenu* dans la disposition générale et

---

[1] « Le chapiteau dorique des Romains est plus compliqué et plus varié dans ses parties. Au simple *abacus* ils substituèrent un *cymetium* à moulures et un filet; à l'*echinus*, un ove souvent sculpté; aux annelets un astragale ou un chapelet et un filet. » (Rich., *Dict des Ant.*, p. 107.)

[2] Tombeaux des Bibulus et de Plautii. (Hirt., *Gesch. d. bauk.* Pl., xiii, 6 et 10.)

[3] Le plus ancien chapiteau corinthien connu a été trouvé à Éleusis. (Hirt., *G. d. bauk.*, p. 116, Pl., ix, 28.)

la sécheresse dans les détails s'y font souvent sentir.

L'ordre corinthien envahit surtout l'architecture de l'empire, mais il ne fut pas étranger à la république [1]; dans quelques monuments romains de cette époque, il se montre à nous plus près du goût grec. Les conditions imposées à l'ornementation par l'origine même de l'architecture, la construction en bois, furent méconnues par les Romains, qui faussèrent ainsi le sens de ces ornements en les détournant de leur *étymologie* [2].

Les Romains confondirent [3] les trois ordres d'architecture que les Grecs en général séparaient soigneusement, mais qu'ils mêlèrent [4] aussi parfois. Ce que les

---

[1] Les colonnes du portique de Metellus étaient corinthiennes.

[2] « La place véritable des denticules est sous le filet de la corniche, car ils sont destinés à représenter extérieurement les têtes des chevrons dans la charpente d'un toit. Dans quelques édifices romains, les denticules sont placés sous les modillons; mais cela était contraire à l'habitude des Grecs, car leur sens et leurs destinations sont par là détruits. » (Rich., *Dict.*, p. 225.)

[3] Ils introduisirent dans l'ordre dorique les denticules (Rich., *Dict.*, p. 226), qui appartiennent à l'ordre ionique (Vitr., I, 2, 6). Enfin Vitruve se déclara pour le placement du triglyphe au-dessus du milieu de la dernière colonne, contre l'usage dominant en Grèce qui le plaçait à l'extrémité de la frise. (Vitr., IV, 3, 2, 4.)

[4] Les colonnes doriques se rapprochent des règles de l'ionique dans le temple de Némée, que l'on croit du temps de Pindare. (Clark., *Pel.*, p. 64.) Le dorique et l'ionique sont mêlés dans le tombeau de Théron, à Agrigente, qui est de la 90ᵉ olympiade. (Hirt., *G. d. bauk.*, II, p. 94.) Les colonnes doriques du temple des Dioscures, dans la même ville, se rapprochent de l'ionique par leur cannelure. *Ib.*, p. 90.) Les Grecs à Sélinunte employèrent les denticules dans l'ordre

Romains inventèrent ne fut ni très original ni très-heureux ; l'ordre toscan ne fut qu'un dorique imparfait et le composite un mélange bâtard de l'ionique et du corinthien. Sauf ces différences et quelques autres, l'architecture romaine n'offre bien souvent qu'une reproduction de l'architecture grecque ; même les colonnes surmontées par des statues, comme les colonnes Trajane et Antonine, existaient en Grèce [1], et Varron construisit dans sa villa, pour loger ses oiseaux, un édifice semblable à la tour des Vents, monument d'Athènes que le temps a épargné [2] et que surmontait un triton tournant sur un pivot [3], la plus ancienne girouette connue.

Mais la vraie gloire de l'architecture romaine fut dans les constructions utiles, telles qu'égouts, aqueducs, voies, ponts et marchés.

Quant aux égouts, cette architecture fut originale, non par l'idée première de ce genre de construction, il y eut de bonne heure des égouts en pays grec — on cite ceux de Syracuse et d'Agrigente — mais par la grandeur, la solidité, l'étendue qu'elle sut leur donner.

---

dorique. (*Ib.*, p. 97.) Le monument de Lysicrate hésite entre l'ionien et le corinthien. (*Ib.*, 117.)

[1] Et celles qui portaient les statues de Nicolas au Panthéon.

[2] Varr., *de R. rust.*, III, 5. Les noms grecs et latins des vents sur un débris antique. (*M. P. Cl., salle du Méléagre.*) On a reproduit cette disposition en écrivant les noms latins et italiens des vents autour de l'obélisque de la place Saint-Pierre.

[3] Vitr., I, 6, 4.

La république ne fit rien de pareil à la Cloaca Maxima, mais elle répara cet égout gigantesque, comme le prouve l'emploi du travertin qu'on y a remarqué[1].

Depuis la réédification précipitée de Rome après le départ des Gaulois, on avait bâti au-dessus des égouts, ce qui avait empêché de les entretenir et de les nettoyer. Sous la censure de Caton et de Valerius Flaccus, ils furent mis en bon état. C'était un travail considérable, car il coûta cinq millions[2]. En même temps, les censeurs affermèrent la construction de nouveaux égouts parmi lesquels Tite Live[3] nomme les égouts de l'Aventin. On avait cru les retrouver, il y a peu d'années, dans des fouilles poursuivies avec beaucoup d'activité par les PP. dominicains de Sainte-Sabine, sous la direction du P. Besson, ancien élève de l'Académie de France et qui unissait à une sainteté exemplaire ce don de la peinture naïve, si admirable chez le dominicain de Fiesole. On a constaté dans l'intérieur du mont Aventin l'existence de plusieurs étages de conduits souterrains[4] communiquant entre eux par des

---

[1] Abek., *Mittel. it.*, p. 175. Dans le prolongement souterrain qui passait sous le Forum. Abeken nie formellement la présence du travertin à l'embouchure de la Cloaca vers le Tibre, au moins dans les assises inférieures (*ib.*, p. 171), où Canina l'avait signalée.

[2] 1,000 talents. (Den. d'Hal., III, 67.)

[3] T. Liv., XXXIX, 44.

[4] L'intérieur du Capitole offre la même disposition de conduits souterrains et de puits.

puits et dans lesquels ont été trouvés un vase qui contenait de l'eau antique et un robinet [1]. Mais il paraît qu'il faut renoncer à reconnaître dans les conduits de l'Aventin l'œuvre de Caton [2].

Les aqueducs, dont le nom éveille soudain l'idée de la grandeur romaine, dont les majestueux débris ravivent si puissamment l'image de cette grandeur et de sa ruine, les aqueducs nous intéressent surtout, ainsi que les autres monuments de Rome, par leur rapport avec l'histoire de Rome, par les événements auxquels se rattachent leur construction ou leurs réparations [3].

Le plus ancien des aqueducs romains, qui porta le nom du grand patricien Appius, date du milieu du cinquième siècle, quand le patriciat, déjà dépouillé en grande partie de ses prérogatives, sentait le be-

---

[1] On a trouvé aussi un robinet antique à Pompéi et un tuyau de pompe contenant de l'eau. (Murray, *S. it.*, p. 178.) Les tuyaux de plomb indiquent que les conduits de Sainte-Sabine servaient d'aqueduc pour amener l'eau des sources de l'Aventin dans le quartier marchand, situé au pied de cette colline, et dans lequel débouchait, vers l'entrée du marché aux Bœufs, le conduit de l'eau Appia. Les tuyaux de plomb et les puits sont mentionnés par Vitruve dans ses prescriptions au sujet des aqueducs. (Vitr., VIII, VI, 1.)

[2] Descemet, *Mém. sur les fouilles exécutées à Sainte-Sabine*, p. 24.

[3] Les aqueducs grecs, même si *crènè* veut dire aqueduc, n'avaient aucune ressemblance extérieure avec les aqueducs romains; on ne saurait leur comparer la source aux neuf canaux d'Athènes. (Paus., I, 14.) L'aqueduc de Mégare, admiré par Pausanias (I, 40, 1), était orné de colonnes; je crois que c'était plutôt une fontaine.

soin de défendre par des entreprises utiles sa popularité menacée; quand Rome, sûre de triompher de ses deux plus redoutables voisins, les Étrusques et les Samnites, sans inquiétude pour son existence, commençait à s'occuper de ce qui pouvait la rendre meilleure; quand la république victorieuse reprenait la tradition des travaux interrompus par une lutte politique nécessaire, depuis les rois. L'aqueduc et la voie d'Appius marquent un moment d'une grande importance dans la destinée de Rome, ils sont comme une magnifique vignette entre le premier alinéa de l'histoire de la république et les suivants.

Cet aqueduc était presque tout entier souterrain, disposition qui présentait moins de difficultés et ne permettait pas à l'ennemi d'intercepter les eaux; mais lorsque Rome ne sentit plus ses ennemis si près d'elle, elle étala ses aqueducs à la surface du sol, comme pour les défier, défi qu'acceptèrent les barbares le jour où ils vinrent couper les aqueducs.

Le second aqueduc romain, qu'on appelait l'*Anio ancien*, fut, comme la plupart des temples érigés sous la république, un monument de victoire. La victoire en fit les frais.

C'était le temps où Rome commençait à s'enrichir par la guerre, où Sp. Carvilius, vainqueur du Samnium, déposa dans le trésor public trois cent quatre vingt mille livres d'airain, consacra le reste du butin à ériger un temple du *Hasard fortuné*[1], et, avec les armures des Samnites, éleva sur le Capitole cette statue colossale de Jupiter qu'on pouvait apercevoir du mont Albain.

Celui qui amena dans la ville les eaux de l'Anio fut Manius Curius Dentatus, un vieux plébéien sabin[2] dont Pyrrhus ne put tenter l'incorruptible pauvreté, qui vainquit Pyrrhus et avec le butin fait dans cette guerre paya le prix de son aqueduc. Curius était un plébéien comme Carvilius, car le temps des plébéiens arrivait, et, chose remarquable, l'auteur du second aqueduc[3] avait été l'adversaire politique de l'auteur du premier. Appius Claudius ayant refusé d'admettre les votes qui désignaient au consulat un plébéien, Curius obtint du sénat un décret qui ratifiait d'avance le choix du peuple quel que fut celui sur lequel il pourrait tomber[4]. Ainsi

---

[1] *Fors fortuna*. Probablement il ne fit que réparer ou relever l'ancien temple dont on attribuait la fondation à Servius Tullius.

[2] Le nom de Curius est dérivé de celui du peuple sabin lui-même ; Manius vient de *manus*, bon, en sabin.

[3] L'eau de l'Anio fut prise au-dessus de Tibur, à vingt milles de Rome. A cause des détours, l'aqueduc avait une longueur plus que double de la distance, quarante-trois milles. Un quart de mille seulement était hors de terre. On en voit des restes dans les environs de Tivoli et près de la Vieille-Espérance (non loin de la Porte-Majeure). L'*Anio ancien* se rapprochait de l'eau Appia, mais, suivant une autre direction, entrait par la porte Esquiline, d'où il était conduit dans la ville. (Front., 6 et 21, Canina, *Descr. del luogo denom. ant. la Speranza Vecchia*, 1839.)

[4] Cic., *Brut.*, 14. Aur. Vict., *de Vir. ill.*, 35.

l'origine de l'aqueduc de l'*Anio ancien* est liée à la fois aux victoires que Rome remportait sur ses ennemis et aux grandes luttes qui mettaient aux prises ses citoyens.

La mort empêcha Curius Dentatus de voir l'achèvement de son aqueduc[1]. Il fut terminé par un Fulvius Flaccus, de race sabine[2] comme lui.

La suite de l'histoire des aqueducs caractérise les changements survenus dans la république ; à la fin du siècle suivant (le sixième), deux hommes, dont les familles jouent un grand rôle à cette époque dans la construction des monuments d'utilité publique, les Æmiles et les Fulvius, M. Æmilius Lépidus et M. Fulvius Nobilior, pendant leur censure, qui fut elle-même si féconde en travaux de ce genre, voulurent introduire une eau nouvelle dans la ville et la faire passer sur des arcades, mais ils échouèrent contre l'égoïsme de M. Licinius Crassus ; celui-ci ne voulut point que l'aqueduc passât sur son terrain[3], donnant déjà un exem-

---

[1] Front., *de Aquæd.*, i, 6.

[2] Outre les raisons que j'en ai données, je remarque que le nom de Flaccus, si ordinaire dans la gens Fulvia, appartient à une branche de la gens Valeria que l'on sait avoir été sabine.

[3] T. Liv., xl, 51. Hirt (*G. de bauk.*, ii, p. 185) suppose qu'il s'agit ici d'une nouvelle direction donnée à l'*Anio* ancien, mais Tite Live ne le dit point. Dans tous les cas, l'aqueduc projeté devait passer très-vraisemblablement par les jardins Liciniens qu'on trouve plus tard possédés par les Crassus, branche de la famille Licinia. Si l'aqueduc avait été exécuté, il serait donc entré dans la ville du côté de Sainte-Marie-Majeure.

ple de cet amour excessif de la propriété qui rendit un autre Crassus célèbre par son avarice, et les censeurs durent renoncer à leur projet. L'intérêt privé résistant à l'intérêt général et la richesse plus puissante que la censure... On est déjà bien loin des temps de Curius Dentatus.

Les abus allaient se multipliant. A une époque où les terrains consacrés au culte public, les bois sacrés qui entouraient les temples, étaient impunément envahis par l'avidité des particuliers, il n'est pas surprenant que les particuliers se permissent de détourner à leur profit l'eau des aqueducs ; c'est ce qu'ils faisaient en effet, et de plus on laissait dépérir les aqueducs eux-mêmes[1]. Le sénat finit par s'en émouvoir et chargea le préteur Q. Marcius Rex[2] de prononcer sur les usurpations qui avaient été commises, de réparer les aqueducs et d'amener de nouvelles eaux dans la ville. Marcius fit en effet rentrer l'État dans ses droits, rétablit les conduits de l'eau *Appia* et de l'*Anio*,

---

[1] Front., *de Aqu.*, 1, 7.

[2] Ce n'est pas ma faute si je trouve partout des Sabins. Marcius ou Martius était un nom sabin depuis le roi Ancus Martius jusqu'à la tante de César Marcia, qui prétendait descendre de ce roi dont on voit l'effigie sur les médailles de la famille Marcia. Pour Q. Marcius Rex, il devait son surnom à une prétention semblable, laquelle ne prouve rien, du reste, que l'extraction sabine des Marcius. Pline (xxxi, 24), trompé par le nom de *Marcius Rex*, a cru que le roi Ancus Martius était le premier auteur de l'aqueduc, mais il n'est nulle part question d'aqueducs au temps des rois.

enfin en construisit lui-même un troisième qui porta son nom (*Aqua Marcia*) [1]. On avait pris Carthage et Corinthe, l'argent ne manquait pas à Rome, on dorait pour la première fois les lambris du Capitole [2], et le sénat accorda à Marcius une somme d'environ deux millions. Les gardiens des livres sybillins déclarèrent que c'était l'eau de l'Anio qu'il fallait conduire au Capitole. Peut-être y avaient-ils quelque intérêt; le soupçon d'un intérêt particulier dans les décisions d'un tribunal ecclésiastique est un soupçon qui vient fatalement à Rome. Quoi qu'il en soit, la question fut débattue à deux reprises dans le sénat, mais Marcius l'emporta. Sa statue [3] fut placée sur son aqueduc, derrière le temple de Jupiter, à l'endroit où cet aqueduc atteignait le sommet du Capitole.

Marcius était allé chercher l'eau à trente-six milles de Rome, beaucoup plus loin qu'on ne l'avait fait jusqu'alors [4]. La longueur de l'aqueduc, avec les détours, était d'environ vingt lieues, dont deux et demie seu-

[1] Pl., *Hist. nat.*, xxxv, 24, 17. L'Aqua Tepula est nommé par Pline comme existant déjà; mais Frontin (8) nous apprend qu'elle ne fut amenée à Rome que dix-sept ans plus tard, en 627.

[2] Un demi-siècle auparavant on avait placé des boucliers d'or sur le faîte du temple de Jupiter Capitolin. (T. Liv., xxxv, 10.)

[3] Canina, *Rom. ant.*, p. 615.

[4] A trois milles sur la droite du trente-sixième mille de la Via Valeria, aujourd'hui route d'Ascoli, on voit les sources très-abondantes de l'eau Marcia (Nibby, *R. Ant.*, i, p. 361). L'eau Marcia était encore meilleure à boire que l'eau Virgo. Il a été question de l'amener de nouveau à Rome.

lement sur des arcades, le reste sous terre. L'eau arrivait sur le Capitole, ce qui me fait croire qu'elle suivait la crête de la colline détruite depuis par Trajan et qui unissait alors le Capitole au Quirinal [1].

Quelques années après, on construisit un aqueduc de peu d'étendue, trois lieues seulement ; l'eau qu'il apportait s'appela *Tepula* [2]. Ce fut le dernier aqueduc de la république ; bien que la construction de l'*eau Julia* soit antérieure de trois ans au combat naval d'Actium, je ne puis séparer l'œuvre d'Agrippa des œuvres de l'empire et attribuer à la république ce qui s'est fait après la bataille de Philippe, car dans cette bataille la république était morte.

Rien ne donne une plus haute idée de la grandeur de Rome que les voies romaines ; ces voies, disent Strabon et Plutarque, et nous pouvons le dire aujourd'hui en contemplant leurs restes, pavent les plaines, fendent les montagnes, passent sur les torrents franchis et les vallées comblées.

Les voies étrusques servirent sans doute de modèles aux voies romaines. Ces modèles ne purent leur venir ni de Carthage, qu'à l'époque d'Appius ils ne connais-

---

[1] Parvenue aux jardins de Pallas (dans les environs de la Porte-Majeure), une portion de l'eau Marcia s'en détachait pour aller gagner le Cælius par le ruisseau *Herculeus*, ainsi nommé sans doute parce qu'il passait près du temple d'Hercule. (Front., 19.)

[2] L'eau Tepula commençait au dixième mille, à deux milles à droite de la voie Latine. (Front., 8.)

saient pas encore[1], ni de la Grèce[2], qu'alors ils ne connaissaient guère mieux et où la nature du pays, comme en ont un sentiment très-vif tous ceux qui l'ont traversé, a toujours présenté et présentera toujours aux communications tant d'obstacles, étant coupé en tous sens de montagnes très-rapprochées et très-escarpées ; ce qui est la clef de son histoire et a produit ce morcellement d'où sont sorties une vie individuelle très-féconde et des divisions perpétuelles, des guerres incessantes et longues entre des villes extrêmement voisines, comme Sparte et Messène, divisions et guerres qu'on a peine à s'expliquer quand on n'a pas éprouvé par soi-même combien il est difficile en Grèce de franchir les plus petites distances.

L'histoire des routes romaines sous la république est liée encore plus que celle des aqueducs à toutes les phases de l'histoire romaine; l'intervention et la prédominance de tous les partis politiques y est représentée; celle du vieux patriciat sabin par Appius, celle du plébéianisme nouveau par Flaminius. L'établissement des routes fut un moyen de popularité honnête entre les mains de Caïus Gracchus, qui

---

[1] Un compilateur peu ancien (Isid., *Étym.*, xvi, 7) donne une origine carthaginoise au pavage des routes, et cette assertion invraisemblable a été répétée trop légèrement après lui (Nibby, *Dint.*, iii, p. 495.)

[2] On trouve çà et là, en Grèce, des vestiges de route, peu considérables, mais nulle part la disposition propre aux routes romaines.

voulait mériter les suffrages populaires par de vrais services[1], et un moyen de popularité coupable entre les mains de Curion, qui voulait couvrir par là l'opprobre de sa défection de la liberté et gagner la faveur de la démocratie pour la livrer à César auquel il s'était vendu.

La solidité, ce cachet du caractère et des œuvres du peuple romain, n'est nulle part plus remarquable que dans leurs voies. Nous pouvons étudier par nous-mêmes la construction de ces voies et vérifier l'exactitude des renseignements que les anciens nous ont transmis à ce sujet. Ces renseignements sont peu nombreux et ont grand besoin d'être éclaircis et complétés par ce que nous voyons. Vitruve parle peu des voies; ce que nous avons de mieux à cet égard sont quelques vers d'un poëte médiocre, Stace. Heureusement, non pas pour lui mais pour nous, Stace était un plat courtisan qui célébrait toujours avec beaucoup d'empressement tout ce que faisait de bon ou de mauvais son cher empereur Domitien. Or, Domitien ayant réparé un morceau de la voie Appienne, Stace se hâta d'emboucher la trompette. Il se répand, il est vrai, en exclamations hyperboliques qui ne nous apprennent rien : « Oh ! combien de mains travaillent ensemble ! ceux-ci coupent les forêts et dépouillent les montagnes, ceux-ci avec le fer soulèvent les rochers et les poutres, ceux-ci unissent les pierres et forment le tissu

---

[1] Plut., 6, 7. App., *B. civ.*, i, 23.

de l'ouvrage au moyen du tuf et de la pouzzolane[1]. »

> Pulvere cocto sordidoque tupho,

Mais heureusement, encore cette fois pour nous plus que pour lui, Stace avait le défaut des poëtes de son temps : ce goût excessif de la description minutieuse qui est le caractère de toute littérature en décadence, et dans les vers qui suivent il énumère avec beaucoup d'exactitude les procédés employés pour construire une route[2], ce qui en latin s'appelait *munire viam* et qui se faisait sous la république de la même manière que sous l'empire.

« Le premier travail est de faire la tranchée et d'en niveler les parois, en creusant profondément la terre; puis, après avoir rempli le fossé évidé, le placer sur le dos d'âne (fondement de la route) le *gremium* (c'est-à-dire un amas de cailloux brisés et mêlés de chaux), de peur que le sol ne chancelle, et ne cède quelque part, oscillant sous le poids des pavés qui seront pressés sur lui. »

Stace n'oublie pas les trottoirs (*umbones*) qui subsistent encore en plusieurs endroits sur la voie Appienne aux portes de Rome et les pierres qui les relient et qu'il appelle des clous (*gomphi*).

> Tunc umbonibus hinc atque hinc coactis
> Et crebris iter alligare gomphis.

---

[1] Stat., *Sylv.*, iv 3, 49 et suiv.
[2] *Ib.*, 40-5.

Nous savons par d'autres témoignages que ces trottoirs n'étaient point pavés comme le milieu de la route mais couverts d'un sable battu [1] qui s'appelait *glarea* et s'appelle encore dans le nord de l'Italie *ghiarra*. L'établissement des rues considérables dans l'intérieur de Rome [2] était le même que celui des voies publiques, des grandes routes; les censeurs en affermaient de même la construction [3].

Chaque mille était marqué par une pierre. La première pierre miliaire de la voie Appienne a été trouvée en place et a montré que les milles se comptaient à partir des portes de Rome, et non du Milliarium aureum, encore debout au pied du Capitole. En Grèce, des amas de pierres, consacrés à Hermès sur les routes, indiquaient les distances [4].

---

[1] Tibulle disait à Messala, qui avait restauré une partie de la voie Latine :

> Quique opibus congesta tuis *hic glarea dura*,
> Sternitur, hic apta jungitur arte *silex*.
> *Eleg.*, I, 7, 59-60.

Tite Live (XII, 27) dit : Vias... glarea *marginandas*.
Plutarque (*Gr.*, 7) distingue également la *route* pavée de lave et les trottoirs formés d'une couche de gravier.

[2] On emploie, quand on en parle, le même mot *munire*. « Publicius Clivus apellatur, quem duo fratres. L. M. Publicii... munierunt. » (Fest., p. 238.)

[3] Censores... Viam a foro boario ad Veneris et circa foros publicos... (le long du Cirque) faciendam locaverunt. (T. Liv., XXIX, 57.)

[4] *Anth. gr.*, III, p. 197. Mercure et Hercule placés dans un trivium pour marquer la route. (Bas-rel., *M. Cap.*, *S. d. Emp.*)

Si j'écrivais l'histoire de *Rome hors de Rome*, beau sujet que je laisse à un plus jeune qui puisse faire pour tout l'Etat romain ce que j'ai fait pour une ville, je suivrais le progrès des voies romaines s'avançant avec la conquête et s'allongeant à mesure qu'elle s'étend sur le monde, on verrait la voie Appienne[1], qui s'arrêtait d'abord à Capoue, traverser ensuite toute l'Italie méridionale quand celle-ci devint romaine et conduire les légions où elle devait plus tard conduire Virgile, à Brindes, c'est-à-dire aux portes de la Grèce. La voie Valéria[2], ouverte pendant les guerres samnites pour prendre en flanc le Samnium; la voie Flaminienne[3],

[1] Appius l'établit : « Viam munivit » (T. Liv., ix, 29), mais elle ne fut pavée qu'après lui, d'abord en dalles de tuf, *saxo quadrato*, jusqu'au temple de Mars (T. Liv., x, 23); puis en lave, *silice* (T. Liv., x, 47), du temple de Mars jusqu'à Boville. Enfin, au temps de Scipion l'Africain seulement (T. Liv., xxxviii, 28), on remplaça les dalles de tuf par de la lave, de la porte Capène jusqu'au temple de Mars. A cette époque, la voie Appienne n'était donc pavée en lave que sur un espace de cinq lieues; *saxum quadratum* se prend pour toute pierre tuf ou travertin, taillée en rectangle, par opposition à *silex*, la lave qui était taillée en polygones irréguliers. Pour une voie, l'emploi du tuf volcanique est plus naturel à supposer que celui du travertin. A l'établissement de la voie Appienne, qui traversait les marais Pontins, se liait nécessairement l'entreprise de dessécher ces marais, entreprise que reprit au sixième siècle Cornélius Cethegus (T. Liv., *Epit.*, xlvi), que devaient reprendre à leur tour César et Napoléon et que nul d'entre eux ne devait achever.

[2] L'un des chemins ouverts en 447 par M. Valérius Maximus et son collègue M. Junius Bubulcus. (T. Liv., ix, 43.)

[3] T. Liv., *Epit.* xx.

tournant l'Étrurie soumise à travers l'Ombrie et se dirigeant vers le pays des Gaulois, toujours menaçants, puis partant de Rimini, sa dernière étape, pour aller, perçant le pays gaulois, jusqu'au pied des Alpes [1] : la voie Aurélia [2], longeant l'Étrurie à l'ouest et plus tard poussée à travers toute la Ligurie durant les longues guerres liguriennes, tandis qu'entre la voie Flaminienne du côté de l'Adriatique et la voie Aurélia sur la mer thyrrhénienne, la voie Cassia [3] allait au cœur du pays étrusque, ainsi embrassé de partout et troué de part en part à son centre; enfin la voie Domitia, œuvre d'un aïeul de Néron, ouvrant la Gaule aux conquêtes de César [4]. Écrivant l'histoire de Rome à Rome, je n'ai le droit de m'occuper que de l'origine des voies conduisant à des points assez rapprochés pour que leur but soit à ma portée, comme les voies d'Ostie, de Tibur, de la Sabine. Or, leur origine est inconnue;

[1] En se continuant vers Aquilée (Strab., v, 1, 11). Strabon, dans ce passage, a confondu Flaminius qui fut battu au lac Trasimène et son fils qui conduisit la voie paternelle de Bologne à Arezzo; une autre alla de Plaisance à Rimini.

[2] Il devait exister très-anciennement une voie entre Rome et Cæré. Elle fut pavée et prolongée jusqu'à *Forum Aurelii*, au delà de la Marta, par un Aurélius. Selon Nibby (*Dint.*, III, p. 564), par C. Aurélius Cotta en 512; puis, jusqu'au Vada Sabatiana, dans le Genovesin, en 644, par M. Æmilius, vainqueur des Ligures.

[3] Nibby (*Dint.*, III, p. 570) attribue l'établissement de cette voie à L. Cassius Longinus Ravilla, qui amena l'eau Tepula à Rome et fit une route en Thessalie.

[4] Drumann., *Gesch. Roms.*, III, p. 14. Cic., *Pro Font. fragm.*

ces voies existaient de tout temps, l'histoire ne dit rien de leurs commencements[1].

A Rome, on connaît moins l'histoire des rues que des routes ; cependant nous savons qu'à la fin du sixième siècle de Rome, après une maladie contagieuse, les censeurs ordonnèrent de paver les rues[2], mesure d'assainissement sans doute, analogue à celles qu'on a prises chez nous après le choléra.

Plusieurs rues de la Rome moderne suivent bien certainement la direction d'une rue antique que nous-mêmes suivons encore aujourd'hui ; on peut se donner le plaisir de marcher le long de la voie Sacrée en compagnie d'Horace, de la quitter avec lui pour la rue Neuve, à leur embranchement, de flâner dans la rue des Étrusques, de gravir avec Martial la montée de la Subure, de gagner le sommet de l'Oppius par la rue Scélérate, auparavant la Bonne-Rue ; en longeant la rue Pie on est bien sûr d'être dans le *Haut Sentier*. Mais l'histoire nous apprend rarement qui a ouvert ou pavé ces rues ; elle nous l'apprend cependant quelquefois. Nous savons que deux frères, qui étaient édiles en même temps, deux Publicius, pavèrent la montée à laquelle ils donnèrent leur nom et qui sert encore à ceux qui gravis-

---

[1] La voie Latine n'a point d'auteur connu ; elle devait donc exister avant la voie Appienne, dans laquelle elle allait tomber à Casilinum. On peut croire que l'intention d'Appius en conduisant la sienne près de la mer fut d'éviter les montagnes.

[2] T. Liv., XLI, 24-27.

sent l'Aventin pour visiter l'église de Sainte-Sabine ; nous savons qu'une rue, mise à l'entreprise par les censeurs M. Livius et C. Claudius, allait du marché aux Bœufs au temple de Vénus, en passant sur la pente de l'Aventin, le long du Cirque [1], là où maintenant il n'y a plus de rue.

Les ponts, on le pense bien, ne sont point une invention propre aux Romains : il y en avait un à Babylone [2], il y en eut en Égypte [3] et en Grèce ; mais les Romains ne paraissent pas avoir appris de la Grèce l'art de les construire [4], car leurs ponts reposaient sur des arcs voûtés, ce dont l'histoire grecque ne cite aucun exemple. Or, la voûte ne leur vient pas, je crois, des

---

[1] Tit. Liv., xxix, 37.

[2] Hérod., I, 186. Le pont de Babylone était soutenu par des piliers droits qui portaient des planches, κίονας (Diod. Sic., II, 8). On n'a trouvé en Égypte que quelques voûtes en briques. L'invention de la voûte est attribuée par Posidonius (Sen., *Ep.*, 90) à Démocrite, né vers l'an 460 avant Jésus-Christ. Les très-anciens monuments : le trésor d'Atrée, le trésor d'Orchomène, montrent cette *approximation* à la voûte que présentent d'autres monuments de l'époque pélasgique plutôt que la voûte véritable, la voûte à *clef;* cependant on a cru l'y reconnaître (Mure, *Ann. arch.*, 1838, p. 142-3). Le tombeau de Théron à Agrigente, que l'on cite comme le plus ancien exemple de la voûte, fut endommagé par la foudre (Diod. Sic., xiii, 86), ce qu'on oublie.

[3] On en voit dans les peintures des monuments égyptiens.

[4] Le mot *pons* est latin et ne ressemble point au mot grec *géphura*, qui veut dire aussi chaussée. Toutes les rivières en Grèce sont guéables ; il n'y a aujourd'hui d'autre pont dans ce pays que celui de Chalcis, sur un petit bras de mer, l'Euripe.

Grecs, chez lesquels elle remonte tout au plus à l'âge de Périclès[1], postérieur lui-même à la *cloaca Maxima* des Tarquins, et qui n'en firent pas un grand usage[2] avant l'époque alexandrine, tandis qu'elle joue un rôle considérable dans les monuments romains depuis les premiers temps[3]. La voûte qui constitue la plus grande différence de l'architecture grecque et de l'architecture romaine, la voûte, comme je l'ai dit, est venue aux Romains des Étrusques.

L'histoire des ponts de Rome m'appartient à double titre : ils sont dans la ville, et tous les ponts actuels, sauf peut-être une seule exception, remplacent un pont antique ou le conservent. Cette histoire est souvent curieuse. Le plus ancien de tous, le pont Sublicius, fut

[1] Contemporain de Théron. Le pont de deux cents pieds jeté sur l'Euripe entre Aulis et Chalcis était un pont en bois (pfahlbrücke). Voy. Hirt, *die Lehre der Geb.*, p. 415. On a trouvé quelques arches de pont en Grèce, mais rien ne prouve qu'elles soient antérieures à Démocrite, sauf peut-être le pont de Xero-Campo, formé de polyèdres irréguliers et qui, à cause de cela, doit être attribué aux Pélasges. (Clark, *Pélop.* p. 179.)

[2] L'Odéon d'Athènes était surmonté d'un *tholus*; mais nous savons que ce tholus n'avait point la forme d'une voûte, mais d'une tente (Paus., I, 20, 3), ce qui peut faire douter que le tholus de Scopas à Épidaure (Paus., II, 27, 3) en fût une. Le dôme qui surmonte le monument de Lysicrate est une voûte plate formée d'un seul morceau de marbre.

[3] La Cloaca Maxima, l'émissaire du lac Albano. La voûte paraît dans le *Tabularium*, monument de la république et à tous les autres égards d'un goût si grec. La voûte est partout dans les monuments de l'empire.

refait constamment toujours en bois, comme au temps où il fut coupé par Horatius Coclès, et pour l'être au besoin. Nous le retrouverons quand nous raconterons la mort de T. Gracchus. Sous l'empire, il était devenu le rendez-vous des pauvres, qui y tendaient *la main aux aumônes*, dit Sénèque [1], comme Juvénal, qui connaît aussi les pauvres du *pont*, nous peint les mendiants accompagnant les voitures à la montée de Laricia et envoyant des baisers aux voyageurs [2]; aussi Martial, dans ses imprécations contre un poëte famélique, souhaite qu'il soit exilé du *pont* et de la *montée*.

> Erret in Urbem pontis exsul et clivi.
> (Mart., x, 5, 3.)

Les mendiants sont encore à Rome assis sur les trottoirs des ponts et accompagnent encore les voitures aux montées avec une pantomime aussi expressive qu'au temps de Juvénal. A Rome, où ne mendie-t-on pas? Sénèque nous apprend aussi qu'on payait [3] pour le passage des ponts.

A côté du pont Sublicius était celui que, dans leurs mémorables censures de 575, firent construire M. Fulvius Nobilior et Æmilius Lépidus, et qui, du nom de ce dernier, s'appela Æmilien [4]. Il fut achevé dans les

---

[1] Sen., *de Vit., beat.* 25.
[2] Juv., *Sat.*, iv, 116.
[3] *Dial.*, ii, 14, 2.
[4] Il existait auparavant d'autres ponts que le pont Sublicius, car en

premières années du septième siècle par Scipion Æmilien et L. Mummius, censeurs, l'un vainqueur de Carthage, l'autre de Corinthe. Scipion Æmilien continuait l'œuvre commencée par un membre de la famille Æmilia, comme s'il voulait montrer par là qu'il se souvenait d'en être sorti. Pour Mummius, il avait beaucoup à faire s'il voulait autant bâtir à Rome qu'il avait détruit à Corinthe.

Les abords de ce pont étaient encore plus mal famés que ceux du pont Sublicius [1]. On place le pont Æmilius là où est aujourd'hui le ponte Rotto [2], rompu et réparé souvent, mais qui avait été brisé une dernière fois

parlant d'une inondation du Tibre survenue en 562, Tite Live (xxxv, 21) dit qu'elle emporta deux ponts. Celui-ci s'appela dans les bas temps pons *Lapideus*, par corruption de pons *Lepidi*, et par un de ces jeux de mots involontaires qui altèrent une dénomination dont on a oublié le sens pour lui donner un sens qu'elle n'a pas; ou bien ce pont fut-il appelé dès l'antiquité *pont de pierre* parce qu'il était le premier pont (comme le théâtre de Pompée appelé aussi *lapideus*) qui fût en pierre.

[1] Un scholiaste de Juvénal dit qu'il y avait là des *lupanaria*. Il y en avait à Rome dès le temps de Caton; ils durent beaucoup se multiplier dans la Rome impériale. Le *Breviarium* en indique quarante-six.

[2] Le *pons Æmilius* était près du théâtre de Marcellus : « Portuno ad pontem *Æmilium ad* theatrum *Marcelli* (*Cal. Capr.*: Can., R. Ant., p. 561). Cette proximité conviendrait encore mieux au ponte Quattro-Capi qu'au ponte Rotto. Celui-ci se serait appelé d'abord Æmilius, et le Fabricius qui lui a donné son nom, au lieu de le construire, n'aurait fait que le réparer. On pourrait peut-être entendre ainsi le *faciundrm curavit* de l'inscription. D'autre part, le sacrifice au dieu des ports Portunus tend à reporter le pont Æmilien, qui en est dit voisin, du côté de l'Emporium, et par conséquent du ponte Rotto.

quand on a eu l'idée de réunir ses deux extrémités par un pont de fer dont l'aspect sur ces débris d'un pont, qui avait succédé à celui de Scipion Æmilien, produit un singulier effet[1].

Il ne paraît pas que l'île Tibérine ait été mise en communication par des ponts avec l'une et l'autre rive avant la fin du septième siècle[2] de Rome. Le premier construit fut, comme il était naturel, celui de la rive gauche, le plus près de Rome. Il reçut le nom de

[1] Il n'est pas sûr que le ponte Sisto remplace un pont antique; les uns disent : le pons Probi, les autres le pons Aurelius; du premier on ne sait rien, le second est celui qui, d'après les antiquaires seulement, s'est appelé *pons Triumphalis* et dont on voit les restes au-dessous du pont Saint-Ange. C'est ce pont-là qui a dû s'appeler *Aurélius*, car la voie Aurelia était de ce côté. Cependant il a dû exister un pont pour communiquer directement du champ de Mars avec le quartier Transteverin, seulement nous n'en connaissons avec certitude ni le nom primitif, ni l'emplacement précis. Nibby (*R. ant.*, I, 178) croit que le pont Aurélius (le même pour lui que le pont Antonini) fut bâti par Caracalla, qui aurait usurpé le nom de Marc Aurèle; mais le nom qu'usurpait Caracalla était *Antoninus* et non *Aurelius*. Je crois, comme Nibby, que Caracalla avait fait un pont pour aller au delà du Tibre, dans ses jardins qui avaient été ceux de son frère Geta, mais je pense que ce pont ne s'est jamais appelé, pas plus que Caracalla, Aurélius; c'était bien plutôt le pons Antonini, du vrai surnom emprunté par Caracalla à Marc Aurèle. Or, le pons Antonini dont parlent les Actes des martyrs était un de ceux qui portaient dans l'île Tiberine, appelée alors Lycaonia, car les corps des martyrs mis à mort sur le pons Antonini sont jetés dans le Tibre près de l'île Lycaonia. (Actes des martyrs saint Hippolyte et saint Adrien et Actes de saint Calepode, cités par Canina. *R. ant.*, p. 584.)

[2] Dion Cass., XXXVII, 45.

Fabricius de son auteur, L. Fabricius, curateur des routes, qui en approuva la construction ou la reconstruction ; c'est ce que nous apprend une inscription qu'on lit encore sur une des arches du pont. Sur une autre arche est mentionnée une restauration faite par Q. Lépidus et M. Lollius, consuls. Q. Lépidus était peut-être le fils du triumvir [1]. Pour M. Lollius, Horace parle de son consulat avec Lépidus et dit que lui-même avait alors quarante-quatre ans. M. Lollius était célèbre par une défaite en Germanie et par son avidité selon Pline [2] et Velléius Paterculus [3], celui-ci suspect, il est vrai, dans cette circonstance, à cause de son dévoûment à Tibère, dont Lollius fut l'ennemi; mais Pline mérite plus de créance. Les faits ont cruellement démenti la belle ode qu'Horace a fait à Lollius l'honneur de lui adresser [4], et où Lollius est loué peut-être avec un peu de complaisance; car, au futur vaincu de la Germanie, le poëte dit qu'à travers les cohortes ennemies il a déployé ses forces victorieuses; à celui qui devait extorquer aux rois de l'Orient ce à quoi les Anglais donnent le nom de *bribe* et nous en France un nom plus vulgaire, Horace rend ce témoignage bien hardi : « Tu t'abstiens de l'argent, qui attire tout à lui. » Il est vrai que, lorsque Horace écrivait son ode,

---

[1] Drumann, *Gesch. R.*, i, 24.
[2] Pl., *Hist. nat.*, x, 58, 11-2.
[3] Vell. Pat., ii, 97.
[4] *Carm.*, iv, 9.

Lollius n'avait pas encore mérité les reproches de Pline et de Velleius Paterculus; mais il faut avouer que le panégyriste a eu du malheur.

Terminons l'histoire de ce pont, assez piquante comme on voit, puisqu'une vieille inscription sur une vieille arche nous a conduit à surprendre, hélas! un aimable et grand poëte donnant, dans les plus beaux vers du monde, la preuve d'une assez fâcheuse illusion. Le pont Fabricius nous ramène encore à Horace, mais cette fois sans avoir lieu de l'accuser, à propos de l'allusion qu'il fait à la singulière préférence accordée au pont Fabricius par les gens qui voulaient se noyer [1].

Dans l'autre pont de l'île, celui qui communique avec la rive droite, on croit reconnaître le pont Cestius, mais sans qu'on puisse en donner de très-bonnes raisons [2], à cause d'un L. Cestius qu'on suppose être le frère de ce M. Cestius dont le tombeau porte le nom de *pyramide* de Cestius. Laissé à Rome par César durant sa dernière expédition en Espagne, comme préfet de la ville [3], L. Cestius eut construit le pont qui s'est appelé

---

[1] Hor., *Sat*, II, 3, 36. Ce pont, appelé aujourd'hui *Quattro Capi*, a été bâti en pépérin avec un revêtement de travertin qui a en grande partie disparu et a été remplacé par un revêtement en briques. A cela près, il est presque intact.

[2] La seule qu'on puisse alléguer c'est que dans la *Notitia* et dans le *Curiosum* il est nommé après le pont Fabricius, mais l'ordre topographique n'est pas toujours observé dans ces nomenclatures.

[3] D. Cass., XLIII. 28.

pont de Cestius¹. Ce serait le dernier monument de Rome libre².

Ce ne sont point des censeurs qui ordonnèrent l'établissement des deux derniers ponts dont je viens de parler, et par là leur construction se lie à l'histoire politique de Rome ; la censure en effet était presque entièrement abolie à la fin de la république, signe fâcheux des temps. On voulait la liberté du vice et par là on préparait la chute de la vraie liberté.

L'histoire des ponts qui avoisinent Rome est liée aussi à l'histoire romaine. Le ponte Salaro a vu le combat de Manlius Torquatus et du Gaulois ; le pont Molvius (aujourd'hui ponte Mole) date probablement du temps de l'invasion d'Annibal et doit être contemporain de la voie Flaminienne, dont il faisait partie. Il fut refait par M. Æmilius Scaurus³, père de celui qui éleva le magnifique théâtre dont j'ai parlé et à peu près aussi corrompu que lui. Les Æmilii, après Paul Émile, sont une race avide d'argent comme le montrent ces deux Scaurus, Lépide le triumvir et Æmilius Paulus,

---

[1] Nibb., *R. ant.*, I, p. 69.

[2] D'autres le font bâtir sous Tibère, mais Tibère n'eût pas souffert qu'on donnât à un particulier le nom d'un pont élevé sous son règne.

[3] Amm. Marcell., 27, 3, 9. Aurelius Victor (*de Vir. ill.*, 61), dit : « Pontem Mulvium *fecit*. Mais ce mot « facere » s'applique souvent à la réédification de monuments plus anciens. L'inscription d'Ancyre en fournit des exemples. On a vu que le pont Mulvius existait au temps de la seconde guerre punique. (T. Liv., xxvii, 51.)

acheté par César, mais on trouve sans cesse leur nom attaché à des œuvres d'utilité publique.

C'est certainement à la plus belle époque de l'architecture républicaine qu'appartient le *ponte di Nona* [1], sur la voie Prénestine, probablement à l'époque du Tabularium, c'est-à-dire au temps de Sylla. Il est bâti en pépérin dont les blocs ont quelquefois dix ou douze pieds de longueur; au-dessous des arches, qui ont de dix-huit à vingt-quatre pieds de hauteur, est un pont beaucoup plus petit, qui a précédé l'autre. Ce petit pont primitif était sans doute l'œuvre des habitants du lieu et leur suffisait; mais Rome est venue; elle a élevé le niveau du pont jusqu'au niveau de la route, à laquelle il était lié, et a laissé subsister à ses pieds son humble prédécesseur comme pour servir à mesurer sa grandeur par le contraste [2].

Le pont magnifique et intact de Cori, avec son arche de vingt-cinq pieds, jeté sur un ravin au pied duquel

---

[1] Ainsi nommé au moyen âge parce qu'il est situé aux environs du neuvième mille antique, à partir de la porte Esquiline. Il n'est qu'à huit milles un quart de la porte Majeure (Nibb., *Dint.*, II, p. 591), mais la porte antique était plus loin du pont : ceci montre que les pierres miliaires antiques étaient encore debout quand le nom moderne de ce pont lui a été donné.

[2] D'autres ponts moins considérables conservent l'aspect de l'architecture républicaine, le ponte Mammolo, sur la voie Tiburtine, dont une partie est des derniers temps de la république, car, bâties en tuf volcanique, deux de ses arches ont des archivoltes de travertin (Nibb., *Dint.*, II, p. 578); le ponte Fratto, sur la route d'Ostie, etc.

roule un torrent, arche a triple cintre comme celle de la Cloaca Maxima, rappelle encore ce grand travail étrusque par ses blocs énormes de tuf. Un pont romain ne peut pas être en ce lieu plus ancien que le cinquième siècle, il montre qu'au moins jusqu'à cette époque les Romains bâtissaient à la mode étrusque. Je crois qu'il faut rapporter aux Étrusques eux-mêmes les ponts taillés dans le roc, comme on en voit deux près de Véies, ville étrusque[1] et deux ponts voisins aussi de Véies qui semblent contemporains de son état primitif.[2] C'est une confirmation de l'origine étrusque que j'ai donnée au pont romain.

Le forum, le lieu romain par excellence, procède certainement de l'agora grecque, comme la *piazza* italienne du moyen âge procède du forum romain. Ce que désignent ces trois noms est un carré long entouré de portiques[3] soutenus par des colonnes et sous lesquels sont des boutiques servant à la fois de marché, de place publique pour les assemblées et de promenade. L'agora était, ainsi que le forum, un marché. A Athènes, il y avait un marché pour chaque chose, le poisson, les fleurs, les parfums, les oignons,

---

[1] Le ponte Sodo et l'Arco del Pino (Nibb, *Dint.*, III, p. 427, 433.

[2] Abeken (*Mittel. it.*, p. 184) l'affirme pour le ponte dell' Isola, entièrement construit en tuf et en pépérin. Selon lui, le ponte di Formello n'est qu'en partie antique.

[3] L'Agora des villes grecques, aussi bien que le Forum romain, était entouré d'un portique à deux étages. (Vitr., v, 1, 1.)

les poteries, les habits neufs et vieux, les livres et les esclaves. Il y avait aussi des marchés spéciaux à Rome, et il y en a encore, c'était un progrès sur le *marché commun*, où les objets les plus disparates sont vendus dans le même lieu. Tel est encore le caractère du bazar oriental ; on l'observe partout où le commerce n'a pas atteint de grands développements, je l'ai rencontré dans la nouvelle Athènes et dans les villes naissantes des États-Unis ; on en trouve, sans sortir de Rome, un spécimen assez piquant sur la place Navonne, où sont exposés en vente des herbages, des vases de terre, de la ferraille et des livres. Les prêteurs et changeurs, qu'on appelait en latin *argentarii* et en grec *trapezitai*, ce qui revient à peu près à notre mot *banquier*[1], avaient en Grèce leur établissement dans l'agora comme dans le forum.

Mais l'agora, à la différence du forum, primitivement un marché, fut d'abord le lieu des jugements et des délibérations publiques[2], qui avaient lieu, dès le temps d'Homère[3], dans une enceinte entourée d'un mur de grosses pierres, comme le forum d'Auguste. Dès lors l'agora était ce qu'elle devint à Athènes et ce que fut le forum romain, un rendez-vous d'oisifs, que,

---

[1] *Trapeza* table, comme *banco*. De là le mot *banqueroute*, table brisée. A Rome, on voit encore sur les places publiques de petites tables pour les changeurs.

[2] *Agorê* était le nom même de l'assemblée. (*Il.*, vii, 345-6.

[3] *Il.*, xviii, 497-506. *Od.*, vi, 266-7 viii, 109 ; xvi, 361.

par allusion aux statues dont elle était peuplée, autre trait de ressemblance avec le forum, l'on appela les *statues de l'agora*.

Ces deux emplois de l'agora furent parfois séparés, comme le voulait Aristote[1]. A Athènes, le Pnyx servit de forum politique et l'agora plus spécialement de marché. Le forum de César devait être consacré uniquement, je ne dirai pas aux délibérations politiques de l'ancien forum, César entendait bien que leur temps fût passé, mais aux jugements; on ne devait y rien vendre et y rien acheter, sauf peut-être la justice.

Dans le forum romain, comme au milieu des places publiques de la Grèce, s'élevaient des colonnes honorifiques et des statues. On y plaça sur une colonne, près des rostres, un cadran solaire[2], invention grecque, puis une horloge à eau, découverte que Ctésibius venait de faire à Alexandrie.

Les Romains n'avaient pas su approprier les cadrans grecs[3], faits pour une autre latitude, à celle de leur climat. Scipion Nasica les remplaça par une horloge à eau ; c'était la fameuse clepsydre qui limitait sagement

[1] Arist., *Pol.*, vii, 1.
[2] On voit dans les collections de Rome plusieurs cadrans solaires antiques.
[3] Ils étaient placés à côté de la tribune. Le peuple, tourné vers l'orateur, voyait ainsi l'heure comme on la voit dans la plupart des théâtres d'Italie, sur un cadran placé au-dessus du rideau.

la prolixité des avocats. Le même usage existait à Athènes, puisque nous savons qu'on y arrêtait la clepsydre pendant la lecture des pièces du procès, afin que l'orateur eût tout le bénéfice du temps qui lui était concédé. A Rome, sous la république, la loi, ce qui était humain, accordait deux heures à l'accusation et trois à la défense; mais cela ne parut point suffisant aux orateurs de l'empire, qui se dédommageaient du silence de la tribune par la longueur des plaidoiries; il fallut accorder davantage, et Pline le jeune nous apprend[1] que de son temps la loi donnait six heures de parole à l'accusation et neuf à la défense.

On doit signaler aussi de grands travaux entrepris vers la fin du sixième siècle. M. Æmilius Lépidus et M. Fulvius Nobilior, ennemis politiques mais qui donnèrent une grande joie à leurs concitoyens en se réconciliant, et ne disputèrent plus que de zèle pour l'embellissement de Rome; ils établirent un théâtre temporaire[2], bâtirent un pont et une basilique auxquels Æmilius donna son nom, et construisirent plusieurs marchés. On fit beaucoup aussi pour l'approvisionnement de la ville; deux frères de cette gens Æmilia qui a attaché son nom à tant de monuments d'utilité publique, avaient créé un *emporium*[3], lieu destiné au

---

[1] *Epist.*, IV, 9.
[2] T. Liv., XL, 51.
[3] *Ib.*, XXXV, 10.

débarquement des marchandises et où on les débarque encore aujourd'hui. Fulvius Flaccus et Aulus Posthumius élevèrent des portiques en manière de *docks*, les pavèrent ainsi que l'emporium lui-même et établirent un escalier allant de l'emporium au Tibre [1]. Des restes de ces constructions se voient encore adossés à l'Aventin.

De ce côté, entre l'Aventin et le Tibre, hors de la porte Trigemina, étaient divers marchés, notamment le marché aux bois [2], le marché à la farine et au pain [3], les *horrea*, magasins de blés. Le voisinage de ces marchés, de ces magasins et de l'emporium produisait un grand mouvement de transport et fournissait de l'occupation à beaucoup de portefaix. Plaute [4] fait allusion à ces porteurs de sacs de la porte Trigemina. On peut en voir encore tous les jours remplir le même office au même lieu.

Nous connaissons l'emplacement des principaux marchés de Rome et la forme de l'un d'eux, le grand marché à la viande, Macellum magnum [5], sur le Cœ-

[1] Tit. Liv., XLI, 27.
[2] *Ib.*, xxxv, 41.
[3] Le Forum Pistorium reg., XIII. frument..., sur la base capitoline, même région. Marchés en dehors de la porte Trigemina. (T. Liv., XLI, 51.)
[4] Plaut, *Capt.*, I, 1, 22.
[5] Il est représenté sur une médaille de Néron. Canina croit que sa forme circulaire a été conservée dans l'église de Saint-Étienne *le Rond* (*R. ant.*, p. 83), l'église aux rebutantes peintures d'affreux martyrs, vraie boucherie, *macellum magnum*.

lius; c'était un bâtiment surmonté d'une coupole; nous savons aussi où était le marché aux bœufs [1]; le marché aux légumes [2], le marché aux poissons [3], le marché des friandises [4]. Si, devenus un moment par la pensée citoyens de l'ancienne Rome, nous supposons que nous avons quelque chose à acheter, nous saurons où le trouver.

L'architecture est un art essentiellement romain : bâtir allait par dessus tout au génie d'un peuple qui avait en toute chose l'instinct de la durée. Cependant, dès qu'il connut les Grecs, il voulut se faire Grec aussi par cet endroit; les temples bâtis sous la république, dont il reste quelques débris nous ont montré la prédominance du goût grec à Rome; mais les noms des architectes, quand nous les connaissons, sont presque tous des noms romains. On ne cite guère qu'un archi-

[1] Place de la Bocca della Verità, entre le Tibre et l'entrée du Cirque. (Ov., *Fast.*, vi, 8-9.)

[2] Près du théâtre de Marcellus (via Montanara), car la *colonna Lactaria*, au pied de laquelle on exposait les enfants, était dans le marché aux herbes, et cette colonne s'élevait devant le temple de la Piété, que remplaça le théâtre de Marcellus.

[3] Derrière la basilique Porcia (Plaut., *Capt.*, iv, 2, 34), près de Lautumies et près des *Boutiques neuves*, derrière l'église de Saint-Adrien.

[4] Forum Cupedinis. *Cuppes* et Cuppedia antiqui lautiores cibos nominabant. Fest (p. 48), sur la Vélia, séparé de la voie Sacrée par un bois de cornouillers, là où fut depuis le temple de Vénus et de Rome. Inter sacram viam et macellum editum corneta (Varr., *Ling. lat.*, v, 152). On voit près de la basilique de Constantin des ruines qui peuvent provenir des boutiques du forum Cupedinis.

tecte grec venu à Rome sous la république, Hermodore, de Salamine, auteur du temple de Jupiter dans le portique de Métellus, et du temple de Mars[1], situés tous deux dans la région du cirque Flaminien. Ces temples, du second âge de la république, furent donc tous grecs par l'architecture et presque tous romains par les architectes; mais ceux-ci étaient disciples des Grecs. Nous en connaissons plusieurs, outre le plus fameux de tous, Vitruve. Mutius construisit le temple élevé à l'Honneur et à la Vertu par Marius[2], après sa victoire sur les Cimbres; Valérius, d'Ostie, couvrit le

---

[1] Il faut joindre à ce nom ceux de deux artistes grecs Sauros et Batrachos, qu'un tour d'adresse imaginé par eux et raconté par Pline nous a conservés : ils avaient construit les deux temples que renferma depuis le portique d'Octavie (Pl., xxxvi, 5, 8); comme on ne leur permit pas d'y inscrire leur noms, ils sculptèrent sur la *base* des colonnes un lézard et une grenouille (en grec *sauros* et *batrachos*). Un lézard et une grenouille ornent les chapiteaux de colonnes antiques dans l'église de Saint-Laurent-hors-des-Murs, mais des chapiteaux ne sont pas des bases. L'ornement des colonnes de Saint-Laurent ne peut donc être qu'une imitation de celui que Sauros et Batrachos avaient ajouté à dessein aux colonnes de leur temple, à moins que *spira base* n'ait été pris pour *volute* par Pline. Un autre architecte grec, Sostrate, usa d'une ruse encore plus ingénieuse : Après avoir construit le célèbre phare d'Alexandrie, il traça une inscription en l'honneur du roi régnant sur la chaux dont le monument était recouvert, la chaux tomba et alors on en put lire une autre gravée sur la pierre où il était dit que le phare était l'œuvre de Sostrate. (Luc., *Quom. Hist. Conser.*, 62.)

[2] Vitr., iii, 2, 5. Vitruve cite encore Fufitius et P. Septimius, architectes romains. (vii, *Præf.*, 14.)

théâtre temporaire de Libon[1]. Ce qui est plus remarquable, Antiochus Épiphane, tandis qu'il imitait à Antioche avec une grande magnificence le temple de Jupiter Capitolin[2], fit venir dans Athènes un architecte romain[3], Cossutius, pour achever le temple de Jupiter Olympien dont la construction avait été interrompue depuis Pisistrate. Les rois d'Asie, pour disputer la Grèce à l'influence de Rome, étaient obligés d'employer des artistes romains[4]. Ariobarzane II, roi de Cappadoce, fit venir également à Athènes des architectes romains[5] qu'il chargea de rebâtir l'Odéon de Périclès, détruit pendant le siége de Sylla.

Appeler des architectes étrangers dans la patrie d'Ictinus n'était-ce pas, selon le proverbe antique, porter des chouettes à Athènes? Ce double fait n'en est que plus honorable pour les architectes romains. Vitruve, suspect, il est vrai, dé-

---

[1] Pl., *Hist. nat.*, xxxvi, 4, 2.

[2] T. Liv., xli, 20.

[3] Vitr., vii *Præfat.*, 15. On a trouvé à Athènes, près du temple de Jupiter Olympien, une inscription (Boeck., *Corp. Inscript.*, 362-3) où se lisent ces mots : Δεκμὸς (Decimus) Κοσσούτιος Ποπλίου Ῥωμαῖος. (*Ann. Arch.*, 1839, p. 303.)

[4] Les rois de Pergame, Attale et Eumène, avaient dans ce dessein beaucoup fait pour Athènes. Attale y avait construit à ses frais un portique qui reçut son nom. (Athen., v. p. 212.)

[5] Vitruve (v, 9, 1), Caïus et Marcus Stallius qui étaient Romains; Ménalipus, que leur adjoint une inscription, pouvait être un Grec. (Bellay, *Mém. de l'ac. des inscript.*, xxiii, p. 196.)

clare qu'ils ont égalé les architectes de la Grèce[1].

Cicéron demanda à un artiste romain nommé Cluatius le plan du temple qu'il voulait élever à la mémoire de sa fille Tullie[2]. Des noms d'architectes romains ont été trouvés à Terracine, Pouzzoles, en Espagne et sur les bords du Rhin[3].

Si l'architecture est un art essentiellement romain, la sculpture est l'art grec par excellence ; aussi, quand nous passons des architectes romains aux sculpteurs grecs qui ont travaillé à Rome, la proportion change et ce sont les derniers qui l'emportent de beaucoup. A peine si, parmi les sculpteurs, on trouve quelques noms romains, et encore faut-il en déduire les affranchis grecs qui, selon l'usage, portaient le nom de leur patron[4], comme ce Lollius Alcamenès[5] qu'un bas-relief

[1] Cum ergo et antiqui nostri inveniantur non minus quam Graeci fuisse magni architecti. (vii, *Præf*. 18.)

[2] Cic., *ad Att.*, xii, 118. L'architecte que Clodius employa à embellir sa maison au moment de sa mort (Cic., *pr. Mil.*, 17), d'après son nom, *Cyrus*, devait être Grec.

[3] A Terracine, un C. Posthumius Pollio ; à Pouzzoles, un Cocceius ; en Espagne un Apuleius ; à Bonn, sur les bords du Rhin, un Opponius Justus.

[4] Ainsi l'on pourrait croire que le Marcus Cossutius Cerdo dont on a trouvé à Lanuvium le nom écrit sur la base d'une statue (Br., *G. de Gr. I.*, i, p. 609) était un Romain, si une autre inscription qu'on lit sur une statue du *British museum* ne nous apprenait que ce Marcus Cossutius Cerdon était l'affranchi de Marcus Cossutius. (*Dilettanti*, i, 71.)

[5] Descendait-il, comme on l'a cru, du grand sculpteur grec Alcamène? Pas plus que moi, je pense, qui dans l'académie pastorale des Arcades ai aussi reçu pour mon nom de berger celui d'Alcamène. Ce

de la villa Albani nous montre tenant un buste qu'il vient d'exécuter, tandis que sa femme brûle de l'encens devant lui pour rendre grâces aux dieux de l'œuvre terminée [1]. Ce Lollius Alcamenès était Grec, comme le prouve son nom, auquel il avait joint celui de la famille Lollia parce qu'un Lollius l'avait affranchi; c'est ainsi qu'Horace, fils ou petit-fils d'affranchi, pouvait porter le nom de l'antique et illustre famille Horatia.

Les artistes qui ont un nom ou un prénom romain l'écrivaient quelquefois en lettres grecques et avec une forme grecque [2], tant le grec était à Rome la langue de l'art. Cependant c'était un Romain ce Coponius qui avait représenté les quatorze nations soumises par Pompée et dont, avec sa vanité ordinaire, il avait orné l'entrée de son portique [3]. Pour cette sculpture de la conquête on avait choisi un artiste romain.

Les sculpteurs romains qui tentèrent de rivaliser avec les sculpteurs grecs, leurs modèles, échouèrent

qu'il y a de certain c'est que ce Grec, dont le nom prouve l'origine, était revêtu, l'inscription le dit, de charges municipales, décurion et duumvir, et en conséquence avait adopté la toge romaine. Peut-être exerçait-il la sculpture en amateur. Une statue qu'on voit au palais Barberini a près d'elle deux bustes et représente aussi un sculpteur; on la donne assez ridiculement pour Brutus avec les têtes de ses deux fils.

[1] Cette explication de Zoega est la plus probable. On a supposé aussi un apothéose en quelque sorte domestique, ce qui l'est beaucoup moins.

[2] Γναίος pour Cnæus, pâte de verre citée par Winkelmann.

[3] Pl., *Hist. nat.*, XXXVI, 5, 27.

parfois dans cette tentative : une tête colossale dont l'auteur se nommait Décius, mise, dans le temple de Jupiter, en regard d'une tête pareille œuvre de Charès, auteur du colosse de Rhodes, ne servit, on l'a vu, qu'à faire ressortir l'infériorité du Romain [1].

Quelques noms latins de sculpteurs nous ont été conservés [2], mais plusieurs sont douteux [3], entre autres le nom d'une femme sculpteur, fait presque inouï dans les temps modernes [4]. L'Anthologie nous a conservé le nom d'une Lesbia, femme grecque qui avait donné, dit le poëte, à une statue en or de Vénus sa propre beauté [5].

---

[1] Pl., *Hist. nat.*, xxxiv, 18, 5. On a pensé, mais, ce me semble, sans motif suffisant, que ce pourrait être la tête de bronze du prétendu Commode, dans la cour du palais des Conservateurs.

[2] Autour de la *pigna*, maintenant dans le jardin du Vatican, trouvée non loin du mausolée d'Adrien, on a lu : Publius Cincius Salvius. Des inscriptions nous apprennent l'existence de Flavius Largonius qui faisait des statuettes en bronze : faber flaturarius Sigillarius. (Orell., *Inscript.*, n° 4280.)

[3] Un Titius Gemellus avait fait son propre buste (*Osann. Syll.*, sect. ii, 5), dit une inscription grecque, peut-être ne l'avait-il que dédié à sa propre mémoire. Le nom propre *Ingenuus* qu'on lit au bas d'un Mercure du Vatican (*Ingenui*) est plutôt celui du possesseur que de l'auteur de la statue.

[4] Sur un bas-relief on lit : Cassia Mani filia Mantilla Priscilla fecit (Brunn, *Gesch. d. Gr. K.*, i, p. 614-15). Ici encore le mot *fecit* indique peut-être seulement qu'une dame de la famille Cassia — ce devait être une personne considérable, car elle avait trois noms — avait fait faire le bas-relief. M. Mommsen tient d'ailleurs l'inscription pour suspecte.

[5] *Anth. palat.*, ix, 332.

Enfin, l'art italiote, soit pur, soit modifié par l'influence du goût grec, a été reconnu dans deux figures de bronze qu'on voit à Rome [1].

Les sculpteurs grecs qui travaillèrent à Rome sont en assez grand nombre, surtout dans le siècle qui précède l'empire. A mesure que le luxe devenait plus recherché, on s'adressait à la Grèce élégante et ingénieuse pour le satisfaire. Les artistes grecs fuyaient en foule [2] leur patrie asservie pour Rome encore libre. Varron [3] avait connu un Grec nommé Posis qui savait si bien imiter les fruits qu'on ne pouvait distinguer les siens des véritables. Ce genre de trompe-l'œil est encore aujourd'hui exécuté avec succès à Rome.

Mais d'autres sculpteurs grecs s'y illustraient par des ouvrages plus sérieux. Ophelion, fils d'Aristonidas [4], faisait le portrait de Sextus Pompée, qu'on appela un pirate et qui le fut en effet dans l'occasion, mais qui eut la gloire de lutter le dernier contre l'exécrable triumvirat. Si, comme il est possible, Ophelion était un affranchi de la famille Pompéia, il put être l'auteur

[1] Un jeune homme imberbe et une tête de Méduse, avec le nom de leurs auteurs, C. Pomponius et C. Ovius, au musée Kircherien, (Voyez Brunn, *Gesch. d. Gr. K.*, I, p. 533-4.)

[2] Des artistes grecs avaient été amenés d'Asie par le frère de Scipion l'Africain. (T. Liv., xxxix, 22.)

[3] Pl., *Hist. nat.*, xxxv, 45, 2.

[4] Ce nom est écrit sur une statue du Louvre; l'on a cru y reconnaître les traits du fils de Pompée.

de la statue historique de Pompée, qui, selon toute vraisemblance, est celle au pied de laquelle César fut immolé.

Vers ce temps vivait à Rome un sculpteur grec nommé Arcésilas qu'employèrent Lucullus et César. Il fut chargé par Lucullus, dont il était l'ami, d'une statue de la Félicité destinée au temple qu'élevait à cette déesse le voluptueux patricien, de la part duquel une semblable dévotion n'étonne point [1]. Le sculpteur grec fit pour le forum de César la statue de Vénus Génitrix [2]. Les nombreuses répétitions toutes semblables de cette Vénus, d'ailleurs essentiellement romaine, qu'on a trouvées à Rome, proviennent sans doute de la Vénus d'Arcésilas. Lié avec les grands personnages du temps, choisi par des hommes d'un goût délicat, comme Lucullus et César, pour décorer leurs monuments, Arcésilas était très à la mode, comme l'étaient les artistes italiens en France au seizième siècle, et il faisait payer fort cher la vogue dont il jouissait, puisqu'un chevalier romain lui donna, pour la reproduction en plâtre d'une coupe, un talent (environ cinq mille francs). Ce sculpteur, qui paraît avoir eu le goût des sujets légers, par exemple, des satyres emportant des nymphes [3], avait composé un

---

[1] Celui qui avait commandé la statue et celui qui devait l'exécuter moururent avant qu'elle fût achevée (Pl., xxxv. 45, 2) : la *Félicité* ne leur porta point bonheur.

[2] Pl., *Hist. nat.* xxxv, 45, 3.

[3] Pl., *Hist. nat.* xxvi, 5, 21.

groupe gracieux propre à orner le boudoir de quelque grande dame romaine et que reproduit dans son ensemble une mosaïque du Capitole; il représentait une lionne entourée par des amours ailés [1]; les uns la tenaient en laisse, les autres la forçaient à boire dans une coupe, d'autres lui chaussaient des souliers, sculpture enjouée et un peu bizarre qui semble appartenir à l'école fantasque du Bernin.

On sait les noms de plusieurs sculpteurs et ciseleurs grecs établis à Rome à la fin de la république [2] et dans le premier siècle de l'empire [3]; l'un des plus renommés fut Pasitelès de la grande Grèce, qui reçut le droit de cité romaine, peintre aussi et qui moulait en terre toutes ses figures avant de les peindre [4], ce qu'on dit également de Michel-Ange. De Pasitelès était une statue de Jupiter en ivoire dans le temple de ce Dieu qu'entourait le portique de Métellus, depuis portique d'Octavie, statue qui rivalisait avec les chefs-d'œuvre de la Grèce. Il fit le premier des miroirs d'argent, sans doute ornés de figures comme les miroirs étrusques. Il avait aussi représenté en argent Roscius

---

[1] Pl.; *Hist. nat.*, xxxvi, 5, 27.

[2] Pasitelès, Stephanos, Ménélas, et probablement plusieurs de ceux que Pline dit avoir vécu *vers le temps de Pompée*; Posidonius d'Éphèse, Lædus Stratiatès, Pythéas, Zopyrus, Teucer.

[3] Diogène, qui décora le Panthéon, Thaletio, affranchi de Mécènes fondeur de statuettes en bronze. Les artistes à nom grec que Pline dit avoir travaillé pour le palais des Césars.

[4] Pl., *Hist. nat.*, xxxv, 45, 3.

enfant enveloppé par un serpent dans son berceau [1].

Presque tous les graveurs sur pierres fines ont des noms grecs; un très-petit nombre ont des noms latins [2].

Quelle qu'ait été la quantité de sculpteurs grecs qui ont exercé leur art dans Rome, on y trouve cependant beaucoup d'échantillons d'une sculpture qu'on peut appeler romaine, œuvre des disciples de ces Grecs en général fort au-dessous de leurs maîtres. Les défauts de cette sculpture sont la lourdeur, la roideur, la sécheresse, la *manière* et une routine de ciseau produite par l'habitude de l'imitation, mais elles offrent aussi des qualités qui leur sont propres : une certaine majesté, une certaine gravité qu'on remarque dans des statues de divinités exclusivement ou spécialement romaines, comme l'Abondance, la Clémence, la Fortune [3]; dans des portraits romains de magistrats [4], d'empereurs, d'impératrices; dans les scènes triomphales et dans les pompes religieuses [5].

---

[1] Cic., *de Div.*, ɪ, 36. C'est par erreur que le nom de Pasitelès a été confondu avec celui de Praxitèle.

[2] Les plus certains sont Gneus et Aulus. Ces artistes devaient être célèbres, car leurs noms ont été bien souvent usurpés. Brunn *Gesch. der gr. Künstl.*, ɪɪ, p. 546-551, 560-6) ; on cite encore un Saturninus Severus. (*Ib.*, p. 578-9.)

[3] *Vat. nuov. bracc.*, 59, 74, 86.

[4] Une des plus belles statues de magistrat romain (*vill. Lud.*), est d'un Grec de l'empire, Zénon d'Aphrodise.

[5] *M. P. Cl.*, 81. Le sacrifice de Marc-Aurèle, dans le bas-relief de l'escalier du palais des Conservateurs, au Capitole.

Du reste les procédés sont semblables, même ceux dont l'emploi a prédominé à Rome dans les œuvres de la décadence remontent à la belle époque grecque, et l'invention du trépan, dont la sculpture romaine a tant abusé, date au moins de Callimaque [1], que les anciens regardaient comme l'inventeur de cet instrument. L'usage des *points*, destinés à guider le travail du praticien qui prépare mécaniquement l'œuvre de l'artiste, l'usage des points n'était probablement pas inconnu aux Grecs, car il était certainement connu des Romains [2]. On a trouvé près du forum, dans un lieu où fut probablement l'atelier d'un sculpteur, plusieurs figures ébauchées parmi lesquelles se trouvait une tête *mise au point*.

Les Romains avaient appris des Grecs l'art de mouler en plâtre [3] les statues, dont on pouvait ainsi,

---

[1] Selon Wagner, il remonterait encore plus haut et aurait été employé avant Phidias dans les sculptures d'Égine. (Müll., *Arch.*, p. 430.)

[2] On les a remarqués sur une tête d'Alcibiade qui est au Louvre. Sur les colosses de Monte Cavallo, sur le discobole. (Müll., *Arch*, p. 431.)

[3] On multipliait ainsi les portraits des hommes célèbres.

... Quamquam plena omnia gypso
Chrysippi...
Juv., *Sat.* II, 4.

Jupiter avait fabriqué une image du Bacchus enfant déchiré par les Titans : *ex gypso plastico*. (Lobeck, *Aglaoph.*, p. 571.)

On appelait cet art *gypsoplasia* (Osann., *Auct. lexic. gr.*, p. 188).

comme nous le faisons aujourd'hui, avoir chez soi à peu de frais une reproduction exacte.

L'usage où étaient les Grecs de peindre leur sculpture, comme ils peignaient leur architecture [1], est un fait maintenant avéré. Des traces de peinture ont été trouvées à Rome et sur des sculptures qu'on peut croire d'origine grecque et sur des sculptures purement romaines [2]. On connaît le mot célèbre de Praxitèle à qui l'on demandait quelle était la plus belle de ses statues et qui répondit : Celle qu'a peinte Nicias. Ce mot prouve l'importance du rôle que jouait la couleur dans la statuaire antique et montre qu'il ne s'agissait pas d'un simple vernis, mais d'un emploi réel de la peinture dont il est assez difficile de se faire une idée. On sait même que cette peinture était à la cire

On se servait de la poix pour cette opération. Lucien (*Jup. trag.*, 33) parle d'une statue de Mercure, dans le voisinage du Pœcile, toujours couverte de poix parce qu'elle était moulée constamment par les statuaires; plaisanterie qui est une fine louange de la beauté de ce Mercure.

[1] Les témoignages des anciens sont positifs (Quatremère de Quincy, *Jup. Ol.*, p. 49 et suiv.). On a constaté l'existence de l'architecture peinte à Sélinonte, à Egine, au temple de Thésée, au temple de Phigalie, etc. La *peinture de la pierre* dont parle Pline (xxxv, 1, 3) a été mise hors de doute, mais elle était plus ancienne que Pline ne le croyait. Il y avait à Athènes un tribunal rouge et un tribunal vert (Paus., I, 28, 8). On recouvrait aussi les colonnes d'un stuc blanc. *Colonnæ dealbatæ*. (Cic., *In Verr.*, II, 1, 55.)

[2] Parmi les statues sur lesquelles on a signalé des traces de coloration (Toelcken, *Arch. Nachl.*, p. 80-1), je citerai les frises du Par-

par ces vers du poëte Chérémon, qui décrit ainsi la beauté d'une jeune fille : « Ses cheveux, *couleur de cire*, comme les *blonds cheveux d'une statue*, flottaient aux vents[1]. » Les anciens peignaient donc leurs statues, mais comment les peignaient-ils? Dans l'art, comme en chaque chose, pour le succès tout dépend de la manière dont on s'y prend. Les curieux de l'antiquité doivent savoir gré des efforts tentés pour retrouver les procédés des artistes anciens. En ce moment un sculpteur habile, M. Gibson, essaye à Rome avec une ferme conviction d'appliquer la peinture à la statuaire. Tout le monde n'est pas d'accord sur la préférence à donner aux statues peintes de M. Gibson sur celles qui ne le sont pas, mais tout le monde est d'accord sur le talent qui a produit les unes et les autres.

Quelquefois, plusieurs détails d'une statue étaient en métal; on voit la trace d'un pareil agencement dans une tête de Minerve au Vatican [2].

thénon et de Phigalie; à Paris, la Pallas de Velletri, la Vénus d'Arles; à Florence, la Vénus de Médicis; à Naples, un Drusus; à Rome, le Nil, le prétendu Antinoüs du Capitole, les colosses de Monte Cavallo, l'Oreste et l'Électre de la villa Ludovisi, un Mercure (*M. Chiar.*, 579), une Domitia, bien certainement romaine, aussi bien que le bas-relief proconsulaire (*M. P. Cl.*, 39). Le vernis d'une tête d'Apollon (*M. P. Cl.*, 283) est encore visible.

[1] Athen., XIII, p. 608. Plutarque parle de ceux qui peignaient les statues à l'encaustique, ἀγαλμάτων ἐγκυσταί. (*de Gl. Athen.*, 6.)

[2] *M. Chiar.*, 197. La chaux, qu'ont recouverte les sourcils modernes, a montré qu'ils étaient primitivement en métal (*St. R.*, II, 2, p. 52-3.)

Les statues en métaux précieux sont rares à Rome, parce que le prix de ces métaux a empêché qu'elles fussent épargnées. C'est pourquoi on ne trouve à Rome ni statues d'or, ni statues d'argent, bien que les premières surtout y aient existé en grand nombre [1]. Quelquefois une couche d'or revêtait une statue d'argent. Il en était ainsi dès le temps d'Homère [2]. On a affirmé que les bas-reliefs de la colonne Trajane étaient au moins en partie dorés, mais ce fait ne s'est pas confirmé, et il ne reste d'or à Rome que sur quelques statues en bronze, comme le Marc-Aurèle et l'Hercule du Capitole. L'ivoire, très-employé aussi par les anciens, mais trop employé aussi au moyen âge pour être conservé, est absent, sauf les dyptiques des collections d'antiquités que Rome renferme.

Les statues grecques étant pour les Romains, aussi bien que pour nous, des objets d'art dont ils faisaient des collections, et les ornements de leurs demeures; ils eurent quelquefois, comme on l'a eu beaucoup trop depuis, l'idée de les restaurer [3], ce qui est presque toujours les altérer et les détériorer. On les raccommodait à la

---

[1] D'après un relevé des statues de Rome qu'on croit rédigé sur des catalogues du quatrième siècle, il y aurait eu à Rome : 80 statues d'or ou dorées, 3,810 statues de bronze, 46 statues d'ivoire. (Canina, *Rom. ant.*, p. 627.)

[2] Comme un homme qui étend l'or autour de l'argent. (*Od.*, VI, 232.)

[3] Un atelier de restauration a été découvert à Rome près du

manière moderne, leur donnant des jambes, des bras tels quels et des têtes de fantaisie, espèce de mutilation par voie de supplément qui change si souvent le caractère et la signification véritable d'une œuvre antique, bien souvent aussi la dépare grossièrement pour la rendre plus belle à l'œil ignorant et la dénature pour la faire mieux comprendre; barbarie qui passera de mode et dont au moins on a épargné l'affront au *torse* du Vatican et à notre Vénus de Milo.

A Rome, un affranchi romain, Aulanius Évander [1], se permit de remplacer par une tête de sa façon la tête qui manquait à une Diane de Timothée. On fut plus respectueux pour les tableaux, personne n'osa restaurer, la Vénus Anadyomène [2]. Mais Pline semble indiquer une autre barbarie plus grande, des peintures palimpsestes recouvrant les tableaux d'Apelles [3].

forum. On a cru découvrir des traces d'une restauration antique dans la tête dite d'Hésione de la villa Ludovisi. Selon Visconti, les bras de la Junon Barberine (*M. P. Cl.*, 550), dans l'antiquité, étaient déjà rapportés.

[1] Pl., *Hist. nat.*, xxxvi, 5, 20. Cet Évander avait aussi de la réputation comme mouleur en argile, si c'est lui dont parle Horace à propos d'un plat de grand prix. (Hor., *Sat.*, i, 3, 90.)

[2] Pl., xxxv, 36, 28. De même, Canova refusa de refaire une jambe de la Vénus Callipyge, mal remplacée par Albacini. Sous Néron, un peintre osa refaire la Vénus Anadyomène. (Pl., xxxv, 36, 28.)

[3] Autrefois, dit-il, Nulla in Apellis tectoriis pictura erat. (xxxv, 37, 6.) On gâta plusieurs fois des tableaux en voulant les nettoyer

L'emploi de marbres de couleurs différentes, l'alliance du marbre et du bronze dans la même statue ou le même buste que présentent à Rome les ouvrages datant de l'empire, et qui est un signe de décadence, avait son principe dans la sculpture grecque, laquelle, aux meilleurs temps, faisait entrer dans la composition de ses chefs-d'œuvre l'or et l'ivoire ; c'était une altération mais un résultat de ce principe.

La coutume antique chez les Grecs d'habiller et de parer les statues sacrées[1] s'était conservé à Rome et s'y conserve encore. Tout le monde a vu la statue de saint Pierre revêtir dans les grandes solennités ses magnifiques habits de pape. On lavait les statues des dieux, on les frottait, on les frisait comme des poupées[2]. Les divinités du Capitole avaient un nombreux domestique attaché à leur personne et qui était chargé de ce soin. L'usage romain a subsisté chez les populations latines de l'Espagne et elles l'ont porté jusqu'au Mexique où j'ai vu, à Puebla, la veille d'une fête, une femme de chambre faire une toilette en règle à une statue de la Vierge.

Enfin, un autre usage romain, celui de consacrer à

ou les restaurer. Avis aux conservateurs des musées romains et autres.

[1] Müll., *Arch*, p. 48, 49. Des préceptes pour le vêtement des dieux sont donnés dans les poëmes orphiques. (Lob., *Agl.*, p. 727.)

[2] August., *Civ. D.*, vi, 10. Passage tiré d'un traité contre les superstitions que saint Augustin attribue à Sénèque mais qu'on ne peut croire avoir été de lui.

l'érection des statues, comme à celle des temples, outre le butin fait sur l'ennemi le produit des amendes levées sur les citoyens, était aussi un usage grec.

La sculpture à Rome fut donc presque exclusivement grecque, par l'imitation, par les artistes, par les procédés, par les usages, comme nous avons vu qu'elle l'était en général par les types et par les sujets ; cependant, sans parler des portraits, dont il sera question tout à l'heure, un certain nombre des sujets que représentent les statues et les bas-reliefs de Rome sont romains. D'abord, ceux qui se rapportent aux dieux et au culte de Rome. Quelques divinités, bien que pélasges ou grecques d'origine, avaient pris à Rome un caractère essentiellement romain; tel était l'antique dieu du Latium, Saturne, dont j'ai mentionné les images en expliquant leur rareté; telle était Vesta, l'Hestia des Grecs, dans la main de laquelle Rome avait placé le palladium, symbole de sa nationalité [1], et dont elle couvrait la tête du voile des vestales [2]; Hermès, devenu *Mercure*, et, comme son nom latin l'indiquait, devenu spécialement le dieu de la *marchandise* et des *marchands* [3], ayant toujours la bourse qui

---

[1] Müll., *Arch. atl.*, II, 339. Méd. de l'impératrice Sabine.

[2] *Ib.*, 340. Médaille de Q. Cassius. La Vesta Giustiniani (*Ib.*, 328) avec le voile est la Vesta romaine; la Vesta sur le putéal du Capitole, qui n'a rien de romain, est l'Hestia grecque.

[3] Divinités prises dans un sens romain sur un bas-relief (*M. P. Cl.*, 430. Ger., *St. R.*, II, 2, p. 205-6).

figure à peine sur les monuments et chez les poëtes de la Grèce. Vertumne est un dieu romain et Priape un dieu grec d'origine[1], mais devenu très-populaire à Rome ; leurs images sont romaines.

Hercule, dieu chez les Pélasges, héros chez les Hellènes, a pris à Rome un caractère champêtre ; en lui se fondent alors les deux principes dominants de la société romaine, la force guerrière et le génie agricole. Il est l'Hercule rustique[2] et se confond avec le vieux Pan, transformé dans les forêts latines en dieu *Sylvain*[3].

A Rome appartient encore tout ce qui, dans les sculptures romaines, se rapporte aux origines mythologiques de la ville de Romulus. Les bas-reliefs où l'on voit

[1] Priape était une transformation du Pan pélasge, dieu de la nature et de la vie. Priape ou Vertumne (*M. P. C.*, 56).

[2] La tradition grecque, suivant laquelle la corne arrachée par Hercule au fleuve Acheloüs devint la corne d'*abondance*, conduisait naturellement à considérer le vainqueur d'Achéloüs comme dispensant l'*abondance* des biens et en particulier des fruits ; pour cela, il suffisait de placer cette corne dans la main d'Hercule ; c'est ce que l'on fit et c'est ce que l'on voit dans plusieurs représentations romaines de l'Hercule rustique, de l'Hercule sylvain. (*M. P. Cl.*, 565 ; *Vill. Borgh.*, S. *des Herc.*, Hercule portant des fruits.)

[3] J'ai établi l'identité et la synonymie de Pan dieu pélasge et de Sylvain dieu latin. C'est à cause de son origine pélasge que Sylvain avait un temple en commun avec Hercule (Beck., *August.* II. 97), et a cause de sa provenance latine qu'une statue de Sylvain s'élevait devant le temple de Saturne (Pl., xv, 20, 4). Hercule et Sylvain souvent confondus, étaient cependant deux personnages distincts. Ils figurent tous les deux sur un même bas-relief. (*M. Chiar*, 636.)

Mars qui s'approche de Rhéa Sylvia [1] endormie, ou les enfants du dieu et de la louve leur nourrice [2]. Ces bas-reliefs sont en général assez grossiers et conformes à la rudesse romaine par l'exécution autant que par le sujet. On doit considérer aussi comme romaine toute sculpture qui se rapporte aux amours de Didon et d'Énée [3], invention de Virgile. Quant aux événements de l'histoire romaine antérieurs à l'empire, ils sont très-rares sur les bas-reliefs, parce que, comme je l'ai dit, les bas-reliefs sont en général du temps de l'empire. Cependant *Coriolan désarmé par sa mère et sa femme* a été trouvé parmi les peintures de la Maison-

---

[1] Mars venant à travers les airs (*M. P. Cl.*, 452), dans lesquels il est comme suspendu, *pendens*, expression de Juvénal (*Sat.* xi, 117), qui dit ce sujet; les deux Enfants et la Louve étaient une décoration ordinaire des casques romains. Mars conduisant Rhéa Sylvia comme sa fiancée, vêtu (*M. P. Cl.*, 465), bas-relief plus chaste que le premier, est par cela même plus romain. Ce sujet est rattaché aux origines troyennes sur l'autel de Faventinus (*M. P. Cl.*, 44). On l'avait figuré sur le fronton du temple de Vénus, et Rome, dont le nom où entraient Vénus, mère d'Énée, et Rome fondée par Romulus, contenait une double allusion aux mêmes origines. Le cavalier debout près de son cheval devant un temple (bas-relief de la villa Albani, *grand salon*), pourrait bien être un des Dioscures apparaissant dans le forum après le combat du lac Régille, et le temple celui de Castor et Pollux, qui fut élevé au lieu de l'apparition.

[2] *M. P. Cl.*, 442. 446. Les auteurs de ces bas-reliefs ont eu devant les yeux la fameuse louve du Capitole, ouvrage étrusco-romain.

[3] Statue de Didon qui va se donner la mort (*M. P. Cl.*, 593); bas-relief d'Énée et Didon à Carthage (*ib*, 20). La statue de Didon a été restaurée d'après une autre Didon qui tient un poignard et n'a, comme celle-ci de chaussure qu'à un pied. (Visc., *M. P. Cl.*, p. 80.)

Dorée de Néron[1], singulier refuge d'un souvenir républicain!

Mais si les faits de l'histoire romaine proprement dite sont rares sur les bas-reliefs, ceux-ci nous présentent en abondance une autre portion de cette histoire, car ils nous offrent un tableau assez complet de la vie religieuse, guerrière, domestique et champêtre des Romains. Grâce à eux, on assiste aux pompes religieuses et aux sacrifices[2]. Ici encore les modèles grecs, ne manquaient pas aux Romains. Pline indique plusieurs sculpteurs grecs qui s'étaient voués spécialement aux *sacrifiants*[3]. Même la contemplation des entrailles des victimes n'était, pas plus dans l'art que dans la religion, exclusivement romaine[4]; mais les sacrifices figurés sur les bas-reliefs n'en sont pas moins marqués

---

[1] S. Bartoli, *Adm rom.*, 83.

[2] Instruments du culte, frise d'un temple de Neptune, M. Cap , salle *des Philosophes;* sur la frise du temple de Vespasien; sur l'arc des Argentarii.

[3] *M. Chiar.*, 5.9, 566. Sacrifice de jeunes filles a Minerve, parmi lesquelles semble figurer Minerve (*M. P. Cl.*, 614). Un homme faisant une libation, une femme, la tête voilée, brûlant de l'encens (*M. Capit.*, *grand salon.*)

[4] Pausanias le dit expressément (vi, 2, 2). Aristolaus avait peint une immolation de bœufs (Pl., xxxv, 40, 12) : Sthénis, sculpté (Pl., xxxv, 36, 17), et Apelles peint des Vierges sacrifiant (*ib.* 35, 33). Visconti pense qu'un bas-relief du Vatican (*M. P. Cl.*, 94), où l'on voit des jeunes filles et un taureau, peut venir de là. Je fais remarquer que ce bas-relief rappelle une sculpture du Parthénon (Müll., *Atl.* 1, pl. xxiv, 116), ce qui exclut l'interprétation par un Bacchus tauriforme et montre qu'il s'agit d'un taureau qu'on va sacrifier. Un mouton égorgé sur un

d'un caractère très-romain ; le jeune *Camille* ou *Assistant* du Capitole est romain, et on n'a pu représenter qu'à Rome les suovitaurilia [1], qui consistaient dans l'immolation d'un porc, d'une brebis et d'un taureau, cérémonie exclusivement romaine et qui accompagnait le recensement des citoyens.

Divers bas-reliefs se rapportent à la religion populaire dont ils expriment la naïveté. Le plus remarquable à cet égard est celui où l'on voit une vache devant une chapelle [2] et une espèce de goupillon près d'un grand vase lustral ; la vache est accompagnée d'un paysan qui porte suspendus à sa houlette deux canards, sa modeste offrande, destinée au prêtre qui doit faire la lustration et qui n'est pas encore sorti de la chapelle ; en attendant, un veau tète la vache qui boit l'eau sacrée. Une scène semblable a dû se passer maintes fois près de la fontaine de Sainte-Marie-Majeure, aux environs de l'église de Saint-Antoine, où l'on bénit les animaux. Sur un autre bas-relief, un personnage, dans lequel on hésite à voir un prêtre ou un villageois et que je crois un prêtre de campagne, trait une vache pour faire de son lait une offrande champêtre [3].

autel et dont les entrailles sont mises à nu (*M. P. Cl*., 151); tel devait être à Olympie le chien dont le corps ouvert laissait voir le foie. (Paus., VI, 2, 2.)

[1] *Vill. Borgh.*, 1, 17.
[2] *M. P. Cl.*, 157.
[3] *M. P. Cl.*, 233.

Quant aux différentes phases de la vie domestique des Romains, les deux principales, le mariage et les funérailles se rencontrent sur les bas-reliefs. On voit un jeune homme vêtu à la romaine et une jeune fille à demi-voilée [1]; derrière l'un est un homme, derrière l'autre une femme, probablement le père et la mère du marié et de la mariée; l'homme tient un rouleau qui doit être l'acte de mariage, le contrat; près du jeune homme est Minerve, et Junon Pronuba étend les mains sur le couple qui s'unit comme pour le bénir. Junon représente le caractère religieux et l'homme au rouleau le caractère civil des noces romaines. La cérémonie sacrée, ce qui correspondait à notre messe de mariage, consistait dans une immolation qu'indique un taureau conduit par deux sacrificateurs et dans des libations et des offrandes indiquées par une femme tenant une cruche et une autre portant sur un plat des fruits. L'Hymen, ou peut-être le paranymphe — notre garçon de noces — est figuré avec un flambeau, ce *flambeau de l'hymen* de classique mémoire, remplacé aujourd'hui par les cierges qu'on place aux mains des conjoints.

Dix enfants tapis gracieusement dans deux nids [2], comme de petits oiseaux, font très-vraisemblablement allusion à quelque exemple extraordinaire de fécondité.

Pour les pompes funèbres, on en possède une re-

[1] *M. P. Cl.*, 522.
[2] *Vat. gal. des Candélabres*, 2.

présentation très-détaillée dans divers bas-reliefs, et particulièrement dans plusieurs fragments conservés à Saint-Jean de Latran. Le cadavre est entouré de pleureuses, *præficæ*[1], payées pour gémir et s'arracher les cheveux, et la route que suivra la procession funèbre est marquée par des simulacres en bois des principaux monuments publics devant lesquels elle doit passer. J'y reviendrai en parlant des tombeaux.

Un curieux bas-relief[2] nous montre un Romain faisant son testament. Dans sa main est le *volumen* déroulé qui contient ses dernières volontés. Il est assis sur un lit; une femme, sans doute la sienne, est assise à côté de lui, le bras passé autour de son col, peut-être en vue du testament; un homme est là portant sur une tablette des pièces de monnaies pour exprimer la vente simulée qui était à Rome une manière de tester, *per æs et libram*. On a donc sous les yeux non-seulement un acte légal, mais une formalité de la jurisprudence romaine.

Êtes-vous curieux d'assister, sans y être invité, à un repas de famille[3]? Vous n'aurez que l'embarras

---

[1] Il faut renoncer, je crois, à voir une *præfica* dans l'Hécube du Capitole; mais on peut en reconnaître une dans la figure de femme du *Musée Chiar.*, 580.

[2] *M. Capit.*, galerie.

[3] Les repas sont fréquemment représentés sur les monuments funèbres. (Voy. chap. xiv.)

du choix; vous pouvez même surprendre une Romaine dans sa vie privée, jouant de la lyre pour apprendre à danser à un chat qui se dresse sur ses pattes de derrière en cherchant à happer deux canards [1], et voir jusqu'à ses pantoufles sous le lit où elle est couchée [2].

Mais ce sont surtout les scènes de la vie agricole et champêtre, si chère aux Romains, que représentent les bas-reliefs. On peut suivre tous les détails de la vie rurale dans ces Géorgiques d'un nouveau genre et qui complètent les *illustrations* de l'agriculture antique fournies par les peintures du manuscrit de Virgile, un des plus précieux trésors de la bibliothèque vaticane. Sur ces bas-reliefs, on voit exécuter les travaux de la moisson [4] et ceux de la vendange [5], les épis coupés et mis en gerbes, apportés sur un char à roues pleines, comme sont encore quelquefois les chars rustiques usités dans la campagne de Rome, le moulin à bras, le four et jusqu'à la fabrication du pain [4], le raisin amené au pressoir et foulé [5], sujet bien souvent reproduit.

[1] *M. Capit.*, salle des Philosophes.
[2] *Vill. Borgh.*, salon, 7.
[3] *M. Chiar.*, 610-12. Le labourage et le sarclage (*M. de St-Jean de Latran*).
[4] *M. de St-Jean de Latran*. Garrucci, pl. xxxii, p. 52. Dans ces divers travaux champêtres, le bufle ne paraît jamais, les anciens Romains ne l'employaient point. On croit qu'il est venu avec les Lombards.
[5] J'aurai occasion d'y revenir à propos des représentations bachiques sur les monuments funèbres. L'action de deux hommes qui, pied

En passant des travaux de l'agriculture au soin des troupeaux, nous passons des Géorgiques aux Bucoliques [1] sans quitter les bas-reliefs. Voici un berger avec son chien et deux bœufs [2]; en voilà un autre gracieusement endormi au milieu de ses chèvres [3], celui-là est le bouvier, celui-ci est le chevrier des églogues; un *relief* de la villa Albani est toute une idylle et tout un paysage. Trois bergers regardent dans une coquille, où ils ont aperçu une perle; une colline sur le penchant de laquelle des chèvres reposent s'élève au bord de la mer ou d'une rivière qui porte des barques. La plupart de ces scènes rustiques et pastorales ont dû être copiées à Rome d'après nature, mais elles étaient familières à l'art grec; on les rencontre déjà dans Homère sur le bouclier d'Achille [5] et dans Hésiode sur le bouclier d'Hercule [6], où elles sont placées en opposition aux scènes guerrières.

En Grèce, certains sculpteurs se consacrèrent spécialement à représenter des chasseurs, comme d'autres

contre pied, tirent à eux chacun de son côté, se rapporte à la *foulure* du vin : on a cru la trouver décrite par Hésiode. (*Sc. Herc.*, 201-2.)

[1] Les deux sont représentées dans un bas-relief (*M. Chiar.*, 127) par un berger et par un char qui emporte la moisson.

[2] *M. Chiar.*, 269.

[3] *M. P. Cl.*, 153. Autre berger dormant. (*M. Chiar.*, 340.)

[4] *Vill. Borgh.*, III, 3. Autre paysage en bas-relief (*M. Capit.*, salle des Philosophes), avec la vue d'une rivière, d'un pont et d'un temple.

[5] *Il.*, XVIII, 542-87.

[6] *Sc. Herc*, 236.

à représenter des sacrificateurs, des athlètes et des philosophes[1]. Les Romains imitèrent encore l'art grec en ceci, de là sans doute, et peut-être d'après Aristide qui peignait les chasseurs *avec le gibier*[2], le chasseur debout montrant un lièvre qu'il a pris à la course[3], de là le beau bas-relief du chasseur endormi[4]. J'ai dit que les chasses au lion, souvent imaginaires, des empereurs, imitées de celles de Babylone et d'Égypte, pouvaient avoir pour modèle la chasse au lion d'Alexandre par Lysippe.

La pêche, cette occupation tranquille qui contraste avec l'exercice violent de la chasse, a inspiré aussi, mais plus rarement, l'art[5] et la poésie antiques. Cependant Théocrite a peint avec un grand charme la condition paisible de ses vieux pêcheurs[6]. Le vieux pêcheur africain[7], dont j'ai parlé, n'a rien en lui de cette poésie ; c'est un esclave, et on le voit bien à son air piteux et misérable ; mais la poésie des pêcheurs d'idylle se retrouve dans la gracieuse figure d'un petit

---

[1] Pline en cite plusieurs.

[2] Cum captura. (Pl., xxxv, 36, 36.)

[3] Il y a des chasseurs qui poursuivent le lièvre sur le bouclier d'Hercule. (Hés., *Sc. Herc.*, 304.)

[4] *M. Capit., salle des Hercules*, 33. Ce chasseur est Romain, car sur un côté de la plinthe on lit : Polytimus *libertus*.

[5] Philostr., *Im.*, I, 13.

[6] Théocr., *Idyll.*, xxi.

[7] M. Vat., *gal. des Candél.*, 177.

pêcheur qui dort la tête appuyée à son genou[1] et tient encore, malgré le sommeil qui est venu le surprendre, son panier rempli de poissons.

Les Grecs ont excellé dans le portrait; mais, bien que leurs disciples en ceci comme en toute chose, les Romains ont eu le mérite de créer le portrait romain; et je ne parle pas des images qui reproduisent les traits des hommes célèbres et sur lesquelles le rôle que ces hommes ont joué dans l'histoire me force à m'arrêter, je parle de cette foule de personnages inconnus, de mortels sans nom dont, quand on traverse les galeries du Vatican, les visages vous regardent passer. Combien l'on est assuré que ces visages sont ressemblants! quelle vérité, quelle individualité[2]! Il en est beaucoup que la statuaire grecque, amoureuse du beau, n'eût pas daigné reproduire. Comme l'originalité du modèle est vivante dans ces bustes parfois disgracieux[3], mais toujours vigoureusement caractérisée, et en même temps comme ces individus si divers ont tous le cachet du sérieux et de la force! Comme, pris dans leur ensemble, ils offrent le por-

---

[1] *M. Chiar.*, 287. Pêcheur dans une barque jetant son filet, fragment de bas-relief (*M. Capit.*, *salle des Philosophes*) cité plus haut.

[2] Voyez la figure brutale (*M. P. Cl.*, 248) trouvée dit-on dans le tombeau des Scipions; sans doute un de leurs affranchis, bon type de la canaille énergique de Rome.

[3] L'usage grec de mouler sur le vif dut passer à Rome, où l'on moulait en cire sur le visage des morts. Ces masques étaient conservés dans les familles et portés aux funérailles.

trait fidèle d'un personnage aussi célèbre qu'ils sont obscurs, le portrait du peuple romain !

Les têtes de deux époux, représentés au-devant de leur tombeau d'où ils semblent sortir à mi-corps et se tenant par la main [1], sont surtout d'une simplicité et d'une vérité inexprimable. La femme est assez jeune et assez belle, l'époux est vieux et très-laid ; mais ce groupe a un air honnête et digne qui répond pour tous deux d'une vie de sérénité et de vertu. Nul récit ne pourrait aussi bien que ces deux figures transporter au sein des mœurs domestiques de Rome ; en leur présence on se sent pénétré soi-même d'honnêteté, de pudeur et de respect, comme si on était assis au chaste foyer de Lucrèce [1].

Il est une autre sorte de portraits : les personnifications allégoriques des lieux, des provinces, des villes, des montagnes, des fleuves, des routes mêmes et, ce qui est encore plus singulier, des corps politiques, comme le *sénat* [2]. De telles personnifications ne furent point inconnues à l'art grec et lui furent quelquefois empruntées par l'art romain ; mais celui-ci s'y complut particulièrement et les multiplia davantage à mesure que le goût de l'allégorie, aussi ancien que la poésie et la sculpture grecques, prévalut au sein de la déca-

---

[1] M. P. Cl., 388. On les a appelés sans aucune raison Caton et Porcie.

[2] Le personnage en toge et assis dans l'apothéose de Faustine la jeune (*pal. des Cons.*) est le *sénat*, selon Visconti.

dence toujours croissante de la littérature et de la sculpture romaines.

Dès les plus beaux temps, Euphranor[1] avait personnifié la Grèce et Aretè, la vertu dans le sens de *vaillance;* devançant ainsi les sculpteurs romains qui devaient donner sur les bas-reliefs à Rome pour compagne *Virtus*, la même qu'*Aretè*[2]. Panœnus avait peint à Olympie la Grèce et près d'elle Salamine tenant un rostre de vaisseau[3] semblable à ceux qui, en mémoire d'un autre triomphe naval, décorèrent la tribune romaine et lui donnèrent son nom.

Les villes grecques furent représentées aussi par les artistes grecs. Sparte, victorieuse à Ægos-Potamos par Aristander[4]. Quand Épaminondas éleva Thèbes au premier rang, un sculpteur, enfant de Messène, son ancienne rivale, fit la statue de Thèbes[5], qu'on plaça dans un temple près de celle d'Épaminondas. A peine Mégalopolis fut-elle fondée qu'elle consacra dans un temple son image, œuvre de Céphisodote[6].

---

[1] Pl., *Hist. nat.*, xxxiv, 19, 28.

[2] Sur un bas-relief (vill. Panfili), un sculpteur, qui a singulièrement *romanisé* le sujet d'Hippolyte partant pour la chasse, a placé près de lui *Virtus*, tandis que *Rome* tient les chevaux, parce que ces figures allégoriques paraissent ainsi dans les *Chasses des empereurs*. (Bas-relief au palais Mattei, dans l'escalier.)

[3] Paus., v, 11, 2.

[4] Paus., iii, 18, 5.

[5] Paus., iv, 31, 8.

[6] Paus., viii, 30, 5.

Ces personnifications glorieuses des cités grecques au temps de leur liberté, quand elles l'ont perdue font place à l'apothéose que décernent à leur maître l'Europe et l'Asie subjuguées par Alexandre[1]. Nous sommes sur la voie des apothéoses, moins excusables, que l'art romain prodiguera aux plus vils empereurs quand sera venu le jour de la servitude[2].

J'ai déjà parlé d'un beau symbole de la ville d'Antioche[3], imité selon toute vraisemblance d'une statue d'Eutychidès, élève de Lysippe, qui remontait au temps où Antioche ne faisait point encore partie d'une province romaine, mais était une ville indépendante et superbe; en effet, elle n'a point l'air humilié des cités vaincues[4]. Antioche, ou selon d'autres la *Fortune* d'Antioche, est assise fièrement, dominant le fleuve Oronte, qui coulait à ses pieds et qui est personnifié ici par un jeune homme en demi-figure, car on étendait l'anthropomorphisme aux fleuves et aux montagnes, c'est-à-dire aux dieux des fleuves et aux démons

---

[1] Bas-relief Chigi.

[2] Déjà Lysandre avait été honoré comme un dieu (Plut., *Lys.*, 18). Damias avait représenté Lysandre couronné par Neptune. (Paus., x, 9, 4.)

[3] M. Vat., S. des Candél., 184. Un petit bronze très-semblable au musée Kircherien.

[4] Antioche est encore représentée ainsi sur les monnaies coloniales du temps de Caracalla. A cette époque on l'eût faite plus humble, mais on continuait à reproduire l'ancienne image qui avait cessé d'être vraie.

des montagnes. Il suffit de rappeler l'*Ilissus* du Parthénon, l'*Alphée* du temple de Jupiter à Olympie et le mont Latmus des bas-reliefs où est représenté le sommeil d'Endymion. Il en était de même des pays, Némée est figurée par une femme tenant une palme dans un bas-relief de la villa Albani[1]; on se souvient qu'un sculpteur grec avait figuré la victoire de Némée, car les Grecs personnifiaient non-seulement la *Victoire* en général, mais telle ou telle victoire en particulier[2], ce qu'à ma connaissance n'ont jamais fait les Romains.

Ces portraits symboliques de pays, de villes, des fleuves, des montagnes, se retrouvent dans les produits de la sculpture romaine. Les provinces ont souvent l'attitude morne de la défaite, debout ou assises à terre comme des femmes en deuil[3], ou même, sous l'empire, agenouillées devant un soldat, aux pieds duquel c'est Rome qui devrait être à genoux[4];

Les colonies romaines étaient de petites Romes, aussi elles sont faites à la ressemblance de Rome,

[1] Sur le grand cratère des travaux d'Hercule.

[2] A Sparte, deux *Victoires* portées sur des aigles en mémoire de deux défaites des Athéniens. (Paus., III, 17, 4.)

[3] Deux provinces vaincues (cour du palais des Conservateurs). Deux figures (*M. Chiar.*, 71 et 564) données pour des *provinces* n'en sont pas. Une province barbare au pied de laquelle on a écrit le nom moderne d'*Ungaria* (*M. Capit.*, sous le péristyle). Un jeune homme à la longue chevelure, vêtu d'un *sagum* (*M. P. Cl.*, 600), peut représenter un peuple ou un pays barbare.

[4] *Vill. Med.*, façade du Casino.

et costumées parfois en amazone[1] comme elle, mais jamais que je sache, en Minerve.

Rome qui, après Adrien, a revêtu le long manteau royal de l'Orient[2], est représentée à côté de la Fortune[3] ou accompagnée de provinces et de villes célèbres ; la Sicile et Palerme[4] dans un bas-relief du Vatican ; l'Afrique sur un bas-relief de la villa Albani a une figure de négresse.

Claude, qui consacra beaucoup de temps à l'étude des antiquités étrusques, avait droit à un hommage particulier des villes d'Étrurie ; aussi ces douze villes[5], représentées par leur divinités locales[6], étaient-elles figurées sur un trône dédié à cet empereur.

Tarquinii, ancienne patrie de la divination étrusque, a un livre où elle lit l'avenir.

Tout le monde sait par deux vers de *Mithridate* que

---

[1] Surtout les villes d'Asie, pays où l'on croyait qu'avaient habité les Amazones ; par exemple, Éphèse (Müll., *Atl.*, I, 373).

[2] Statue dans le jardin de la villa Médicis.

[3] *M. P. Cl.*, 401. Ou bien c'est Virtus et Concordia (*St. r.*, II, 2, p. 173.)

[4] *S. des Candél.*, 210. Palerme ? à cause de sa couronne murale de ville et du gouvernail qu'elle tient et qui indique un port de mer. Elle tient aussi un volumen. Sont-ce les droits municipaux de Palerme ou le compte de ses impôts ? M. Gerhard voit dans cette figure douteuse de ville une Fortune.

[5] Bas-relief du musée de Saint-Jean de Latran, dans lequel on croit reconnaître Vetulonia, Tarquinii, Vulci et une indication de Laurentum. (Garrucci, pl. x, p. 19.)

[6] Le *Génie* ou la *Fortune* de la ville.

Rome avait coutume de promener dans ses triomphes des statues (quelquefois aussi des tableaux) qui représentaient les pays subjugués ; c'est ce que veut dire :

> Et gravant en airain ses frêles avantages
> De mes États conquis enchaîner les images.

Des femmes, personnifiant des régions barbares, suivaient la procession triomphale d'Antiochus Épiphane [1].

Dans les triomphes figuraient aussi des images de fleuves ; les bas-reliefs de l'arc de Titus en offrent un exemple intéressant : la statue du Jourdain est portée par des soldats [2].

Cet usage de personnifier les villes, les montagnes, les fleuves, s'est prolongé très-tard et a même survécu au paganisme, comme on en trouve la preuve à la bibliothèque vaticane dans les vignettes du manuscrit de l'*Histoire de Josué*, où paraissent *Jéricho* sous la forme d'une femme, et, sous la figure d'un vieillard, le *mont Hébal* et le *Jourdain*. Enfin le paganisme, en rentrant dans l'art à l'époque de la Renaissance, a

---

[1] Athen., v, p. 201.

[2] L'idée de glorifier la conquête de l'Égypte n'était peut-être pas étrangère aux auteurs des statues du Nil. On faisait au Tigre, à cause de sa grande célébrité, l'honneur de le placer *en pendant* du Tibre, si, comme le dit Visconti (*M. P. Cl.*, I, p. 72), le *Nil* du Capitole a été un *Tigre*, d'après lequel un autre fleuve (*M. P. Cl.*, 600) aurait été si hardiment restauré en Tigre par Michel-Ange.

représenté dans les *loges* de Raphaël le Jourdain tout à fait à l'antique, comme un fleuve-dieu. Le goût des personnifications alla si loin à Rome qu'on y peut voir le champ de Mars figuré par un jeune homme [1], la voie Appienne par une femme couchée près d'une roue [2], ou tenant d'une main un fouet et de l'autre un roseau qui fait allusion aux marais Pontins [3], et je crois aussi le port de Carthage [4], enfin, comme nous l'avons vu, un personnage, qu'on n'est pas moins étonné de voir représenté par un type individuel, le sénat romain. Parrhasius avait peint le démos attique [5].

Je vais parler de deux arts dont il n'existe à Rome qu'un petit nombre de monuments, la peinture et la mosaïque. Mais auparavant je dois mentionner une classe d'objets qui se rapporte aux arts du dessin; ce sont les *cistes*, vases de bronze d'une forme particu-

---

[1] Sur la base de la vraie colonne Antonine, dans le jardin du Vatican, et peut-être aussi dans le bas-relief de l'apothéose de Faustine la jeune. (Palais des Conservateurs.)

[2] Arc de Constantin; bas-relief du temps de Trajan qui avait restauré la voie Appienne.

[3] Bas-relief d'un autel votif (péristyle du musée Capitolin). Près de la figure couchée s'élève une pierre miliaire avec ces mots : *Salvos venire*.

[4] Bas-relief d'Énée et Didon (*M. P. Cl.*, 20). J'interprète ainsi une grande figure qui ne peut être l'ombre d'Anchise ni un pilote troyen, comme le veut Visconti et que Zoega déclare ressembler à un fleuve.

[5] Pl., *Hist. nat.*, xxxv, 36, 8-9.

lière ornés de figures en relief et de figures tracées au trait, ce qu'on appelle des *graphiti*.

La plus remarquable pour la beauté, et un des plus admirables spécimens de l'art antique que renferme Rome, est la ciste Ficoroni [1].

Tout autour de la ciste sont tracés à la pointe quelques incidents de l'expédition des Argonautes qui se rapportent au combat du ceste, dans lequel Pollux vainquit Amycus, roi des Bebryces [2]. Ces dessins sont du plus beau style grec, et cependant ils ont été exécutés à Rome vers le cinquième siècle par Novius Plautius [3]. Rien ne prouve mieux à quel point dès cette époque l'art grec avait pénétré chez les Romains. Les figures placées sur le couvercle et les pieds de la ciste sont très-inférieurs aux dessins et fournissent un type

---

[1] Au musée Kircherien. On en a trouvé d'autres à Palestrine, dont plusieurs sont aussi très-belles (bibliothèque du palais Barberini). Quelques-unes ont été acquises par la France avec le musée Campana. Les cistes contiennent souvent des ornements de femme et avaient aussi un sens mystique. Muller (*Arch.*, p. 189) pense que celles de Preneste étaient offertes par des femmes à la Fortune.

[2] Cette lutte, célébrée par la poésie épique (*Argon.*, II, 19-97) avait été mise en comédie par Epicharme.

[3] L'inscription, en vieux latin, porte : « Novios Plautois (pour Plautios) med Romai fecit Dindia Macolnia filea dedit. On a retrouvé à Palestrine le tombeau d'un L. Magulnius, fils de Plautius, ce qui fait penser que la famille de l'artiste, alliée à celle de la donataire, était établie à Preneste. Un autre Novius, beaucoup moins ancien, à en juger par le latin de son épitaphe, Novius Blesamus, était sculpteur à Rome. (Brunn., *Gesch. d. Gr. K.*, I, p. 614.)

de l'ancien style italiote sur lequel on voit pour ainsi
dire le style grec, peut-être légèrement modifié dans
l'exécution par le *faire* étrusque [1], venir se greffer.

La peinture eut sous la république un emploi bien
romain : elle fut employée souvent à embellir le triomphe et à décorer la victoire. La peinture était une
partie nécessaire des splendeurs du triomphe. Paul-
Émile envoyait chercher Métrodore pour orner le sien
en même temps que pour instruire ses fils.

Plusieurs généraux romains commandèrent des tableaux de bataille qui représentaient leurs exploits et
qu'ils exposaient dans le forum. Valérius Messala, Scipion l'Asiatique et Hostilius Mancinus firent ainsi une
exhibition triomphale, le premier au moyen d'une peinture qu'il avait placée sur un des côtés de la curie,
celui sans doute qui regardait le forum ; le sujet de ce
tableau était la victoire qu'il avait remportée en Sicile
sur le roi Hiéron. Hostilius Mancinus exposa dans le
forum un tableau de la prise de Carthage, où il était
entré le premier. Scipion l'Asiatique, plus superbe,
avait placé le sien dans le temple du Capitole,
son sanctuaire de famille ; il représentait la défaite d'Antiochus. Mancinus, qui n'était pas un aussi
grand seigneur que Scipion et qui avait besoin des

---

[1] C'est le jugement de M. Gerhard. Quelques détails aussi ont
paru rappeler l'Etrurie, entre autres le Génie de la Mort. Mais,
quoi qu'il en soit de l'exécution et des détails, le style des dessins est
grec.

suffrages populaires pour être consul, fit ce que du reste n'avait pas dédaigné de faire un Valérius, il exposa dans le forum le tableau de ses prouesses, puis, en candidat complaisant, se chargea d'en faire la démonstration, expliquant au peuple comment tout s'était passé, ce qui déplut fort à celui qui avait pris Carthage, Scipion Æmilien. Aujourd'hui on voit à Rome des charlatans de diverses sortes exposer sur la place publique des peintures qui retracent soit une guérison merveilleuse, soit quelque miracle apocryphe et en relater emphatiquement toutes les circonstances. Je ne compare point, mais Mancinus n'était-il pas aussi un peu charlatan ? Rienzi, qui tenta au quatorzième siècle de refaire la république romaine et qui en toute chose voulait imiter les anciens Romains, étalait aussi sur les murs de l'église d'Araceli, au Capitole, des peintures de circonstance pour émouvoir en sa faveur ce peuple, que, depuis la figure placée près du corps de César et représentant le dictateur tout sanglant de ses blessures, jusqu'aux crucifix qui semblent saignants et que mettent parfois près d'eux des prédicateurs en plein vent, on a toujours pris par les yeux.

Deux généraux romains se firent peindre en triomphateurs dans deux temples[1], enfin deux membres de

---

[1] M. Fulvius Flaccus dans le temple de Vertumne et L. Papirius Cursor dans le temple de Consus (Fest., p. 209). Comme on sacrifiait Vertumne et à Consus au mois d'août sur l'Aventin, Becker (*R. Alterth.*,

la famille Sempronia, illustrée par les Gracques, placèrent, comme Scipion l'Asiatique, dans un temple une peinture qui rappelait leurs victoires.

Le premier, pendant la guerre contre Annibal, commandait près de Bénévent un corps d'armée dans lequel se trouvaient un grand nombre de Volons, c'est-à-dire d'esclaves auxquels on avait promis la liberté au bout d'un certain temps de service. Ces esclaves, qui servaient depuis deux ans, attendaient avec impatience leur affranchissement. La veille d'une bataille, Sempronius leur déclara que celui qui le lendemain apporterait la tête d'un ennemi serait libre, que celui qui abandonnerait son rang serait puni comme un esclave, c'est-à-dire crucifié. Animés par l'espoir de la liberté, les Volons se battirent très-bien, seulement on s'aperçut que le temps qu'ils mettaient à couper les têtes des ennemis et le soin qu'ils apportaient à conserver ce trophée libérateur nuisaient au succès de la bataille; Sempronius leur fit dire de jeter les têtes, de ne songer qu'à attaquer, et que le don de la liberté était assuré à tous ceux qui se conduiraient bravement. Après la victoire, il les déclara tous libres, même quatre mille d'entre eux qui avaient donné mollement durant l'action. Cette armée d'affranchis triomphants revint à Bénévent dans un délire de joie

p. 489) incline à placer leurs temples sur cette colline. Vertumne et Consus étaient deux vieilles divinités sabines, les Fulvii et les Papirii deux familles sabines ou au moins sabelliques. J'ai dit pourquoi.

qui ressemblait à l'ivresse. Les habitants de la ville sortirent à leur rencontre, les embrassèrent, les fêtèrent, leur offrirent avec empressement l'hospitalité; des tables étaient placées en plein air devant les maisons. Les nouveaux hommes libres, invités par les Bénéventins, s'y assirent et festinèrent joyeusement avec leurs hôtes, portant sur la tête le bonnet signe d'affranchissement, ou debout ils se servaient les uns les autres et mangeaient en même temps. Sempronius fit faire et plaça dans le temple de la Liberté, érigé par son père sur le mont Aventin [1], un tableau de cette

---

[1] Tit. Liv., xxiv, 16. Les noms de *temple* de la Liberté et d'*atrium* de la Liberté ont produit dans la topographie romaine une confusion que je crois pouvoir éclaircir. Il n'y eut jamais à Rome qu'un *temple* de la Liberté, celui que le père de ce Sempronius avait élevé sur le mont Aventin. Mais il y eut à Rome deux *atria Libertatis* qui ne doivent point être confondus avec le *temple* de la Liberté; *atrium* n'est synonyme de *templum* qu'en poésie, en prose un *templum* est un lieu saint, un *atrium* n'est pas un lieu saint : ce mot désigne la cour intérieure d'une maison et plus généralement un espace entouré de portiques ou enfin un lieu vaste comme le dit Servius (*Æn.*, i, 726), qui cite à cette occasion l'atrium de la Liberté. Un *atrium libertatis* était un édifice où l'on affranchissait les esclaves, où devait se faire tout ce qui concernait leur condition (Tit. Liv., xlv, 15), et, par une extension singulière de ce principe, qui ressemblait à une dérision, où on les torturait (Cic., *Mil.*, 22). J'ai déjà parlé d'un *atrium* de la Liberté où les censeurs se réunissaient; celui-là était au nord-ouest du forum romain, assez près du forum de César pour figurer dans le plan de ce forum tel qu'il est indiqué par Cicéron (*ad Att.*, iv, 16); nommé par Tite Live (xxxiv, 44) avec la *villa Publica*, qui touchait aux *Septa*, cet *atrium Libertatis* devait être dans cette direction, et, comme il est dit aussi, *sur un lieu élevé* (Tit. Liv., xliii, 16); il ne pou-

fête singulière, tableau que Tité Live semble avoir vu et nous faire voir par sa narration aussi pleine de vivacité qu'une kermesse de Téniers.

Quant à l'autre Sempronius, après avoir triomphé de la Sardaigne il plaça dans le temple de Matuta un tableau qui représentait la figure de cette île et les combats qu'il y avait livrés [1]. C'était une carte géographique avec des sujets grossièrement indiqués de même que sur certaines cartes du seizième siècle. Les cartes du P. Danti, qui tapissent une galerie du Vatican, peuvent aussi en donner une idée. Celle-ci, comme le sont souvent les cartes du seizième siècle, était accompagnée d'une inscription ; on y lisait que la Sardaigne avait été soumise par l'armée romaine, sous le commandement et les auspices de Sempronius et que

vait par conséquent se trouver que sur le sommet de la colline qu, jusqu'à Trajan, réunit le Quirinal au Capitole ; quand Trajan eut détruit la colline pour faire place à son forum et à sa basilique, on transporta dans cette basilique ou près de cette basilique le lieu des affranchissements, ce dont font foi un passage de Sidoine Apollinaire et un fragment de l'ancien plan de Rome où l'on voit près de la basilique Ulpienne le mot *Libertatis*. Sous Auguste, Asinius Pollion construisit un autre atrium Libertatis sur l'Aventin, où étaient ses *bâtiments*, dans lequel il plaça la première bibliothèque dont l'entrée fut *libre*, cet *atrium* de Pollion n'avait rien de commun, si ce n'est peut-être le voisinage avec un temple de la Liberté qui donnait son nom au temple du Jupiter de *la liberté*. Pollion a bien pu bâtir un édifice pour les affranchissements d'esclaves, mais il n'eût pas élevé un temple à la Liberté sous Auguste qui l'abolissait et il n'eût pas établi sa bibliothèque dans un temple.

[1] Tit. Liv., xli, 28.

80,000 Sardes avaient été tués ou faits esclaves. Ici l'accessoire était le principal; l'inscription en disait plus que le tableau, lequel avait seulement pour but d'être le signe mnémonique d'une grande victoire. Un autre exemple d'une peinture destinée à agir sur le peuple, mais en produisant un effet tout différent, fut l'exhibition d'un tableau, montré par Gabinius à la multitude pour exciter sa haine jalouse contre les richesses de Lucullus, et où était représentée la somptueuse villa de l'opulent Romain, villa immense et qui couvrait tout l'espace qu'occupe aujourd'hui la ville de Frascati.

Enfin, on portait à Rome des tableaux dans les triomphes; Pompée en fit porter un devant lui où se voyaient la vie et la mort de Mithridate [1]; César, des peintures qui représentaient tous les ennemis qu'il avait vaincus, sauf Pompée [2], car l'on ne triomphait pas dans les guerres civiles. Bel usage romain!

Mais si, le plus souvent, à Rome, la peinture figurait comme subordonnée à l'art véritablement romain, la conquête, elle, n'avait certainement alors que des modèles grecs. Les modèles étrusques étaient tombés en discrédit depuis que la passion de l'hellénisme s'était emparée de toutes les âmes. Si, au temps de la seconde guerre punique, on voit encore des peintres étrusques employés décorer

[1] App., *Bell. Mithr.*, 117.
[2] App., *Bell. civ.*, II, 101.

des vaisseaux, c'est une application inférieure de l'art.

Rome emprunta à la Grèce les procédés de la peinture avec l'art dont ils faisaient partie. L'usage de la peinture murale [1], de la peinture à la détrempe [2] et de l'encaustique [3] passa d'un pays dans l'autre, transporté

---

[1] Cette peinture n'était point la fresque proprement dite, car les couleurs employées par les anciens *ne pénètrent pas* le fond. Plusieurs d'entre elles ne peuvent avoir été employées dans ce genre de peinture. C'est ce qu'a établi M. Letronne (Letr., *Lettre d'un antiquaire à un artiste*, p. 564-76). Les peintures antiques, dit M. Letronne, ont été appliquées sur un stuc revêtu d'une couche étendue à frais. M. Hittorf admet une sorte de fresque d'un genre particulier (p. 678).

[2] L'usage de la peinture sur bois à la détrempe vernie s'est conservé à Constantinople et en Italie jusqu'à la Renaissance. Pline dit que les peintres de tableaux (*tabulæ*) étaient seuls estimés. Il ne faut point voir là une preuve que la peinture murale ait toujours été méprisée; à l'époque de Pline, elle pouvait être tombée comme elle l'est trop aujourd'hui. Pline d'ailleurs oppose dans ce passage la peinture historique à la peinture purement décorative. (Letr., *Lettre d'un Antiqu.*, p. 210 et suiv.) Les tableaux sur mur de Panænus et de Polygnote étaient au nombre des œuvres les plus célèbres. A Rome, de même qu'en Grèce, on peignit l'intérieur des temples (Hirt., *Lehre der Geb.*, p. 41). Cette décoration intérieure put être quelquefois produite au moyen de tableaux encastrés dans les murs, comme le veut M. Welcker, mais le plus souvent, et on peut le croire, généralement, par une peinture appliquée sur les murailles elles-mêmes, ainsi que me semble l'avoir démontré M. Letronne.

[3] Peinture à la cire avec l'emploi du feu, exécutée par divers procédés qu'il est bien difficile aujourd'hui de préciser. L'encaustique fut certainement pratiqué par les peintres grecs; Pline (xxxv, 39, 1. 40, 1) en cite plusieurs, entre autres Polygnote, un Élasippus d'Égine qu'on a pris pour Lysippe, Pamphile et Nicias. La *Médée* de Timo-

comme le furent les tableaux sur bois¹ et même quelquefois les superficies des murailles peintes.

Elle lui emprunta aussi les tableaux généalogiques, bien que de telles peintures fussent très-appropriées à l'orgueil de race du patriciat romain, mais leur nom (stemmata) montre que l'invention était grecque². Les *stemmata* devaient se continuer au moyen âge et à Rome conserver, grâce à la vanité de son patriciat moderne, quelques-uns des noms qui figuraient dans les stemmata antiques, par exemple sur l'arbre généalogique des *Muti* le nom de Mutius Scævola!

Il est un art inconnu aux Grecs que les Romains ont peut-être inventé : c'est la gravure. Quelque surprenant

---

naque, qui était à Rome, fut peinte à la cire, κηρῷ, comme celle dont parle un poëte de l'Anthologie (*Anthol. Plan*, iv, 141). L'enfant qui soufflait le feu dans l'atelier d'un peintre, par Philiscus, travaillait, selon M. Letronne, à la préparation d'une peinture qui avait besoin du feu. (*Lettr. à un Antiqu.*, p. 493.)

¹ La peinture sur toile, *in Sipario*, beaucoup plus rare, était cependant connue des anciens. On voit à Pompéi une toile sur un chassis. (Rich., *Dict. des Ant.*, p. 482.) Ce genre de peinture est mentionné pour la première fois à propos d'un portrait gigantesque de Néron. (Pl., xxxv, 33, 1). Cicéron oppose, il est vrai, les peintures *in textili* aux peintures sur bois, *in tabula* (in Verr., ii, 4, 1), mais M. Letronne (*Lettr. d'un Antiqu.*, p. 182, 195) pense qu'il s'agit dans ce passage de *broderies*. On voit aussi que les anciens connaissaient l'usage du chevalet (peint. de Pompéi). Leurs tableaux avaient des cadres de bois, quelquefois des volets pour les protéger comme on fit dans les premiers temps de la peinture moderne.

² Pl., *Hist. nat.*, xxxv, 2. Stemmatum multis nomina... illigata figuris, dit Sénèque en parlant des arbres généalogiques.

qu'un tel fait puisse paraître, Pline semble le dire bien positivement[1] en nous apprenant que Varron, inventeur d'un *bienfait à rendre les dieux jaloux*, avait trouvé un *moyen* d'insérer dans ses livres les images de sept cents hommes illustres et *de les envoyer par toute la terre*. S'il eût fallu copier pour chaque exemplaire sept cents figures, la diffusion en eût-elle été aussi grande que Pline paraît l'indiquer? Un bas-relief romain[2] représente une femme offrant à Varron *un pinceau*, ce qui semble plutôt contraire que favorable à la supposition que Varron ait découvert la *gravure*; cependant, comme les figures avant d'être gravées ont pu être peintes, c'est peut-être une allusion à sa publication biographique.

La peinture décorative, qui était d'origine grecque[3],

[1] Pl., xxvi, 2, 7. Ct. Müller croit (*Arch.*, p. 462) qu'on ne peut guère entendre autrement ce curieux passage de Pline. M. Didot (*Histoire de la gravure en bois*, p. 9-10) est du même avis; selon lui, il s'agit de la gravure en relief que les toiles peintes de l'Orient montrent avoir été très-anciennement connue. Il pense que le peu de solidité du papier qui rendait l'impression difficile à exécuter a fait abandonner un procédé dont la disparition semble encore plus extraordinaire que la découverte.

[2] Bas-relief cité comme romain par Rich. (*Dict.*, p. 469.)

[3] Zeuxis peignit la maison d'Archelaüs (Æl. Var., xiv, 17) pour une somme de 400 mines (36,000 francs environ), ce qui représente une valeur à peu près triple de ce qu'elle serait aujourd'hui. Alcibiade fit peindre la sienne par Agatarchus, qu'il y enferma jusqu'à ce que son travail fût terminé. Pausias le premier peignit les plafonds, selon Pline (Pl., xxxv, xl, 1); ce genre de peinture était connu depuis Eschyle. (Letr., p. 524.)

a laissé peu de traces à Rome de ces peintures, beaucoup se sont effacées depuis qu'elles ont été découvertes [1], d'autres s'effacent tous les jours [2]; mais il en reste assez pour se faire une idée de leur exquise élégance. Les plus célèbres sont celles de la Maison-Dorée [3]. Quelquefois les anciens ont peint sur un fond d'or, à la manière des peintres italiens du moyen âge et de la Renaissance [4].

On ne peignait pas seulement l'intérieur des édifices, la peinture décorait aussi l'extérieur des monuments publics et privés. On ornait de peintures les frontons des temples, la façade des tombeaux [5]; on plaçait des

---

[1] Peintures du tombeau des Nasons, publiées par S. Bartoli.

[2] Les peintures de la pyramide funèbre de Cestius.

[3] Souvent on les rapporte par erreur aux thermes de Titus. Il faut y joindre les fragments trouvés sur le mont Aventin et déposés au musée Kircherien, d'une grande finesse ; les peintures du columbarium de la villa Pamfili, d'une facilité et d'un bonheur extrêmes; celles d'un tombeau sur la voie Latine qui ont apparu, il y a peu d'années avec toute la vivacité de leur coloris après dix-huit siècles. On vient d'en découvrir d'admirables dans une villa de Livie.

[4] Six fragments de peinture murale à fond d'or ont été trouvés près de la basilique de Constantin. Ils sont maintenant au Louvre. (*Lettre d'un Ant.*, p. 414.)

[5] Pour les frontons des temples, voyez Letronne (*Lettre d'un Ant.*, p. 340); pour les tombeaux, je discuterai ce que l'auteur dit de ceux dont Pausanias a vu les peintures, peintures, selon lui, nécessairement placées à l'extérieur, car autrement Pausanias n'eût pu les voir, protégées qu'elles étaient par la religion des sépultures. Pour les portraits sur les portes des maisons, Ausone (*Ep.* 26) en parle encore au quatrième siècle.

portraits sur les portes des maisons. Il en a été de même très-tard en Italie, et on peut voir encore à Rome des restes de cet antique usage [1].

Les peintres grecs devancèrent à Rome les architectes et les sculpteurs grecs. On a vu qu'ils y parurent dès le troisième siècle de Rome. Un grec [2], nommé Marcus Plautius Clétas [3], est cité par Pline comme auteur de peintures qu'on voyait de son temps dans un temple d'Ardée avec une inscription en vers que Pline rapporte. Nævius, dans une de ses comédies, parle d'un autre Grec, nommé Théodotos [4], qui brossait avec une queue de bœuf des images des dieux Lares dans les chapelles des carrefours. Ces peintures de-

[1] La façade postérieure du palais Massimi, peinte à l'extérieur par Daniel de Volterre; d'autres palais sont encore ornés au dehors de peintures. le portrait, aujourd'hui presque disparu, de Rafaël par Charles Maratte, s'entrevoit au-dessus de la porte d'une maison de la rue des *Coronari*, qui appartenait au grand peintre, et que, par son testament, il laissa à l'église du Panthéon, à la condition d'y être enterré.

[2] Natif de la colonie phocéenne d'Alalia en Corse d'après un texte de Pline adopté par Sillig; selon M. Letronne d'Æolie ou de Préneste (*Lettre d'un Ant.*, p. 421.)

[3] Par conséquent, un affranchi de la famille Plautia, famille de Préneste. (Pl., *Hist. nat.*, xxxv, 37, 4); l'inscription en vers que cite Pline est, comme le remarque très-bien M. Brunn. (*Gesch. de gr. K.*, II, p. 303), postérieure à la seconde guerre punique, car elle est en vers hexamètres, et l'hexamètre a été introduit par Ennius; Mais le tableau pouvait être plus ancien que l'inscription. M. Letronne place Clétas au septième siècle de Rome. (*Lettre d'un Ant.*, p. 39 et 413.)

[4] Festus, p. 230.

vaient être très-grossières et Théodotos ressembler aux barbouilleurs qui peignent des madones aux coins des rues. Un artiste plus distingué sans doute, car il eut une école, fut Sopolis[1]. Ses portraits, ainsi que ceux d'un autre peintre grec, Dyonisius, remplissaient les galeries de Rome[2]. Il faut leur adjoindre Sérapion, peintre de paysages, qui ne savait pas représenter la figure humaine. Ils trouvèrent au contraire une rivale dans une femme de Cyzique nommée Laia, dont les portraits se vendaient plus cher que les leurs. Elle peignait très-vite, en cela semblable à Luca Giordano dit *Fà presto*, et surtout des femmes. Elle s'était peinte elle-même[3] au moyen d'un miroir, ce qui, pour le dire en passant, montre que les dames romaines ne se servaient pas seulement de ces petits miroirs de métal qu'on voit dans les collections; on sait du reste que les Romains avaient aussi de véritables glaces en verre étamé où l'on pouvait voir la personne tout entière[4].

[1] Cic., *ad Att.*, IV, 16. Cicéron nomme un de ses élèves, Antiochus Gabinius, affranchi.

[2] Pl., *Hist. nat.*, xxxv, 40, 23, 37, 2.

[3] Pl., *Hist. nat.*, xxxv, 40, 22. Apelles (*Anth. gr.*, III, p. 218) avait aussi fait son portrait.

[4] Specula totis paria Corporibus (Sen., *Natur quæst.*, I, 17). Dans ce curieux passage, Sénèque oppose aux miroirs en métal, qu'il dti les plus anciens, ceux dont l'éclat est argenté, ce qui semble désigner l'étamage, dont la matière *est fragile et sans valeur*, ce qui désigne certainement le verre. C'est seulement devant un grand miroir de cette sorte que pouvait s'exercer Démosthène.

Les peintures antiques du musée de Naples nous montrent une femme faisant ainsi son portrait.

Parmi les tableaux modernes, il en est peu dans les collections romaines qui soient d'une femme. En Grèce, au contraire, les femmes peintres sont assez nombreuses. C'est à la fille de Dibutade que ce fut attribuée cette fameuse silhouette de son fiancé sur une muraille, qu'on disait avoir été l'origine de la plastique[1]; on vantait Timarète, Irène, fille de Cratinus, qui, comme Laia, semble avoir fait surtout des portraits de femme; Hélène, qui avait peint, ce qui est plus extraordinaire pour son sexe, le combat d'Issus, un tableau de bataille, peut-être l'original de la grande mosaïque de Pompéi[2]; Anaxandra, qui fut élève de son père Néalcès, Olympias, qui eut pour élève le peintre Antobulus. D'autres encore : Callo, Calypso, Aristarète[3].

Ce fut un homme à nom romain, Ludius, qui intro-

---

[1] Dibutade de Sicyone avait, disait-on, rempli avec de l'argile le contour de l'ombre projetée sur un mur. Il passait aussi pour avoir inventé les antefixes en terre cuite (Pl., xxxv, 43, 1). La tradition donnait donc une origine grecque à cet art de la plastique que les Romains avaient reçu des Étrusques et qui a produit ces admirables bas-reliefs empreints du plus pur style grec, dont le musée Campana (maintenant à Paris) offre une collection unique au monde.

[2] On peut croire aussi que l'original de cette mosaïque a été le tableau très-vanté par Pline de Philoxène, qui avait représenté une bataille d'Alexandre et de Darius. (Pl., xxxv, 36, 45.)

[3] Brunn, *Gesch. d. gr. K.*, ii, p. 261-2, 291-9, 500.

duisit à Rome l'arabesque[1], c'est-à-dire la fantaisie dans la peinture, ou au moins qui en propagea la mode et l'excès. Mais l'arabesque n'a pu naître chez le sérieux peuple romain ; la fantaisie était chose moins romaine que grecque. Pausias, le peintre des fleurs et le premier ornementiste des plafonds, dut y semer quelque gracieux caprices, et on voit un homme à nom grec, Aputurius, dans une ville grecque d'Asie, Alabanda, soulever de la part d'un certain Licinius, il est vrai que c'était un mathématicien, une indignation pareille à la colère un peu excessive que les arabesques de Rome provoquent chez Vitruve. Celui-ci condamne rigoureusement ces compositions qu'il trouve incohérentes et désordonnées. Vitruve s'écrie : « Que Licinius ne revient-il au monde pour corriger ce délire ! » D'Alembert eût grondé comme Licinius en lisant les *Contes d'Espagne* d'Alfred de Musset ou les *Orientales* de Victor Hugo, et c'est ainsi que certains classiques chagrins de nos jours évoqueraient volontiers contre ces poésies l'ombre de Boileau, mais les louanges de Pline font voir que les anathèmes du classique Vitruve ne changèrent point à Rome le goût du public et heureusement ils n'ont point arrêté Raaël.

On prétend que Raphaël a trouvé le modèle des arabesques de ses *loges* dans les peintures de la Maison-Dorée de Néron, dont les chambres n'étaient pas

---

[1] Pl., xxxv, 37, 7. Vitr., vii, 5, 1, 2-8. Vitruve ne nomme pas Ludius.

déblayées de son temps mais où il a pu pénétrer par en haut. Le nom italien des arabesques, *grotteschi*, d'où est venu, en en changeant un peu l'acception, notre mot *grotesque*, semble en effet indiquer qu'on nommait ainsi un genre de composition découvert d'abord dans des *grottes*. On appelait *grotte* les souterrains de la nature de ceux dans lesquels se trouvaient les peintures antiques dont je parle; mais il faut reconnaître que Raphaël avait d'autres modèles dans les *arabesques sculptées*[1] qu'il pouvait contempler au grand jour parmi les ruines, dont la ressemblance avec les siens est très-frappante et qu'avant lui avaient connues et reproduites dans leurs élégantes compositions les sculpteurs du quinzième siècle.

Il est vrai que, dans les paysages décoratifs des anciens, la nature est plus souvent traitée de manière à amuser l'imagination qu'à reproduire sévèrement la réalité. Cependant on peut voir de vrais et gracieux paysages à Rome et près de Rome, et des *marines*, invention romaine de Ludius.

La perspective fait souvent défaut dans les paysages antiques; cependant les Grecs la connaissaient; il en est de même des raccourcis. La caricature, qui est bien ancienne, car on l'a trouvée en Égypte[2], naquit en Grèce d'une création d'Antiphile; son *Gryllus*, person-

---

[1] *M. P. Cl.*, 102. *M. Chiar.*, 87, 149, 174, 378, 425, 427, 430, 613.
[2] Sur un papyrus du musée égyptien de Turin.

nage burlesque qui donna son nom aux figures du même genre appelées *grylli* [1].

Un peintre grec, nommé Pirœicos, créa un genre de peinture familière qu'on appela ryparhographie, *représentation des objets bas*, et particulièrement des comestibles [2], genre, comme son nom l'indique, méprisé en Grèce, mais qui put être estimé à Rome, où le goût était moins délicat et où il fut imité. Deux mosaïques du Vatican [3] fournissent la preuve de cette imitation.

Le seul tableau véritable trouvé à Rome [4] est celui qu'on connaît sous le nom de *Noces aldobrandines* [5]. S'il fait allusion à un sujet mythologique, le réel y est

---

[1] Pl., *Hist. nat.*, xxxv, 37, 3.

[2] Obsonia ac similia (Pl., xxxv, 37, 1). On appelait aussi les représentations de la nature morte *xenia* (Vitr., vi, 7, 4). Plusieurs des sujets décrits, sous ce nom, par Philostrate (*imag.*, i, 30, 11, 26), des fruits, des oies, des canards suspendus se retrouvent dans des mosaïques ou des peintures à Rome et surtout à Pompéi.

[3] L'une dans la salle des Animaux, l'autre dans la salle des Candélabres (131).

[4] Près de l'arc de Gallien. Il devait orner la villa de cet empereur, dans les jardins Liciniens qui étaient de ce côté.

[5] Winckelmann (*Mon. ined.*, p. 60, 152) pensait y reconnaître les noces de Thétis et de Pelée en le comparant au bas-relief de la villa Albani que Zoega (i, 253) croyait de son côté composé d'après un tableau, comme les noces aldobrandines. Böttiger (*Nozz. ald.*, p. 66 et suiv.) y voit un simple mariage avec une allusion aux noces de Bacchus et de Cora ; d'autres, ce qui est moins vraisemblable, l'hymen même de Liber et de Proserpine. (*Ann. arch*, 1842, p. 27. Gerhard, *St. R.*, ii, 2, p. 11.)

à côté de l'idéal, et la mythologie y est appliquée à la représentation d'un mariage ordinaire. Poussin, qui l'admirait beaucoup, en a fait une copie conservée au palais Doria. Aujourd'hui que l'on connaît les peintures de Pompéi et d'Herculanum, cet échantillon de la peinture des anciens n'est plus à peu près unique et a perdu de son prix ; il n'en est pas moins fort remarquable : tout porte à y voir une peinture romaine [1], mais l'auteur s'était inspiré des Grecs, comme on s'en inspirait presque toujours à Rome. La nouvelle mariée, assise sur le lit nuptial et attendant son époux, a cette expression de pudeur virginale, d'embarras modeste, qui avait rendu célèbre un tableau dont le sujet était le mariage de Roxane [2] et l'auteur Ætion [3], peintre grec.

Lucien a décrit ce tableau avec beaucoup de grâce [4] : « Roxane est assise sur son lit et baisse les yeux en présence d'Alexandre ; elle est entourée de petits Amours : l'un écarte son voile pour la montrer à son époux ; un autre, dans l'attitude d'une femme esclave, est occupée à lui ôter sa chaussure ; un troisième a saisi Alexandre par son vêtement et l'entraîne de toute sa force vers Roxane. Le roi présente une couronne à la jeune fille. A côté de lui Éphestion ; qui sert au roi

---

[1] Plusieurs détails sont romains, par exemple le voile jaune, appelé flammeum, propre aux jeunes mariées romaines.
[2] Nova nupta verecundia notabilis. (Pl., *Hist. nat.*, xxxv, 36, 16.)
[3] E. non Échion. (Brunn., ii, p. 243.)
[4] Luc., *Herodot.*, 5 ; *de Imag.*, 7. Lucien nomme Ætion avec Apelles.

de paranymphe, tient à la main un flambeau allumé et s'appuie sur un adolescent d'une merveilleuse beauté qui représente probablement le dieu de l'hymen. De l'autre côté du tableau, plusieurs amours jouent avec les armes d'Alexandre; deux d'entre eux traînent sa lance et paraissent épuisés par cet effort; deux autres en portent un troisième sur un bouclier; un Amour s'est glissé dans la cuirasse d'Alexandre, où il semble s'être mis aux aguets pour effrayer ceux qui passeront près de lui [1]. » J'ai traduit cette charmante description du tableau d'Ætion parce que ce tableau est à Rome, non pas de la main il est vrai du peintre grec, mais restitué d'après Lucien par le Sodoma [2], dont c'est peut-être le chef-d'œuvre. Rafaël aussi a fait d'après la compoposition d'Ætion, si bien décrite par Lucien, une esquisse maintenant dans la galerie Borghèse; comme dans un dessin qui est au Louvre, il a refait le fameux tableau d'Apelles *la Calomnie*, de même d'après Lucien.

Le complément de la peinture c'est la mosaïque; la mosaïque est une peinture durable, aussi durable que

---

[1] Un motif analogue se retrouve dans une statuette d'enfant qui est au Capitole et à la villa Albani. Cet enfant, caché tout entier derrière un grand masque tragique, passe la main par la bouche du masque pour effrayer un autre enfant.

[2] A la Farnésine, premier étage, sans doute très-semblable à la description de Lucien. Dans une peinture de Pompéi, Alexandre et Roxane sont remplacés par Mars et Vénus. Les Amours s'y livrent aux mêmes espiègleries : l'un d'eux porte le casque de Mars et le met sur sa tête; un autre ceint son épée.

la sculpture. Grâce à elle, on a pu placer dans l'église de Saint-Pierre une copie indestructible de la *Transfiguration* qui périra.

La mosaïque est de plusieurs sortes : tantôt formée de petits cubes de verre [1], tantôt de petites pierres taillées [2]. La mosaïque s'appliquait et sur le sol des appartements et aussi sur les parois et les plafonds, tant celle qui était en verre que celle qui était en pierre [3]; aujourd'hui on ne la trouve guère que formant plancher, si ce n'est dans les chaires et les ambons du moyen âge, époque où s'était conservé l'ancienne coutume de l'appliquer à des surfaces verticales [3]. Les mots qui désignaient les mosaïques en petites pierres taillées [4] s'em-

---

[1] *Vitreæ* Cameræ (Pl., xxxvi, 64). *Cameræ* veut dire *voûtes*. (Let., Lett., p. 319.)

Effulgent cameræ vario fastigia *vitro*.
Stat., *Sylv.*, i, 5, 42.

Pline nous apprend qu'à Rome les mosaïques en pierre ont précédé les mosaïques en verre.

[2] Quelquefois des cadres à figures en mosaïque sont placés au milieu de dessins et d'ornements, comme était la mosaïque du vaisseau d'Hiéron. (Letr., *Lettre d'un Ant.*, p. 312).

[3] M. Visconti a découvert dans le mithreum d'Ostie une figure appliquée contre le mur, en mosaïque.

[4] *Sectilia*, *lithostrota*, ceux-ci différents des *mussiva* pâtes de verre teintes de diverses couleurs. Quant aux pierres employées, c'étaient des marbres rares et même des pierres précieuses. L'expression de Sénèque n'est pas hyperbolique : « Nisi *gemmas* calcare nolumus (*Ep.*, 86). Au dix-septième siècle, on a trouvé sur l'Aventin une chambre dont le pavé était d'agathe et de cornaline (Fl. Vacca, *Mem.*, 101-2-18). Un passage malheureusement corrompu d'Athénée semble

ployaient aussi pour tout *pavement* en pierres variées.

Des morceaux de marbres de diverses couleurs, joints artistement, ressemblaient à la mosaïque *en pierre dure*. C'est dans ce système qu'a été imaginé ce qu'on appelle l'*opus alexandrinum*[1], si usité pour couvrir le sol des anciennes églises, et qui, en se perfectionnant, est devenu la mosaïque en *pierre dure* de Florence[2]. Appliqué à des bois colorés, le même principe a produit ces beaux ouvrages qui portent le nom de *tarsia*.

Il y avait aussi le pavé gravé (*scalpturatum*), dont nous pouvons nous faire une idée par les figures tracées sur les dalles de marbre blanc de la cathédrale de Sienne, dans lesquelles Beccafumi a indiqué, par des fragments de marbre gris et des placards de mastics noirs, les demi-teintes et les ombres.

Peut-être originaire d'Orient[3], la mosaïque fut intro

indiquer l'existence de mosaïques à fond d'or (Letr., *Lettre d'un Ant.*, p. 312); ce serait l'origine des fonds d'or si souvent employés dans les mosaïques byzantines et dans les anciennes mosaïques italiennes, imitées encore par Léonard de Vinci dans sa madone de Saint-Onuphre.

[1] Ainsi nommé parce qu'on en attribuait l'invention à Alexandre Sévère. En tout cas, ce n'était qu'une nouvelle application d'un art plus ancien.

[2] M. Letronne (*Lettre à un Antiq.*, p. 260) rapporte particulièrement à ce genre de mosaïque ce passage de Pline (xxxv, 1, 2) : Interraso marmore vermiculatisque ad effigies rerum et animalium crustis.

[3] *Esth.*, I, 6. *Tob.*, xIII, 22. *Cant. des Cant*, III, 10. Ces passages ne semblent pas décisifs à M. Letronne (*Lettre d'un Antiq.*, p. 312-13.)

duite à Rome au temps de Sylla¹. Les Grecs la connaissaient depuis près de cinq siècles avant notre ère, car dès lors existait dans le temple de Jupiter Olympien une mosaïque faite avec de petits cailloux de l'Alphée² qui existe encore. Elle représentait des divinités marines comme la plupart de celles qu'on trouve partout où ont été les Romains. L'antiquité de la mosaïque en Grèce³ est prouvée également par cette anecdote sur Diogène, qui, se trouvant dans une maison où tout était très-soigné sauf le maître du logis, cracha sur cet homme en disant qu'il n'avait vu que lui de négligé, tandis que tous les murs étaient ornés de peintures remarquables et le pavé composé de cailloux précieux qui, par leur arrangement, représentaient des images de divinités⁴.

La première mosaïque qu'aient vu les Romains est la mosaïque en pierre que Sylla plaça dans son temple de la Fortune à Préneste. Par une coïncidence fortuite, c'est à Préneste qu'on a trouvé la fameuse *mosaïque de Palestrine*, mais elle n'était point dans le temple et ne peut être celle de Sylla⁵.

¹ Pl., *Hist. nat.*, xxxvi, 64, 1.
² Letronne, *Lettre d'un Antiquaire*, p. 313-4. Expédition de Morée, *Archit.*, I, pl., 63-4.
³ Athen., v, p. 207. Une mosaïque représentant la guerre de Troie ornait, on l'a vu, le fameux vaisseau d'Hiéron.
⁴ Anecdote racontée par Galien. (Letr., *Lettre d'un Antiq.*, p. 307.)
⁵ Elle formait le pavé d'un édifice placé au-dessous du grand temple. (Nibb., *Dint.*, II, p. 504.)

Aucun monument n'a donné naissance à tant d'interprétations diverses que la mosaïque de Palestrine. On y a vu la rencontre d'Hélène et de Ménélas en Égypte, le pèlerinage d'Alexandre au temple d'Ammon, celui d'Adrien à l'île Éléphantine, un embarquement de blé destiné aux Romains, la conquête de l'Égypte par Auguste, une carte géographique, un tableau des vicissitudes de la fortune. Mais l'explication la plus curieuse est celle de Volpi : un fait de l'histoire de Sylla *qui nous est inconnu.*

C'est je crois tout simplement un paysage de fantaisie, avec personnages grecs et égyptiens, représentant une inondation du Nil. A Rome, l'Égypte fut de bonne heure à la mode; on aimait du paysage égyptien comme nous aimons le paysage chinois [1]. L'auteur de la mosaïque de Palestrine était grec, car les noms des animaux sont écrits en grec. Il a travaillé probablement à Rome et connaissait peu l'Égypte; il semble n'avoir jamais vu un hippopotame — il y en avait alors dans le bas Nil — ni un crocodile. Cela me ferait penser que la mosaïque dont il s'agit est antérieure à l'empire, car plus tard on voyait dans l'amphithéâtre assez de crocodiles et d'hippopotames pour les représenter plus exactement.

Le hasard a voulu que deux des mosaïques les plus célèbres de l'antiquité se soient retrouvées à Rome,

---

[1] D'autres mosaïques représentent en petit des scènes d'Égypte. (Au Vatican, *Gabinetto delle Masch.* et *V. Alb.*)

ou au moins deux copies des originaux dont parle Pline et qui étaient l'un et l'autre d'un mosaïciste fameux, Sosos de Pergame [1]. L'une de ces mosaïques de Sosos représentait, selon Pline, « une colombe qui boit et dont la tête projette son ombre sur l'eau, d'autres s'épluchant au soleil sur le bord d'une grande coupe, *cantharus*, » c'est, à très-peu de chose près, le gracieux tableau qu'offrent les *Colombes du Capitole* trouvées dans la villa d'Adrien. Le travail de cette charmante mosaïque est très-fin. Quelques légères différences ne permettent pas d'y reconnaître l'original de Sosos, mais c'en est certainement une imitation. Sosos lui-même avait trouvé la première idée de son œuvre dans Homère, qui décrit une coupe ornée de colombes [2].

L'autre mosaïque du même Sosos s'appelait *le Plancher non balayé* [3]. Une copie de celle-là, dont l'auteur était aussi un Grec qui se nommait Héraclite [4], se voit dans le musée de Saint-Jean de Latran, elle figure un

---

[1] Pl. *Hist. nat.*, xxxvi, 60, 1.

[2] *Il.*, xi, 631-4.

[3] *Asarotos*. Ce bas-relief était très-célèbre. On en a trouvé une répétition en Afrique. Stace y fait allusion dans ce vers :

... Varias ubi picta per artes
Gaudet humus superare novis asarota figuris.
St., *Sylv.*, i, 3, 55.

Une épigramme de l'Anthologie parle d'un Ophélion qui peignait les *restes* des repas. (*Anth. Pal.*, vi, 316.)

[4] Nibby (*Att. dell. Acad. Arch.*, vi, 118) pense que la forme des lettres indique le temps de César.

plancher sur lequel sont demeurés les débris d'un festin, des feuilles de salade, des os de poulet, des arêtes de poisson.

Cette mosaïque, dont le travail est très-soigné et très-fin[1], a été trouvée dans les jardins des Servilius[2], qu'embellissaient tant de chefs-d'œuvre; elle ornait probablement une salle à manger où César a pu souper avec Servilie, la sœur de Caton et la mère de Brutus. Je ne crois pas qu'un pareil tableau représentât le plancher de cette salle à manger, pas plus que les Teniers, que Louis XIV fit enlever de son palais, ne représentaient des scènes de la cour à Versailles : c'était la copie d'un original célèbre mise là pour produire, avec l'élégance de la demeure des Servilius, un piquant contraste.

Je pense que le plancher de Servilie était soigneusement balayé et que la mosaïque amusait les yeux des grands personnages qui la foulaient, en leur montrant l'intérieur d'une hôtellerie du voisinage, dans le quar-

---

[1] Les morceaux de marbre et d'émail mêlés sont si petits qu'on en a compté 7,500 dans une palme romaine carrée, un tiers de plus que dans la mosaïque de Pompéi. (*Ann. arch*, 1833. *Bullet.*, p. 82.)

[2] Ces magnifiques jardins étaient certainement entre le Palatin et la porta Ostiensis (porte Saint-Paul), car Néron s'y rendit quand il eut résolu de fuir vers Ostie. Ils n'étaient pas éloignés du Tibre, car c'est là qu'il eut la pensée d'aller s'y précipiter (Suét., *Nér.*, 47). Nibby en a reconnu l'emplacement au-dessous du bastion de San-Gallo (*Rom. ant.*, II, p. 359). César, en soupant chez Servilio, me disait un jour M. Visconti, a regardé cette mosaïque.

tier marchand, entre l'Aventin et le Tibre, où l'on trouverait facilement aujourd'hui une imitation au naturel de la mosaïque d'Héraclite, faite sans intention par les habitués des cabarets du *monte Testaccio*, qui ont aussi, dit-on, l'habitude de jeter les os à terre.

L'usage du pavé en mosaïque fut universel à Rome, partout où ont été des édifices publics ou privés, on trouve des mosaïques : c'était un plancher en pierre pour les pieds, ce qu'on recherche encore en Italie, et un tapis en pierre pour les yeux. Un magnifique spécimen de l'effet que produisait ces planchers colorés nous est fourni aujourd'hui par celles qu'on a placées sous les pas des visiteurs du Vatican [1]. C'est une heureuse idée d'avoir donné un pavé antique à ces salles remplies de chefs-d'œuvre de l'antiquité. Ce pavé pittoresque complète l'illusion et le charme qui vous saisissent, quand vous errez parmi ces chefs-d'œuvre, et vous emportent soudainement au sein de la civilisation qui les a produits.

Une mosaïque du Vatican [2] donne une haute idée de l'habileté des anciens à peindre les fleurs ; un bouquet, dont la composition est élégante et la couleur harmonieuse, fait penser d'abord au peintre le plus célèbre et le seul célèbre en ce genre de l'antiquité, ce Pausias aimé, disait-on, d'une jeune fille qui luttait

---

[1] Dans le *Nuovo Braccio*, dans la *salle Ronde*, dans les *chambres* de Raphaël.

[2] *S. alla cr. gr.*

avec lui dans l'art d'assortir les fleurs; talent naturel chez cette jeune fille et naturel aussi chez les paysans de Gensano, près de Rome, qui avaient coutume, il y a encore peu d'années, de composer avec des fleurs un tapis improvisé pour être foulé aux pieds pendant une procession et détruit après qu'elle avait passé : c'est ce qu'on appelait l'*infiorata*.

Les mosaïques qui sont à Rome complètent pour nous l'idée que nous avons cherché à nous faire par les monuments de la vie romaine, et la notion que ces monuments nous ont si largement donnée des influences de la Grèce.

Les plus communes, formées de petits cubes blancs et noirs, se voient partout où il y a eu des villes romaines ou des bains, par exemple dans les thermes d'Ostie. Par cette convenance de la décoration avec le lieu décoré, que les anciens manquaient rarement d'observer, celle-ci représente des habitants de l'onde, la ville d'Ostie et son phare à divers étages, comme était le modèle de tous les phares, celui d'Alexandrie.

D'autres mosaïques colorées nous offrent, ainsi que *le Plancher non balayé*, des détails qui se rapportent aux repas, poulet, poisson, artichaut, asperge, et doivent provenir d'une salle à manger [1]; un tableau d'intérieur, l'assemblée des médecins de la villa

---

[1] Une des meilleures mosaïques de Rome est, chose assez singulière, dans l'église de Santa-Maria in Transtevere. Je ne vois pas ce que font là deux canards.

Albani; un gracieux paysage au Vatican; des scènes ou des personnages de l'amphithéâtre; des masques tragiques et comiques; divers sujets qui se rapportent à des scènes de la vie domestique ou religieuse des Romains, voilà ce qui leur appartient en propre dans les mosaïques de Rome.

De la poésie et de l'art grecs proviennent les sujets héroïques, tels que le combat des Centaures et des Lapithes, Ulysse au milieu des Sirènes, Hercule délivrant Hésione, Hercule filant et près de lui des Amours qui domptent un lion, d'après le sculpteur grec Arcésilas; double expression de la même idée.

Pour terminer ce que je dois dire des monuments envisagés par rapport à l'histoire de l'art romain et à l'histoire des mœurs romaines, deux parties essentielles de l'*Histoire romaine à Rome*, il me reste à parler des tombeaux; classe nombreuse et curieuse de monuments dont l'étude va résumer et confirmer ce qui précède en nous présentant sous un jour nouveau cette combinaison du génie de la Grèce et du génie de Rome, qui est le caractère de tout le développement artistique, comme de tout le développement philosophique et littéraire des Romains; en même temps elle nous révélera quelque chose de leur croyance touchant le grand problème, la destinée de l'homme après la mort :

To be or not to be.

XIV

LES TOMBEAUX ROMAINS.

Le tombeau à ses divers âges. — La tombe étrusque, la tombe grecque et la tombe romaine. — Disposition des sépultures : le temple et la maison ; urnes funèbres, peinture des tombeaux. — Bas-reliefs : scènes de famille et professions ; commerce, tombeau du *boulanger*, état militaire, carrière des lettres. — Idées et symboles de la mort chez les Romains. — Leur croyance à l'immortalité exprimée par la mythologie, par les traditions héroïques. — Passage dans l'autre monde. — Allusions, sur les tombeaux, aux mystères de Bacchus et à l'initiation.

La forme primitive du tombeau est le tertre funèbre, un amas de terre ou de pierres ; c'est ce qu'on nomme un *tumulus*[1]. Le tumulus est la sépulture des âges héroïques ; on trouve dans toute l'Europe de pareils

---

[1] Terræ congestio super ossa tumulus dicitur (Serv., *Æn.* III, 22). En grec *sôros*, amas, terre amoncelée, mot qui probablement remontait aux Pélasges, car il entre dans le nom du *Soracte* et dans celui de la ville de *Sora*, située sur une colline escarpée du pays des Volsques ; dans le voisinage sont des restes de murs pélasgiques. Pausanias mentionne des tertres funèbres formés de pierres entassées qu'il appelle *sôroi* près d'Orchomène (VIII, 13, 2.)

monuments élevés par les anciens peuples germaniques, et sur la côte de la Troade ceux que la tradition rapporte aux héros les plus célèbres de la guerre de Troie. Ce premier âge de la sépulture n'est point représenté, que je sache, à Rome et aux environs de Rome.

Mais sur la voie Appienne existent, comme dans la nécropole étrusque de Cæré, des tombeaux qui, tout en conservant la forme du tertre primitif, s'élèvent sur un soubassement en pierres taillées[1]. Ce sont les tombeaux des Horaces.

Le cône qui surmonte ces soubassements[2] montre l'acheminement du tertre vers la pyramide[3], autre forme ancienne des tombeaux que l'Égypte a employée dans ces montagnes de pierre, qui sont bien certai-

---

[1] C'est exactement ce que dit Pausanias (VIII, 16, 2) du tombeau d'Æpitus, près de Phénée, γῆς χῶμα..... λίθου κρηπῖδι ἐν κύκλῳ περιεχόμενον.

[2] Près de Rome, tombes étrusques de Cerveteri et de Corneto. En Grèce, les anciens monuments pélasgiques à voûte imparfaite appelés *trésors*, comme le trésor d'Atrée, à Mycènes, paraissent avoir été des tombeaux. (Welck., *Kl. Schr.*, III, p. 355 et suiv.) Ceci est confirmé par le voyageur anglais Mure.

[3] Apud majores, nobiles aut *sub* montibus aliis, aut *in* ipsis montibus sepeliebantur. *Unde natum est* ut super cadavera *pyramides* fierent. Serv., *Æn.* XI, 849, à propos de ces vers de Virgile :

... Fuit ingens monte sub alto,
Regis Derceni *terreno ex aggere* bustum...

Les tombeaux d'Acrisius et de Prœtus, sur le chemin d'Argos à Épidaure (Paus., II, 25, 6), avaient la forme d'une pyramide.

nement, quoi qu'on en ait pu dire, de gigantesques sépulcres [1].

C'est pour cette destination funéraire que fut bâtie à Rome, au temps de César, la pyramide de Cestius. A cette époque, l'Égypte était déjà assez connue et assez à la mode pour qu'un citoyen romain ait voulu après sa mort être logé comme les Pharaons. Sauf les dimensions, la pyramide de Cestius est absolument semblable aux grandes pyramides d'Égypte [2] : elle a de même un revêtement, plus magnifique, il est vrai, car au lieu d'être en pierre calcaire il est en marbre; de même l'intérieur est plein, à l'exception de la chambre sépulcrale, dont les parois étaient couvertes de peintures; de même encore, la pyramide de Cestius n'avait pas d'entrée ouverte. Les peintures ont été

[1] On a trouvé dans la troisième pyramide le cercueil du roi Mycerinus, avec son nom écrit dans l'inscription hiéroglyphique qu'on peut lire au British Museum. J'ai vu, comme tous les voyageurs, le sarcophage du roi Chéops, encore en place dans la grande pyramide. Les anciens savaient que les pyramides étaient des tombeaux, car Alexandre voulait en élever une à son père qui égalât en hauteur la plus élevée d'entre elles (Diod. Sic., xviii, 4). Il n'était donc pas nécessaire d'aller chercher une autre destination à ces vieux monuments, comme celle d'arrêter le sable, qu'elles ne pouvaient arrêter et qu'elles ont laissé passer. Rabanus Maurus, un Français du neuvième siècle (*De Universo*, xiv, 28) avait sur l'origine des pyramides des idées beaucoup plus justes que celles de certains Français de nos jours.

[2] Plusieurs tombeaux de la voie Appienne ont la disposition pyramidale qui a été remarquée dans des tombeaux grecs, et en particulier à Agrigente dans le tombeau de Théron. (Hirt, *Gesch. d. Bauk*, ii, p. 94.)

exécutées avant l'achèvement du tombeau, on a élevé ensuite la construction au-dessus de la chambre, et pour y pénétrer il a fallu percer dans la maçonnerie la porte qui est moderne.

La dernière transformation de la montagne tombale fut le mausolée, qui doit son nom à un roi d'Orient, Mausole, et qu'imitèrent deux empereurs romains, Auguste et Adrien. Le mausolée d'Auguste [1], comme celui de Mausole [2], était un grand tertre sur un soubassement en maçonnerie qui existe encore; il devait avoir la forme d'une pyramide à degrés, forme que l'on donnait aux catafalques d'après celle des phares [3], car on voulait exprimer ainsi que la gloire du mort s'élevait comme une grande lumière dans la nuit. Sur le sommet du mausolée d'Auguste on avait planté des peupliers; ainsi, dans l'*Iliade*, des ormes sont plantés autour du tertre funèbre d'Éétion [4]. On peut juger de l'effet qu'ils produisaient par le bois d'oliviers qui a cru sur le tombeau de Cotta. Ce qui reste du mausolée d'Auguste est un théâtre où l'on joue en plein air et en plein jour la comédie ou le mélodrame. Le mausolée d'Adrien a été à toutes les

[1] Pl., *Hist. nat.*, xvi, 5, 19.
[2] Str., v, iii, 8.
[3] On le voit par une mosaïque d'Ostie où est représenté le phare de ce port, construit sur le modèle du phare d'Alexandrie.
[4] *Il.*, vi, 419. Le tombeau d'Alcméon, en Arcadie, était planté de cyprès (Paus., viii, 24, 4), arbre dont l'emploi funéraire a prévalu dans les temples modernes.

époques le principal château fort de la Rome moderne ; son histoire est pleine de tragédies au moyen âge. A cette heure, un officier français l'habite : curieuse destinée !

Les tombeaux souterrains se rattachent à l'origine du monument funèbre, qui est une montagne. Les chambres sépulcrales creusées dans le rocher se voient en Égypte, en Grèce, en Étrurie; parmi celles-ci, une à Véies, près de Rome; c'est sur ce plan, très-agrandi, que furent creusées plus tard les catacombes juives et les catacombes chrétiennes.

Le tombeau des Scipions est un labyrinthe de chambres sépulcrales taillées sous la terre et qui ouvrait sur une rue de Rome.

Les chambres sépulcrales pratiquées dans les tombeaux bâtis le long de la voie Appienne et autres voies, sont une imitation de celles que l'on creusa plus anciennement dans les montagnes naturelles ou dans les tertres artificiels [1]; elles contiennent un ou plusieurs sépulcres pour les corps inhumés et des niches pour les urnes destinées à recevoir les os des corps brûlés, ce que les anciens appelaient les cendres,

---

[1] Il est nécessaire de bien comprendre cette disposition des tombeaux pour se rendre compte de plusieurs récits de l'antiquité, par exemple l'aventure de la matrone d'Éphèse, difficile à imaginer dans un tombeau tel que ceux du Père-Lachaise ; mais dans les montagnes qui environnent Éphèse, les tombeaux sont des chambres souterraines où cette galante aventure a fort bien pu se passer, comme me le fit remarquer mon ami Mérimée quand nous les visitâmes ensemble.

mot qui est resté dans la poésie et même dans l'usage, car on l'a appliqué assez étrangement au cadavre embaumé de Napoléon [1].

Enfin, le nombre de ces niches et de ces urnes augmentant toujours, la salle qui les réunissait finit par s'appeler un *pigeonnier*, *columbarium*. La disposition du columbarium est propre aux Romains. Dans des niches toutes semblables entre elles sont rangées des urnes, en général d'affranchis ou d'esclaves, soit associés pour se procurer une demeure funèbre à frais communs, soit de la dépendance impériale, car le columbarium ne paraît guère avant l'empire, cette ère de démocratie et d'esclavage; c'est la sépulture de l'égalité sous le despotisme. Telle est la généalogie des tombeaux et l'ensemble de leur histoire à Rome.

Les tombeaux des Romains, comme leurs temples, furent d'abord construits à l'imitation de l'Étrurie; on le voit par les tombeaux des Horaces, sur la voie Appienne. Celui d'Albano, qu'on appelle très-improprement tombeau des Horaces et des Curiaces, est purement étrusque [2].

Sauf quelques ressemblances extérieures assez rares,

[1] J'obéis à un usage semblable à celui que je viens de critiquer en désignant par ce mot poétique les *ossuaires*, qui très-souvent n'ont pas plus la forme d'une urne que la caisse de bois où l'on dépose son vote d'électeur et qui s'appelle aussi une urne.

[2] Il est surmonté de cinq pyramides, comme était la tombe de Porsenna (Pl. xxxvi, 19, 4); la pyramide avait donc aussi en Étrurie un emploi funèbre.

les sépultures romaines diffèrent essentiellement des sépultures étrusques. Dans celles-ci tout est fait pour l'intérieur; les murs sont couverts de peintures que nul œil ne doit contempler, car l'entrée du monument funéraire a été fermée et quelquefois cachée avec soin : c'est donc au mort seul qu'on a destiné la décoration de son asile funèbre; c'est pour lui qu'on y a déposé les bijoux, les ornements, les armes, les vases précieux, peints quelquefois avec un art infini et destinés à d'éternelles ténèbres? En général, rien au dehors[1], nul signe à l'extérieur, nulle statue, nulle épitaphe : le mort ne pense plus aux vivants, il est entré dans l'autre monde, dans ce monde souterrain où il habite avec ses richesses parmi les divinités infernales, et où nul ne doit pénétrer jusqu'à lui. Les tombeaux romains, au contraire, s'élèvent presque toujours à la surface de la terre, placés des deux côtés de la route, sur le passage de la foule; le mort, dans une épitaphe qui est souvent une allocution adressée au voyageur, dit ce qu'il a fait dans cette vie et parle très-peu de l'autre. Du reste, il veut être vu; on dirait presque qu'il veut voir encore. Son buste regarde les passants; sa statue, quelquefois couchée, plus souvent debout et drapée fièrement, les domine.

Dans l'intérieur, on a déposé moins de richesses,

---

[1] Il faut excepter certaines nécropoles étrusques, à Castel d'Asso, à Norcia, où l'on voit des frontons et des moulures de portes sculptées au dehors.

les Romains, qui connaissaient et estimaient les beaux vases de l'Étrurie, n'ont jamais songé à en orner leurs sépultures. C'est qu'il ne s'agissait pas pour les Romains d'une existence mystique en rapport avec les puissances ténébreuses, mais d'une existence toute extérieure et toute idéale dans le souvenir des hommes. Les Romains, peuples de l'action et de la vie, ont tiré les tombeaux de l'obscurité où les Étrusques se plaisaient à les enfoncer pour se rapprocher ainsi du monde funèbre; eux les ont élevés au grand jour, aux regards du soleil, moins comme des sépulcres que comme des temples destinés à perpétuer et à consacrer parmi les vivants le souvenir de ceux qui ont vécu, à rendre présents ceux qui ont passé.

L'usage des nécropoles était le même dans l'Étrurie et dans l'ancien Latium[1]; il remontait à l'Égypte : à Thèbes, à côté de l'immense cité des vivants était l'immense ville des morts.

La disposition des tombeaux romains ne varie pas beaucoup; en général, à l'intérieur est la chambre funèbre où l'on allait faire les libations en l'honneur du mort, dont les restes étaient déposés tantôt dans la partie inférieure, tantôt dans la partie supérieure du monument et renfermés soit dans un sarcophage destiné ordinairement à une seule personne, quelquefois à deux, association touchante que la tendresse chré-

---

[1] Nécropoles étrusques à Cervetri, à Corneto, à Castel d'Asso; nécropole latine à Castrimenium, découverte par M. Rosa.

tienne devait multiplier dans les catacombes, soit dans une urne, selon qu'ils étaient enterrés ou brûlés. La coutume de brûler les corps fut dominante sous les rois, sous la république[1] et au commencement de l'empire. L'inhumation prévalut, sous les Antonins, et l'emporta définitivement par l'influence du christianisme[2]. On voit au Vatican[3] des pierres funèbres qui proviennent du mausolée d'Auguste et dont les inscriptions indiquent que plusieurs personnages de sa famille ont été brûlés. Stace nous fait connaître l'exemple unique d'une femme conservée par le dessèchement[4]. Cette femme s'appelait Priscilla, et le mari, qui par tendresse avait voulu garder ainsi ses restes, Abascantus, probablement un des médecins de ce nom. Le tom-

[1] On cite comme une exception que Numa ait été enterré, et, à propos de Sylla, que la gens Cornelia ne brûlait point ses morts.

[2] La *crémation* était tombée en désuétude au quatrième siècle (Macrob., *S.*, VII, 7).

[3] Vers l'entrée de la salle de l'Ariane, au Vatican. (*M. P. Cl.*, 248, 407, 408, 410.)

[4] Stat., *Sylv.*, v, 1, 222 et suiv.

... Siccatam membris...

Les corps se conservent facilement à Rome, à en juger par les cadavres des capucins que l'on montre dans des salles voisines de leur église, où, livrés à leurs occupations ordinaires, méditant, lisant, bêchant, couchés dans une grotte, ils étonnent d'abord le spectateur et le repoussent bientôt par cette apparence de vie dans la mort, dont on peut dire ce que Stace disait d'Abascantus :

Certamen cum morte gerit.

beau de Priscilla était sur la voie Appienne, où Nibby croyait l'avoir retrouvé [1].

Le culte des héros, ce *culte des saints* du paganisme — on peut le nommer ainsi, car il ne s'adressait pas seulement aux héros proprement dits, — ce culte, qui en se dépravant produisit l'idolâtrie pour les empereurs morts, et, ce qui était plus honteux encore, pour les empereurs vivants, fit donner aux tombeaux quelque chose de l'aspect des temples. Un *Heroon* était une chapelle dédiée à un héros, de là vint l'usage du fronton et des colonnes pour décorer les monuments funèbres. Près de Rome, plusieurs charmants tombeaux ont été pris pour de petits temples, auxquels ils ressemblent en effet ; seulement il ne fallait pas supposer, comme on a eu le tort de le faire, qu'ils avaient été consacrés au *Ridicule*[2] et à la *Toux*[3], qui n'ont jamais eu de temples et n'en méritaient pas.

L'autel où l'on faisait les libations est presque toujours placé devant le tombeau, comme il était placé devant le temple [4].

---

[1] Nibby, *Dint.*, III, p. 555, dans un noyau de tombeau rond qui subsiste sur la voie Appienne, en face de la petite église appelée *Domine, quo vadis*.

[2] A gauche de la voie Appienne, tandis que le temple du dieu *Rediculus* (du Retour) dont on a fait sottement un dieu *Ridiculus*, était à la droite de cette voie.

[3] A Tivoli. Selon Nibby, cette dénomination absurde ne remonte pas au delà du seizième siècle.

[4] Tombeaux de la voie Appienne.

La stèle était une pierre plantée dans l'origine sur le tertre funèbre [1], plus tard dans l'intérieur de la construction sépulcrale. Les stèles forment l'accompagnement presque nécessaire des tombeaux égyptiens; elles se rencontrent dans les sépultures grecques [2] et dans les tombes romaines. Les stèles funèbres de l'Égypte représentent habituellement le mort rendant hommage à une divinité et recevant l'hommage des différents personnages de sa famille. C'est en comparant un grand nombre de ces stèles, où les noms, les rapports de parenté du défunt avec les membres de sa famille et leurs professions sont écrits en hiéroglyphes d'une lecture certaine, que je suis parvenu à établir que la séparation absolue des castes et l'hérédité permanente des conditions n'existaient point, comme les anciens et les modernes l'ont si souvent répété, dans l'ancienne Égypte [3]. On ne saurait tirer autant de lumières des stèles grecques et romaines [4]; cependant

[1] Hom., *Il.*, xi, 371; xvi, 457. *Od.*, xii, 14.
[2] Elles se multiplient en Grèce à l'époque romaine, selon M. Gerhard, et, d'après lui encore, les cippes ou autels funèbres y sont beaucoup plus nombreux que les stèles; c'est à une stèle en marbre de Paros, destinée à honorer un héros, que Pindare compare et préfère son chant. *Nem.*, iv, 81. *Diss.*, ii, p. 406.) Les cippes sont de petits autels ornés souvent d'antéfixes comme les temples.
[3] Mémoire lu dans la séance publique des cinq classes de l'Institut et publié dans la *Revue des Deux Mondes*, ann. 1848, p. 838.
[4] Les parents semblent de même rendre hommage à la défunte; Tombeau figuré sur les bas-reliefs de Saint-Jean de Latran qui se rapportent aux Aterii.

les accessoires des sépultures romaines vont aussi nous offrir de précieux enseignements.

Si le tombeau ressemble extérieurement à un temple, intérieurement il ressemble parfois à une maison.

Les tombes étrusques présentent, d'une manière plus frappante que les tombes romaines, l'idée de l'habitation après la mort, de la maison funèbre. On y voit figurées jusqu'aux solives du toit[1]. Mais cette idée de l'habitation après la mort reparaît dans les urnes destinées à recevoir les ossements et les cendres des Romains. Quand on parcourt la longue galerie tapissée d'épitaphes qui conduit au musée du Vatican, et le *cortile* du Belvédère, l'œil s'arrête avec une complaisance mélancolique sur une multitude de ces urnes qui l'attirent par leurs formes infiniment variées. Beaucoup d'entre elles sont de véritables petites maisons où l'on trouve que l'on serait assez bien logé, avec des portes, un toit sur lequel sont indiqués les tuiles et les antéfixes; d'autres ont d'autres formes qui trahissent l'influence du gracieux génie de la Grèce : la forme d'une corbeille, comme pour y mettre des fleurs; la forme d'une fontaine, comme pour que l'heureux sommeil du mort soit rafraîchi par les eaux et bercé par leur murmure.

L'intérieur des tombeaux étrusques et romains était décoré de peintures, mais de peintures diffé-

[1] Reproduction fidèle d'un tombeau étrusque au musée Grégorien du Vatican.

rentes : sur les parois des tombes étrusques sont représentés ordinairement des banquets, des danses ou des jeux funèbres ; dans les tombes romaines on rencontre il est vrai des peintures qui se rapportent aux champs Élysées ou aux Enfers[1], mais plus souvent des paysages, des arabesques[2] qui pourraient orner une villa. Il était dans le génie de Rome, et surtout de Rome devenue à demi grecque, de se moins absorber dans la pensée de la mort. Du reste, les Grecs peignaient l'intérieur des tombeaux[3]. Il en était de même des Égyptiens ; ceux-ci, d'un génie plus sombre encore, plus porté aux contemplations de l'autre vie que les Étrusques, creusaient de vastes demeures dans la mon-

[1] Par exemple celles du tombeau des Nasons.

[2] Dans les tombes découvertes, il y a peu d'années, sur la voie Latine. Ce genre de décoration se montre encore dans les plus anciennes catacombes.

[3] Pausanias (VII, 22, 4) et Pline (XXXV, 25, 7), parlent de tombeaux peints en Grèce par Nicias. M. Letronne (*Lettre d'un Antiq.*, p. 233) pense que toutes ces peintures étaient à l'extérieur des monuments funèbres, car, dit-il, si elles avaient été à l'intérieur, Pausanias n'aurait pu les voir, parce que la religion des tombeaux ne lui eût pas permis d'y pénétrer. Cette objection ne me paraît point sans réplique : la porte de tous les tombeaux n'était pas murée, et la coutume d'y aller faire des offrandes aux morts pouvait en ouvrir l'accès, même à un étranger, surtout quand cet étranger était un dévot comme Pausanias. L'analogie porte à admettre qu'un genre de décoration commun aux sépultures égyptiennes, étrusques, romaines, ne pouvait manquer aux sépultures grecques. Au moment où j'écrivais ces lignes, j'apprends qu'on a trouvé à Athènes, près de la porte Dipyle, un tombeau dont l'intérieur est peint.

tagne, en couvraient les parois souterraines de tableaux innombrables qui représentaient les aventures de l'âme après la mort, puis ces peintures, dont l'éclat nous éblouit encore, une fois terminées, ils fermaient et cachaient l'entrée du sépulcre. De même, les peintures funèbres, souvent très-soignées, et il faut en dire autant des admirables ornements, des bijoux précieux déposés dans les tombeaux étrusques et quelquefois dans les tombeaux romains, n'étaient pas destinées à être vues par l'œil des vivants, à être éclairées jamais par les rayons du soleil; elles étaient faites pour le mort, et lui seul devait en jouir dans sa nuit : selon les idées antiques, pour un mort regretté rien n'était trop beau [1].

L'étude des bas-reliefs forme, dans l'étude des tombeaux romains [2], la partie la plus intéressante, la plus instructive et je dirai la plus historique, car ils nous font voir de nos propres yeux les détails des différentes professions, les scènes de la vie de famille et, par le choix des sujets et des symboles, peuvent nous apprendre beaucoup sur ce que les Romains pensaient de la mort et de l'immortalité. En outre, ils nous font con-

---

[1] Ceci répond à cette autre objection de M. Letronne (p. 238) savoir, « qu'aucun peintre de renom n'aurait condamné ses œuvres à l'obscurité d'un tombeau où nul ne pouvait pénétrer. »

[2] Ceux qu'on voit à Rome ne remontent pas en général plus haut que les Antonins, mais ces bas-reliefs funéraires grecs, très-semblables et qui leur ont servi de modèles, appartiennent à une beaucoup plus ancienne époque.

naître les traits des défunts, soit par des statues ou des bustes, soit par des médaillons sculptés en relief. Ces visages ont en général un caractère frappant d'individualité, et souvent sont assez laids pour qu'on soit en droit de les croire ressemblants.

Quelquefois le médaillon est vide [1], ou bien n'offre qu'une figure non dégrossie [2]; on attendait pour exécuter les figures de savoir à qui le tombeau appartiendrait. Beaucoup d'inscriptions nous apprennent que le cénotaphe a été ordonné par son possesseur tandis qu'il vivait encore [3], non-seulement pour lui mais encore pour les siens et pour ses affranchis; on trouve là écrite l'idée de la famille romaine comprenant et les parents et la dépendance, dans le sens qu'a conservé le mot *famiglia* à Rome, où il s'étend jusqu'aux domestiques.

Le nom du mort est quelquefois indiqué figurativement, par exemple celui d'un homme qui s'appelait *Aper* par un sanglier [4], symbole qui ressemble beaucoup à un calembour. Ailleurs, c'est la patrie du personnage défunt qui est indiquée par un détail du bas-relief : ainsi la patrie d'une Cléopatre, nom égyptien, par un palmier [5]; ou bien une qualité morale est expri-

---

[1] *M. Chiar.*, 69, 217. *Vill. Borgh.*, VIII, 20.

[2] *M. P. Cl.*, 73. Deux figures (*M. P. Cl.*, 20).

[3] *M. Chiar.*, 295, cippe funèbre. 723, buste d'un Manilius, venant du tombeau de cette famille. Bibus (pour *vivus*) sibi fecit.

[4] Sur un autel funèbre au Capitole, salles d'en bas.

[5] *M. P. Cl.*, 411.

mée symboliquement : une jeune femme, couchée sur un tombeau, a un agneau à ses pieds[1]. Ici la sculpture n'est-elle pas un langage, et n'est-ce pas comme si, dans une épitaphe, on lisait ces paroles : Elle fut douce et pure comme un agneau ?

La disposition des tombeaux nous révèle les usages funéraires du peuple romain ; une partie de leur décoration se rapporte à ces usages. On voit sur les cippes funèbres le creux qui recevait les libations et le trou par où elles s'écoulaient. On y a souvent sculpté les ustensiles du sacrifice, les festons et les couronnes[2] que suspendaient à ces autels mortuaires une piété pareille à celle qui nous fait placer une couronne sur une tombe chère et y déposer des fleurs.

Ces festons que nous voyons appendus aux sarcophages, ce sont ceux dont parlait Properce quand il disait de sa Cinthie : « Là elle apportera des parfums et ornera de festons mon tombeau ; elle s'assiéra près de ma cendre pour la garder[3]. »

Une statue de femme[4], trouvée dans un tombeau, et assise dans le recueillement de la douleur, gardait des cendres aimées, comme Properce espérait que Cinthie garderait les siennes.

---

[1] *M. Chiar.*, 535.
[2] Ce sont les *bene olentia serta* et le *coronatus lapis* de la *Copa*, poëme attribué à Virgile (34-5).
[3] Prop., III, 16, 23-4.
[4] On l'appelle Julia Mæsa (*M. Capit.*, galerie).

La pompe et tout l'appareil des funérailles[1] sont retracés sur des tombeaux romains. Ainsi l'ensemble d'une pompe funèbre est représenté sur une suite de bas-reliefs très-curieux[2] qui font passer devant nos yeux tous les préparatifs des funérailles d'une dame romaine, depuis l'exposition du corps sur un lit de parade auprès duquel sont des flambeaux, comme on expose aujourd'hui ceux des grands personnages romains, depuis les pleureuses qui s'arrachent les cheveux et se frappent la poitrine, jusqu'aux décorations de l'enterrement, reproduction artificielle des monuments que le cortège devait rencontrer sur la route par où il avait à passer. Près de plusieurs de ces monuments leurs noms sont écrits; le Colisée se reconnaît facilement, on voit même les statues qui s'élevaient sous chaque arcade et qui n'existent plus. Pour d'autres monuments, la reproduction n'est pas exacte; il y a par exemple sous l'arc de Titus une grande statue qui ne s'est jamais trouvée là, au milieu de la voie Sacrée; ce ne sont donc point, ainsi que l'a très-bien vu M. de Rossi, les monuments eux-mêmes que le sculpteur a voulu reproduire, mais une décoration improvisée et faite, jusqu'à un certain point à leur

---

[1] *M. Capit.*, salle des Philosophes. Fragments d'un bas-relief plus complet de la villa Panfili, où l'on voit que ce sont les funérailles de Méléagre, fragments fort semblable à un autre bas-relief représentant les funérailles d'Hector selon Winckelmann. (*M. ined.*, 156.)

[2] Ceux des Aterii, au musée de Saint-Jean de Latran.

image. Le tombeau lui-même est représenté; il est magnifique et ressemble à un temple; une figure est assise à l'intérieur : est-ce la morte ou n'est-ce pas plutôt une personne de sa famille qui l'a précédée et qui l'attend?

Les bas-reliefs qui se rapportent à la famille sont très-nombreux; c'est la page la plus touchante de ce rituel funéraire que la sculpture antique a tracé sur les tombeaux.

La Grèce les avait connus[1] et l'art romain les a empruntés, comme presque tout, à la Grèce.

C'était surtout aux souvenirs de l'union conjugale qu'étaient consacrés les bas-reliefs des tombeaux à Rome; le respect de cette union se conserva même au sein de la démoralisation de l'empire, on acquiert cette conviction consolante, que peut-être l'histoire et la littérature ne donneraient pas, en voyant l'époux et l'épouse figurer aussi souvent dans les représentations funèbres. Un homme et une femme se tiennent par la main, entre eux est un Amour avec ces mots : *Fidei simulacrum*[2], emblème de fidélité. Plus souvent, c'est leur enfant qu'ils tiennent tous deux, ou le défunt est couché sur un lit et sa femme assise à côté du lit[3].

---

[1] Un homme et une femme se serrant la main, bas-reliefs attiques (Müll., *Atl.* I, xxix, 125, 126), tout à fait semblables par la composition à divers bas-reliefs romains, mais bien supérieurs par le style.

[2] Salle Lapidaire au Vatican. Au-dessus de la figure du mari est écrit : *Honor;* ailleurs, au-dessus de la figure de l'épouse : *Veritas*.

[3] *M P. Cl.*, 411.

Mais tout n'était pas moral dans les intérieurs romains sous l'empire; ailleurs un homme bien portant est couché de même sur un lit; le lit est dans un triclinium, car on apporte des plats, et la joueuse de lyre qui est près de lui n'est point sa femme.

L'union des époux par le mariage est souvent représentée sur les tombeaux [1] et, contraste pathétique! leur séparation par la mort : le double serrement des mains qui se joignent pour le bonheur et pour l'adieu [2]. Mais ce n'est pas ce contraste seulement que le sculpteur a voulu indiquer, et l'on peut croire qu'il y a aussi dans ces noces du tombeau un pressentiment de la réunion au delà, car il y a quelques consolations apportées à ce cruel adieu; si l'on voit un rideau, le rideau qui nous cache le monde invisible, on voit aussi une porte entr'ouverte [3], pour laisser à celui qui reste la perspective et l'espoir d'y passer à son tour. Cette porte s'ouvre pour un enfant de cinq ans et demi [4]; la tendresse des parents élevait des tombes aux enfants et décorait des symboles accoutumés les urnes qui contenaient leurs cendres. Nous les voyons sur les sarcophages se livrer aux jeux de leur âge, par exemple des petits garçons

---

[1] Elle l'est avec toute sa pompe sur le beau sarcophage de Saint-Laurent hors des Murs.

[2] Mariage sur le devant, adieu sur le côté d'un sarcophage (Cortile du Belvédère). Quelquefois une femme assise devant un tombeau.

[3] *M. P. Cl.*, 48. 60.

[4] *M. P. Cl.*, 80.

et des petites filles jouer ensemble *aux noix* [1], ces *billes* de l'antiquité, et goûter ainsi les joies de leur innocent paradis.

Un adolescent est couché sur son tombeau [2] tenant un livre à la main; des génies de son âge portent les attributs des neuf Muses; il a un manteau de philosophe : sans doute il donnait beaucoup d'espérances. A ses pieds est le petit chien favori du jeune savant : je suis bien aise pour lui qu'outre les muses et la philosophie il aimât ce petit chien.

Le deuil des parents n'est pas exprimé avec moins de simplicité que la douleur des époux. Un père qui pleure tient un flambeau renversé, image sans doute de la mort d'un enfant, que ce père et sa femme, debout devant lui, ont perdu. Derrière deux époux est le buste d'une jeune fille certainement la leur, et qui leur a été ravie. Mais aucun des bas-reliefs romains de cette espèce n'est aussi attendrissant que l'était une peinture grecque du tombeau de Néotime décrite dans une pièce de vers de l'Anthologie [3]; on y voyait la jeune femme dans les bras de sa mère, tandis que le malheureux père tenait sa tête dans sa main [4]. L'amour ma-

---

[1] *M. Chiar.*, 497.

[2] *G. des Cand.*, 20. Un autre fort semblable, *M. Cap.*, salle des Colombes.

[3] *Anth. pal.*, VII, 730.

[4] Une mère avec son enfant nouveau-né près d'un char traîné par des bœufs, en présence des Parques (*M. P. Cl.*, 453) me paraît exprimer, par une sculpture grossière mais d'une manière touchante, la destinée funeste d'une mère que les Parques ont privée de son enfant.

ternel, celui des amours humains qui survit le plus obstinément à la mort, se produit avec grâce sur des bas-reliefs funèbres ; une femme allaite son enfant [1], une autre, couchée sur un lit, donne à boire au sien en regardant un *chien* qui la regarde [2]. Ce petit tableau dit à la fois les tendres soins de la mère et la *fidélité* de l'épouse. Quant à ce qu'on appelle les banquets funèbres, il faut distinguer. Il y en a qui méritent ce nom et qui rappellent l'usage où l'on était, à Rome comme en Grèce, de célébrer par un banquet sacré la mémoire des morts [3], mais il est très-vrai, comme l'a remarqué M. Letronne [4], qu'on ne peut appeler repas funèbres ceux où le mort prend place à côté des vivants ; dans ceux-là il faut reconnaître avec lui une commémoration du repas de famille tel qu'il était quand le défunt regretté y occupait la place maintenant vide à jamais.

Les habitants des tombeaux ne revivent pas seulement sur les bas-reliefs, ornement funéraire de ces tombeaux ; leurs statues et leurs bustes les décorent. Les statues sont couchées ou debout, les époux côte à côte [5] ; quelquefois une jeune femme endormie

---

[1] *M. Chiar.*, 201.

[2] *M. Chiar.*, 291.

[3] Ils pouvaient faire allusion aux banquets de l'Élysée. Comus, pour les anciens, était aussi le génie de la mort ; le dieu des banquets était représenté endormi (Phil., 1, 2), le sommeil.

[4] *Rev. arch.*, t. III, p. 214.

[5] *M. Chiar.*, 500 ; le boulanger Vergilius Eurysacès et sa femme

tient une couronne ou des fleurs; les bustes des personnages d'une même famille rangés les uns près des autres [1], semblent continuer cette existence que leur association sous le même toit rendait si douce, et dire au voyageur, qui en regrette peut-être une semblable : Vois comme nous étions bien ensemble sur la terre et comme nous sommes bien ensemble ici. Des oiseaux dans un nid, auxquels le père et la mère apportent leur nourriture, offrent un touchant symbole de l'amour paternel et maternel [2]; un serpent qui se glisse vers l'arbre qui porte le nid [3] est l'image de la mort qui a pénétré dans le nid de famille maintenant désert.

Si les bas-reliefs dont je viens de parler nous émeuvent en nous transportant au sein de la famille romaine et en nous faisant participer jusqu'à un certain point aux sentiments qui l'animaient, d'autres bas-reliefs piquent et en même temps satisfont notre curiosité ; ce sont ceux qui, nous rendant familiers les détails des professions et des conditions particulières, par là nous font pénétrer dans la vie réelle des anciens Romains, comme d'autres monuments nous ont initiés

(voyez plus loin); un fils et sa mère si le sarcophage du Capitole (salles d'en bas) est réellement celui d'Alexandre Sévère et la figure de femme celle de Mammée.

[1] Sur la voie Appienne, tombeau d'une prêtresse d'Isis et de sa famille. Vibius, Vibia et leur enfant (*M. Chiar.*, 53).

[2] *M. Chiar.*, 230.

[3] A Saint-Jean de Latran, bas-relief funèbre, je crois, qui fait allusion à l'enfance de Jupiter (voyez plus loin), *M. P. Cl.*, 214.

à leur vie idéale et complètent leur histoire publique par leur histoire privée.

Voulez-vous voir fabriquer des couteaux dans l'antique Rome, des serpes, des tailloirs? Voici sur un monument funèbre, érigé par un maître coutelier à lui-même, à ses affranchis et à leur postérité, la boutique de ce coutelier, assez bien fournie d'instruments tranchants, dont plusieurs sont fort semblables à ceux que vous avez pu considérer en traversant le marché de la place Navone; et dans l'arrière-boutique, placée de l'autre côté du monument funèbre, il ne tient qu'à vous de vous donner le plaisir de les voir forger [1].

Sur un cippe destiné à recevoir des offrandes sont sculptés les outils d'un architecte [2] : le pied romain, le compas, l'équerre et le fil à plomb. Des haches, des couperets, un bonnet de Flamine sont sculptés sur un autel dédié par une société de fabricants d'objets religieux, à laquelle ils semblent servir d'enseigne [3]; une bouchère, en conférence avec une femme qui veut lui acheter une oie, est assise devant son étal [4], pareil sans

---

[1] Au Vatican, salle Lapidaire, à droite.

[2] L'usage de placer sur les tombeaux un souvenir de la profession du mort était bien ancien en Grèce, on le trouve déjà dans Homère, qui plante une rame sur la sépulture d'Elpénor. (*Od.*, xi, 77.) Je l'ai remarqué sur les tombes des Arméniens à Constantinople. Dans un des tombeaux étrusques de Cæré, des bas-reliefs peints figurent une foule d'objets usuels, jusqu'à une corde et un havresac.

[3] *M. Capit.*, iv, 15.

[4] Zoeg., *B. ril.*, 27-28.

doute à celui sur lequel Virginius saisit le couteau qui devait sauver Virginie de la honte et délivrer Rome de la servitude. Dans cette boutique on lit quelques vers de Virgile; aujourd'hui à Rome les boutiques des marchands de friture sont garnies de sonnets. Là un *pizzicarolo* est dans sa boutique, assez semblable à celle où s'exerce actuellement cette petite industrie toute romaine.

Passons des boutiquiers aux négociants. Passienus, qui était bon père, car il a élevé un cippe funèbre à son fils, petit garçon mort à sept ans, s'était enrichi dans le commerce maritime : nous l'apprenons par ce même cippe où il avait fait placer d'un côté la Fortune marine tenant le gouvernail d'un bâtiment, et de l'autre Mercure avec la bourse et la corne d'abondance[1]. Carpus Polentianus faisait un commerce du même genre, mais pour le compte de l'État; attaché au service de l'approvisionnement public[2], il allait acheter des blés en Égypte, ce qu'indiquent une barque, un obélisque, désignant l'Égypte, et enfin, par une allusion mythologique, Cérès courant un flambeau dans la main à la recherche de Proserpine. Au commerce maritime et au commerce par terre appartenait à la fois

---

[1] *M. Chiar.*, 239. Sur un bas-relief très-mutilé (*M. P. Cl.*, 456) les sculptures nous enseignent que celui pour lequel fut fait ce sarcophage était forgeron de son état, avait voyagé sur mer, aimait la chasse et s'était marié.

[2] *M. Chicr.*, 587. Un autre (*ib.*, 19) était chargé d'approvisionner d'huile deux magasins d'Ostie qui portaient le nom de Galba.

sans doute un homme représenté dans un chariot et sur un navire, entre une pierre milliaire et un phare [1]. Un fabricant d'huile a étalé sur son sarcophage [2] de famille tous les détails et tous les instruments de cette fabrication, parmi lesquels se remarque le moulin à huile qu'un âne fait tourner. Ce moulin a tout à fait la forme de ceux qu'on trouve souvent et dont un débris a été placé près du bas-relief. Puis viennent des métiers qui touchent à l'art, comme un orfévre [3]; un homme riche qui avait pris à ferme des fonderies de bronze et d'argent [4]; enfin, sur un cippe votif, un ciseleur, *cælator*, qui donne son adresse : Lucius Furius, ciseleur, voie Sacrée.

Parmi les représentations professionnelles, la plus complète est celle du tombeau de Vergilius Eurysacès, appelé vulgairement le tombeau du Boulanger. Ce Vergilius, dont le nom écrit ainsi selon l'orthographe de la république, est le même que celui de Virgile, n'était point un boulanger : il avait la ferme de la fourniture du pain pour les Appariteurs, personnages attachés au service des magistrats romains; c'était un grand entrepreneur que sa ferme avait enrichi, ainsi qu'il paraît aux vastes dimensions et à la décoration de son tombeau. Un triple rang de bas-reliefs nous

---

[1] Bas-relief au jardin Colonna.
[2] *M. Chiar.*, 685.
[3] *M. P. Cl.*, 262. Aurifex bractearius (un batteur d'or).
[4] *M. Chiar.*, 293.

montre tous les détails de la fabrication et de la vente du pain; on pétrit la pâte, on enfourne les pains, on les retire du four et on les fait refroidir; apportés dans des paniers, ils sont pesés et comptés par deux hommes dont l'un tient des tablettes [1].

Le tombeau de Vergilius a une forme très-particulière et qui est elle-même une allusion manifeste au genre de fourniture qui lui avait été afferme. Ce tombeau est composé de cylindres semblables aux corbeilles où l'on mettait les pains qui étaient ronds, nous le saurions par les peintures des catacombes quand on n'en aurait pas retiré un certain nombre d'un four de Pompeï, au bout de dix-huit cents ans. L'inscription nous apprend que Vergilius Eurysacès a voulu que les os de sa femme Antistia reposassent *dans ce Panarium*, mot qui peut désigner tout le monument, considéré comme un *dépôt de pains*, ou s'entendre seulement d'une *corbeille à pain* en pierre qu'on a trouvée dans le tombeau et où l'on doit supposer que furent recueillies les cendres d'Antistia.

Sans parler des insignes propres aux magistrats et aux sacerdoces, tels que la chaise curule, siége des personnages considérables [2], les faisceaux consulaires,

[1] *Gal. des Candél.*, 138. Sur un fragment de bas-relief appartenant au sarcophage d'un marchand d'huile, se voit, dans sa boutique, tout ce qui est nécessaire pour les *écritures* commerciales, l'encrier, le *calamus*, roseau servant de plume, les tablettes en forme de dyptique.

[2] *M. P Cl.*, 84.

le lituus ou bâton recourbé dans la main de l'augure [1], le sistre dans celle du prêtre égyptien [2]; il est deux professions que rappellent sur les sarcophages romains de nombreux symboles : l'état militaire et la carrière des lettres.

L'état militaire est indiqué par des armes de toute sorte [3], par le laurier, par des couronnes que tiennent souvent des *Victoires*, par l'aigle, par une *Victoire* portant une enseigne ou écrivant sur un bouclier, par un combat, par des barbares captifs à genoux et des emblèmes de triomphe. Le guerrier est représenté avec une lance, un bouclier et son cheval de combat. J'ai remarqué, sur un cippe funèbre consacré à la mémoire d'un officier romain, une équerre et une lyre; cet officier semble avoir été en même temps ingénieur et poëte. Quand l'aigle est associé à divers symboles religieux [4], surtout à ceux qui se rapportent à Jupiter, il peut ne désigner que la dévotion du mort à ce dieu.

Un bas-relief en l'honneur d'un affranchi grec et de sa femme, offre un exemple de ces dévotions particu-

[1] *M. Chiar.*, 204.
[2] *M. P. Cl.*, 55.
[3] Une armure complète sur un cippe funèbre (*M. Chiar.*, 240). Les *armes* ne désignent pas toujours la carrière militaire. Des génies portant les diverses parties d'une armure (*M. P. Cl*, 80) décorent l'urne funèbre d'un enfant. (Garr., p. 51, pl. xxx.)
[4] *M. P. Cl.*, 67. Par exemple, à des vases sacrés, comme sur les temples, signe de piété.

lières ; le mari était dévot à Jupiter, la femme à Junon[1], comme l'indique le paon mis en regard de l'aigle : ces affranchis[2] voulaient faire les Romains en proclamant leur dévotion aux deux grandes divinités romaines et s'attribuaient l'un l'aigle des empereurs, l'autre le paon des impératrices. L'adresse du ciseleur de la voie Sacrée est entourée d'un feston que soutiennent des aigles. On voit bien que l'aigle n'est pas toujours une attribution guerrière, car des aigles décorent le tombeau d'une femme[3]. De même, la Victoire n'indique pas toujours la professsion militaire. Nous verrons quel peut être alors le sens de ce symbole.

La modestie n'ayant été dans aucun temps notre apanage, à nous autres gens de lettres, on ne sera pas surpris que les littérateurs aient laissé sur les bas-reliefs funèbres beaucoup d'avertissements de leur existence et de leur vanité, adressés à la postérité.

Les auteurs auxquels, on le pense bien, les insignes de la gloire n'ont pas été plus refusés qu'aux guerriers[4], et que caractérise le *volume*, se montrent

---

[1] Autre dévote à Junon (*M. Chiar.*, 520).

[2] *M. P. Cl.*, 610. Leurs noms le disent : Pomponius, Eudemon et Pomponia Elpis. Un esclave, de l'empereur il est vrai, (sait bien faire sculpter sur son sarcophage Romulus nourri par la louve (*M. P. Cl.*, 91).

[3] Monument des Aterii, au musée de Saint-Jean de Latran.

[4] Un palmier, à cause de la *palme* (*Vill. Borgh.*, S. v. 5). Le laurier était accordé même aux chasseurs; sur un cippe de la villa Borghèse (S. 1. 1), un cerf tient des lauriers dans sa bouche; près d'un

entourés par les Muses, qui sont censées les inspirer. Quand elles sont toutes présentes, elles n'indiquent aucune vocation littéraire spéciale. Le choix qu'on fait parmi elles peut nous renseigner sur le talent particulier de l'homme de lettres dont nous voyons le monument, sur le genre de littérature qu'il cultivait [1]; ce qu'on indiquait aussi par la présence d'Homère pour un poëte épique, de Pindare pour un poëte lyrique et de Ménandre pour la comédie; lorsqu'ils sont réunis [2], nous pouvons penser qu'il s'agit d'un homme qui prétendait être tout à la fois un Homère, un Pindare et un Ménandre. Du reste, il valait mieux s'essayer dans plusieurs genres littéraires que de réunir, comme un certain M. Sempronius Néiocratès, d'après son nom probablement un affranchi, au talent de poëte lyrique, la profession de marchand de femmes esclaves.

Les femmes de lettres, à Rome, avaient aussi leurs prétentions multiples, et l'une d'elles, Petronia Musa [3], a près de soi deux lyres appartenant à deux muses et accompagnées d'une pièce de vers en son honneur.

Ces deux lyres correspondaient à deux genres de poésie dans lesquels nous pouvons supposer qu'excel-

autel est un laurier, et sur le côté du cippe on voit encore un cerf. N'est-ce pas un hommage à un chasseur illustre? Les scènes de chasse sont souvent représentées sur les sarcophages.

[1] *M. Chiar.*, 666, poëte dramatique indiqué par la massue, le raisin bachique, les masques.

[2] *M. Chiar.*, 248. *M. P. Cl.*, 535.

[3] *Vill. Borgh.*, salon, 10.

lait Pétronia. Nous pouvons en penser autant d'une femme sous le siége de laquelle est le masque tragique de Melpomène et auprès de laquelle sont Polymnie et Euterpe, la muse bucolique, qui, la main placée sur son épaule, paraît l'encourager. En face d'elle un homme est assis, ayant auprès de lui Thalie et Melpomène[1]. Voilà bien des muses et un couple abondamment pourvu de tous les genres d'inspiration.

Un bas-relief où se voient des figures d'hommes et de femmes[2] a été rapporté au sénat féminin d'Héliogabale, sans raison, je crois, car dans ce sénat il n'y avait point d'hommes. J'y verrais plutôt une allusion à quelque réunion littéraire de l'époque, des lectures publiques, auxquelles les femmes devaient assister. Ces assemblées, où l'on allait entendre Stace et d'autres poëtes[3], peuvent être considérées comme contenant le premier germe des académies, si nombreuses en Italie dans les temps modernes, et dans plusieurs desquelles, par exemple les *Arcadi* et les *Lincei*, à Rome, on admet les femmes, ce qui avec le temps, j'imagine, sera imité partout.

Un retour naturel vers les occupations et les soins

---

[1] *M P. Cl.*, 48.

[2] *M P. Cl.*, 68.

[3] M Rosa a découvert sur le Palatin une salle qui paraît avoir été destinée à ces sortes de lectures. Tout autour sont disposées des espèces de niches où pouvaient s'asseoir les lecteurs et qu'indiquent peut-être ici les arcades sous lesquelles sont placés les personnages du bas-relief.

d'ici-bas a multiplié sur les tombeaux les scènes d'intérieur qui nous font pénétrer dans l'histoire intime des Romains, en mettant sous nos yeux leurs banquets, leurs jeux, quelquefois sans oublier le chien fidèle, le chat et jusqu'au singe de la maison [1].

Passons de ces détails à la grande idée qui plane sur les tombeaux, l'idée de la mort; aux divers aspects sous lesquels elle y est envisagée, aux divers symboles par lesquels elle y est exprimée.

L'art antique a rarement représenté la mort elle-même, qu'il aimait mieux désigner symboliquement sous la forme d'un génie funèbre. On voit cependant le *dieu* de la mort (Thanatos) sur les urnes étrusques.

> La Mort est le seul *dieu* que j'osais implorer,

a dit Racine, d'après Euripide ; mais la mort n'a jamais sur nos bas-reliefs cet horrible aspect que lui ont donné la poésie et la sculpture grecques dans leurs commencements, qu'à une époque plus avancée le sentiment du beau fit rejeter, et auquel le moyen âge devait revenir : l'aspect d'une horrible vieille avec de longues dents et des ongles crochus, telle que la peint Hésiode [2].

---

[1] *Vill. Borgh.*, sous le péristyle.
[2] Sous le nom de *Kêr*, sur le bouclier d'Hercule, 249; ici au pluriel, *Kêres*.

Le génie du Sommeil est couché, ou dans l'attitude consacrée par la sculpture antique pour peindre le repos; les jambes croisées et les bras derrière la tête [1]; c'est souvent un enfant [2]; le sommeil de l'enfance semblait le plus doux symbole pour exprimer l'idée de la mort; c'est tantôt un jeune homme [3], tantôt un vieillard [4], car la mort est de tous les âges.

Les anciens appelaient le sommeil le parent et le frère jumeau de la mort [5]; ils appelaient la mort le sommeil d'airain, le sommeil sacré. « Il ne faut pas dire que les bons meurent, mais ils goûtent un doux sommeil, un sommeil sacré [6]. »

Ce génie tient un flambeau renversé, symbole de la

---

[1] Sur un sarcophage, *salle Lapidaire.*

[2] *M. Chiar.*, 85. Au musée de Saint-Jean de Latran, plusieurs petits génies funèbres couchés. Garracci, pl. 40, p. 79. Près d'eux, le pavot somnifère ou le flambeau renversé.

[3] Un jeune homme tenant d'une main une tige de pavot et de l'autre une corne à boire d'où il verse l'oubli. (*M. P. Cl.*, 514.)

[4] *Vill. Alb.*, salle d'en bas; analogue au Sommeil qui est près d'Ariane sur un bas-relief bachique et près d'Endymion endormi (bas-relief du Capitole). Ces deux sujets, comme nous le verrons, sont funèbres : le sommeil y est donc la mort. Le sommeil est le nom de la mort chez Théocrite (*id.*, xxii, 204). Auprès d'un génie de la mort est écrit : *Somno* Orestilla filia. (*Vill. Alb.*)

[5] Consanguineus leti sopor (Virg.). Hésiode (*Théog.*, 756) dit que la Mort et son frère le Sommeil sont portés dans les mains de la Nuit. Sur le coffre de Cypselus, la Mort portait un enfant noir et un enfant blanc, la Mort et le Sommeil, le frère et la sœur.

[6] Hom., *Il.*, xi, 241. Vers cités par le P. Garracci.

vie éteinte [1], ce que signifient aussi les flambeaux couchés [2].

Ou bien ce n'était pas comme un sommeil qu'on se représentait la mort, mais comme une destruction. Psyché, on sait que c'est le nom de l'âme, a des ailes de papillon ; elle est souvent représentée par un papillon, l'*Angelica farfalla*, a dit Dante, faisant chrétien le symbole antique. On voit sur les bas-reliefs funèbres un papillon brûlé par un flambeau [3] ou saisi au vol par le bec d'un oiseau [4] : c'est la destruction de Psyché, de l'âme, que les anciens ne distinguaient pas bien de la vie. Des oiseaux becquetant un fruit [5], des fruits s'échappant d'une corbeille renversée [6], expriment

---

[1] *M. Chiar.*, *gal. des Candél.*, 251-270. Attitude et action exactement décrites par Philostrate (I, 7), à propos d'un Amour dans un tableau de Médée voyant arriver Jason. C'était un avertissement des *morts* que cette arrivée devait amener.

[2] *Gal. des Candél.*, 146. Sur un bas-relief représentant des courses de chars, comme nous verrons emblème funèbre, dont cette circonstance achève de démontrer le caractère. *Ib.*, 223, flambeaux couchés sur un tombeau.

[3] Ce peut être aussi une purification de l'âme par la mort, par le bûcher. J'y reviendrai.

[4] *Vill. Alb.*, *M. Chiar.*, 230. 240. Un oiseau saisit une sauterelle, animal vif et agile (*ib.*, 198) ; des cigognes tiennent au bec un serpent, symbole de la vie.

[5] Le fruit est un symbole naturel de la vie et de la fécondité ; c'est pourquoi on avait mis dans la main de Vénus un fruit dont on a fait depuis le prix de la beauté.

[6] *M. P. Cl.*, 52. *M. Chiar.*, 519. Il en est de même de ceux qui se répandent hors d'une corne d'abondance sur laquelle un lion étend sa

aussi, en la voilant sous une forme gracieuse, la sombre idée de la destruction.

Ainsi ce que l'on pourrait prendre pour des détails capricieux d'arabesques a un sens, un sens sérieux et triste. Un lion qui devore un cheval, un lapin, animal destructeur s'il en fut jamais, mangeant un raisin[1], expriment la même idée que traduit l'insecte ou le fruit becquetés par l'oiseau.

Ces détails reviennent trop fréquemment dans les bas-reliefs funéraires pour qu'on puisse attribuer au hasard leur répétition constante et leur association évidemment intentionnelle avec d'autres symboles non moins significatifs. Plus on étudie l'art antique, plus on en voit disparaître l'arbitraire et plus on se persuade que tout y avait sa raison.

Il est encore d'autres expressions détournées de la mort, qu'on rencontre sur les sarcophages et qu'il faut connaître pour saisir le sens funèbre des bas-reliefs qui les accompagnent. Ce n'est presque jamais un emblème

---

griffe homicide (*salle Lap.*). Un tigre pose la sienne sur une corbeille remplie de raisins.

[1] Sujet souvent répété. Rien n'est moins naturel qu'un lapin mangeant un raisin. Cette action est donc symbolique. Selon le P. Garracci (p. 109), le raisin et le lièvre indiquent la saison de l'automne, à Rome saison de la mort. Tibulle dit à propos des morts prématurées, faisant un rapprochement pareil à celui qui a inspiré les auteurs des bas-reliefs de nos sarcophages :

> Quis fraudare juvat vitam crescentibus *uvis*
> Aut modo nata malà vellere *mala* manu?

brutal et hideux, comme le squelette ou la tête de mort ; les anciens n'avaient pas recours à ces objets déplaisants pour rappeler à l'homme sa fin ; une allusion plus indirecte leur suffisait et avertissait le spectateur sans le repousser. Sur les bas-reliefs des tombeaux, on se borne à lui montrer une voile repliée [1], un arbre dépouillé de ses feuilles [2], image de la vie qui s'est fanée, un arbre qu'on arrache [3], un vêtement abandonné [4], un carquois vide ou fermé [5] ; un masque tombé à terre annonce que la pièce est finie, selon le mot suprême d'Auguste, comédie ou tragédie bientôt jouée et dont il ne reste rien quand les acteurs ont disparu [6].

---

[1] Un enfant dans une barque dont la voile est repliée. (*M. de Saint-Jean de Latran.*)

[2] Flambeau éteint sur un tronc dépouillé. (Visc., *M. P. Cl.*, III, 45.)

[3] *M. Chiar.*, 184.

[4] Ce détail funèbre et plusieurs de ceux qui sont indiqués ici se voient réunis sur un sarcophage de la salle Lapidaire, à gauche, entre la porte de la bibliothèque et l'entrée du musée.

[5] *S. des Candél.*, 203 : près d'un génie qui tient un flambeau renversé, un carquois suspendu à un tronc d'arbre. M. Rosa a trouvé sur le Palatin une figure dont le carquois plein ne peut contenir des flèches ; ce doit être un génie funèbre plutôt qu'un Amour.

[6] Le masque est donné par M. Gerhard (*St. r.*, II, 2, p. 81) pour une image du corps que l'âme a quitté. Cette image était la larve (*larva*, c'est aussi le nom du masque en latin), espèce de fantôme du corps qu'on croyait lui survivre, et qui passait pour avoir une figure hideuse, comme est souvent celle des masques. Le masque qui a la bouche fermée et les yeux remplis n'est pas un masque théâtral, mais un masque funèbre. (*St. r.*, II, 2, p. 5.)

Certains animaux sont choisis de préférence dans ces représentations comme emblèmes du sommeil, parce qu'ils dorment et semblent morts durant quelques mois, le loir et la tortue ; il en est de même des oies et des canards qu'on chasse pendant l'*hiver*.

Les courses de char fournissent aux bas-reliefs funèbres une allusion très-fréquente à la *carrière* de l'homme dont le *terme* est la mort ; nous nous servons encore de cette métaphore, empruntée à une coutume antique. Sur un assez grand nombre de sarcophages, on voit les chevaux qui s'élancent avec ardeur, comme l'homme s'élance dans la vie, puis s'abattent au bout de leur course. Sur une urne étrusque du Vatican, deux furies brisent le char d'un guerrier.

Des courses de chevaux sont la plupart du temps exécutées par des enfants, presque toujours ailés [1] ; ceux qui tombent du char [2] ou du cheval indiquent la chute finale qui nous fera trébucher tous dans la mort.

Il en est de même de la *lutte* [3], image de la vie, cette lutte qui finit toujours par une défaite. Une fois, pour

---

[1] *M. Chiar.*, 324. *Gal. des Candél.*, 146. *M. P. Cl.*, 509, 613, 617. Pour un de ces sarcophages, on a choisi la course célèbre qui fut *mortelle* à Œnomaüs (*ib.*, 621). Dans d'autres courses, on a introduit des symboles qui en précisent le caractère funèbre : des oiseaux qui mangent, des masques etc.

[2] *M. P. Cl.*, 52. Quelquefois un génie à terre sous les pieds des chevaux.

[3] Près d'un lutteur est le génie de la mort avec le flambeau renversé. (*M. Chiar.*, 154.)

indiquer encore mieux l'intention funéraire de ces représentations, le terme de la palestre s'incline comme s'il allait tomber. Ces scènes du cirque et de la palestre peuvent être une commémoration des jeux qu'on célébrait à l'occasion de la mort des personnages illustres, ou un témoignage de la passion du défunt pour les jeux durant sa vie.

Des lions qui dévorent des chevaux, symbole ordinaire de la destruction sur les sarcophages, offrent en même temps une scène de l'amphithéâtre [1].

La vie se compare naturellement au jour et à l'année. Ce jour, dans le langage universel, a son matin et son soir; cette année a son printemps, son été, son automne et son hiver. On voit en effet dans les bas-reliefs des sarcophages le Soleil partant sur son char [2], et, la journée finie, la Nuit montée sur un char dont les coursiers s'abattent. Le jour et la nuit, vieille allégorie de la vie et de la mort; parfois la nuit est remplacée par la lune [3]. En général, c'est l'idée de la vie qu'on a voulu faire prévaloir sur les sarcophages où les saisons [4]

---

[1] On voit près d'eux des hommes préposés à ces jeux. (*Salle Lapid.*)

[2] Beau sarcophage dans l'église de Saint-Laurent hors des Murs. Même symbole, villa Borghèse, salle des Hercules, 12.

[3] *M. Chiar.*, 69, Têtes du Soleil et de la Lune.

[4] Souvent remplacées par les génies des saisons. Ceux-ci sont également figurés sur le tombeau païen des Aterii et sur le tombeau chrétien de Bassus (*Grott. Vat.*); les saisons sont peintes sur les parois des catacombes. A côté d'elles sont des corbeilles remplies; l'une d'elles *élève* un flambeau (jardin de la Pigna et cortile du Belvédère).

sont représentées, en y étalant les diverses productions de la fécondité terrestre dont se composent leurs attributs ; mais l'idée de la mort vient, comme presque toujours, se placer auprès. Cette idée est traduite dans un langage sinistre par les rameaux dépouillés que les saisons tiennent à la main [1], ou présentée sous un jour moins triste quand on place auprès des saisons les néréides et les tritons, qui indiquent le voyage de l'âme aux îles Bienheureuses [2]. Les Saisons ou *Heures*, sur les tombeaux, sont liées surtout à l'idée de la mort, quand on ne montre que les deux saisons funèbres, l'automne et l'hiver, ou qu'on place en regard le printemps et l'hiver, le commencement et la fin. Les poëtes comparaient les saisons aux âges de la vie [1],

Les Grâces sont de la famille des Heures. A Rome, on est étonné de voir souvent les Grâces sur des tombeaux. D'abord, quand il s'agit de l'art et de la pensée antiques, on ne doit jamais s'étonner de rencontrer les Grâces même dans la mort. Les Grâces n'étaient pas à l'origine ce qu'elles sont devenues depuis la personnification du *charme*; ces vieilles divinités pélasgiques

---

[1] Sur un sarcophage (*M. Chiar.*, 406), deux génies des saisons tiennent chacun les rênes d'un char; les deux chars, attelés l'un de taureaux et de boucs, l'autre de lions et de sangliers, s'élancent l'un contre l'autre et semblent indiquer la lutte de deux principes au sein de l'année et de la vie.

[2] Ov., *Metam.*, xv, 199.

étaient les compagnes et les servantes de Jupiter [1], associées à sa toute puissance dans l'administration physique et morale du monde, dont leur nom exprimait les *bienfaits*. C'est pourquoi sans doute Phidias les avait placées sur le trône de Jupiter. Elles jouaient donc un rôle dans toute la destinée de l'homme, dans sa mort comme dans sa vie, car l'une et l'autre venaient de Jupiter. Les Grâces étaient mises sous la conduite de Mercure, le conducteur des âmes [2]; elles étaient les compagnes de Proserpine [3]; enfin comme liées à Vénus, la déesse de la vie et de la mort, leur ministère était d'embellir la première et d'adoucir la seconde [4].

Les scènes de la vie champêtre qui accompagnent souvent les représentations funèbres sont placées là comme un adoucissement à la pensée de la mort; elles disent à leur manière : *Et ego in Arcadia*, et moi aussi j'ai goûté une vie tranquille et heureuse.

En même temps qu'on entourait les monuments funéraires des scènes variées de la vie, on y déployait

---

[1] Gerh., *Gr. Mythol.*, I, p. 87, 101. C'est dans leur sens antique que les Grâces étaient prises par les Orphiques quand ils disaient que les Grâces produisent tout.

[2] Gerh., *Gr. Myth.*, I, p. 273. Nommé aussi le conducteur des Grâces, χαρίτων ἡγεμών.

[3] *Ib.*, p. 465.

[4] *Ib.*, p. 572. En rapport à la fois avec les Heures et les Parques (Moirai) (*ib.*, p. 586). Il n'est pas temps encore de parler du rapport des Grâces avec Bacchus et les mystères.

les terreurs de la mort et du monde invisible, qui devaient en interdire l'entrée; de là les figures monstrueuses sur les tombeaux, et surtout la tête de Gorgone[1], symbole de l'épouvante qui pétrifie[2], les gryphons[3], ces gardiens de l'or déposé dans les tombes dont les sphinx[4] muets protégeaient le silence et savaient le secret.

La sirène, puissance infernale, à l'origine puissance fascinatrice et funeste, exprimait sur les tombeaux l'illusion de la vie qui séduit, qui fascine l'homme et le livre à la mort. Les sirènes pouvaient aussi exprimer le charme inconnu d'une nouvelle existence, et même les révélations que promettait cette existence aux âmes mises par elle en

---

[1] La Gorgone paraît avoir exprimé l'effroi que cause l'idée de la mort, on le voit sur le sarcophage de Télésina (*M. Chiar.*, 230), par la terreur de la mère et de l'un de ses deux enfants. L'autre enfant qui dort et une figure de femme endormie semblent dire : Ne craignez rien, la mort est un sommeil.

[2] Ulysse craint que Proserpine ne lui envoie la tête de la Gorgone, monstre formidable (*Od.*, XI, 633-4).

[3] *M. Chiar.*, 426, avec des masques qui peuvent exprimer la terreur, comme masques tragiques, et parce qu'ils portaient en latin le nom des *larves*, elles-mêmes objets d'effroi; *larvalis*, terrible, effroyable.

[4] Le sphinx était aussi dans l'art un être destructeur et dévorant, depuis Phidias qui avait placé au-dessous de son Jupiter des sphinx enlevant de jeunes Thébains. On voit au Vatican un sphinx qui tient entre ses pattes une tête de bélier, comme fait un tigre dans la même collection. Ils sont associés au génie de la mort qui déracine l'arbre de la vie (*M. Chiar.*, 184).

possession de la vérité, car les sirènes disent à Ulysse qu'elles savent beaucoup de choses [1].

Une pensée liée à des idées d'immortalité, la pensée des concerts des bienheureux, venait tempérer ce que les êtres fantastiques avaient de formidable, et sur les tombeaux on plaçait la lyre aux mains des sphinx comme des sirènes.

Sauf ces exemples et un petit nombre d'autres, jusqu'ici nous n'avons guère trouvé sur les tombeaux romains que les souvenirs et le sentiment de la vie terrestre ou le sentiment de la destruction, de la fin. N'y a-t-il rien autre chose? N'y a-t-il pas quelque signe d'une notion de la vie future? Quelle était à Rome la nature et le caractère de cette notion? Cette fois, nous avons à rechercher l'histoire des idées et des croyances chez les Romains, et cette fois encore nous la chercherons dans les monuments.

Quand, m'enfonçant dans l'intérieur de la montagne de Thèbes, je parcourais les tombeaux des Pharaons, ces palais souterrains à plusieurs étages où est sans cesse reproduit sur leurs parois l'éternel sujet des peintures égyptiennes, l'histoire de l'homme après la mort, je suivais d'étage en étage, de chambre en chambre, de corridor en corridor, cette mystérieuse histoire; je voyais un voyageur subir une foule d'épreuves, ici livré aux plus rudes tourments, là goûtant un repos

---

[1] *Od.*, xii, 191.

momentané dans un Élysée transitoire; puis je le voyais, reprenant sa marche, traverser des bois, des fleuves, naviguer dans la barque céleste à travers les astres. Je voulais savoir la fin; je me disais : Arrivera-t-il quelque part? s'arrêtera-t-il dans la félicité ou les supplices? Il n'arrivait jamais; quand j'arrivais moi-même à la dernière chambre, je voyais en général une vache ou un nain difforme, monstrueux Priape. Était-ce le symbole de la vie universelle dans laquelle le pèlerin de l'autre vie allait s'abîmer? Je ne sais, mais il me restait de cette vision étrange un grand doute et une formidable obscurité[1].

J'ai éprouvé quelque chose de pareil en considérant les bas-reliefs, évidemment symboliques, sculptés sur les sarcophages romains. Les Romains étaient religieux; ils admettaient des champs Élysées, un enfer, une existence quelconque après la mort; mais cette croyance était bien vague, cette affirmation était bien incertaine, car les symboles des bas-reliefs funèbres expriment tour à tour l'idée de destruction, d'anéantissement et l'idée de durée, de renaissance, entre lesquelles la pensée dont nous cherchons le secret sembla

---

[1] La réponse à ces questions est dans les rituels funèbres, qui n'ont pas encore été interprétés dans leur entier. Mais M. de Rougé en a déjà assez lu pour nous renseigner à cet égard : la vie divine définitivement obtenue par l'âme, sa réunion à son corps ressuscité, duquel elle ne pourra jamais être séparée, sont énoncés positivement. (De Rougé, *Ét. sur les Rit. fun. égypt.* p. 81-2.)

hésiter. C'est là, je crois, le vrai de la croyance des païens; je ne parle pas des philosophes platoniciens ou épicuriens, déistes ou athées, je parle du grand nombre; pour le grand nombre, il n'y avait ni affirmation, ni négation, ni doute absolu, mais tantôt le sentiment terrible de la mort qui brise, qui sépare, le sentiment affreux de la vie qui a disparu, tantôt ce sentiment non moins invincible qui est notre seule consolation : non tout ne finit pas avec la vie; non, ce que nous avons aimé existe.

Quelles étaient les formes de cet espoir? Quelles sont celles que nous présentent les tombeaux romains?

D'abord il y avait la croyance officielle et populaire au dogme grec du Tartare et des champs Élysées; elle est exprimée sur plusieurs bas-reliefs funéraires.

On voit Charon faire passer aux âmes le Styx et les débarquer sur la rive infernale [1]; on voit l'arrivée des âmes, un homme suivi de son fils a déjà mis le pied sur la planche qui conduit de la barque à terre, une femme est encore dans la barque. Clotho accueille ce mort en lui tendant la main; elle tient une quenouille sur laquelle il restait beaucoup à filer. C'est donc un père et un époux mort jeune qu'ont suivis de près son épouse et son fils? Une seconde Parque tient un vase;

---

[1] *S. des Cand.*, 198.

elle va leur donner à boire l'eau du Léthé : ils sont réunis, ils peuvent oublier.

Un autre bas-relief est un petit drame en plusieurs scènes, ou, comme on dit maintenant, en plusieurs tableaux[1] : deux époux sont assis paisiblement, à leurs pieds est le chien domestique, en même temps symbole de leur mutuelle fidélité. Mercure paraît et fait un signe. Puis nous sommes en présence de Pluton et Proserpine[2]; un Amour, l'amour de ces époux, obtiendra-t-il grâce pour eux? non; l'homme et la femme, à genoux devant les Parques, les implorent en vain.

Dans une peinture touchante et qui n'existe plus[3], on voyait deux âmes se retrouver dans les champs Élysées; mais cette peinture ne pouvait avoir le charme naïf et attendrissant que Beato Angelico a sû donner à la rencontre de deux bienheureux dans le paradis.

Les trois damnés célèbres de l'antiquité, Tantale Ixion et Sysiphe, ont été placés sur le côté d'un sarcophage[4]. Sisyphe nous donne une idée de celui que Polygnote avait peint, dit Pausanias, d'après le poëte

---

[1] Au-dessus d'un bas-relief d'Endymion, au Capitole.

[2] Dans un bas-relief du même genre (*M. P. Cl.*, 6), l'attitude affectueuse de Pluton et de Proserpine a paru être un symbole de l'amour conjugal dans les enfers.

[3] Tombeau des Nasons.

[4] *Gal. des Candél.*, 112.

Archiloque[1]. Il est bien là comme dans Homère[2], « soutenant une pierre énorme de ses deux mains. » Ailleurs sont les Danaïdes, leur tonneau, grand cratère troué où elles versaient l'eau qui s'écoulait toujours et Ocnus tressant sa corde de jonc qu'un âne dévore à mesure : double symbole de la même idée, le dogme resté romain des peines éternelles[3]. Quand on représentait ces châtiments sur des tombeaux, on ne pouvait faire allusion au sort de celui à qui on élevait le tombeau, un arrêt de damnation eût manqué de piété, ce ne pouvait être qu'une manière de caractériser le monde des enfers où le mort était descendu[5], peut-être, comme on le verra, pour oppo-

---

[1] Paus., x, 31, 4.
[2] *Od.*, xi, 593.
[3] Ces monuments donnent le sens de ce mot *tonneau* des Danaïdes dont on s'est servi souvent sans le bien comprendre; les anciens n'ont jamais donné aux Danaïdes un *tonneau*, mais un de ces grands vases de terre que les Latins nommaient *dolium*.
[4] Virgile dit en parlant de Thésée :

... Sedet æternumque sedebit.

Au Vatican, Ocnus et les Danaïdes sont sur un putéal que rien ne prouve avoir été un monument funèbre (*S. des Candél.*, 179) ; mais on les a trouvés avec l'âne d'Ocnus dans de véritables tombeaux, dans le tombeau des Nasons et dans un columbarium près de la porte Latine. Polygnote avait placé aussi les Danaïdes et Ocnus dans sa grande peinture de la Lesché de Delphes. (Paus., x, 29, 2.)

[5] De même, les supplices auxquels sont livrés les morts dans les

ser le bonheur d'un initié au malheur qui attendait ceux qui n'avaient point reçu l'initiation aux mystères ou qui les avaient profanés. On a donné à Ocnus une figure très-individuelle; il ressemble à Socrate. Le sculpteur était-il un épicurien qui aurait voulu railler la méthode socratique et insinuer qu'en voulant l'employer on faisait un effort constamment inutile?

Les furies ne figurent guère que sur les urnes étrusques.

Sur les monuments de l'Étrurie, on a trouvé une sorte de représentation funèbre très-particulière : ici Charon n'est pas le nocher infernal; armé d'un marteau, il escorte le mort qui se rend à cheval chez les ombres. Cette idée du cheval de la Mort, le cheval pâle de l'Apocalypse, se retrouve chez les Grecs modernes [7] et a pénétré jusque chez les peuples du Nord; le refrain de la fameuse ballade de Lénore : *les Morts chevauchent vite*, a été empruntée par Bürger à une chanson populaire allemande qui a des analogues dans une ballade scandinave et dans un chant de la Grèce moderne. Or, on voit à Rome [1] et ailleurs, sur des bas-reliefs funé-

---

peintures funéraires de l'Égypte n'étaient pas supposés, je pense, devoir atteindre celui auquel était élevé le tombeau dont elles couvraient les parois intérieures, et quand on représentait par exemple, après le jugement d'Osiris, un homme changé en pourceau, on n'entendait point indiquer par là qu'un tel changement avait été subi par le défunt.

[1] *M. P. Cl.*, 411. Quelquefois le cheval figure seulement la monture du mort, qui, dès le temps d'Achille, l'accompagnait à sa

raires, un cheval ou une tête de cheval qui semble se rapporter à cette idée si répandue de cheval de la Mort ou de Charon qui emporte les âmes sur un cheval.

On se représentait donc la mort comme un voyage, souvent comme une traversée qui conduisait à l'île des bienheureux, aux îles Fortunées, placées en différents endroits et que l'on a été chercher jusqu'aux Açores.

Une foule de sarcophages présentent ce cortége d'animaux marins, de tritons, de néréides portant des armes[1] qui, dans le célèbre bas-relief de Scopas, escortait Achille aux îles Fortunées; ces bas-reliefs font allusion au même passage accompli par le mort que renfermait le sarcophage; les petits génies voltigeant çà et là sont les âmes en route pour le monde heureux[2]. Dans l'origine, les héros seuls pouvaient en entreprendre le voyage, mais avec le temps ce ne fut plus qu'une formule de la mort qu'on appliquait à

---

dernière demeure, mais on est bien certain qu'il fait allusion au voyage de l'âme quand il figure sur le tombeau d'une *femme*. (Winckelm., *M. in.*, 19-20.) Sur un bas-relief de la galerie des Candélabres (*gal. des Candél.*, 198), un guerrier s'élance sur un cheval qu'une figure placée derrière lui semble vouloir retenir par la queue; le personnage qui précède est peut-être Mercure avec le caducée.

[1] *M. P. Cl.*, 61, Néréides portant des armes. *Ib.*, 91; semblables, mais ne portant point d'armes. Il fallait traverser l'Océan, de là le masque de l'Océan sur les sarcophages. (*Vill. Borgh., Périst.*, 16, S. 11, 10.)

[2] C'est encore une allusion à une destinée héroïque, sur la cuirasse d'un guerrier (*Vill. Borgh., périst.*, 25).

tout le monde, même aux femmes [1] et à des enfants [2].

En ce qui touche à ceux-ci, j'ai remarqué la jolie composition d'un bas-relief funèbre. Un enfant est à cheval sur un dauphin, animal ami de l'homme et des enfants, suivant les merveilleux récits de l'antiquité; c'est une petite âme qui s'achemine vers les îles Fortunées. Cet enfant emmène deux enfants, ses frères sans doute, morts après lui; l'un a saisi sa main, tandis que l'autre s'attache à son pied [3].

Si l'on pouvait douter du sens funéraire de ces représentations marines, on serait convaincu par les symboles de même nature qui les accompagnent [4].

De là vient le sens funèbre de tout ce qui tient à la mer et à la navigation, l'Océan [5], les tri-

---

[1] On voit ce cortége héroïque sur une tombe de femme (*Vill. Borgh.*, S. vi, 13). On ne peut supposer ici qu'il s'agisse de porter aux îles Fortunées l'âme ou les armes d'un héros. L'épitaphe d'une femme (Welck., *Syll.*, 60) en offre un autre exemple.

[2] Sur le tombeau d'une petite fille morte à quatorze mois et sept jours (*M. P. Cl.*, 52).

[3] *M. Chiar.*, 308.

[4] Tritons et néréides; sur le couvercle du sarcophage, les Saisons et des masques (*Vill. Borgh.*, 11, 10). *M. Chiar.*, 24, une Diane-lune, divinité nocturne ayant auprès d'elle des néréides et, dit M. Gerhard (*St. R.*, ii, 2, 41), trois figures qui se rapportent à la conduite des âmes à travers l'Océan.

[5] L'Océan et la Terre sur un sarcophage (péristyle du Capitole); la Terre couronnée d'épis avec un taureau à ses pieds, tout en faisant le pendant de l'Océan, exprime une idée de fécondité, de vie dans la mort. Sur le sarcophage *chrétien* de Bassus (souterrains de Saint-Pierre) on a figuré le *ciel*.

tons [1], le trident [2], les dauphins [3], les coquilles [4], les nymphes [5], les barques [6], celles-ci rappellent particulièrement le voyage des âmes au delà de l'Océan.

Enfin, le port [7] est un symbole universel, et pour

---

[1] Des tritons, par exemple, soutiennent l'inscription d'une urne funéraire.

[2] *M. P. Cl.*, 52. *M. Chiar.*, 45.

[3] Exemple : Un enfant à cheval sur un dauphin et tenant à la main un parasol, sans doute pour passer la zone ardente dont on supposait entouré le monde connu. Bas-relief sur un côté du sarcophage des noces de Pélée et de Thétis, elle-même en rapport avec la mer (*V. Alb.*). Sur le couvercle, monstres marins, au milieu, masque d'un dieu marin, allusion abrégée aux tritons et aux néréides, qui accompagnent les âmes des morts aux îles Bienheureuses. Vase funéraire dont les anses sont formées adroitement avec des dauphins. (*S. Lap.*)

[4] L'image du mort dans une coquille, bas-relief où figurent des néréides portant des armes. La coquille peut se rapporter aussi à Vénus Anadyomène. Vénus est quelquefois assise sur un triton, comme une néréide. Vénus a sa place sur les sarcophages comme déesse de la vie, dont les bas-reliefs expriment l'idée de diverses manières, et comme déesse de la mort (Vénus libitine).

[5] Exemple : Une figure de nymphe couchée sur un tombeau avec un vase (Jardin de la *Pigna*). Ce vase fait penser aux Loutrophores qu'à Athènes on plaçait sur les tombeaux des jeunes filles.

[6] Une néréide portée sur un triton ; près d'elle un petit génie (une âme) dans un bateau (*M. Chiar.*, 291). Barques et mariniers sur un sarcophage à néréides. Deux enfants (deux âmes) dans un bateau, entre deux fleuves (*Jard. de la Pigna*, au Vatican). Qui sont ces deux fleuves que l'âme devait passer dans son mystérieux voyage?

[7] *M. Chiar.*, 678, Bas-relief qui a fait partie d'un sarcophage. Un port, des barques que conduisent des génies ou des âmes ; d'autres jouent dans l'eau avec des dauphins, et il y a une tête de Méduse ; tout cela est funèbre. Ces enfants et ces dauphins se voient aussi dans le port de Carthage, représenté sur un sarcophage (*M. P. Cl.*, 20). Le

ainsi dire proverbial, de l'arrivée, quel que soit le terme du voyage, l'Élysée ou le néant.

A côté des symboles de la destruction se montrent sur les tombeaux quelques symboles plus consolants et qui semblent promettre une certaine immortalité. Je dis une certaine immortalité, car plusieurs d'entre eux peuvent ne se rapporter qu'à celle de la gloire, à cette durée dans la mémoire des hommes à laquelle les anciens attachaient tant de prix et qui leur avait fait faire tant de choses; récompense que la sévérité du christianisme appelle vaine, mais qui, humainement parlant, est la plus belle qu'on puisse se proposer ici-bas et dont il ne faut pas trop décourager les hommes.

C'est cette immortalité de la gloire que peuvent désigner sur les tombeaux les couronnes[1], les *Victoires*, les triomphes, les aigles[2], quand ces divers emblèmes ne se rapportent pas à la condition ou à la vie du défunt; ce peut être alors le triomphe de l'immortalité réelle sur la mort[3]. La couronne pouvait être

---

port d'Ostie, avec un théâtre, a peut-être été choisi par celui qui y avait donné les jeux que rappelait ce théâtre (*Vill. Borgh., périst.*, 12). Le bateau, les dauphins déterminent le caractère funèbre de ce bas-relief qui est aussi sur un sarcophage.

[1] Lorsqu'une couronne avait été décernée à un citoyen à titre d'honneur, l'usage était de placer une couronne sur son tombeau.

[2] L'aigle qui figure sur un cippe funèbre élevé à la mémoire d'un philosophe stoïcien (*S. des Candél.*, 232).

[3] Quand, par exemple, des Victoires ouvrent la porte de l'autre monde à un enfant de cinq ans et demi (*M. P. Cl.*, 80), quand quatre

aussi un signe simplement funéraire et une allusion aux couronnes à fleurs d'or que, selon Pindare[1], les héros portent dans les champs Élysées.

Le laurier et les autres arbres toujours verts, par suite la pomme de pin, fruit incorruptible, sont des symboles de la vie qui résiste et persiste. Les fruits, images de la fécondité et de la vie, ne sont pas toujours dévorés par les animaux destructeurs; une mère donne à son enfant des raisins pris dans une corbeille non renversée; ce peut être un don touchant d'immortalité[2]. Le bélier[3], le bouc[4], animaux générateurs, le lion, animal puissant[5], représentent dans les bas-reliefs l'énergie de la vie; mais ces symboles se rapportent plutôt à la perpétuité de l'être à travers les générations nouvelles qu'à la durée de l'individu. Le coq qui se *réveille au milieu de la nuit*, le coq consacré à Esculape, ce dieu qui rend la vie, peut plutôt être en rapport avec l'immortalité de l'âme, et le dernier

---

Victoires décorent les coins du tombeau d'un Eu orus qui est qualifié d'*esclave* de César (*M. P. Cl.*, 91).

[1] Pindare, *Ol.*, II. 72-5. *Diss.*, II, p. 57.

[2] *M. Chiar.*, 6.

[3] Urnes funéraires, avec des têtes de bélier.

[4] Char traîné par des boucs sur un couvercle de sarcophage où sont d'autres représentations funèbres (*M. Chiar.*, 69).

[5] Têtes de lion sur des sarcophages. Un bouc et un lion attelés ensemble, sur un bas-relief funèbre (Zoeg. *B. ril*, 80), rappellent un fait de l'histoire d'Admète (Apollod., I. 9. 15, 1), retracée elle-même si souvent sur les tombeaux.

mot de Socrate mourant : « Sacrifiez un coq à Esculape, » fut je crois une confession de sa foi dans cette immortalité que proclament les tombeaux [1].

L'emploi de la musique, des génies funèbres jouant de divers instruments, la lyre mise aux mains de personnages qui figurent dans les représentations mortuaires, centaures, tritons, nymphes, semblent aussi faire allusion à une vie meilleure dont on célèbre l'avénement ou aux concerts des bienheureux dans l'Élysée [2]. Tout cela est assez vague, comme l'était en général pour les anciens la notion de l'immortalité de l'âme; on l'entrevoit dans ces symboles, ainsi qu'eux-mêmes l'entrevoyaient, un peu confusément; ils n'ont jamais représenté la Foi clairement sur les tombeaux, et rarement l'Espérance [3].

Les symboles qui expriment l'idée de destruction semblent quelquefois modifiés dans un sens plus favorable aux espérances d'immortalité. Près de la barque aux *voiles repliées* est un phare allumé; le Sommeil a des ailes de papillon comme Psyché, l'âme ou la vie.

---

[1] Gerh., *Gr. Myth.*, § 41, 4. Ce qu'il y a de certain, c'est que le coq était un oiseau consacré à Mercure (*Ib.*, § 277, 5), guide des âmes, dont le caducée endort et réveille, à la nuit; aux dieux lares, confondus avec les mânes, qui sont les âmes après la mort.

[2] Virgile, *En.*, vi, 657.

... Lætumque choro pæana canentes...

[3] L'Espérance et Némésis sur le vase Chigi, où est aussi le papillon brûlé par l'Amour.

Il y a donc de la vie dans ce sommeil de mort[1], l'âme n'en est pas absente[2]?

Le papillon brûlé par l'amour a été interprété non comme une destruction, mais comme une purification de l'âme par le feu[3]. Un enfant mort tient un papillon à la main[4], comme, dans les rituels égyptiens, le mort porte à la main son âme sous la forme d'un oiseau à tête humaine. Le serpent, symbole de la mort quand il cherche à saisir un papillon[5], est plus souvent, à cause du renouvellement annuel de sa peau, le symbole de la vie qui se perpétue après que l'homme a jeté sa dépouille. En ce sens, le serpent enroulé autour de l'arbre sous lequel se prononce l'adieu, peut être une promesse qu'il ne sera pas éternel. Mais c'est surtout le symbole du flambeau renversé qui a sa contre-partie évidente. En regard du flambeau renversé on voit le flambeau tenu droit ou qui penche et qu'on empêche de tomber[6]; en regard

---

[1] Seul, le *Sommeil* de la villa Albani n'a pas des ailes de papillon, mais des ailes d'oiseau de proie et semble un sommeil dévorant.

[2] La vie de l'âme sous la forme d'un papillon est exprimée d'une manière frappante sur une pierre gravée (Müll., *Atl.*, II, 333). D'une urne sort une figure d'homme que Mercure vient de ranimer et qui tend les bras vers un papillon, c'est-à-dire va se réunir à son âme.

[3] Gehr., *St. R. p.*, II, 2, p. 100 et suiv. A l'occasion d'un bas-relief de *Nuovo Braccio* qui ne s'y trouve plus.

[4] *Vill. Borgh.*, *Périst.*, 26.

[5] Sur un bas-relief d'Endymion.

[6] Dans un bas-relief bachique.

du flambeau éteint, signe de mort, le flambeau allumé ou rallumé, signe de vie et de résurrection[1].

Sur un sarcophage où sont deux génies du sommeil funèbre, tenant chacun un flambeau renversé, indice de la vie éteinte, sont aussi deux Amours tenant leur flambeau droit ; ils montrent un masque et semblent dire : Au sein de ce sommeil la vie subsiste et la mort n'est qu'une apparence. Quand le flambeau touche un autel de son sommet renversé, c'est peut-être qu'il doit se rallumer à la flamme de l'autel. M. Gerhard fait remarquer qu'un génie représenté de la sorte est éveillé, tandis qu'un autre, du reste tout semblable, est endormi.

Auprès d'un génie de la mort, au loir, animal nocturne, endormi et triste, est opposé le lézard, animal vif, doux et lumineux, car il était consacré à Apollon[2].

Les images mêmes des occupations de cette vie peuvent se rapporter à celles d'une vie plus heureuse. Virgile nous peint les âmes dans l'Élysée se livrant aux mêmes exercices que les vivants. Ces exercices sont les luttes, les courses de char, figurées si souvent sur les tombeaux[3].

Les scènes de la vie champêtre peuvent exprimer la paisible félicité des âmes justes. C'est ainsi que

---

[1] *Gal. des Candél.*, 203.

[2] *M. Chiar.*, 85.

[3] *Æn.*, vi, 643, 651. Pindare cite la chasse, fréquemment indiquée sur les tombeaux, comme une occupation des âmes heureuses.

dans les tombes comme dans les rituels funéraires de l'Égypte le mort est représenté labourant, chassant, pêchant dans l'autre monde.

Je parlerai de la vendange à propos des reliefs bachiques. On sait que ce symbole a été adopté par le christianisme. La moisson l'a été également, mais, comme la vendange, peut-être avait-il été un symbole païen [1].

Nous avons vu le commencement et la fin de la vie exprimés par le soleil qui se lève et se couche. Le même symbole est répété ailleurs, mais cette fois ce n'est pas Pluton, le dieu de la mort, qui préside à cette journée dont rien n'indiquait le lendemain, ce sont les divinités du ciel, les trois grandes divinités du Capitole [2], avec elles les Dioscures, dieux sauveurs, habitant tour à tour l'enfer et l'Olympe, les ténèbres et la lumière, et peut-être après que le soleil se sera couché restera-t-il quelque espoir d'un jour éternel. Les courses du cirque, emblèmes, nous l'avons dit, de la *carrière* de l'homme ici-bas, contiennent parfois l'indication du triomphe que remporte la vie de la gloire

---

[1] Il est chrétien sur un sarcophage où est le Bon Pasteur (Garr., pl. 49), mais avait peut-être déjà, sur les sarcophages païens où il se trouve aussi, un sens symbolique tiré de la moisson, qui se renouvelle chaque année, en rapport avec l'idée qu'exprimait certainement dans les mystères, comme nous le verrons, la fille de Cérès reparaissant après les mois stériles. J'y reviendrai en parlant des mystères.

[2] *Vill. Borgh.*, S. 11, 12.

sur l'anéantissement de l'oubli, du triomphe de la vie immortelle sur la mort. Sans proclamer clairement que

> La vie est un combat dont la palme est aux cieux,

ce n'est pas sans dessein peut-être que les auteurs des bas-reliefs[1] plaçaient dans la main de l'athlète cette palme, qui est devenue la palme du martyre, le montraient arrivant au terme, élevant en l'air une couronne ou la main en signe de triomphe[2]. Deux Amours qui se disputent le prix de la course, ne tiennent pas en vain des *flambeaux*[3]. N'y a-t-il pas une intention dans la représentation sur un tombeau d'une course qui commence[4]? Les combats de coqs sur les sarcophages se rapportent aussi à des idées de triomphe, à l'opposition de la lutte pendant la vie, de la couronne après[5].

Outre les indications qu'on peut tirer de différents symboles usités dans les représentations funèbres, ils nous offrent d'autres renseignements sur les idées que leurs auteurs se formaient de l'existence humaine après la mort dans l'emploi qu'ils font des mythes

---

[1] *Gal. des Candél.*, 146.
[2] *Salle Lapidaire.*
[3] Palais Colonna.
[4] Selon Visconti (*M. P. Cl.*, v. pl. 420, p. 73).
[5] Sur un joli bas-relief funèbre de Saint-Jean de Latran, deux enfants tiennent sous leur bras leurs coqs; l'un est mort, le maître de l'autre va recevoir le prix.

religieux et des personnages de la tradition héroïque pour exprimer ces idées, qu'il est intéressant de chercher à déterminer par les monuments.

En général, sauf Bacchus, les grandes divinités figurent peu sur les sarcophages[1] soit par elles-mêmes, soit par leurs attributs. Celles qu'on y rencontre le plus souvent sont des divinités qui ont un caractère infernal et souterrain, Pluton, Cérès, Mercure, Diane[2], Vénus, comme déesse funèbre, Vénus Libitina, dont le nom exprime l'alliance de la vie et de la mort, et aussi Vénus, dans son sens ordinaire, comme déesse de la vie quand elle fait partie du cortège marin des âmes bienheureuses, Vénus Anadyomène elle-même. N'est-ce pas la naissance d'une vie nouvelle[3]? Les amours de Vénus et de Mars[4], sujet qui semble bien léger pour un tombeau, n'expriment-ils point la grande harmonie qui résulte de la destruction et de la fécondité, toutes deux éternelles?

Il ne faut pas s'étonner non plus de trouver dans ces bas-reliefs funèbres le scandaleux Priape, forme populaire du Pan générateur qu'une inscription appelle

---

[1] Selon la remarque de M. Gerhard (*St. R.*, i, p. 316-17). On n'y voit presque point de divinités latines.

[2] La mort des femmes était attribuée aux flèches de Diane.

[3] Vénus aussi brûle le papillon symbole de l'âme (Müll., *Handb.*, p. 578). La vie au sein de la mort est encore plus énergiquement exprimée par des hermès qu'il n'est pas commode de décrire exactement et que les savants nomment *ithyphalliques*.

[4] *Pal. Sciarr. Vill. Alb.* Winck. *M. in.*, pl. 27, 28.

« Le gardien du sépulcre... celui au sein duquel se rencontrent la vie et la mort[1]. »

Apollon chez Admète[2] est un sujet qui convenait aux sarcophages, car il rappelait que l'âme, descendue comme lui du ciel, comme lui pouvait y remonter.

La lutte des géants contre les dieux[3] est un sujet peu religieux, mais il y avait à Rome des philosophes qui, comme Lucrèce, croyaient qu'il fallait combattre l'Olympe pour délivrer l'homme du joug des religions, et un tel philosophe pouvait désirer qu'on plaçât sur son tombeau une gigantomachie.

Il est des faits mythologiques qui n'expriment rien autre chose que la fin, par exemple le sort d'Icare ou la chute de Phaëton précipité au milieu de sa course[4]; ce peut être une allusion à une vie terminée avant le temps, mais on ne découvre là aucune trace d'une pensée d'immortalité. On en peut dire autant de Marsyas, mis à mort par ordre d'Apollon, suspendu à un arbre comme un cadavre et pleuré par Olympus.

Il n'en est pas de même de Ganymède ravi par l'aigle

[1] Custos sepulcri... Deus Priapus ego sum mortis et vitaï locus. (Henzen, Inscript. 5786 a.)

[2] Villa Panfili. Le serpent autour de l'arbre n'est pas plus Python que celui de l'Apollon du Belvédère; il est, comme sur d'autres bas-reliefs du même genre, un symbole de vie et d'immortalité.

[3] M. P. Cl., 414.

[4] Ce sujet est sur les tombeaux. Je ne le connais point à Rome; le bas-relief que cite Winckelmann à la villa Borghèse n'y est plus. Il y en a un à Florence. On y voit la Terre élever les mains comme pour recevoir Phaëton, ce qui est une pensée funèbre.

de Jupiter pour aller habiter dans l'Olympe, sujet qui convenait surtout pour présenter sous le jour le plus doux la mort d'un enfant. Sur un sarcophage du Vatican l'enlèvement de Ganymède est bien évidemment en rapport avec l'ascension de l'âme dans le ciel[1], car des deux côtés des génies élèvent des flambeaux, ce qui, par opposition au flambeau renversé, symbole de la mort, est un symbole de l'immortalité. On peut d'autant moins douter que la destinée de Ganymède enlevé de la terre et ravi au ciel, retracée sur un tombeau, contînt une espérance d'immortalité que l'aigle emportait au ciel l'âme des empereurs, quelque peu digne qu'elle fût souvent de cette apothéose. L'enlèvement de Ganymède faisait allusion à un enfant ravi à ses parents par la mort. La même chose est évidente d'Archémore tué par un serpent dans sa première enfance et type consacré par les poëtes de ceux dont la vie avait été très-courte :

> Tithon n'a plus les ans qui le firent cigale,
> Et Pluton aujourd'hui,
> Sans égard du passé, les mérites égale
> D'Archémore et de lui.

Bien que devant revenir sur l'enlèvement et le

[1] Ganymède près de l'aigle, dans le ciel (*M. P. Cl.*, 97). La nymphe de l'Ida, qui est assise à terre et lève tristement les yeux vers Ganymède, figure-t-elle, par opposition à la vie d'en haut, la vie du ciel, la vie terrestre, la vie d'ici-bas? Aux pieds d'un Ganymède enlevé est un lézard, symbole de vie (Müll., *Atl.*, II, 52).

retour de Proserpine, à l'occasion des mystères bacchiques, auxquels ils sont liés, je ne puis m'empêcher de signaler ce sujet, souvent représenté sur les tombeaux, dans son rapport avec les simples affections de la nature. Quelle meilleure image du plus grand des désespoirs humains, celui d'une mère perdant une fille adorée, que Cérès poursuivant furieuse le ravisseur de Proserpine? Et Proserpine rendue à la lumière ne faisait-elle pas sentir que la mort est moins forte que l'amour maternel, et ne semblait-elle pas promettre aux mères désolées qu'elles retrouveraient leur enfant?

L'aventure d'Endymion, sculptée souvent sur les tombeaux, a bien certainement un sens funèbre [1]. On voit le jeune chasseur couché dans le sein d'un vieillard, que des ailes de papillon attachées à sa tête font reconnaître pour le Sommeil, et le Sommeil de *l'âme* [2];

[1] *Gal. des Candél.*, 253. Des génies sont placés à chaque coin du sarcophage, tenant une couronne et un flambeau renversé. Deux bas-reliefs d'Endymion au Capitole, l'un d'eux sur le tombeau d'une *femme*, ce qui éloigne l'idée de toute allusion personnelle et montre que le sujet d'Endymion était choisi pour donner une certaine idée générale des rapports de l'âme avec la divinité après la mort. Dans le bas-relief de la villa Panfili, Endymion et Diane sont des portraits; il était donc destiné à deux époux.

[2] Ces ailes manquent quelquefois. Sur un sarcophage romain, maintenant en Angleterre, le Sommeil est remplacé par la Nuit. (Gerh., *Alt. Denck.*, pl. 56, p. 278). Dans ce bas-relief et dans celui de la villa Panfili, les plus complets, d'un côté le Soleil est sur son char, de l'autre la Nuit sur le sien; mais le plus souvent on ne voit que le

Diane, ou plutôt la lune, car elle n'est point en costume de chasseresse et porte le croissant sur le front, vient de descendre de son char et s'approche d'Endymion.

Qu'est-ce que le sommeil d'Endymion? Ce n'est pas, comme pour Ganymède, la vie divine remplaçant complétement la vie mortelle; c'est une union avec la divinité[1] vaguement conçue et qui n'a pas conscience d'elle-même; c'est le sommeil sans trouble, et dans ce sommeil un songe confus de félicité, car Endymion ne se réveille pas quand Diane vient le visiter. Selon une tradition, Endymion avait demandé à Diane l'immortalité dans le sommeil[2].

Diane est ici la déesse des régions infernales[3], elle apporte la lumière dans le monde des ténèbres. Cette lumière n'est pas celle du soleil, c'est celle de la lune; c'est une clarté plus pâle, une clarté nocturne, image de l'existence incomplète et affaiblie que beaucoup d'entre les anciens imaginaient après la mort, et qui répand comme un rêve de vie dans le doux sommeil d'Endymion. Cependant tout ne finissait pas là, Diane

---

char de la Nuit, ce qui empêche de saisir le sens d'un symbole funèbre indiqué plus haut : la succession du jour et de la nuit; symbole qui est ajouté ici à celui d'Endymion.

[1] Diane eut d'Endymion cinquante enfants (Paus., v, 1, 2).
[2] Apollod., i, 7, 5.
[3] C'est cette lune souterraine visitant les morts que M. Gerhard retrouve dans un bas-relief du musée Chiaramonti, 24. Selon lui, Proserpine est une déesse-lune (*Gr. Myth*, i, p. 465).

emportait Endymion sur son char, et ceci pouvait exprimer la croyance à une véritable immortalité.

Ce qui domine dans ce mythe et dans les bas-reliefs qui les retracent, c'est un calme et un charme tout pastoral [1]; ce qu'il a des tombeaux c'est la paix, ce qu'il a de la mort c'est la tranquillité.

En reproduisant un mythe grec, les artistes romains lui associèrent une légende nationale; un bas-relief [2] mit en regard les amours de Diane et d'Endymion et les amours de Mars et de Rhea Sylvia [3].

Une classe de bas-reliefs funèbres d'une époque tardive, ce que prouvent également la grossièreté du travail et les raffinements de la pensée, contient toute une doctrine sur l'histoire de l'âme sous la forme de Psyché, durant la vie et après la mort.

L'histoire de Psyché et de l'Amour est surtout connue par l'aimable récit d'Apulée, si gracieusement raconté d'après lui par notre La Fontaine; mais ce récit date d'une époque où l'ancien mythe s'était altéré et était descendu à la frivolité d'une fable milésienne.

[1] Scène pastorale sur un sarcophage d'Endymion. Une jolie figure de berger endormi au milieu de ses chèvres (*M. P. Cl.*, 159), et le berger endormi du Capitole (*S. des Empereurs*), sont peut-être des Endymions.

[2] *M. de Saint-Jean de Latran*. On a de même placé en regard des amours de Psyché les amours de Mars et de Rhéa Sylvia. (*St. R.*, III, 3, p. 529). (Raoul Rochette, *M. in.*, pl. VII, 2.)

[3] Garrucci, *Saint-Jean de Latran*, pl. XXXIII, p. 57.

Si nous écartons tous les incidents romanesques ajoutés plus tard, nous trouvons, pour fond de l'histoire symbolique, l'union de l'Amour et de l'âme, troublée en cette vie, rétablie dans l'autre ; or, l'Amour fut conçu primitivement comme le plus ancien des dieux [1].

C'est parce que cette union devait être complète après la mort [2] que Psyché paraît si souvent sur les sarcophages embrassée par l'Amour et l'embrassant.

Le groupe de l'Amour et Psyché, souvent répété et dont le meilleur exemplaire est au Capitole [3], est l'original ou la copie des groupes semblables qu'on voit très-fréquemment sur les sarcophages, où ils expriment à la manière antique ce que nous appellerions la réunion de l'âme avec Dieu. Il s'y mêle d'autres conceptions difficiles à saisir, l'Amour tourmente Psyché [4] et

---

[1] Hés., *Théog.*, 126. Cette tradition se conserva parmi les Orphiques, dont les idées paraissent avoir influé sur les bas-reliefs.

[2] Endliche beseeligung (Müll., *Arch.*, p. 641. Au Vatican, *S. Lapid.*, sur un sarcophage. (*M. Chiar.*, 95.) Sur le couvercle d'une urne funèbre (*ib.*, 514), avec des oiseaux qui becquettent des fruits : la mort et l'immortalité.

[3] Ce groupe est charmant ; l'Amour et Psyché sont deux enfants qui *vont* se donner un baiser : il ne méritait nullement d'être mis dans le *cabinet réservé*.

[4] *Magasins du Vatican*. L'Amour foule aux pieds Psyché. Ce sujet fut emprunté probablement à une version de la fable milésienne qu'en ce point Apulée n'a pas suivi.

finit par la brûler sous forme de papillon[1] avec une remarquable expression de douleur. Peut-être est-ce, comme on l'a cru, une purification de l'âme par le feu et par la mort.

Quant aux incidents de la fable d'Apulée, on ne les rencontre que rarement sur les bas-reliefs romains[2], ce qui achève de prouver que la plupart de leurs auteurs ou sont venus avant Apulée, ou, s'ils sont après lui, ont envisagé l'union de l'Amour et de Psyché sous un aspect plus sérieux, et principalement par rapport à l'idée de la mort et de la renaissance de l'âme.

L'homme, formé de limon par Prométhée, est une fable peu ancienne[3]. Dans Eschyle, Prométhée est

---

[1] Vase du palais Chigi; le flambeau est incliné. L'Amour divin s'afflige d'imposer à l'âme la mort, mais l'âme ne peut s'élever à Dieu qu'à travers la flamme du bûcher. Même idée que dans l'apothéose d'Hercule et dans celle des empereurs romains.

[2] Peut-être une statue portant un vase fermé (*M. Cap.*, *s. du Gl.*) est une Psyché tenant la *pyxis* qu'elle ne devait pas ouvrir. L'Amour avec Psyché suppliante n'est plus à Rome.

[3] Elle est dans Ovide (*Met.*, I, 83); on pourrait, je crois, en attribuer l'origine aux Juifs, déjà si nombreux de son temps à Rome. Peu après lui Tacite connaît l'existence de Moïse. Ovide dit, comme la Genèse, que l'homme a été fait à l'image de la divinité :

Finxit in effigiem moderantum cuncta Deorum.

Les idées juives étaient bien plus répandues à l'époque où furent exécutés nos bas-reliefs. Dans celui du Capitole, un homme et une femme sous

l'ami, le protecteur, non le créateur des hommes. Les bas-reliefs romains le montrent fabriquant des créatures humaines; dans l'un de ces bas-reliefs [1], une figure d'homme déjà modelée est couchée à terre; une figure de femme est debout devant Prométhée qui semble y mettre la dernière main; Mercure amène une jeune fille avec des ailes de papillon, auprès de laquelle est écrit *anima* : c'est l'âme qui va donner la vie à ce corps d'argile [2]; derrière sont les trois Parques, qui doivent présider à son sort. Dans l'autre bas-relief, beaucoup plus complet [3], l'histoire de l'âme est exposée tout entière. Minerve pose sur la tête d'une figure de femme que Prométhée vient d'achever un papillon [4], c'est-à-dire une âme. Les Parques sont aussi présentes, et la partie du bas-relief où elles se trouvent se rapporte au cours de l'existence qui va commencer. On y

---

un arbre ressemblent beaucoup à Adam et Ève. Cependant l'auteur du bas-relief du Vatican s'écarte de la tradition mosaïque en un point, car la femme est animée la première. L'horoscope que tire la Parque est une idée chaldéenne, ce qui montre encore la diversité des traditions de tout genre qui viennent se rencontrer sur ce curieux bas-relief.

[1] *M. P. Cl.*, 351. Fragment.

[2] M. Gerhard (*St. R.*, II, 2, p. 189-90) incline à croire que le Mercure placé près de l'âme va l'emmener, et voit une indication de la mort dans ce qui semble plutôt un commencement de la vie.

[3] *M. Capit.* Salle des Colombes.

[4] Selon Hygin (142), Minerve donna l'âme à Pandore, œuvre de Vulcain. C'est sans doute en souvenir de cette tradition que Vulcain est représenté sur ce sarcophage.

voit la terre et l'Océan : c'est le monde des vivants ; en haut, dans un char, une figure est poursuivie par un dragon. De l'autre côté du bas-relief, tout se rapporte à la mort : un génie endormi appuie son flambeau renversé sur un cadavre et tient dans sa main le papillon, c'est-à-dire l'âme qui vient de s'envoler. Une femme a sur les genoux un volume déroulé, le livre de la destinée humaine a déjà été lu ; la lune fuit sur son char vers l'occident et Mercure emporte une jeune fille aux ailes de papillon : je n'ai pas besoin de répéter que c'est l'âme emportée par Mercure dans le monde infernal. La délivrance de Prométhée, représentée sur ce sarcophage et dans le columbarium de la villa Panfili, est une allusion à la délivrance de l'âme. Hercule, libérateur de Prométhée, y figure d'autant plus naturellement que sur d'autres monuments funèbres il introduit une âme dans l'Olympe. Le sculpteur, ne comprenant pas ce qu'il copiait, a mis ce groupe, qui rapporte à la mort, là où il n'y avait pas lieu de le placer parmi les indications de la vie présente : il eût dû être à l'autre extrémité et terminer cette représentation symbolique de la vie humaine par le symbole de l'union définitive de l'âme avec Dieu.

Par le choix des aventures héroïques, le plus souvent retracées sur les tombeaux, on voulait exprimer soit plutôt la mort que l'immortalité, soit l'immortalité plutôt que la mort et souvent les deux idées confondues ; la fin de la vie avant le temps dans une chasse, par Méléagre [1], Adonis [2], Actéon [3]; sous les coups d'une de ces maladies qui frappent la jeunesse, qui emportent quelquefois si fatalement tout l'espoir d'une mère, par les fils et les filles de Niobé percés de traits invisibles. Une jeune fille mourante était bien représentée sur les sarcophages, par Penthésilée, expirant dans les bras d'Achille [4]; l'idée de l'enlèvement par les dieux trouvait son expression dans Ganymède, dans Hylas,

[1] La chasse du sanglier de Calydon, la mort et les funérailles de Méléagre sont figurées parfois sur le même sarcophage. Un jeune chasseur blessé mortellement forme le sujet de ce joli bas-relief de la voie Appienne dans lequel Canina a vu gratuitement un fils de Crésus tué, à la chasse, et, par un incroyable rapprochement entre Solon chez Crésus et Sénèque auprès de Néron, l'indication du tombeau de Sénèque.

[2] *M. Chiar.*, 455. *S. Lap. Vill. Borgh., Périst., S.* VIII, 10. Une peinture dans la Maison-Dorée de Néron (terme di Tito, 43). Adonis est représenté partant pour la chasse, blessé par le sanglier, expirant dans les bras de Vénus. C'est la vie, la mort, l'immortalité au sein des dieux, car, selon Hygin (251), Adonis était revenu à la vie par la volonté de Vénus. Selon les Orphiques, il passait une partie de sa vie avec Proserpine, l'autre dans le monde supérieur avec Vénus. Adonis, on l'a reconnu, était un symbole de la vie qui s'éteint et qui renaît.

[3] *M. Chiar.*, 329, 407, fragment douteux. Idée de la mort : on ne peut voir les dieux sans mourir. Actéon est un favori d'Apollon, dieu du jour, et une victime de Diane, déesse de la nuit. Diane, ou une de ses nymphes, qui se voile (*M. Chiar.*, 329), marque peut-être ce caractère de la déesse.

[4] L'amour d'Achille, sur les sarcophages, rappelle l'amour des époux, qui lui aussi survit à la mort. Ce qui montre l'intention de représenter la défunte par ce personnage de Penthésilée, c'est qu'on a donné à celle-ci une tête qui est évidemment un portrait (*M. P. Cl.*, 49). Il en est de même de l'Alceste du musée Chiaramonti (179).

dans les filles de Leucippe que Castor et Pollux enlèvent pour les épouser [1]. Les sujets tragiques pouvaient être choisis sans qu'il y eût un rapport direct entre eux et la destinée de celui pour lequel on faisait le tombeau, uniquement parce qu'ils étaient tragiques, parce qu'ils rappelaient un trépas célèbre et comme un mémorable triomphe de la mort ; c'est ce que l'on doit dire de l'histoire de Médée ou de Phèdre, du meurtre d'Égisthe et de Clytemnestre [2]. Cependant quelques-uns de ces sujets dramatiques pouvaient contenir une allusion plus directe : l'on a voulu certainement célébrer l'éloge d'une épouse dévouée à son époux dans la touchante histoire d'Alceste qui s'offre à la mort pour sauver le sien.

Le désir de se retrouver, ne fût-ce que pour une heure, et à côté de ce désir la pensée d'une séparation définitive, même quand les dieux accorderaient cette réunion momentanée, donnent une pathétique tris-

---

[1] Ce sujet, traité très-anciennement par la sculpture, par la peinture et par la tragédie grecques, paraît fréquemment sur les sarcophages ; les uns représentent l'enlèvement (*S. des Candél.*, 265) : c'est l'idée de la mort ; les autres le festin de mariage (*M. Chiar.*, 129) : c'est l'idée des noces célestes. Il ne faut pas oublier que les Dioscures sont des dieux sauveurs, des personnages à demi infernaux et à demi olympiens.

[2] Sur le côté d'un sarcophage (*M. Saint-Jean de Latran*, Garr., pl. 11, 3) les deux âmes passent l'Achéron ; elles vont recevoir la punition de leur crime. Une femme avec un serpent est une Euménide, le remords au delà du tombeau.

tesse au sujet d'Orphée[1] et à celui de Protésilas rendu un moment à Laodamie[2]. Ce dernier sujet était aussi une figure de l'amour d'une épouse et d'un époux, car il montrait cet amour, comme dans l'histoire d'Orphée et d'Alceste, assez puissant pour suspendre les inexorables lois de la mort. Ces rapports entre un mythe héroïque et une idée funèbre étaient, je n'en doute pas, dans la pensée de ceux qui les premiers en ont fait l'ornement d'un sarcophage; mais avec le temps les sarcophages, comme nous l'avons vu, furent fabriqués d'avance sans savoir à qui ils serviraient[3], et il est arrivé quelquefois que le sujet mythologique ne convient point au personnage dont il décore le tombeau.

Quelquefois, au contraire, la relation est visible : Télèphe enfant et nourri par la biche est très-convenablement placé sur un monument funèbre dédié à deux enfants qui ont vécu moins d'une année[4].

---

[1] La présence d'Orphée aux enfers apporte un adoucissement momentané aux tourments des enfers. Winckelmann (*M. in.*, 50) parle d'un bas-relief de la villa Panfili où l'on voyait aux chants d'Orphée les Danaïdes oubliant de puiser l'eau et de la verser dans le vase d'où elle s'échappe toujours.

[2] *Gal: des Candél.*, 112.

[3] C'est ce qui a eu lieu par exemple pour Énée et Didon (*M. P. Cl.*, 20), dont les têtes n'ont pas été dégrossies et qui devait servir pour le sarcophage de deux époux; mais peut-être nul mari n'a voulu être représenté par un séducteur infidèle comme Énée, et le sarcophage est resté chez le fabricant.

[4] *Vill. Alb.*, première salle.

Faut-il voir dans les noces de Thétis et Pélée, dans l'union d'une déesse et d'un mortel, quelque allusion à l'union de l'âme au principe divin après la mort[1]?

Il nous reste à visiter dans Rome une classe de bas-reliefs funèbres qui est de toutes la plus considérable et à quelques égards la plus curieuse, la classe des bas-reliefs bacchiques.

On rencontre presque à chaque pas dans les musées et les galeries des bas-reliefs appartenant à des tombeaux et sur lesquels sont représentées des scènes bacchiques pleines de mouvement et de vie, respirant une ivresse souvent désordonnée. Cette préférence donnée à des sujets si peu en harmonie avec la mort étonne; la répétition des mêmes détails, des mêmes groupes, des mêmes objets ne semble point fortuite, et l'on est amené à s'en demander l'origine.

Une seule explication, généralement admise aujourd'hui, peut rendre raison d'une telle singularité : ces scènes bacchiques sur les tombeaux sont une allusion aux mystères de Bacchus, non du Bacchus vulgaire, mais du dieu infernal uni à Cérès et à Proserpine dans un culte dont nous savons où était le siége, à Rome,

---

[1] Beau sarcophage de la villa Albani (salle d'en bas). Ce qui pourrait rendre cette supposition moins invraisemblable, c'est qu'une des figures du bas-relief tient à la main une couronne qui a été reconnue semblable à celle qui si souvent figure sur les monuments funèbres (*St. r.*, III, 2, p. 488); on voit sur les côtés d'autres symboles funèbres.

du dieu libérateur (liber). Ces orgies représentées sur les tombeaux désignent l'orgie sainte, l'enthousiasme sacré par lequel les initiés croyaient s'élever à la contemplation de la vérité, s'affranchir de la vie terrestre [1] et arriver après la mort à une union mystique avec la divinité.

Sans entrer ici dans l'histoire des mystères, elle-même si mystérieuse [2], je dirai seulement que des doctrines attribuées à Orphée, à Mélampe, à Eumolpe paraissent s'être transmises à l'ombre de différents cultes, entre autres du culte de Bacchus, et s'être alliées aux célèbres mystères d'Éleusis, ceux dont l'existence historique et l'organisation sont le mieux connues.

Dans les mystères, Bacchus figurait soit comme l'époux de Cérès, soit comme le fils de Proserpine, alors surtout il portait le nom d'Iacchus [3]. Le Bacchus des mystères était identifié à Hadès ou Pluton; c'est à

---

[1] L'ivresse était prise pour un symbole de l'enthousiasme, de l'extase, l'*ivresse de l'éternité*, Μέθη αἰωνος. Ceci donne le sens mystique du personnage féminin qu'on voit souvent près de Bacchus et qui est l'ivresse, Méthè.

[2] Je ne partage ni l'opinion de Sainte-Croix, selon laquelle on révélait aux initiés un ensemble de hautes vérités philosophiques en opposition avec la religion nationale, ni l'opinion extrême qui soutient, contrairement au témoignage de l'antiquité, qu'on n'y enseignait rien.

[3] Iacchus est désigné par Claudien (*Rapt. Proserp.*, 1, 16) comme faisant partie de la grande procession éleusinienne.

cette triade[1] qu'était consacré le temple près du grand cirque, qu'on appelait ordinairement temple de Cérès.

Il est donc à croire que dans les représentations bachiques des tombeaux il peut se trouver quelque chose de la doctrine des mystères d'Éleusis dont les enseignements sur le Bacchus infernal faisaient partie[2].

C'est ainsi que s'explique la reproduction fréquente, et autrement incompréhensible, des scènes bachiques sur les tombeaux avec un mélange de symboles qui se rapportent à l'idée d'une autre vie, car nous savons que les initiés aux mystères avaient l'espoir d'une vie meilleure après la mort[3].

La croyance populaire ne se représentait l'existence future que comme quelque chose de vague, d'incom-

---

[1] Elle est représentée sur un autel de la villa Albani (derrière le Casin), selon Zoega. Signe de l'alliance de Bacchus et de Cérès dans les mystères : une *bacchante* couronnée d'*épis*. (*Jard. de la Pigna.*)

[2] Les mystères bachiques avaient la même vertu purifiante que les autres mystères. Par eux on sanctifie sa vie et on consacre son âme, dit Euripide. (*Bacch.*, 74-5.)

[3] Cicéron (*de Legib.*, II, 14) parle de l'espérance d'une vie meilleure que donnent les mystères de Cérès. A propos de l'immortalité de l'âme, il renvoie son interlocuteur à ce qu'il a appris dans les mystères (*Tusc.*, I, 13). Plutarque, voulant consoler sa femme de la perte de leur enfant, allègue de même les mystères de Bacchus, auxquels ils étaient initiés. « On sait par eux, lui dit-il, que l'âme renaît après la mort (*Consol. ad Ux.*, 10). Isocrate (*Paneg.*, p. 46, éd. H. Est.) attribue aux initiés « une meilleure espérance pour la fin de la vie et pour toute l'éternité. »

plet ; pour elle la vie des ombres n'était qu'une ombre de vie. Purifiée par sa participation aux mystères, l'âme des initiés pouvait parvenir à une vie meilleure et à un certain rapport d'union avec la divinité [1] ; en étant initié [2], on connaissait le principe et la fin de la vie [3], on s'assurait tous les biens d'une existence future, on *assurait son salut*. Ce que nous voyons sur les tombeaux romains nous peut donc faire plus ou moins connaître ce qu'on enseignait ou plutôt ce qu'on *montrait* dans les mystères, où les enseignements avaient lieu surtout sous forme de représentations théâtrales ; il est même probable que les bas-reliefs des tombeaux sont souvent une copie de ces représentations sacrées auxquelles, tout profanes que nous sommes, il nous est ainsi donné en quelque façon d'assister et de nous initier par les yeux.

[1] Ce rapport, dans les idées égyptiennes, était l'union, l'identification absolue. Le mort n'est pas seulement avec Osiris, il est Osiris, comme la morte est Isis. On sait qu'Hérodote fut frappé de la ressemblance de Bacchus et d'Osiris au point de les confondre. Chez les Romains aussi le mort était *Liber*, la morte *Libera*. « Saturnini in habitum dei Liberi. » (Gerh., *Denck.*, v, 273.) Cette union avec une autre divinité de la triade mystique est énergiquement exprimée par l'inscription qu'on lit sur un sarcophage de femme dont j'ai parlé : « Persephone pacata Diti decumbit. » La Romaine morte est donc devenue Proserpine, épouse de Pluton, comme une Égyptienne en mourant devenait Isis.

[2] A eux seuls (les initiés) il appartient de vivre heureux dans les enfers, les autres y éprouvent toutes sortes de maux, dit Sophocle. (*Fragm.*, Did., p. 314.)

[3] Pindare le dit positivement. (*Fragm.*, Diss., II, p. 240.)

En effet, dans les mystères on représentait des scènes de la vie de Bacchus [1]. L'histoire de Cérès était mise en spectacle et ce spectacle durait dix jours [2], comme ces représentations du moyen âge qui duraient également plusieurs jours et qui s'appelaient aussi des *Mystères* [3]. Enfin, l'enlèvement de Proserpine était l'objet d'un drame hiératique particulier.

La ciste ou corbeille sacrée (calathos), qui tenait une place si importante dans les mystères de Cérès, figure souvent sur les bas-reliefs tantôt remplie de fruits, tantôt contenant le serpent, signe du rajeunissement perpétuel et consacré à Bacchus.

Les flambeaux, en commémoration de ceux que Cérès avait allumés pour chercher sa fille, et par allusion sans doute à la lumière qui éclairait les âmes des initiés, jouaient un grand rôle dans les mystères d'Éleusis [4]; un des principaux acteurs du drame s'appelait le porte-flambeau, et la procession qui se rendait d'Éleusis à Athènes était une promenade aux flambeaux; cela seul peut expliquer pourquoi

---

[1] Steph. Byz., *s. voc.* Ἄγρα.

[2] Diod. Sic., v, 4.

[3] *Drama mysticon*, dit saint Clément d'Alexandrie (*Protrept.*, p. 12), en parlant d'une imitation des mystères d'Éleusis.

[4] Quam (Proserpinam) quia facibus quæsisse Ceres dicitur idcirco sacra ejus *ardentium tædarum jactatione* celebrantur. (Lact., *Instit.*, i, 21.)

Votivam taci i quassamus lampadæ mystæ.
(Stat., *Sylv.*, iv, 8, 51.)

un nombre si considérable de personnages paraissent sur les bas-reliefs funèbres un flambeau à la main ; ce sont en général des personnages bachiques, mais on ne peut pas plus séparer les mystères de Bacchus des mystères de Cérès qu'on ne peut scinder la triade sacrée composée de Bacchus, de Cérès et de Proserpine.

La partie des mystères d'Éleusis qui concernait Démèter et Cora, Cérès et Proserpine, était la plus importante, la plus ancienne et, pour nous, est la plus facile à comprendre.

La principale exhibition dramatique qui avait lieu dans les mystères de Cérès et qui en contenait le principal enseignement, c'était l'enlèvement de Proserpine[1], sa descente aux enfers et son retour à la lumière.

Il y a là évidemment une idée de renaissance ; mais s'agit-il seulement de la résurrection de la nature, de la vie végétale qui durant l'hiver semble se retirer sous la terre pour en ressortir et reparaître, éclatante et rajeunie, dans la verdure et la floraison du printemps?

Que le mythe de Cérès et de Proserpine ait eu ce sens, on n'en saurait douter ; le nom grec de Cérès (Démèter, la terre-mère), son caractère de déesse du

---

[1] On attribuait à Orphée un poëme sur ce sujet qui est touché dans la *Théogonie* mise sous son nom. (Lob., *Aglaoph.*, p. 591.)

blé envoyant Triptolème semer le précieux grain [1], l'époque de sa fête placée à l'époque où renaît la végétation, montrent que l'enlèvement et le retour de Proserpine se sont entendus de la mort apparente de la nature pendant l'hiver et de sa résurrection périodique au printemps [2].

Mais le mythe de Proserpine n'avait-il que ce sens physique : alors pourquoi l'aurait-on si souvent reproduit sur les tombeaux?

N'est-il pas vraisemblable qu'il se liait aussi à ces promesses d'une vie plus heureuse réservée aux initiés, et qu'on leur enseignait, au moins sous le voile d'une représentation symbolique, dans les mystères d'Éleusis?

Une mère qui a perdu sa fille, qui la cherche partout jusqu'aux enfers, n'était-ce pas un symbole naturel du désir passionné que nous avons de retrouver ceux que nous aimions et que nous avons perdus? Proserpine rendue à l'amour de sa mère, n'était-ce pas une promesse que ce désir sera satisfait et que notre fille ou notre amie nous sera rendue?

En effet, la douleur maternelle de Cérès était exprimée par le mythe lui-même avec des détails pathé-

[1] C'est le sujet d'un bas-relief du palais Colonna, selon M. Welcker. Dans le même palais, un petit bas-relief paraît faire allusion à l'établissement des lois par l'agriculture célébré dans les thesmophories. (St. r., III, 3, p. 164.)
[2] Diod. Sic., v, 4

thiques et des circonstances émouvantes qu'on n'eût pas imaginées s'il n'eût été question que d'une loi de la nature et d'un phénomène de la végétation.

Il y a au contraire un sentiment profondément moral dans toute l'histoire de Cérès. A travers ses courses désolées, elle répand parmi les hommes le bienfait de la culture du blé et le bienfait de la civilisation qui est en germe dans le grain de blé; l'antiquité avait compris que faire du bien est le seul soulagement des belles âmes qui souffrent et veulent secourir encore quand elles ne peuvent plus être consolées; d'autre part, l'antiquité, d'un coup d'œil à la Shakspeare jeté sur les misères et les contrastes de la nature humaine, avait vu aussi que la plus vive douleur a, comme les autres sentiments de notre cœur, ses intermittences au moins extérieures : Cérès, qui s'était d'abord assise sur la pierre Agelastos (sans rire), c'est-à-dire croyait ne rire jamais, Cérès rencontrait une vieille femme qui prenait devant elle une attitude grotesque, et la mère désespérée riait!

Proserpine, tantôt sous la terre, tantôt rendue à la lumière, était donc une personnification de l'alternative du jour et de la nuit, de la fécondité et de la stérilité dans la nature, et elle était aussi l'image de la mort et de la renaissance de l'âme sauvée par les mystères; on l'appelait celle qui sauve, Soteira [1].

A Rome, l'enlèvement de Proserpine est représenté

---

[1] Gerh., *Gr. Myth.*, i, p. 450. Paus., iii, 13, 2.

sur un assez grand nombre de sarcophages[1] dont la composition est fort semblable. Celui du Capitole offre une particularité digne de remarque : Proserpine, dont le visage semble un portrait, celui de la morte du sarcophage, a une vive expression de tristesse et de terreur[2]; le sculpteur, probablement d'après quelqu'un des grands artistes grecs qui avaient traité ce sujet, Praxitèle, Nicias Nicomaque, a, malgré son inhabileté, fortement exprimé l'effroi de mourir et le regret de la vie sur les traits de celle dont Proserpine figurait l'enlèvement par le dieu de la mort ; nouvelle preuve que sur les tombeaux, comme dans les mystères dont ils reproduisaient les *tableaux vivants*, c'était bien de la mort qu'il s'agissait et pas seulement de la végétation interrompue pendant l'hiver; mais, une consolation était donnée par la seconde partie des mystères de Proserpine ; tandis qu'un amour essaye de retenir Proserpine[3] et exprime par là les regrets des vivants, un autre élève au-dessus de Pluton un flam-

---

[1] *M. P. Cl.*, 528. *M. Capit.*, *Gal.*, 28. *Vill. Alb.* Deux au palais Barberini. Peintures du tombeau des Nasons, pl. 12.

[2] On observe aussi un certain air d'inquiétude dans la Psyché (l'âme) emportée par Mercure : bas-relief de Prométhée. M. Welcker a remarqué que Proserpine a rarement l'air satisfait. Une corbeille renversée d'où s'échappent des fleurs exprime gracieusement et la fin des fleurs et la fin de la vie.

[3] Même idée : une nymphe semble supplier Pluton. Sur un autre bas-relief, Proserpine (l'âme) paraît effrayée ; un Amour la pousse en avant et semble lui dire d'espérer.

beau qui fait rayonner l'espérance de la vie dans la mort. Une Victoire qui tient une couronne semble indiquer la même idée, et une petite figure de femme posant son doigt sur sa bouche avertit qu'on est en présence d'une scène des mystères [1].

Les mêmes divinités figurent presque toujours sur les bas-reliefs où l'enlèvement de Proserpine est représenté ; ce sont celles qui étaient associées à Cérès et à sa fille dans les mystères d'Éleusis. C'est d'abord Mercure, celui qui guide les âmes aux sombres bords ; c'est Diane, dont les flèches, croyait-on, faisaient mourir les femmes, auxquelles cette classe de sarcophages était particulièrement consacrée ; parfois c'est Hécate [2],

---

[1] Visconti suppose que c'est Cyané, nymphe de Sicile, l'une des jeunes compagnes de Proserpine, qui, après l'enlèvement de la fille de Cérès, à force de pleurer sans doute, fut changée en fontaine ; mais cette opinion a été rejetée sans être remplacée. En effet, pourquoi Cyané aurait-elle demandé le silence? elle eût plutôt crié après le ravisseur. Le mauvais état du bas-relief a permis de prendre cette figure pour celle d'un homme (*St. r.*, III, 1, p. 166-7), ce qui importe peu si l'on admet mon explication. On voit ailleurs un petit génie faire le même geste, et on en peut donner la même raison.

En enfant qui serre une grenade sur son sein (*M. Chiar.*, 344) est dans un rapport évident avec les mystères, par le fruit de Proserpine.

[2] Sur un bas-relief du Louvre, la triple Hécate, à peu près comme on la voit au Capitole mais en hermès, figure au milieu des divinités éleusiniennes. Selon MM. Lenormant père et fils, elle y figure comme un de ces mannequins qui avaient aussi leur rôle dans les représentations dramatiques des mystères (Fr. Lenormant, *Rech. arch. à Éleusis*, p. 187). Hécate, du reste, avait ses propres mystères, dont

la Diane infernale, enfin c'est toujours Minerve, la sagesse, qui ne doit pas abandonner l'homme au moment de la mort et doit nous aider à le traverser. Sur le bas-relief, où la pauvre âme Proserpine se montre la plus éplorée, Minerve la soutient par le bras et semble l'encourager.

Ces mystères, qui sont ceux de la vie et de la mort, reçoivent une interprétation rassurante dans les bas-reliefs où l'on voit Proserpine *ramenée*, plus rares, il est vrai, que ceux où l'on voit Proserpine *enlevée*.

On ne cite à Rome qu'un bas-relief[1] indiquant le retour de Proserpine à côté de son enlèvement ; ce n'est pas Cérès qui la ramène, c'est Mercure qui la redemande à Pluton[2]. Près de lui est une Heure, ou Saison, probablement la saison du printemps, époque où la vie reparait sur la terre, mais en même temps signe du retour de l'âme à la lumière ; car c'est une âme et non la vie

on attribuait la fondation à Orphée, ce qui semble indiquer une communauté d'origine entre ces mystères et ceux de Bacchus, dont la fondation est également attribuée à Orphée. Un bas-relief, où M. Gerhard (*St. r.*, II, 2, p. 253), voit le chien d'Hécate dans un chien voulant saisir des raisins que tient une âme (Psyché), est la seule trace qu'on ait signalé à Rome des mystères d'Hécate. Hécate, du reste, pour les Orphiques, se confondait avec Proserpine.

[1] Palais Rospigliosi. Bartoli, Admiranda Romæ. (Pl. 53-4. Müll., *All.*, II, 108.)

[2] Selon les Orphiques, Mercure et les Heures étaient parmi les divinités qui escortèrent le retour de Proserpine. (Orph., hymn. XLIII, 7. Gerh., *Gr. Myth.*, I, p. 467.)

physique en général que Mercure, le conducteur des âmes, doit reconduire au jour.

D'autres mystères moins connus que ceux d'Éleusis ont pu concourir aussi aux représentations symboliques des sarcophages romains.

Les mystères de Crète enseignaient l'histoire de la naissance et de l'enfance de Jupiter nourri par la chèvre Amalthée, parmi les danses des Curètes ; on voit à Rome Jupiter enfant près de la chèvre Amalthée [1], bas-relief que je crois funèbre, car on y a introduit des symboles de la mort, un serpent qui menace de petits oiseaux dans leur nid en présence du père et de la mère, — ce qui, avec l'enfance de Jupiter, conviendrait bien au tombeau d'un enfant ravi à l'amour de ses parents, — et en bas un aigle qui dévore un lièvre, tandis que l'enfant Jupiter boit dans une coupe. Cet enfant et la chèvre nourrice Amalthée présentent ce contraste, si fréquent sur les tombeaux, de symboles de la mort et d'une image de la vie. Cette représentation de Jupiter enfant, comme nous le verrons pour l'enfance de Bacchus, pouvait décorer le tombeau d'un enfant.

Les mystères de la Crète se sont probablement mêlés avec ceux de Bacchus [2] et ceux de Cybèle, la mère des

---

[1] Bas-relief à Saint-Jean de Latran (Garrucci, pl. 29). Ce bas-relief se retrouve pour ainsi dire décomposé : au Vatican d'une part, l'arbre, le serpent, l'aigle et le lièvre (*M. P. Cl.*, 211), et de l'autre l'enfant qui boit, dont on a fait un petit satyre. (*Gal. des Cand.*, 243.)

[2] Sur un autel du Capitole qui n'a rien de funèbre sont représentées

dieux et la même que Rhéa, l'épouse du vieux Saturne, la mère de Jupiter. Au culte de Cybèle appartenaient aussi ces danseurs armés qu'on appelait Curètes ou Corybantes. A Rome, des Corybantes étaient peints dans le temple de Cybèle, et on les voit sculptés sur un autel où sont représentées la naissance et l'enfance de Jupiter [1], mise ailleurs en parallèle, ce qui est la signature de l'art romain, avec l'enfance de Romulus.

Les mystères de Cybèle ou Rhéa entrèrent eux-mêmes en rapport avec les mystères de Bacchus ; plusieurs des attributs bachiques avaient passé dans le culte de Cybèle ; divers monuments à Rome prouvent cette alliance [2].

---

la naissance et l'enfance de Jupiter selon le mythe crétois. Sur un bas-relief du palais Albani, avec Cybèle sont aussi le pin et la ciste mystique ; ceci montre le rapport des mystères crétois avec les mystères de Bacchus, comme le bas-relief de Saint-Jean de Latran où paraissent un satyre, être bachique, et une nymphe dont la tête est couronnée de *lierre*.

[1] Cap., Gr.-Salle, *M. P. Cl.*, 489. Ceux-ci n'ont pas de glaives pour frapper sur leurs boucliers et par ce bruit empêcher qu'on entende les vagissements du petit Jupiter. On peut donc les rapporter au culte de Cybèle.

[2] Sur deux cippes (*M. P. Cl.*, 442). Un satyre qui tient dans une main une couronne de lierre et dans l'autre un thyrse, deux symboles bachiques, dansant entre deux Corybantes, atteste aussi les rapports des mystères de Bacchus avec ceux de Cybèle (*Gal. des Candél.*, 2,1). Les mystères de Samothrace auraient, selon M. Gerhard, fourni le sujet d'un bas-relief dont j'ai parlé. (*St. r.*, II, 2, p. 259.)

Les mystères orphiques furent empreints d'un caractère de spiritualisme et d'ascétisme très-marqué. La vie orphique était une vie d'abstinence plus que monacale et pareille à celle des religieux hindous. La doctrine orphique sur la destinée de l'âme était la métempsycose adoptée par les pythagoriciens [1].

L'histoire d'Orphée est un triomphe de l'amour, qui est la vie, sur la mort; triomphe passager et incomplet, après lequel la mort ressaisit sa proie comme dans le dogme de la succession des existences. La destinée d'Orphée offre donc un type poétique de la doctrine qu'on lui a prêtée.

Aussi Orphée lui-même était un personnage funèbre et il a été représenté sur les sarcophages. Peut-être l'admirable bas-relief de la villa Albani est-il un bas-relief sépulcral, ce qui en expliquerait la triple répétition.

Pour les Orphiques, Bacchus était un aussi grand dieu que Jupiter. Le rapport d'Orphée avec les mystères de Bacchus, comme lui originaires de Thrace, et dont il a été dit le fondateur et le chef, ce rapport n'est pas douteux, et il en existe des indices sur les bas-reliefs romains [2].

---

[1] Hérodote (II, 71) nomme les mystères d'Orphée avec ceux de Pythagore. Il y avait aussi quelques rapports entre les premiers et les mystères d'Éleusis.

[2] Dans un fragment de bas-relief, à la villa Panfili, une panthère, animal bachique, est près d'Orphée jouant de la lyre.

De même qu'on attribua à Orphée des poëmes remplis d'idées néo-platoniciennes, les orphiques admirent comme siennes ces idées d'une philosophie bien postérieure à lui et les mêlèrent aux dogmes qu'une tradition plus ancienne lui attribuait.

Là est l'origine d'un certain nombre de conceptions allégoriques et mystiques : dans le mythe de l'Amour et Psyché[1], l'âme tourmentée, c'est-à-dire éprouvée, puis purifiée et enfin absorbée par l'amour ; dans le mythe de Prométhée, l'âme unie à l'argile, l'intelligence condamnée à la douleur, puis l'âme affranchie de la matière qui l'opprime et l'intelligence délivrée du vautour qui la dévore. A cette origine orphique il faut encore rattacher les rares bas-reliefs où il est fait allusion au voyage de l'âme dans les astres[2], à ses chutes

---

[1] Les aventures de Psyché pouvaient aussi être célébrées dans les mystères de l'Amour, à Thespies. Οἱ Ἔρωτος ὀργιασταὶ καὶ μύσται. (Plut., *Erotic.*)

[2] Doctrine égyptienne enseignée par d'innombrables peintures qui couvrent les murs et les plafonds des tombeaux égyptiens et dont quelques indices seulement se montrent sur les sarcophages romains, par exemple dans le zodiaque enveloppant le portrait du mort, dans le voisinage du Cancer et de la Lune. Visc. *M. P. Cl.*, IV, pl. 16, p. 32. *M. Chiar.*, 130, bas-relief mystérieux, dit l'explication italienne, qui du reste l'interprète très-mal. Selon M. Gerhard (*St. r.*, II, 2, p. 47), c'est la Lune qui, d'après une doctrine orphique et conservée par Plutarque, confie au Soleil une des âmes errantes dans l'espace. Le Soleil tient un fouet à la main, pour montrer qu'il est leur guide. Bacchus, identifié dans les mystères au Soleil, était appelé celui qui conduit le chœur des astres. (Soph., *Antig.*, 1147.)

dans la nature animale, enfin à toutes les vicissitudes des existences successives qu'exprimaient les mots palingénésie, métempsycose. Celle-ci, quand elle désigne le passage de l'âme humaine dans le corps d'un animal, n'a été indiquée à Rome que sur un seul bas-relief et sans une complète certitude : c'est un papillon, toujours l'âme, que des génies semblent vouloir faire dévorer par un cochon[1], ce qui exprimerait sans doute le sort des âmes que l'initiation orphique n'avait pas élevé au-dessus des grossiers entraînements de la sensualité.

Par une coïncidence singulière, un mort jugé par Osiris et transformé en cochon est un sujet qu'a répété plusieurs fois la peinture funéraire des Égyptiens dont les mystères, assimilés par Hérodote aux mystères grecs, sont encore à éclaircir. Avec l'introduction des spéculations de la philosophie dans les mystères par les orphiques, tous les symboles purent acquérir une portée plus haute. Pour les platoniciens, les ailes étaient un signe du dégagement de la matière; pour les orphiques, le cratère de Bacchus était celui où, comme dieu formateur du monde, il en avait mêlé

---

[1] *Gal. des Candél.*, 117. M. Gerhard (*St. r*, II, 2, p. 254) rejette cette explication. L'idée de l'âme humaine passant dans un corps d'animal était plus certainement indiquée par une peinture du tombeau des Nasons, où l'on voyait un porc en compagnie d'un âne et d'un mulet buvant l'eau du Léthé. L'âme en tombant dans la vie animale perd le souvenir de son origine céleste.

les éléments. Il est permis de voir, sous l'inspiration des nouvelles doctrines, la coupe à boire du dieu devenue la coupe mystique où il verse le vin qui abreuve ses élus d'immortalité.

Des mystères orphiques est sortie l'histoire de ce Zagreus, Bacchus enfant, que les Titans déchirent[1], que Jupiter conserve et rend à la vie. L'idée de l'immortalité par la résurrection est au fond de cette bizarre légende[2], et il n'est pas étonnant qu'elle ait figuré sur un sarcophage, surtout sur un sarcophage d'enfant.

Zagreus nous ramène aux mystères de Bacchus, ceux qui importent le plus pour l'explication des sarcophages romains. Il ne faut pas oublier que s'il était le dieu de l'ivresse, c'est-à-dire de la vie qui déborde et ravit l'homme hors de lui-même par une sorte d'enthousiasme physique pris comme une image de l'enthousiasme divin, Bacchus s'appelait aussi Liber[3], parce qu'on voyait dans l'ivresse une image de la liberté de l'âme. Bacchus en effet affranchit les peuples en punissant leurs tyrans Lycurgue et Penthée. Marsyas, personnage bachique, était le patron de la

---

[1] Vill. Alb. Zoeg. B. ril., pl. 81, p. 170-3.

[2] Erneung ünd Wiedergeburt. (Gerh., Gr. Myth., I, p. 28.)

... Iterum patrio nascentem sanguine Bacchum

dit Manilius en s'en référant à Hésiode.

[3] En grec Ἐλευτερεὺς, Libérateur. (Gerh., Gr. Myth., I, p. 490.)

liberté des villes[1], et pour cette raison avait sa statue dans le forum romain. Sous l'empire, quand tout est dégénéré, les courtisanes honorèrent en lui le protecteur de la liberté... des mœurs.

Dans un ordre plus élevé, Bacchus est le libérateur des âmes, soustraites, par la participation à ses mystères, aux misères de la vie présente et aux mauvaises chances de la vie future.

Bacchus apparaissait dans ce rôle de libérateur des âmes quand il tirait du tombeau sa mère Sémélé[2] et la ramenait en triomphe dans le ciel. C'est en cette qualité de libérateur et de protecteur des âmes que Bacchus a près de lui une âme figurée par une jeune fille[3] tenant à la main une colombe que je crois être son âme.

On ne saurait douter que l'oiseau ne fût pour les anciens, sans doute à cause de ses ailes, comme le papillon, un symbole de l'âme, qui chez les Égyptiens avait pour hiéroglyphe un oiseau à tête humaine; ainsi un jeune homme tenant un oiseau sans vie offre l'image de la mort. En revanche, la petite figure de femme debout près de Bacchus une colombe à la main,

---

[1] Serv. Æn., IV, 58.
[2] A Rome, bas-relief Casali, selon Visconti. *M. P. Cl.* v, *Tav. d'Agg.* c. *St. r.*, III, 1, p. 680. Peut-être est-ce le sujet véritable de plusieurs bas-reliefs où l'on crut voir le triomphe de Bacchus et d'Ariane.
[3] *Vill. Borgh.*, VIII, 20.

représente je crois une initiée dont l'âme est *sauvée* par Bacchus. Il en est de même des colombes que d'autres jeunes filles tiennent à la main [1], aimable image de l'âme innocente; telle est, par exemple, la gracieuse figure du Capitole [2] qui représente une petite fille défendant une colombe contre un serpent. La colombe vouée à Vénus [3], déesse de la vie et qui est aussi Cora déesse de la mort; la colombe qui, dans le groupe de la villa Borghèse, nous apparaît sous la garde du maître des âmes, n'est-ce pas l'âme, l'âme que lui présente la jeune fille [4], et qu'au musée Capitolin elle défend soit contre les séductions terrestres, soit contre les puissances infernales figurées par le serpent [5]?

Une fois cette donnée introduite par une conception religieuse, elle se transmit avec des variations toujours nouvelles, selon le caprice du sculpteur et à la fin sans tenir compte de son origine. De là l'enfant qui défend un oiseau contre un chien, celui qui tient une colombe, celui qui caresse un oiseau [6], celui qui presse

---

[1] *M. Chiar.*, 110. *Gal. des Candél.*, 218.

[2] *M. Capit.*, *S. du Gladiateur*, 16.

[3] Offrande d'une colombe à Vénus (*M. Chiar.*, 272. Gerh., *Gr. Myth.*, I, p. 465).

[4] Dans les rituels égyptiens, le mort porte ainsi son âme, figurée par l'oiseau à tête humaine; sur la main d'une statue (*Vill. Borgh.*, *pér.*) on aperçoit des traces d'un papillon, d'une âme, que le mort tenait ainsi.

[5] Comme le papillon, certainement l'âme, est menacé par le serpent sur le bas-relief d'Endymion.

[6] *Gal. des Candél.*, 209, 213.

une oie contre son sein[1], celui qui tient deux oiseaux dans les mains, dont l'un est mort et dont l'autre vit[2], opposition entre la mort et la vie. Les petits génies qui sur les bas-reliefs jouent avec des oies et des canards[3], ont fourni le motif d'abord sérieux de cette nombreuse famille d'enfants folâtres, étouffant un canard, étranglant un cygne, d'où est sorti *l'Enfant à l'oie*, le chef-d'œuvre si populaire de Boethos.

Dans les bas-reliefs funèbres, Bacchus paraît à plusieurs âges, enfant, jeune homme, presque vieillard. Bacchus enfant exprime l'idée de la vie nouvelle et toujours jeune de la nature; — c'est en ce sens qu'on l'appelait *Puer æternus*[4], éternellement enfant, — et aussi la vie nouvelle de l'âme unie à lui, identifiée à lui dans les mystères. On le représentait ainsi particulièrement sur la tombe des enfants[5].

---

[1] *M. Chiar.*, 651.

[2] *Gal. des Candél.*, 226. Dans la salle Lapidaire, sur un sarcophage, un enfant tient un oiseau à la main, l'autre est à ses pieds.

[3] *M. Chiar.*, 13.

[4] Ov., *Fast.*, III, 773.

[5] Bas-relief d'un sarcophage du Capitole (galerie), très-semblable à un autre bas-relief où la naissance de Bacchus est figurée sur la tombe d'une petite fille morte à l'âge de quatre ans (Mull., *Atl.*, II, 402). Une bacchanale d'enfants (*M. P. Cl.*, 73), dans laquelle l'un d'eux représente grotesquement l'ivresse du Bacchus des sarcophages, était destiné à orner la tombe d'un enfant, car le visage du petit Bacchus n'est que dégrossi, ce qui fait voir qu'il devait offrir le portrait du mort. Le bas-relief de la naissance de Bacchus (*M. P. Cl.*, 493) ne semble pas avoir fait partie d'un sarcophage, mais la présence de Pro-

Bacchus jeune, dans l'âge de la force, est bien manifestement le dieu infernal, quand une petite âme, sous la forme d'un enfant, se glisse vers son sein [1].

Le plus grand nombre des représentations bachiques sur les tombeaux ont pour sujet des orgies dionysiaques [2] où Bacchus, entouré de satyres en gaieté et de ménades dansantes [3], enivrés de vin, en proie à l'amour, est assis sur son char, tantôt seul, tantôt avec son épouse mystique, vainqueur des Indiens, ou seulement dans sa pompe de dieu bienfaisant qui répand autour de lui la joie et le délire. Quelquefois il est descendu de son char et atteint lui-même par l'ivresse, s'appuyant sur une jeune femme ou sur un adolescent, il contemple Ariane endormie qu'on dévoile devant lui.

Le désordre et la fougue de ces compositions, ces danses effrénées [4] sous l'aiguillon du dieu à qui étaient

---

serpine et de Cérès me porte à penser qu'il a eu une destination funéraire ; il ornait sans doute l'intérieur ou l'extérieur d'un tombeau.

[1] Au Louvre ; au Vatican (*M. P Cl.*, 397) est un Bacchus couché et à peu près dans la même attitude, mais il est seul.

[2] La peinture que fait Strabon (VIII, p. 468) du cortége bachique composé de silènes, de satyres, de bacchantes, de nymphes, etc., semble la description d'un de nos bas-reliefs ; la fête des Ascolies, où l'on dansait sur des outres, est souvent répétée sur les sarcophages ; à Rome, elle remontait à Romulus (Voy. t. I, p. 307).

[3] Images de ces fêtes athéniennes où, à l'imitation des cérémonies du culte bachique, on se déguisait en Silènes et en Bacchus (Lob., *Aglaoph.*, p. 173-4).

[4] *Cortile* du Belvédère. La danse faisait partie de l'institution des

dédiées les danses d'où sortit la poésie dramatique, sont une puissante expression de la vie dont Bacchus est le principe, de l'exaltation dont l'ivresse est le symbole : c'est un premier avertissement qu'une existence plus haute, à laquelle on s'élève par un enthousiasme divin, attend les initiés aux mystères de Bacchus. Dans le paganisme, c'était par des images sensibles, et souvent sensuelles, que se traduisaient les conceptions les plus élevées. Les sarcophages bachiques donnent le sentiment de la vie sous toutes ses formes, la passion, le tumulte, les danses fougueuses, la musique étourdissante des cymbales, du tympanum, qui est le tambour de basque, des crotales, qui sont les castagnettes, et encore aujourd'hui excitent si bien l'impétuosité de la saltarelle, des clochettes enfin, que les Romains de nos jours aiment tant à faire tinter au col de leurs chevaux.

Mais les scènes représentées sur les bas-reliefs, les divers détails et les divers objets qu'on y voit reproduits et constamment répétés, indiquent avec plus d'évidence l'idée de la vie après la mort et la manifestation de la divinité aux élus des mystères, manifestation dont les épiphanies, ou révélations qui avaient lieu dans ces mystères, étaient la promesse prophétique. Les différents symboles de la vie que nous avons signalés sur les tombeaux acquièrent un caractère plus prononcé

---

mystères (Luc., *Salt.*, 15); les chants et la musique en faisaient aussi partie. Parmi les instruments dont on joue dans les bacchanales est la musette des pfiferari.

et prennent un sens plus marqué par leur rapport avec le dieu qui personnifie en lui l'exaltation de la vie. Les animaux qui en exprimaient l'énergie sont en général et pour cette raison même des animaux bachiques [1]; parmi eux le bouc et le lion [2] figurent au premier rang. Puis viennent le tigre [3], la panthère, l'âne, monture constante de Silène compagnon de Bacchus, le coq [4] et le serpent.

Bacchus est assis sur une lionne [5], à cheval sur une panthère; son char est traîné par des tigres, des lions, des panthères, toujours par des animaux forts et ardents que sa puissance domine et subjugue, il est lui-même le dieu fort, maître de la vie [6].

---

[1] Chars traînés par des panthères, des tigres, des lions, animaux bachiques, comme le bouc, la chèvre, *lasciva capella* : quatre têtes de chèvres aux angles d'un cippe orné de lierre, plante bachique (*Gal. des Candél.*, 11). La ciste des mystères est placée sur une peau de chèvre près d'une statue de Bacchus (*Ib.*, 141).

[2] Le lion est l'animal consacré surtout à Cybèle, mais on découvre souvent entre Bacchus et Cybèle une alliance de culte et de mystères. Bacchus s'était changé en lion pour combattre les géants (Hor., *Carm.*, II, 19, 23).

[3] Le rapport de cet animal bachique avec les idées funéraires est manifeste là où il est associé au génie de la mort qui tient renversé son flambeau éteint.

[4] C'est toujours un coq qui est immolé sur les bas-reliefs bachiques.

[5] *M. Cap.*, salle des Empereurs. Une bacchante est assise sur un bouc. Des génies bachiques sont traînés par des boucs.

[6] Dans les bas-reliefs et les groupes qui montrent Bacchus, un génie bachique (*Vill. Alb.*, *S. du b. rel. grec*), ou Silène jouant avec une panthère apprivoisée, qu'ils semblent quelquefois menacer.

Chez les centaures, la nature animale domine, une nature violente et indisciplinée; Bacchus est couché sur des centaures, traîné par des centaures [1]: des personnages bachiques, satyres ou ménades, sont assis sur leurs croupes [2] : tout cela veut dire que la puissance divine de Bacchus dompte la force brutale [3]. Parfois c'est un Amour qui est sur le dos d'un centaure, allusion à une glorification du pouvoir de l'Amour; on trouve donc dans les représentations bachiques l'origine de la conception si bien rendue par les centaures du Capitole. Les fruits nourriciers, les arbres toujours verts et les fruits sont consacrés au dieu qui répand la vie et la conserve même au delà du sépulcre. La pomme de pin, fruit d'un arbre toujours vert et fruit qui ne se corrompt point, orne le thyrse de Bacchus et décore les tombeaux; la célèbre *pigna* offre un spéci-

---

[1] *M. Chiar*, 46. Il est traîné par un centaure et une centauresse (*Sal. des Cand.*, 173.)

[2] Les centaures participent au symbolisme des tombeaux; Virgile les a placés à la garde du royaume des morts (*Æn.*, vi, 286) Sur un bas-relief du Vatican (*Gal. des Candél.*, 173), ils conduisent Bacchus à ses noces mystiques avec Ariane et sont entourés de symboles bachiques. Ailleurs, deux génies attristés brûlent un papillon entre un centaure et une centauresse. Celle-ci qui tient le thyrse bachique fléchit un genou, signe de la mort. Une centauresse allaite son enfant, expression de la vie.

[3] Les centaures sont bachiques ; ils portent le thyrse (*Gal des Cand.*, 173). Leur fameux combat contre les Lapithes avait été amené par l'ivresse. Dans un des deux bas-reliefs du Vatican (*M. P. Cl.*, 513), les Lapithes sont remplacés par des satyres suivants de Bacchus.

men gigantesque de cette sorte de décoration bachique. Le lierre, aussi toujours vert, est un attribut de Bacchus et un ornement des tombeaux ; une belle tête d'âne [1] en marbre de couleur sombre, par conséquent funèbre, est couronnée de lierre; on doit croire que cet âne était celui de Silène, qui paraît toujours sur cette monture dans les représentations funèbres. Quelquefois Bacchus ne figure pas dans les compositions bachiques, mais alors même il y est présent par l'emportement des satyres et des ménades, emportement que lui seul peut inspirer. La gradation qu'on observe dans les effets de cet emportement sur les divers personnages d'un de ces bas-reliefs, caractérise pour M. Gerhard les divers degrés de l'initiation [2].

Quoi qu'on pense d'une idée si sérieuse attribuée à une composition qui nous le paraît si peu, et dont l'auteur semble avoir voulu nous révéler de tout autres mystères que des mystères de sagesse, on ne saurait nier qu'il ne se rencontre sur les sarcophages trop de parties manifestement symboliques pour qu'on puisse attribuer la réunion et la répétition de ces symboles à un pur hasard.

Bacchus dieu de la vie, et les personnages bachiques qui par leur emportement en expriment aussi

---

[1] M. P. Cl., 172.
[2] Ib., 28. St. R., 1, 2, p. 133.

l'intensité, se couronnent du lierre toujours verdoyant, comme faisaient les initiés [1].

La lumière et le feu sont aussi des expressions de la vie. Ces symboles conviennent à Bacchus, né du feu, comme disaient les orphiques [2], et que nous verrons avoir été identifiés au soleil. Bacchus est le soleil souterrain, comme Osiris; de plus, dans les mystères, des purifications se faisaient par le flambeau [3] : de là les flambeaux dans la main des satyres et des ménades [4], flambeaux toujours tenus droits [5], opposition aux flambeaux renversés, signe de la vie éteinte. De là les feux allumés sur un petit autel et portés par les personnages bachiques qui figurent les Pyrophores des ini-

---

[1] Lob., *Agl.*, p. 657. Bacchus lui-même s'était appelé *Kissos*, ce qui veut dire lierre.

[2] Lyd., *de Mens.*, v.

[3] Serv., *Géorg.*, II, 389. La purification se faisait aussi par l'eau (Serv., *Æn.*, VI, 740), mais celle-ci n'est indiquée sur les bas-reliefs que par quelques figures tenant un vase qu'on peut comparer aux Loutrophores. En revanche, les Œnophores y paraissent souvent portant le vin dans une outre ou un vase qui en a été rempli. Plusieurs statues d'Œnophore, celles surtout qui semblent marcher avec vivacité, peuvent avoir été détachées pour ainsi dire des bas-reliefs bachiques, ou plutôt ceux-ci peuvent les avoir empruntés au type célèbre de Praxitèle.

[4] Iacchus portait un flambeau dans les mystères (Claud., *Rapt. pros*).

[5] Sur un bas-relief du Vatican, par exception, l'idée de la mort a prévalu, et Silène tient son flambeau renversé. C'est ainsi que le pavot, symbole du sommeil, était consacré à Bacchus, tant l'immortalité avait peine à se faire jour dans les idées des anciens sur la mort.

tiations¹. Un de ces personnages porte sur une corbeille pleine de fruits, eux-mêmes emblème de la vie, un petit autel allumé.

Pan, le dieu générateur, fidèle compagnon de Bacchus sur les bas-reliefs funèbres, allume un flambeau sur un autel.

Ce qui est encore plus significatif dans ces scènes tumultueuses, c'est que quelques-uns des personnages s'efforcent d'arracher un flambeau sans y réussir. Il est permis de voir ici une représentation de ce qui se faisait dans les mystères, sans parler de cette course aux flambeaux² dans laquelle Lucrèce a vu une image de la perpétuité de la vie que les générations se passent l'une à l'autre comme les coureurs se passaient un flambeau; et l'origine de ce que font à Rome, sans en comprendre le sens, tous ceux qui dans les orgies modernes du carnaval s'efforcent de s'arracher les bougies (moccoli), par lesquelles ont été remplacés les flambeaux des orgies antiques. Ceux qui élèvent la leur en criant d'un air de triomphe *moccolo*, sont tout à fait semblables aux personnages des bas-reliefs qui élèvent leurs flambeaux.

¹ Le feu désigne aussi la purification qui s'opérait par lui dans les mystères. Virgile dit dans le sixième livre de l'*Énéide* (742), où il y a beaucoup de la doctrine des mystères (740-51) :

Infectum eluitur scelus aut exuritur igni.

Dans ce passage l'enfer est un purgatoire.
² Paus., I, 30, 2.

Enfin, ces flambeaux ne sont pas seulement défendus; un d'eux, qui penche, est soutenu par un satyre [1], comme dans un autre bas-relief est soutenu un arbre qu'on s'efforce d'arracher. Dans les deux cas, manifeste est l'intention de montrer la vie résistant aux assauts de la mort.

Bien que le Bacchus des mystères, et par suite des tombeaux, soit tout autre chose que le joyeux dieu du vin ; le vin, la vigne et le raisin n'en sont pas moins les constants attributs de Bacchus; seulement ces attributs doivent être pris comme des symboles [2]. L'opération de fouler le raisin est très-souvent représentée. Serait-ce que dans l'écrasement du raisin et dans la production de la liqueur qui donne la force et réveille le sentiment de la vie, on pouvait voir une allusion mystérieuse à cette force qui dure après que l'organisme humain a été brisé, à cette vie qui jaillit de ses débris.

Des satyres pressent une grappe [3] ou de petits génies

---

[1] *M. P. Cl.*, 37. Gerh., *St. R.*, II, 2. p. 137.

[2] Par le vin, la coupe, le cratère, le canthare que tiennent Bacchus, Silène ou des satyres placés près d'un mort, ils peuvent indiquer l'initiation.

[3] *M. P. Cl.*, 27. Ce beau bas-relief n'est pas funèbre, mais il est bachique. Des satyres et une satyresse cueillant le raisin et le pressant (*Sall. Lap.*); même opération exécutée par des satyres (*M. Chiar.*, 180). Sur une urne funèbre, avec Bacchus et Ariane. Vases bachiques; un grand vase de la villa Albani (premier étage, première salle) offre des sujets analogues à ceux des sarcophages et en confirme le sens sacré; il était probablement employé aux lustrations dans un temple de Bacchus.

bachiques[1] foulent le raisin. Une idée mystique, une idée d'immortalité, était si naturellement liée à cette action que le christianisme y a pris un symbole d'espérance qu'il a placé sur les tombeaux; le tombeau de sainte Constance nous le montre[2], comme les sépultures païennes. Cependant l'origine du symbole est bien païenne, car on voit, à Rome, sur plusieurs bas-reliefs des enfants fouler le raisin en présence d'un hermès qui est un Priape, autre symbole de la vie[3].

Bacchus était si bien le dieu des tombeaux et le vin une image de la vie sortant des tombeaux, qu'on donnait à ceux-ci la forme des cuves à faire le vin.

Mille détails rappellent l'idée dominante, l'idée de la mort et de la vie, et leur lutte dans laquelle la vie triomphe.

Un centaure portant une ménade plie le genou et tombe, mais en face est un centaure qui ne tombe point, et sur son dos un Amour joue de la lyre en signe de victoire[4].

---

[1] *M. Chiar.*, 7, 292. Avec une demi-figure de Bacchus (*Gal. des Candél.*, 271).

[2] On les voit aussi avec le Bon Pasteur (*M. de Saint-Jean de Latr.*) (Gar., pl. 49), et sur un sarcophage chrétien avec la croix (Saint-Laurent).

[3] Escalier du palais Mattei. Le raisin dévoré, cet emblème de la mort, est mis en rapport avec Bacchus par un tigre, animal qui lui est consacré, dévorant des raisins (*M. Chiar.*, 180), ce qui n'est pas plus naturel, et par conséquent est aussi évidemment symbolique pour le tigre que pour le lapin.

[4] Visc., *M. P. Cl.*, IV, pl. 25. Müll., *Arch. Atl.*, II, 671.

L'âne de Silène s'abat¹ aussi, mais on soutient Silène prêt à cheoir, et il porte aussi à la main un flambeau. Bacchus lui-même tombe en arrière de son char², ou chancelle, mais il est soutenu par un satyre, ainsi que l'avait représenté Praxitèle³.

Les masques du dieu auquel se rapportaient les origines du théâtre, rattachent encore les bas-reliefs des sarcophages à Bacchus; des masques et d'autres attributs de ce dieu introduisent dans le pathétique bas-relief de Protésilas et de Laodamie les espérances enseignées dans les mystères. Mais de tous les symboles bachiques, celui qui permet le moins de douter qu'il s'agissait sur ces bas-reliefs des mystères et de l'immortalité qu'ils conféraient aux initiés, c'est la ciste, ou corbeille mystique, parfois renversée et d'où s'échappent des fruits, ou bien d'où est prêt à s'élancer le serpent, image de la vie toujours prête à reprendre son cours⁴. La ciste, quand elle

¹ *M. Chiar.*, 173.
² Façade du palais Rospigliosi.
³ *M. P. Cl.*, 473. Les données bachiques des bas-reliefs ont été reproduites par des statues; nous l'avons vu pour l'Ariane du Vatican, pour les Centaures du Capitole. Il en est je crois de même du charmant groupe de l'Amour et Psyché. Ces statues sont antérieures à nos bas-reliefs, mais ceux-ci ont pu avoir pour originaux des bas-reliefs plus anciens, et ce serait même une preuve qu'ils en ont eus; d'autre part des statues et des groupes célèbres ont été transportés dans les bas-reliefs funèbres comme ici le Bacchus de Praxitèle s'appuyant sur un satyre.
⁴ *M. Cap.*, *s. des Emp*, Bacchanale. *S. des Candél.*, 154, et dans une foule de bas-reliefs. Le serpent au bras d'une figure funèbre couchée

contient des fruits, est bien certainement un emblème
de la fécondité et de la vie, car les fruits sont l'équivalent d'un autre symbole qui n'est pas douteux et
qu'ils remplacent dans la ciste bachique par une sorte
de synonymie allégorique[1].

La présence constante de Silène dans les bas-reliefs
bachiques doit aussi attirer notre attention. Silène
était devenu dans l'école orphique un sage démon con-
naissant toutes choses et en particulier l'avenir, qu'il
pouvait dévoiler[2]; à ses yeux, toute l'activité humaine
était folie : sa présence ou celle de son masque sur les
sarcophages réveille donc des idées de révélation et
d'avenir, en même temps qu'elle fait allusion à la
vanité de la vie.

Il est une classe de bas-reliefs funèbres dans lesquels, au lieu des personnages bachiques, adultes,
paraissent seulement de petits génies qui en offrent
pour ainsi dire le diminutif.

Soit que ces bas-reliefs fussent destinés à des
tombes d'enfant[3], soit que la petitesse des génies

sur un tombeau (*M. P. Cl.*, 73) est un signe d'immortalité et en même
temps un signe d'initiation; c'est la raison du serpent ou du bracelet
en forme de serpent placé autour du bras d'*Ariane* endormie.

[1] Bas-relief du triomphe de Bacchus. (*Cortile* du Belvédère.) Deux
hermès de Pan à Saint-Jean de Latran.

[2] Un génie dévoilant Silène ivre indique les révélations de l'ivresse
sacrée (Müll., *Arch.*, p. **610**).

[3] Comme celui du Vatican (*M, P. Cl.*, 73). On voit par exemple
deux enfants sur un char traîné par des boucs et figurant Bacchus
et Ariane (*M. Chier.*, 69).

du monde des âmes, vint de ce penchant à se représenter ce qui appartenait à ce monde, avec des dimensions peu considérables, peut-être en raison de l'idée qu'on se faisait de l'autre vie comme d'une vie moindre, *Animula* disait l'empereur Adrien à son âme, en mourant : les Lares qui se confondaient avec les mânes étaient petits, et, même au sein du christianisme, l'usage s'est conservé au moyen âge de donner à l'âme l'apparence d'un très-jeune enfant.

Il y a à Rome beaucoup d'exemples de ces représentations funèbres en petit ; sur un joli vase cinéraire, une procession de génies, semblables à des enfants, présentent les détails funéraires et bachiques ordinaires à ce genre de composition [1]. Le vase est orné de pampres, de pommes de pin et de masques de Silène ; un des génies tient un flambeau renversé, mais en vertu d'une opposition de symboles qu'on remarque souvent ; un autre allume un petit flambeau à un grand, rallumant ainsi peut-être la vie particulière à la vie universelle ; un troisième, enveloppé dans un manteau, me parait représenter la mort ; mais il tient une lanterne [2], il y a donc une lumière dans sa nuit ; et il pourra à

---

[1] *M. Cap.*, galerie.
[2] Bacchus s'appelait *Lamptèr*, lanterne. Une lanterne est aussi tenue par un des petits génies qui escortent un Bacchus enfant atteint par l'ivresse (*M. P. Cl.*, 73) et dans lesquels M. Gerhard (*St. R.*, II, 2, p. 146) voit des âmes d'initiés ramenées à leur demeure céleste, ce qui me semble une interprétation d'un orphisme un peu outré.

travers les ténèbres, gagner la demeure vers laquelle son escorte l'accompagne joyeusement au son de la flûte et au retentissement des cymbales.

C'est avec un accompagnement pareil que Bacchus est traîné sur son char ou s'avance vers Ariane.

Plusieurs sarcophages ne présentent qu'une pompe et comme une procession bachique[1] ; telle qu'on les célébrait parfois en réalité ainsi que nous le savons, de celle d'Antiochus Épiphane dont nous retrouvons plusieurs détails sur nos bas-reliefs, ce qui nous dédommage un peu de n'avoir assisté à un si magnifique spectacle que dans la description d'Athénée. Ces bas-reliefs étalent le triomphe de Bacchus pour indiquer son triomphe sur la mort.

L'idée de triomphe est encore plus clairement exprimée dans ceux ou Bacchus s'avance sur son char, vainqueur des Indiens[2] ; ici le choix du sujet peut aussi avoir été déterminé par l'intention de consacrer la gloire militaire attribuée au possesseur du sarcophage.

L'expédition fabuleuse de Bacchus vers l'Orient, qui signifiait probablement dans l'origine, l'extension de son culte de ce côté, et qui fut, je pense, un motif pour

[1] *M. P. Cl.*, 73. *M. Cap.* (*S. des Emp.*). Ici Bacchus est enfant ; un autre enfant, un thyrse à la main, est sur un char dont les chevaux sont abattus ; un vieillard l'empêche de tomber : n'est-ce pas une âme d'initié que la mort va précipiter dans la foule des ombres et dont une puissance supérieure arrête la chute.

[2] *M. P. Cl.*, 75.

Alexandre d'aller dans l'Inde plus réel que les motifs politiques qu'on lui a prêtés, reçut de la marche victorieuse du conquérant macédonien une vogue nouvelle; et Bacchus, qui au temps d'Euripide n'avait pas dépassé la Bactriane [1], atteignit l'Inde sur les pas d'Alexandre. Alexandre lui-même avait représenté Bacchus dans une pompe triomphale, premier modèle de toutes celles de nos sarcophages ; de là les éléphants qui traînent son char ou sur lesquels il est monté. Les rois captifs et suppliants, la Victoire qui tient une couronne sur la tête du dieu, sont des souvenirs du triomphe romain.

Mais l'idée mystique de l'immortalité, obtenue par Bacchus, ne disparaît pas ; car, au milieu de ces accessoires étrangers on voit encore la ciste mystique qui contient le serpent emblème de la vie ; et Psyché, symbole de l'âme. Une fois Bacchus en Orient, on lui fit vaincre les amazones stériles, on aimait aussi à le montrer sur les sarcophages exterminant le roi de Thrace Lycurgue, l'ennemi des mystères [2].

C'est Ariane, l'épouse de Bacchus, qui donne aux bas-reliefs des sarcophages où sont représentées des pompes bachiques toute leur signification funéraire. Dans plusieurs bas-reliefs dont les détails varient mais dont l'ensemble est pareil, le corps d'Ariane endormie est

[1] Eurip., *Bach.*, 15 et suiv.
[2] Dans un temple de Bacchus à Athènes était représenté le châtiment de Lycurgue (Paus., I, 20, 3).

dévoilé devant Bacchus ; le plus souvent c'est Pan, le dieu de la génération, de la vie, quelquefois un Amour, qui écarte le vêtement d'Ariane; il y a évidemment une intention symbolique dans ce tableau voluptueux reproduit fréquemment sur les tombeaux, et qu'accompagne toujours une foule de détails sans relation avec l'aventure de Naxos, mais se rapportant évidemment aux mystères bachiques, à la destinée des initiés après la mort : les flambeaux tenus droits que l'on veut saisir, ou près de tomber que l'on soutient ; le sacrifice au Bacchus barbu, qui est un Bacchus infernal ; la ciste d'où s'échappe le serpent, la corbeille mystique qui contient voilé l'autre emblème de la vie.

Des bas-reliefs nous présentent soit Bacchus et Ariane assis l'un près de l'autre[1] sur le même char[2] ou sur deux chars séparés[3], et accompagnés de Silène sur son âne, de satyres et de ménades, leur cortége accoutumé ; soit les noces[4] du dieu et de sa compagne. Toujours reparaissent dans le cortége de ces noces, comme dans toutes les pompes bachiques, les sym-

---

[1] *M. P. Cl.*, 514. *M. Chiar.*, 180. Sur le premier de ces bas-reliefs est le génie de la mort tenant le pavot du sommeil et la coupe de l'oubli ; menace d'anéantissement qu'Ariane et Bacchus semblent conjurer.

[2] Salle Lapidaire, cippe funèbre.

[3] *Cortile du Belv.*

[4] Couvercle du sarcophage de la villa Casali. (*St. R*, III, 1, p. 683.)

boles de la mort et de la vie; un satyre, qui tient un thyrse bachique, saisit brusquement par les ailes un petit génie, monté sur un lion et jouant de la lyre; il semble bien que ce soit la vie arrêtée dans sa force et sa joie; mais le génie n'en joue pas moins de la lyre, les lions qui traînent le char ne s'arrêtent point, la joie est partout. Pan, le dieu de la matière, a été vaincu[1] par l'amour, qui est le dieu de l'âme. De tous les symboles bachiques, le plus expressif, la ciste mystique, n'est pas absent; seulement par un de ces traits d'*humour* qui faisaient placer aux pieux artistes du moyen âge des détails grotesques parmi des sujets sacrés, l'auteur du bas-relief a donné à deux femmes la curiosité de lever le voile qui couvre la corbeille mystérieuse, et d'ouvrir la ciste, d'où le serpent s'élance, au grand effroi d'un satyre; ce qui peut, sous cette forme légèrement comique, renfermer un avertissement de ne pas dévoiler les mystères.

Ariane, à demi-nue[2], nous verrons tout à l'heure pourquoi, repose sur le sein de Bacchus; un satyre leur présente une coupe, la coupe de la vie et de leur hymen immortel.

Quelle explication de cette histoire de Bacchus et Ariane peut rendre raison de la prédilection des sculpteurs de sarcophages, pour un pareil sujet, qui, au

---

[1] Combat symbolique de Pan et de l'Amour qui se voit ailleurs.
[2] *M. P. Cl.*, 261.

premier abord, semble n'avoir rien à faire sur des sarcophages?

L'intention des sculpteurs était certainement mystique; autrement le choix d'un tel sujet serait absurde et sa répétition sur une foule de monuments funèbres incompréhensible. De plus, Ariane, dévoilée aux regards de Bacchus, n'est pas une fantaisie érotique de l'artiste, car, en présence de cette scène, le sérieux de certains personnages, et la solennité avec laquelle une action si simple paraît s'accomplir, ne peuvent laisser aucune incertitude. Tandis qu'on élève la ciste qui contient l'emblème sacré, Silène, le démon méditatif et savant, considère Ariane avec un air de réflexion où il n'entre rien de sensuel [1]; c'est un véritable épopte, un initié *admis à voir* qui, la tête voilée et appuyé sur son bâton, comme ceux-ci sont représentés sur les vases peints, assiste à une épiphanie ou manifestation d'Eleusis. Ici, cette manifestation est peut-être la suprême beauté dévoilée à la sainte ivresse.

Grâce à ce goût pour les variantes d'une même idée transportée dans des sujets analogues, que j'ai déjà eu

---

[1] *Gal, des Candél.*, 173. Avec un sérieux sombre, dit M. Gerhard (*St. R.*, II, 2, p. 262. D'autres détails, mais secondaires, ont au contraire un caractère lascif. Ce mélange de sérieux et de sensuel se montre chez les anciens dans tout ce qui est mythologique. Relief de la villa Albani où Zoëga a vu, du reste sans raison suffisante, dans l'Ariane que les satyres dévoilent un hermaphrodite. (*St. R.*, III, 2, p. 484.)

l'occasion de signaler chez les anciens, Ariane, montrée à Bacchus, sur d'autres sarcophages, a été remplacée par Thétis dévoilée aux regards de Pélée [1], et on lui a associé Endymion, que Diane contemple endormi, comme Bacchus contemple Ariane [2].

Maintenant si nous nous souvenons que le Bacchus d'Éleusis avait une épouse mystique, soit Cérès elle-même, soit sa fille Proserpine, qu'on appelait en grec Cora, et dont le mariage avec Bacchus était célébré à Athènes dans les Anthestéries, nous serons portés à rapprocher de cette compagne mystique, l'Ariane trouvée endormie, puis épousée par Bacchus. Ariane, c'est donc Cora ou Proserpine, c'est l'âme des initiés, identifiée après la mort avec Proserpine, comme nous l'a montrée une inscription du Vatican ; elle dort, enveloppée de son voile, plongée dans le sommeil des sens et si l'on veut pousser jusque-là l'allégorie, abandonnée par l'amour, c'est-à-dire par la vie.

Bacchus le dieu révélateur des mystères, le dieu sauveur des initiés lui apparaît dans son sommeil ; il fait tomber ses voiles avant d'ouvrir ses yeux, double figure et de l'état intermédiaire entre l'ignorance et la

---

[1] Deux bas-reliefs au palais Mattei, l'un dans la seconde cour, l'autre dans l'escalier.

[2] Musée de Saint-Jean de Latran, *Gar.*, 33. Ce qui fait bien voir l'analogie des deux sujets, c'est que le sommeil d'Endymion a été aussi placé en regard de celui de Thétis (*St. R.*, II, 2, p. 6-7. Winck., *M. in.*, II, p. 135.)

science, mélange de lumière et d'obscurité auquel on arrivait par l'initiation, et de l'état intermédiaire entre la mort et la vie, entre l'anéantissement et l'immortalité au delà duquel les anciens avaient bien de la peine à concevoir quelque chose même pour les initiés[1].

Il y a un certain rapport entre les sommeils d'Ariane et d'Endymion, tous deux visités par une divinité amoureuse. Ce sommeil est figuré par un vieillard qui tient Endymion sur son sein[2]; un cippe funèbre dédié au sommeil, cette fois, sous la forme d'un jeune homme à tête ailée, et tenant une tige de pavot et le vase qui verse le repos[3], a sur ses deux côtés un Bacchus et une Ariane. Ce sommeil est celui des initiés, Bacchus et Ariane y font briller une lueur d'immortalité. Ariane est aussi représentée, nous l'avons vu, avec Bacchus, partageant son triomphe[4]; l'idée du triomphe de l'âme

---

[1] Ce qui achève de démontrer qu'Ariane est bien l'âme, c'est que sur un bas-relief en ivoire (Müll., *Atl.*, II, 700) elle est remplacée par Psyché et Bacchus par l'Amour, dans une composition à cela près exactement semblable à celle des bas-reliefs où Bacchus dévoile Ariane. Une femme morte couchée (*Vill. Borgh.*, VI, 6) est supposée transformée en Ariane, car elle semble dormir sur un *rocher*.

[2] *M. P. Cl.*, 37.

[3] *M. P. Cl.*, 514.

[4] Sur le sarcophage de la cour du Belvédère, cour du palais Mattei, un fragment de bas-relief (*M. Chiar.*, 501) laisse voir Bacchus qui fait monter avec lui Ariane sur son char de triomphe, si cette Ariane n'est pas une Bacchante de son escorte, comme le veut M. Gerhard. (*Sé. R.*, II, 2, p. 70.)

sur la mort par l'intervention et l'amour du dieu sauveur est alors aussi complétement exprimée qu'il était possible à des païens.

Un autre symbole de l'âme rendue à la lumière par le dieu des mystères, c'est le mythe de Sémélé ramenée au jour et placée sur un trône dans l'Olympe par son fils, Bacchus [1]; ceci ce n'est pas seulement l'immortalité de l'âme, c'est l'âme conduite au ciel. Nous en verrons d'autres exemples.

Bacchus n'apparaît pas toujours sous la forme d'un jeune dieu amoureux d'Ariane ou vainqueur des Indiens; il se montre aussi avec une longue barbe et dans un ample vêtement d'aspect oriental, ce qui lui a fait donner le nom de Bacchus Indien. Ce Bacchus entre ainsi vêtu dans une salle où un homme et une femme sont couchés près d'une table et prennent un repas [2]. On suppose en général, sans aucun motif, que ce sujet, reproduit souvent sur les sarcophages, est Bacchus reçu en arrivant dans l'Attique par Icarius et sa fille Érigone. Je suis de ceux qui pensent que cette classe de bas-reliefs se rapporte aux mystères [3] à une

---

[1] Paus., II, 31, 2; 37, 5. Apoll., III, 5, 3. Sujet traité plusieurs fois sur les vases; cité à Rome, mais douteux. Peut-être Sémélé derrière le char de Bacchus (*M. P. Cl.*, 76) et dans son char (bas-relief de la cour du Belvédère (*St. R.*, II, 2, p. 130). Visconti explique par le retour de Sémélé le bas-relief de la villa Casali. (*St. R.*, III, 2, p. 680.)

[2] *M. Chiar.*, 596 et ailleurs. Le fragment (*ib.*, 131) n'a nul rapport avec ce sujet. (Gerh., *St. R.*, II, 2, p. 48.)

[3] Le rideau dans le fond semble indiquer les mystères. Avant Visconti,

manifestation dans laquelle Bacchus se révèle aux initiés, présage de sa manifestation future dans une autre vie. On pouvait dire que le dieu illuminateur *visitait* les âmes qui s'étaient données à lui.

Sur plusieurs bas-reliefs bachiques [1] se voit une idole en longue robe à laquelle on sacrifie et qu'on nomme peut-être, sans motif suffisant, Sabasius [2]; c'est un dieu infernal, car il a sur la tête le *modius;* c'est un dieu de la mort auquel on sacrifie sur les mêmes sarcophages où paraît si souvent Bacchus, dieu de la vie.

La présence des divinités que nous voyons figurer sur les sarcophages bachiques s'explique quelquefois par leurs rapports avec Bacchus. Il en est ainsi de Vénus, non par suite de l'association proverbiale que l'épicurisme vulgaire établit entre ces deux divinités, mais parce que la Vénus funèbre (Vénus Libitina) [3] se con-

---

on donnait ridiculement à ces bas-reliefs le nom de *Festin de Trimalcion.* Ce n'est pas dans Pétrone que les anciens allaient chercher des sujets de bas-relief pour les tombeaux.

[1] *M. Chiar.*, 180 et ailleurs.

[2] Sabasius est le nom d'une divinité orientale assimilée à Bacchus et au Soleil. On le disait déchiré par les Titans, comme Zagreus, avec lequel il paraît avoir été confondu. Il était un fils de Cabiros (Ger., *Gr. Myth.*, p. 475) élevé par Cybèle et que Strabon (x, p. 470) appelle son *enfant;* or l'idole des sarcophages n'a rien d'un enfant. Le sacrifice fait à cette idole est de la part des sectateurs de Bacchus un hommage aux cultes de Samothrace et de Cybèle. Elle porte à la main le tympanon phrygien avec des clochettes, origine évidente du tambour de basque.

[3] Vénus Libitine conduisant devant Pluton le *génie* d'une morte (*M. P. Cl.*, 6) et non pas Psyché, qui n'a rien à faire ici, selon

fond avec Proserpine, à laquelle Bacchus était associé dans les mystères d'Éleusis.

Le rôle funéraire de Bacchus achève d'expliquer comment on voit assez souvent les trois Grâces sur des sarcophages, c'est que les Grâces étaient les compagnes de Bacchus.

Comme les Grâces, les Heures ou Saisons, les nymphes, les néréides, tiennent à Bacchus [1], dieu de la vie, dont elles sont des manifestations dans la nature ; c'est une raison de plus pour ces aimables divinités de figurer sur les sarcophages en compagnie d'êtres ou d'attributs bachiques qui les rattachent aux mystères et à l'ordre d'idées qui se liait lui-même aux mystères.

Les Saisons entourent Bacchus sur les sarcophages [2], avec leurs produits animaux et végétaux; on place près de lui la Terre féconde tenant la corne d'abondance, la Mer qui a aussi sa fécondité, les Vents [3] qui représentent le domaine de l'air sans lequel la vie n'existerait pas, de l'air dont la vertu purifiante était figurée par le van des mystères.

Le mythe de Prométhée ne paraît pas avoir été mis

Gerhard (*St. R.*, II, 2, p. 122). Selon lui aussi, Vénus Libitina a toujours des attributs bachiques. (Gerh., *A. Denckm.*, p. 242.)

[1] Gerh., *Gr. Myth.*, I, p. 501.

[2] *Cortile du Belvédère*. Bacchus avec son épouse Libera, au milieu des quatre Saisons. L'Été et l'Automne, deux masques bachiques (*M. Chiar.*, 96). Le génie de l'automne avec un lièvre (saison de la chasse) et des fruits; à ses pieds le tigre de Bacchus. (*M. Chiar.*, 215.)

[3] *Vill. Alb.*, dans le jardin.

en rapport avec les mythes bachiques dont aucune trace ne se montre sur les bas-reliefs où figure le fils de Japet. Il n'en est pas de même de l'histoire de Psyché et l'Amour, liée si intimement à l'histoire de l'âme partie essentielle des mystères; Psyché et l'Amour apparaissent fréquemment sur les sarcophages parmi des attributs bachiques, quelquefois associés à Bacchus [1], auquel on a donné des ailes de papillon, qui sont les ailes de Psyché, les ailes de l'âme [2].

Le voyage des âmes vers les îles bienheureuses, au milieu des divinités et des monstres de la mer, prit un caractère bachique [3], par l'influence des mystères, pendant lesquels on disait que les néréides venaient la nuit se mêler aux danses des initiés [4] au bord de la fontaine Callicoros.

Les rapports de Bacchus et d'Hercule ont laissé des traces nombreuses sur les sarcophages.

---

[1] *Vill. Alb.* L'Amour et Psyché sur un fragment de bas-relief où est représenté le triomphe de Bacchus et qui est orné de masques bachiques (*St. R.*, III, 2, p. 462). Sur un même sarcophage, l'Amour et Psyché, Silène qui porte le petit Bacchus. (*Gal. Lap.*)

[2] Buste du Vatican (*S. Géogr.*). Selon Müller, un buste de Bacchus (Müll., *Atl.*, II. 386), selon Visconti un dieu du Sommeil.

[3] Tritons à forme de satyres marins, de centaures marins, animaux bachiques devenus des animaux de la mer, lions marins, boucs marins, panthères marines (pal. Corsini 1re salle), taureaux marins (palais Colonna), Bacchus Hébou avait la forme d'un taureau à tête humaine ; les néréides, *bacchantes des flots*, dans la poésie orphique. (Müll., *Arch*, p. 655.)

[4] Euripid., *Ion.*, 1080 et suiv.

Tous deux étaient un symbole de la force, de la production féconde; tous deux furent assimilés au soleil. De plus, Hercule passait pour avoir été initié aux mystères.

Aussi Hercule paraît à côté de Bacchus sur un char traîné par des centaures [1]. Hercule ouvre la marche dans un triomphe de Bacchus; il est couronné du lierre ou de pampre bachique. D'autre part, Silène à la peau de lion et des génies bachiques portent la massue d'Hercule. La naissance d'Hercule a été choisie, comme celle de Bacchus, pour l'ornement symbolique des sarcophages [2].

L'apothéose d'Hercule divinisé, une coupe à la main [3], a un caractère bachique d'autant plus manifeste qu'Hercule est représenté ainsi dans un triomphe de Bacchus.

Comme type de la purification [4] et de l'apothéose par le feu, on pourrait presque dire du ciel obtenu par

---

[1] M. P. Cl., 455. Hercule et Bacchus réunis sur un même bas-relief (ib., 79). Vill. Alb. Grand vase qu'on croit avoir été placé dans un temple de Bacchus (St. R., III, 2, p. 559); tout autour sont des personnages bachiques, parmi lesquels se trouve Hercule.

[2] M. P. Cl., 471. Naissance d'Hercule sur un tombeau.

[3] Sur un cippe (M. Chiar., 730), Hercule avec la coupe, des deux côtés un satyre et un Pan qui joue des cymbales, personnages bachiques; ce sont des satyres qui soutiennent Hercule atteint par l'ivresse (Vill. Alb.), comme ils soutiennent Bacchus dans la même circonstance.

[4] Le grand vase de la villa Albani où sont figurés les travaux d'Hercule peut avoir été destiné à contenir l'eau *lustrale*.

la souffrance et la vertu, ce qui avait fait de lui le patron des stoïciens[1], Hercule était appelé à jouer dans les représentations funéraires un rôle considérable qu'il y joue en effet.

Ses travaux forment la décoration de nombreux sarcophages, et sur plusieurs d'entre eux c'est lui qui introduit une âme au ciel[2]. Il est le dieu de l'apothéose. L'apothéose, que la servilité déshonora en en faisant l'apanage officiel des empereurs, était une forme antique de la croyance que l'homme peut s'élever à la condition divine[3]; là où elle se montre sur les tombeaux, l'apothéose affirme cette croyance. Hercule, qui ramena Thésée des enfers, qui conduisit au ciel Sémélé et Ariane, apporte sur son épaule dans l'Olympe une petite figure, celle du mort, qu'on suppose admis à vivre avec les dieux[4].

---

[1] Héraclidès Ponticus, *Alleg.* (Visc., *M. P. Cl.*, iv, p. 88.)
[2] Villa Borghèse, *salle des Hercules*.
[3] Selon un poëte de l'Anthologie, l'âme de Platon avait été portée au ciel par un aigle, comme celles des empereurs, qui, en général, méritaient moins que Platon d'aller au ciel.
[4] *Vill. Borgh*, ii, 5. 12. Les trois divinités du Capitole représentées sur un des deux sarcophages montrent qu'il s'agit d'un personnage romain; elles ont près d'elles les Dioscures, dieux sauveurs qui paraissent ailleurs près des divinités du Capitole avec la Fortune et Minerve Pacifère, de manière à former un olympe romain; l'on y voit le char du Soleil (*M P. Cl.*, 428-430); à la villa Borghèse (*S.* ii, 12), on voit aussi le char de la Lune, ce qui, comme nous le savons par les bas-reliefs d'Endymion, indique la vie nocturne des âmes après la vie au soleil, la vie actuelle. La même forme d'apothéose

Du reste l'apothéose, ainsi que toutes les autres formes de l'immortalité, avait un certain rapport avec les mystères. L'âme divinisée sortait du bûcher purifiée par le feu. Un génie féminin, mais du reste pareil aux génies bachiques des sarcophages, et comme eux tenant un flambeau, enlève Faustine dans le ciel [1], et ce n'est peut-être point par hasard qu'un beau vase *bachique* [2] a été trouvé sur l'emplacement du temple de Romulus *déifié* sous le nom de Quirinus.

Bacchus et le soleil étaient, dans le syncrétisme orphique, une même divinité [3]. Plusieurs traces de cette fusion des deux cultes existent à Rome [4] et expliquent comment les attributs d'Apollon, tels que le griphon, se rencontrent sur les sarcophages mêlés aux attributs bachiques [5]. Apollon était un dieu lumineux,

---

(*M. Cap.*, *s. des Phil.*) ; on a voulu que le personnage qui apporte l'âme fût Mercure; mais Mercure se trouve déjà dans le bas-relief ; le monument de la villa Borghèse prouve que ce personnage est Hercule.

[1] Escalier du palais des Conservateurs au Capitole.

[2] *Nuov. Bracc.*, 39.

[3] Vers d'Orphée cités par Macrobe. (*Sat.*, I, 18. Lob., *Aglaoph.*, p. 460-98, 1097-8.

[4] *M. Chiar.*, 250. Un Apollon au pied d'un pin autour duquel s'enroule un serpent et pendent des cymbales, ce qui se rapporte au culte de Bacchus. Sur le rapport d'Apollon et de Bacchus, à propos d'une inscription en l'honneur d'un prêtre d'Apollon trouvée à Éleusis, voyez Fr. Lenormant, *Recherches à Éleusis*, p. 254 et suiv.

[5] Par exemple (*M. P. Cl.*, 27) où un sujet bachique est accompagné de *thyrses* et de *griphons*.

toujours jeune, sauveur, qui exilé sur la terre était retourné dans l'Olympe; le soleil sur son char, nous en avons vu encore tout à l'heure un exemple, exprime constamment la vie à la lumière, par opposition à la vie lunaire et nocturne, à la vie des ombres. La présence d'Apollon, par lui-même et par son rapport avec le soleil, était sur les tombeaux des signes d'une véritable immortalité.

La relation d'Ammon, dieu égyptien, mais dont le culte avait pénétré de bonne heure en Grèce, d'Ammon, comme toutes les divinités égyptiennes, puissance à la fois solaire et infernale, son association avec Bacchus qui avait aussi ces deux caractères, était bien naturelle, et on ne peut s'étonner d'en trouver de fréquents indices sur les sarcophages[1]. Les monuments attestent aussi des rapports assez étroits entre l'Amour et Bacchus[2], ces deux divinités n'étant point prises dans leur sens vulgaire et rapprochées, ainsi qu'elles le sont dans nos chansons à boire, mais considérées l'une et l'autre, surtout par les orphiques, comme le principe créateur

[1] Masques d'Ammon sur plusieurs sarcophages et cippes funèbres; hermès double d'Ammon et de Bacchus (*M. Chiar.*, 523). Dans une sculpture gréco-égyptienne, au-dessous d'une figure d'Ammon, sont deux centaures, êtres inconnus à la mythologie de l'Égypte et toujours en rapport avec Bacchus sur les monuments funèbres romains. (Jardin du palais Barberini.)

[2] Amour couronnant un hermès de Bacchus. (*Pal. Colonna*). L'Amour embrassant Silène (*Vill. Alb.*)

des êtres. L'Amour est à Psyché, l'âme, ce que Bacchus est à Ariane; si Bacchus dévoile Ariane, Psyché dévoile l'Amour : autre forme de la même idée : le voile écarté entre l'âme et Dieu. L'âme est punie parce qu'elle s'est trop hâtée; mais après les épreuves que lui impose l'Amour, objet de son amour, elle lui est unie dans l'Olympe, au sein d'une félicité éternelle. L'histoire de Psyché est une traduction en symboles plus clairs et probablement plus nouveaux de l'histoire d'Ariane.

Ce rapport de Bacchus et de l'Amour groupés dans une belle sculpture de Naples, fait comprendre pourquoi sur les sarcophages les génies bachiques sont semblables à des Amours, et pourquoi des personnages bachiques sont associés à l'Amour. Un enfant mort était représenté sur son tombeau en Amour, comme il l'était en petit Bacchus. Le mystérieux Anteros, celui qui *rend* l'Amour ou celui qui *lutte* avec l'Amour, a été retrouvé par M. Gerhard sur un bas-relief du Vatican [1]. Anteros tient une grappe de raisin, signe bachique [2]. On voit aussi sur des sarcophages lutter l'Amour et Pan, lutte qui exprime, selon

---

[1] *Gal. des Candél.*, 117. Un pin, arbre consacré à Bacchus, s'élève près d'un édicule devant lequel on offre un sacrifice à l'Amour (*Vill Borgh.*, I, 8.

[2] Le dualisme d'Éros et Anteros se rattachait encore aux mystères par son origine orphique et par leur association avec Cérès. (Gerh., *Gr. Myth.*, I, p. 463-4.)

M. Gerhard, l'opposition de l'élément matériel et de l'élément spirituel révélée dans l'initiation bachique [1]. Les bas-reliefs des tombeaux nous ramènent donc sans cesse à Bacchus et aux mystères, et les mystères à la doctrine d'une vie meilleure après la mort, qui y était enseignée par des spectacles symboliques souvent analogues à ceux que nous présentent les bas-reliefs. Leur étude a donc été pour nous une véritable *initiation;* il serait curieux d'y trouver l'initiation elle-même.

Que des scènes d'initiation aient été représentées sur des bas-reliefs grecs, nous n'en saurions douter [2]; mais on ne peut l'affirmer pour les bas-reliefs romains. Les mystères de Bacchus furent bien transportés à Rome, mais ils n'y eurent jamais le développement qu'ils atteignirent en Grèce et ils s'y corrompirent bientôt. Les bacchantes, dont j'ai raconté la suppression prompte et terrible, n'y avaient été qu'une effrayante école d'immoralité [3]. Le culte de Cybèle n'y

---

[1] *Gr. Myth.*, I, p. 500. Pan intervient souvent dans les bas-reliefs des sarcophages et me semble y jouer un rôle plus élevé : il dévoile Ariane aux regards de Bacchus. M. Gerhard (*Gr. Myth.*, I, p. 532) convient qu'il s'élève parfois au rôle de *maître du tout*. C'est ce rôle supérieur qu'indique le *pedum*, signe d'autorité, et la flûte aux sept tuyaux, emblème de l'harmonie des sept planètes, de l'harmonie des mondes.

[2] Bas-relief où est écrit en grec : *teletê*, le nom de l'initiation (*Ann.* 1837, 2ᵉ part., p. 117. I, p. 131 et suiv.). Scènes d'initiation. (Müll., *Atl.*, II, 605-11.)

[3] Orgies hideuses, mais où l'on retrouve quelques traits des mystères grecs qu'importèrent alors en les travestissant une femme grecque de

forma qu'une troupe de prêtres fanatiques et une secte de convulsionnaires. Les mystères de la bonne déesse, qui semblent avoir eu quelques rapports avec un culte grec de Cérès, également réservé aux femmes[1], n'ont jamais laissé rien transpirer qui puisse faire supposer un enseignement sur la destinée de l'homme après la mort. Tout ce que nous avons cru lire de cet enseignement sur les sarcophages romains, avait donc une source grecque, mais a été bien des fois répété sur les sarcophages de Rome. Des enseignements sous une forme symbolique peuvent être reproduits par des artistes qui ne les comprennent pas, ils sont exprimés par de frappants symboles; quant aux détails inintelligibles d'une scène d'initiation, ils ne pouvaient guère exciter un artiste romain à les copier. On découvre bien sur les bas-reliefs quelques détails qui semblent se rapporter à la condition des initiés[2], mais les scènes d'initiation qu'on a signalées à Rome sur divers bas-reliefs, me semblent douteuses[3]. Ce sont des sujets

Campanie et un prêtre étrusque : par exemple, les flambeaux plongés dans l'eau sans s'éteindre.

[1] Cérès Thermophoros. (Gerh., *Gr. Myth.*, II, p. 289.)

[2] Deux sarcophages de la villa Aldobrandini; dans l'un un homme vêtu de la nébride, dans l'autre un enfant qui porte sur la tête une pomme de pin. Les enfants étaient initiés aux mystères; il en était de même des femmes, témoin l'épouse de Plutarque; dans un columbarium, une femme est assise près de la ciste mystique et tient un serpent.

M. Capit., *S. des Phil.* Deux figures nues qu'un satyre conduit vers une chapelle, un hermès de Priape avec un thyrse, l'Amour et Psyché, qu'on ne sait expliquer et que pour ce' ison on suppose être une initiation, *obscurur obscurius*, car nous ne savons pas comment se f ent les initiations. Peut-on reconnaître avec certitude ce qu'on ne connaît pas?

S'il est à Rome une classe de monuments qui aient trait aux initiations, ce sont les cistes, qui viennent presque toutes de Palestrine. Sur ces vases en bronze sont quelquefois de petites figures le couteau à la main et portant un corps qui n'est pas un cadavre, car il semble se prêter à la cérémonie. Elle consistait peut-être à paraître vouloir mettre à mort l'initié pour éprouver son courage; mais cela même est bien douteux, et le voile qui entourait l'admission aux mystères ne saurait être soulevé par l'étude des sarcophages romains.

Ils nous ont révélé du moins d'une manière incontestable des allusions aux mystères et le sens de la plupart des symboles qui s'y rapportaient. Nous avons appris à lire dans ces hiéroglyphes de la mort et de la vie toujours les mêmes et qui contiennent le secret de la croyance des Romains touchant la vie future; nous

---

une femme qui contemple un masque, forment en effet un ensemble étrange, certainement symbolique, et qui peut désigner une initiation, mais rien ne le prouve. On en doit dire autant d'un autre bas-relief (*pal. Matt.*, 2ᵉ cour. Un homme est assis au bas d'une espèce de théâtre, ceux génies tenant des flambeaux, soulèvent un rideau; aux deux côtés sont Némésis et Bacchus.

avons vu qu'ils exprimaient une sorte d'hésitation, hélas ! trop naturelle en présence du tombeau, entre l'idée de la destruction et l'idée de l'immortalité, mais que celle-ci en somme l'emportait, comme doit l'emporter dans l'intelligence la certitude d'une autre vie, malgré les révoltes de notre imagination impuissante à nous représenter ce que proclame notre sentiment intime et ce qu'affirme notre raison.

XV

CATON ET LES GRACQUES.

La république romaine à la fin du cinquième siècle de Rome et au commencement du sixième. — Caton vieux Sabin. — Caton aux prises avec les dames romaines. — Carrière militaire de Caton. ; Temple de la Victoire Vierge. — Censure de Caton, sa statue. — Travaux d'utilité publique. — La basilique Porcia près de la Curie. — L'aristocratie de la naissance et l'aristocratie de l'argent. — Dernière partie de la vie de Caton à Rome. — Origine et caractère particulier de la famille des Gracques. — Le père des Gracques. — Basilique Sempronia. — Les deux Gracques : différence de leurs traits, de leur caractère, de leur éloquence; culte populaire rendu à leurs statues. — Ce qu'étaient les lois agraires; un préjugé réfuté. — But politique de Tiberius Gracchus. — Assemblées du Forum. — Déposition du tribun Octavius par le peuple; faute et excuses de Tiberius. — Scènes dans le Forum. — Meurtre de Tiberius Gracchus sur le Capitole. — Barbarie des patriciens. — Mort de Scipion Emilien; sa villa de Laurentum. — Térence, son jardin sur la voie Appienne. — Caïus Gracchus se dévoue à l'œuvre de son frère. — Caïus Gracchus s'occupe beaucoup des routes ; pierres milliaires, substructions de la voie Appienne ; ses motifs politiques. — Politique artificieuse du sénat. — Caïus Gracchus vient demeurer dans la Subura, comme César. — Caïus Gracchus veut fonder une Italie. — Assemblée orageuse du Capitole. — Faute de Caïus Gracchus; il va sur l'Aventin. — Caïus

Gracchus se tue au delà du Tibre.—Atrocités des vainqueurs.—
—Temple de la Concorde et basilique d'Opimius.—Cornélie, sa
statue et sa grande âme.

On trouvera peut-être que j'ai bien longtemps suspendu le récit des faits pour ne m'occuper que des monuments; mais, en étudiant les monuments, je faisais encore de l'histoire, l'histoire de l'art, des sentiments, des mœurs, des croyances. Si j'ai parlé beaucoup de la Grèce à propos de Rome, c'est qu'à partir de l'époque où nous sommes arrivés, la civilisation romaine est plus qu'à demi grecque et qu'il entre toujours dans mon plan de me rendre compte autant que possible par les yeux de ce que m'apprennent les livres. La Grèce à Rome dans l'art est la démonstration visible, la manifestation encore présente de ce grand fait historique, la Grèce à Rome dans tout ou au moins dans presque tout. Un voyage à Rome est un peu un voyage en Grèce. Celui-ci devait avoir sa place dans un livre qui est à la fois lui-même un voyage et une histoire. L'art chez les Romains et les tombeaux romains nous ont ramenés à Rome, et nous rentrons dans la cité romaine pour n'en plus sortir.

Agrandie, enrichie, conquérante en Grèce et en Orient, initiée aux arts des Grecs, ouvrant l'oreille à leur philosophie, Rome ne peut plus être ce qu'elle était quand, sur un petit territoire, dénuée de richesses, luttant pour son existence, ne faisant que des conquêtes défensives, elle ignorait que la philosophie existât, et ne connaissait que l'art et la science étrusques. Il fallait que la république romaine se transformât; mais cette transformation était bien difficile. Plus un corps est dur, moins il est malléable; plus un organisme est fort, moins il est souple. La transformation ne s'est point faite, et la république a péri.

Dans un tel état de choses, en présence de cette lutte de l'ancien esprit, qui voulait conserver Rome telle qu'elle avait été jusqu'alors, ce qui était impossible, et de l'esprit nouveau, qui aspirait à la métamorphoser, ce qui était dangereux, les politiques furent partagés : les uns voulaient faire durer le passé, les autres cherchaient à préparer l'avenir. L'effort des premiers a été stérile, la tentative des seconds a échoué. Rome s'est agitée et s'est déchirée sans fruit dans la longue agonie de sa liberté, qui était robuste, car elle a mis près d'un siècle à mourir.

Avant que cette agonie ait commencé à Marius pour finir à César, deux types se présentent : — l'un, des hommes qui embrassent le passé sans pouvoir le ranimer : c'est Caton le Censeur; — l'autre, de ceux qui s'efforcent, hélas! en vain de fonder l'avenir : ce sont les Gracques.

Caton est un Romain ou plutôt un Sabin primitif. La *gens* Porcia d'où il sortait, et qui devait à l'élève des porcs son nom rustique, laissé par elle à Monte-

Porzio près de Frascati, était établie à Tusculum, mais devait venir de la Sabine, qui n'en est pas loin, et où Caton lui-même avait une partie de son héritage paternel. Les deux surnoms de ce Porcius, *Priscus* et *Cato*, étaient sabins[1]. Il avait les yeux bleus et les cheveux roux[2] des Sabins, la vigueur, l'austérité, la rudesse de la race sabine. Je ne l'appellerai pas le dernier des Romains, mais le dernier des vieux Sabins.

Ses modèles furent son voisin de campagne Manius Curius Dentatus et son général Fabius, tous deux de même race que lui; aussi bien que son protecteur Valerius Flaccus, qui fut son collègue dans la censure et dans le consulat. Caton a toutes les anciennes vertus et tous les anciens préjugés; sobre, économe, homme des champs et homme de guerre, son corps, endurci par le travail, était couvert de blessures. Dur et cruel pour ses esclaves, dur à lui-même, toujours prêt à accuser et à punir, il se défie constamment de ce qui est nouveau, du génie militaire de Scipion comme des doctrines de Carnéade. Tout ce qui vient de la Grèce lui est odieux ou suspect, jusqu'aux médecins, qu'il recommandait à son fils d'éviter avec soin. Pourtant, tel

[1] *Priscus* comme *Cascus*, ancienne dénomination des Sabins, ne peut vouloir dire l'*ancien* pour le distinguer de Caton d'Utique, car il s'appela Priscus avant de s'appeler *Cato* (Plut., *Cat. Maj.*, 1). La terminaison en *o* est pour moi une terminaison sabellique : *cato* était la forme sabine du mot latin *catus*.

[2] Comme Sylla de la *gens* Sabine des Cornelii (voir une épigramme contre Caton citée par Plutarque, *ibid.*).

était l'ascendant du génie hellénique, auquel de son temps nul ne pouvait échapper, que Caton lui-même reçut très-jeune des leçons du pythagoricien Néarque, et finit par apprendre le grec. On dit même qu'il le savait déjà quand il harangua les Athéniens en latin, selon l'usage des généraux romains [1]. C'est ainsi que Méhémet-Ali, bien qu'il sût l'arabe, employait toujours le turc avec ses sujets arabes.

Consul, il appliqua ses maximes dans toute leur sévérité, et attaqua rudement le luxe des femmes. Pendant la guerre contre Carthage, le tribun Oppius avait fait passer une de ces lois somptuaires qui étaient dans le génie de la politique des anciens, et que la science économique des modernes a sagement proscrites. Aux termes de la loi Oppia, les femmes ne pouvaient posséder qu'une demi-once d'or; il leur était interdit d'aller en voiture par la ville et à un mille de Rome. Enfin, et c'est ce qui probablement leur tenait le plus au cœur, il ne leur était pas permis de porter des vêtements de diverses couleurs. Si les Romaines d'alors avaient le même goût que les Romaines d'aujourd'hui pour les couleurs *voyantes*, la loi Oppia dut singulièrement les contrarier. Qui défendrait aujourd'hui aux femmes de Rome de porter des corsets rouges et des tabliers violets soulèverait parmi elles une émeute, et c'est ce qui arriva quand, Caton étant consul, des tri-

[1] Ne græcis unquam nisi latine responsa darent (Max., II, 2, 2).

buns proposèrent l'abolition de la loi Oppia. Caton et deux Brutus tribuns, de race sabine comme lui, s'opposèrent à la rogation. Les dames romaines se mirent en campagne : elles assiégeaient toutes les avenues du Forum, elles suppliaient les citoyens qui s'y rendaient des différents quartiers de la ville[1], elles faisaient des *meetings* (*conciliabula*), elles allaient solliciter les magistrats. Cela donnait à Rome un aspect qu'elle n'avait jamais eu, signe des temps nouveaux. Les femmes avaient un parti qui appuyait leur réclamation; Caton fut inflexible.

Tite Live lui fait prononcer dans le Forum un long discours qui n'est pas de lui, non qu'il ne fût un vigoureux orateur, mais il ne parlait pas cette langue-là, et les contemporains de Tite Live le trouvaient obscur et vieilli. L'historien avait cependant sous les yeux la véritable harangue de Caton, et il a pu en tirer plusieurs traits qu'on reconnaît à leur âpreté sous le langage trop élégant que lui prête Tite Live. Caton put bien exprimer son indignation en voyant les femmes, que leur condition plaçait dans la *main*, c'est-à-dire dans la dépendance absolue, de leurs maris, de leurs pères, de leurs frères, oser sortir de leurs maisons, où la pudeur aurait dû les tenir enfermées, et venir *presque* dans le Forum (on voit qu'elles ne s'é-

---

[1] Tite Live, xxxiv, 1. *Descendentes ad Forum*. Le Champ de Mars n'étant pas habité, la plus grande partie de la ville était sur les collines.

taient pas permis cependant d'y pénétrer) se mêler aux comices et aux débats. Caton a dû dire : « Donnez un frein à leur nature, qui n'est jamais maîtresse d'elle-même, et à l'animal indompté (*indomito animali*). » Tite Live place dans la bouche de Caton ses vrais sentiments quand il lui fait maudire les progrès du luxe et le fait s'écrier : « C'est avec déplaisir, croyez-moi, que je vois les statues de Syracuse apportées dans cette ville. J'entends beaucoup trop louer et admirer les monuments de Corinthe et d'Athènes, et se moquer des ornements en terre qui décorent les temples des dieux romains. » Les ornements en terre étaient l'œuvre de l'art étrusque, et Caton les préférait aux produits de l'art grec; de sa part, c'était fort naturel. La rude éloquence de Caton ne put rien pourtant contre celle des dames romaines : le lendemain, elles se répandirent dans les rues en plus grand nombre encore que la veille, toutes ensemble coururent assiéger les demeures des tribuns qui s'opposaient à l'abrogation de la loi Oppia, et triomphèrent de leur résistance; puis, pour célébrer ce triomphe, elles allèrent par la ville et à travers le Forum étalant les atours qu'elles avaient reconquis. Mais, lorsque Caton fut censeur, il prit sa revanche.

La carrière militaire de Caton fut glorieusement remplie. Il décida la victoire des Thermopyles en chassant par un coup hardi Antiochus du mont Callidromos, qui domine le passage, et par lequel, selon le mot de Napoléon, Léonidas s'était laissé tourner. En Espagne, Caton, qui disait de lui le bien avec la même franchise qu'il disait le mal en parlant des autres, se vantait d'avoir pris une ville par jour; dans cette campagne, il voua une chapelle à la Victoire Vierge; elle fut élevée sur le Palatin, à côté du grand temple de la Victoire[1], dont la première fondation remontait aux Sabins aborigènes, aux *Prisci*, qui s'appelaient comme Caton, leur descendant. Par le nom de *Victoire Vierge*, il voulait sans doute indiquer la pureté de la sienne, que nul gain honteux du général n'avait déshonorée, et faire une allusion désobligeante aux victoires de Scipion, qu'il accusait de souffrir trop de mollesse dans son armée, ou de Fulvius Nobilior, auquel il reprochait, comme un signe de relâchement, d'avoir emmené avec lui le poëte Ennius.

Caton était né pour être censeur; aussi sa censure fut-elle l'époque de sa vie dont on a le plus parlé, et le surnom de Censeur lui est resté. Quand on lui éleva une statue dans le temple de la déesse sabine Salus, ce fut surtout le censeur qu'on voulut honorer, et on eut raison, car ce qui le distingue particulièrement dans l'histoire, c'est son rôle de réformateur des mœurs; aussi on ne mentionna dans l'inscription ni ses victoires ni son triomphe, mais on le loua d'avoir, « étant censeur, remis dans la droite voie, par ses

---

[1] Tit. Liv., xxxv, 9.

bonnes directions et ses institutions sages, le gouvernement des Romains, qui tournait à mal et penchait vers sa ruine. » Avant l'érection de cette statue, quelqu'un s'étonnant qu'on ne lui eût point fait cet honneur trop commun de son temps, et que lui-même s'efforça de rendre plus rare, il avait répondu . « J'aime mieux qu'on s'étonne de cela que du contraire ; » mot qui du reste, ainsi que plusieurs de ceux qu'on rapporte de lui, est un portrait, le seul que nous possédions [1].

Il frappa sans pitié et sans égard pour personne tout ce qui donnait prise à sa sévérité. Lucius Flamininus, l'infâme général qui avait fait décapiter un condamné pendant un souper, d'autres disent tué de sa propre main un prisonnier, pour amuser sa *maîtresse* [2], selon la version la moins honteuse pour lui, Lucius Flamininus fut chassé de la Curie; mais le peuple, il en était déjà là, trouva la rigueur de Caton trop grande, et au théâtre, comme Lucius se tenait au dernier rang des spectateurs, il exigea par ses cris qu'il reprît sa place parmi les consulaires.

De concert avec son collègue Valerius Flaccus, Caton fit briser les tuyaux par lesquels les particuliers détournaient à leur profit et au détriment du peuple l'eau

---

[1] Celui du Capitole est faux, celui du Vatican (*M. Chiar.*, 510 A) est grotesque.

[2] Valerius Antias disait une femme, mais Caton, dans son discours d'accusation, disait : *puerum* (T. Liv., xxxix, 42-3).

des aqueducs, et abattre la partie des maisons qui, contrairement aux règlements de police, empiétaient sur la voie publique. On pava les bassins des fontaines, on nettoya les égouts, on en construisit de nouveaux sur l'Aventin et ailleurs[1].

Le monument qui fit le plus d'honneur à la mémoire de Caton fut sa basilique[2], le premier monument de ce genre construit à Rome, et qui du nom de sa famille s'appela Basilica Porcia. L'avénement des capitalistes et des financiers à une situation aristocratique, réservée d'abord au seul patriciat, — soit sous le nom de chevaliers, qui dans l'origine désignait une partie du corps des patriciens, soit sous celui de *nobles*, devenu la désignation commune des vieilles familles patriciennes et des familles plébéiennes enrichies, — cet avénement des capitalistes et des financiers coïncide d'une manière remarquable avec l'établissement des deux premières basiliques élevées, l'une par Caton, et l'autre par le père des Gracques, la basilique Sempronia. La fondation de ces monuments se lie

---

[1] C'est sous le consulat de Caton qu'on restaura et agrandit l'atrium Libertatis et la villa Publica (T. Liv., xxxiv, 44). Le nombre des esclaves sur le sort desquels on statuait dans l'*atrium Libertatis* et des ambassadeurs qu'on recevait dans la *villa Publica*, augmentait.

[2] Une difficulté s'est présentée pour la date de ce monument. Plaute en parle en divers endroits, et Plaute est mort l'année même où Caton fut censeur. Il faut donc reporter l'établissement de sa basilique à l'année de son édilité (Sm., *Roma*, p. 787).

ainsi à l'histoire de ce temps, dont les principaux représentants sont Caton et les Gracques.

Le même progrès de l'influence financière dans la société romaine avait fait remplacer les boutiques de bouchers, situées dans le Forum, du côté de la Curie, par les bureaux des changeurs et des prêteurs, qu'on appelait *argentariæ novæ*[1]. C'est derrière ces boutiques que fut construite, un peu plus tard, la basilique Fulvia[2]; la basilique Porcia, plus à l'ouest, touchait à la Curie, et brûla avec elle dans l'incendie causé par les funérailles de Clodius. Des bureaux de banque[3] et deux basiliques, lieux consacrés aux affaires, placés ainsi tout près du temple, du sénat et du *comitium* patricien, montrent que l'illustration de la naissance souffre à côté d'elle l'ascendant dû à la richesse, et offrent une vive image du rapprochement qui s'opère entre l'aristocratie héréditaire et l'aristocratie de l'argent.

Caton, pour faire sa basilique, acheta pour l'État deux *atria*[4] et quatre boutiques. Dans la création de

[1] Ce changement était antérieur à l'époque de Caton (T. Liv., xxvi, 27); il marquait une nouvelle phase dans l'aspect embelli du Forum.

[2] Tit. Liv., xl, 51.

[3] Les argentarii étaient de véritables banquiers, recevant des dépôts dont ils payaient l'intérêt, prélevant un droit d'agio pour l'échange des monnaies, tirant les lettres de crédit sur l'étranger, ayant, dit-on, des écritures en partie double (Sm., *Dict. of gr. and. r. ant.*, 130-1).

[4] T. Liv., xxxix, 44. L'un d'eux faisait partie de la demeure d'un citoyen nommé Mœnius qui se réserva une des colonnes de l'*atrium* abattu pour y placer un échafaudage en planche, espèce de balcon d'où il pût voir les jeux des gladiateurs dans le forum (Ps. Asc., *Cic.*

cet édifice d'une utilité populaire, il éprouva de grandes difficultés de la part des ennemis que sa rigueur lui avait faits, et en particulier de la part de Titus Flamininus, le prétendu libérateur de la Grèce, frère de ce Lucius Flamininus, si justement expulsé du sénat par Caton; mais l'opiniâtre volonté du censeur triompha de tout.

Caton passa la dernière partie de sa vie tantôt dans son champ de la Sabine, tantôt à Rome, grondant les sénateurs dans la Curie, tançant le peuple à la tribune, plaidant sans cesse le plus souvent pour accuser, quelquefois pour se défendre, et trouvant au milieu de tout cela le temps d'écrire plusieurs ouvrages, dont les principaux furent un traité sur l'agriculture, qu'il pratiquait avec passion, et une histoire des premiers siècles de Rome, qui étaient pour lui l'âge d'or de la république, et auxquels on peut dire qu'il appartenait par l'âme et par les idées; étranger à ce qu'il y avait de bon et de mauvais dans son temps,

---

div., 50). Festus (p. 135) rapporte l'origine du nom de cette colonne à un censeur nommé Mænius qui aurait le premier établi les balcons destinés à voir les jeux. De là viendrait le mot *mænianum*, balcon; mais il vient plutôt de *mænia*, mænia theatri, *enceinte* du théâtre. Les mæniana étaient disposés autour du forum comme l'enceinte du théâtre qui portait les gradins. Je ne sais pourquoi l'auteur si judicieux de l'article *Roma*, dans le *Dictionnaire de géographie ancienne* de Smith (II, p. 786), distingue cette colonne Mænia de celle au pied de laquelle on punissait les esclaves, et qui, au contraire, est très-bien placée de ce côté entre la basilique Porcia et la prison Mamertine.

homme du passé auquel il avait survécu, et, par le fait de sa longue vie, devenant de plus en plus, pour les générations qu'il traversait, une exception et un anachronisme. Le succès qu'obtinrent parmi la jeunesse et dans l'aristocratie les trois philosophes d'Athènes [1] l'irrita beaucoup, et il ne respira que quand il eut obtenu du sénat l'ordre de les renvoyer d'où ils étaient venus.

Un des plus détestables rois d'Égypte, Ptolémée Physcon, vint à Rome se plaindre de son frère Ptolémée Philométor, qui ne valait guère mieux que lui, et qu'il accusait d'avoir tenté de l'assassiner. Le sénat voulait faire durer la guerre entre les deux frères; il feignit d'être touché des supplications de Physcon, qui parut devant lui en vêtements de deuil; mais Caton n'aimait pas les rois, qu'il appelait des mangeurs de chair : il démasqua dans la curie les intrigues de Physcon, la politique malhonnête des sénateurs, qui ne lui imposaient pas plus que les rois. Caton, c'est le paysan du Danube né au bord du Tibre.

Agé de plus de quatre-vingts ans, il accusa devant le peuple, sans pouvoir le faire condamner, Sulpicius Galba, pour avoir massacré traîtreusement un corps de Lusitaniens après que, décidés par de trompeuses pro-

---

[1] Carneade, académicien; Diogène, stoïcien; Aristolaüs, péripatéticien. Dans le sénat, ils durent employer un interprète, quoiqu'ils s'exprimassent en latin avec facilité; le sénat ne voulut les entendre qu'en grec (Gell., vi, 14).

messes, ils avaient déposé les armes. Caton n'était pas tendre aux ennemis de Rome, lui qui, à la fin de chacun de ses discours, quel qu'en fût le sujet, disait toujours : « Je pense qu'il faut détruire Carthage ; » mais il eut horreur de la perfidie jusqu'à son dernier souffle, qu'il rendit bientôt après, âgé de quatre-vingt-cinq ans ; à quatre-vingts ans, il avait eu un fils.

Tel fut cet homme qu'on eût dit taillé dans le bois dur et rugueux d'un vieux chêne de la Sabine; mais l'énergie de Caton était dirigée tout entière vers la résurrection d'un état de choses qui n'était plus et ne pouvait renaître.

D'autres comprenaient qu'il fallait introduire des éléments nouveaux dans l'ordre ancien pour lui donner une nouvelle vie; ceux-là, c'étaient les Gracques. La tentative politique des Gracques est un événement capital dans l'histoire de la république romaine. La lutte dans laquelle ils périrent pouvait la sauver, s'ils avaient triomphé, et la perdit, parce qu'ils succombèrent. Il y a peu de noms plus purs dans cette histoire que le nom souvent calomnié des Gracques.

Les *Gracchi* étaient une famille plébéienne faisant partie de la *gens Sempronia*, qui comptait aussi dans son sein une branche patricienne, les Sempronii Atratini, comme faisaient partie de la gens patricienne des Claudii les Marcelli, plébéiens.

Gracchus est un nom æque ; c'était celui d'un chef de cette nation énergique et si difficile à dompter, dont on aperçoit les âpres montagnes du côté de Subiaco, à la dernière extrémité de l'horizon romain; ce chef qui, dédaignant de répondre à un envoyé de Rome, lui dit : « Parle à ce chêne, » s'appelait Gracchus. La famille des Gracques était plébéienne, mais très-considérable, ce que prouve sa double alliance avec la superbe famille des Scipions. Je suppose que c'était une grande race du pays des Æques [1], qui, après l'assujettissement de ce pays, vint s'établir à Rome, où elle ne paraît pas avant le sixième siècle. Peut-être est-ce à la suite du triomphe obtenu au milieu du cinquième, à l'occasion d'une victoire définitive sur les Æques par un *Sempronius* que les *Gracchi*, venus à Rome, furent incorporés dans la *gens Sempronia* [2].

A Rome, plusieurs des grandes familles offrent un type héréditaire que la plupart de ses membres reproduisent : chez les Claudius la fermeté et l'orgueil, chez les Valerius la modération et le goût de la faveur plébéienne ; chez les Gracques domine un remarquable instinct de générosité et de liberté. Un aïeul des deux Gracques paraît avoir été un des premiers qui ait enrégimenté des esclaves de bonne volonté, *volones*, en leur

[1] Les Æques faisaient partie de cette famille de peuples à laquelle appartenaient les *Sabins* et qu'on nomme *Sabelliques*. Le prénom *Tiberius* est celui de la grande majorité des Gracques. Il se rencontre aussi dans la *gens* Claudia, certainement Sabine, et à laquelle appartenait Tiberius Claudius Nero, l'odieux Tibère.

[2] Le triomphe de P. Sempronius Sophus sur les Æques est de 450. Le premier Gracchus dont parle l'histoire romaine fut consul en 516.

promettant la liberté après la victoire; grand exemple de ce que nous nommerions libéralisme. Ce fait, que j'ai raconté, fut l'occasion pour Sempronius Gracchus d'orner d'un tableau historique un monument de Rome, et quel monument! le temple de la Liberté, élevé par son père sur le mont Aventin, le mont populaire, en face du temple de Jupiter, que devait reconstruire Auguste. Ce coin de l'Aventin contient donc pour nous le souvenir de l'apothéose de la liberté romaine et de son étouffement.

Le père des deux tribuns qui ont immortalisé le nom de Gracchus fut un modèle des sentiments généreux qu'on trouve toujours attachés à ce nom. En Espagne, il avait préludé aux réformes agraires de ses fils en donnant des champs et des habitations aux pauvres. Sa situation de grand plébéien et les sentiments démocratiques héréditaires dans sa famille en faisaient un adversaire naturel des Scipions, les aristocrates par excellence, et en particulier du plus grand et du plus aristocrate de tous, Scipion l'Africain; mais son respect pour la famille de son ancien général, L. Cornelius Scipion, son admiration pour les hautes qualités de l'Africain le portèrent à prendre son parti contre les autres tribuns que le superbe dédain des lois professé en toute occasion par le glorieux vainqueur d'Annibal avait assez justement irrités [1].

A cette époque, Sempronius Gracchus était l'allié

[1] Voy. t. III, p. 122 et suiv.

des Cornelius, soit que son mérite eût séduit son grand adversaire, un jour son protégé et le plus hautain de cette vieille famille patricienne, Scipion l'Africain, et qu'il eût donné au puissant plébéien sa fille Cornelia ; soit, suivant un autre récit plus vraisemblable, qu'à la mort de l'Africain, ses amis, reconnaissants des bons procédés de Sempronius, lui eussent accordé pour femme celle qui a été si connue dans l'histoire sous le nom de Cornélie. Cette union et celle qui eut lieu plus tard entre la sœur des Gracques et Scipion Émilien, entre Tiberius Gracchus et une Claudia, montrent quel chemin avaient fait les idées d'égalité depuis le temps où un Cornelius ou un Claudius n'auraient pas voulu donner leur fille à un plébéien, si illustre qu'il fût. Sempronius Gracchus, époux de Cornélie, pendant une censure que sa sévérité rendit célèbre, fit construire avec le produit des amendes une des premières basiliques de Rome, celle qui s'appela de son nom *Sempronia*. Une basilique, lieu où se faisaient les affaires de commerce, était un monument dont la pensée devait appartenir à un membre de la populaire famille des Gracques. La basilique Sempronia s'éleva au sud-ouest du Forum, à peu près en face de la basilique Porcia, œuvre de Caton, à l'extrémité d'un quartier très-marchand, le quartier étrusque, et placée là pour les besoins commerciaux de ce quartier, comme la basilique Porcia pour ceux de la Subura, région très-marchande aussi, et de même hantée par une population peu respectable, ainsi que l'était autrefois à Paris un lieu célèbre par ses boutiques, le Palais-Royal.

Nous connaissons de la manière la plus précise l'emplacement de cette basilique, derrière les boutiques vieilles, celles qui étaient placées au sud-ouest du Forum, à l'extrémité de la *rue Étrusque*, à droite [1], car Tite Live nous donne avec cette exactitude comme l'*adresse* de Scipion l'Africain, en nous apprenant que Sempronius Gracchus acheta pour l'État le terrain où il voulait faire construire sa basilique, et que ce terrain était occupé par la maison de Scipion, des échoppes et des boutiques de boucher; il s'en trouvait, comme on le voit, des deux côtés du Forum. Les morts de Virginie et de Spurius Cassius ont rendu historiques celles du côté opposé.

Scipion, qui avait quitté Rome pour n'y plus revenir, devait être bien aise de vendre sa maison, et son gen-

---

[1] T. Liv., XLIV, 16. Il faut y joindre le Ps. Asconius, *Cic. in Verr.*, 1, 59, Signum Vertumni in ultimo vico thurario (tusco) est sub basilicæ angulo flectentibus se ad posteram dextram partem. Cette extrémité de la rue Étrusque était celle qui aboutissait au Forum : toutes les basiliques de ce temps sont voisines du Forum, la statue de Vertumne, placée au coin de cette rue (T. Liv., XLIV, 16), *voyait* le Forum (Prop., IV, 2, 6). La maison de Scipion l'Africain est dite *post Veteres*, *derrière* les boutiques vieilles; elle se conçoit mieux près du Forum, au-dessous du Palatin, dans le quartier *bien habité*, qu'au delà et au bout d'un quartier mal famé comme le quartier étrusque. On a donc eu tort de croire retrouver l'emplacement de la basilique Sempronia dans celui de l'église de San-Giorgio-in-Velabro (Rich., *Dict. d'Ant.*, p. 142).

dre, en l'achetant pour l'État, lui rendit un service sans lui rien sacrifier de l'utilité publique, car, ainsi qu'on vient de le voir, la nouvelle basilique était très-bien placée entre le quartier étrusque et le Forum. Les Gracques demeuraient à cette époque sur le Palatin, Scipion au-dessous. Cornélie, qui avait le culte de son père, devait descendre souvent en suivant une rue qui allait de la voie Sacrée au Palatin [1].

Le mariage de Sempronius et de Cornélie fut l'idéal d'un mariage romain : fécond — Cornélie fut mère de douze enfants; — uni jusqu'à la mort, ce que l'on exprima par une anecdote touchante. Deux serpents ayant été trouvés dans le lit conjugal, les aruspices déclarèrent que, pour conjurer le prodige, il fallait tuer un des serpents, ajoutant que si le mâle était mis à mort, Sempronius mourrait, et si c'était la femelle, Cornélie. Sempronius fit tuer le mâle, disant, ce qui est bien le mot d'un Romain, que sa femme était jeune et pouvait encore enfanter. On remarqua qu'il mourut peu de temps après.

Les deux fils de Cornélie, si semblables par les sentiments, les desseins et la destinée, étaient aussi différents de caractère que de visage. Chez Tiberius, l'aîné de neuf ans, les traits, le regard, le geste étaient pleins de douceur; chez son frère Caïus, tout était animé et véhément. Malheureusement, on n'a point de portraits

[1] Quum a sacra via descenderis et per proximum vicum qui est a sinistra parte prodieris (Pseud. Asc. *in Scaurianam*, 45).

des Gracques, bien qu'après leur mort le peuple leur ait élevé des statues qu'il couronnait de fleurs, et auprès desquelles il allait sacrifier. Ces portraits, s'ils existaient, seraient aussi ceux de leur éloquence, qui, au dire de Plutarque, leur ressemblait. Celle de Tiberius était agréable et attendrissait; celle de Caïus était énergique, fougueuse et violente jusqu'à l'exagération ; mais il faut songer que Caïus avait vu massacrer son frère, et qu'un tel souvenir peut bien excuser quelque violence. Le premier, il marcha dans la tribune en *preschant*, dit le bon Amyot, qui se souvenait peut-être d'avoir vu quelques prédicateurs pareils à ceux qu'on voit à Rome se promener en gesticulant dans la chaire italienne, disposée sous ce rapport comme la tribune antique.

C. Gracchus, lorsqu'il haranguait, avait près de la tribune un joueur de flûte chargé non, comme on l'a dit, de former une sorte d'accompagnement musical à son discours, qui n'était point chanté, mais de l'avertir quand l'emportement lui faisait trop élever le ton et de ramener ses intonations au niveau ordinaire de sa voix. Le jeune Tiberius se distingua en Espagne, où il servait sous son beau-frère Scipion Émilien, par son courage et par sa prudence.

Il y fit paraître aussi un scrupule de comptable qui mérite d'être cité. S'apercevant que ses papiers étaient restés entre les mains des Numantins, avec lesquels il avait heureusement traité de la paix, il quitta l'armée

CATON ET LES GRACQUES.   279

et retourna presque seul les leur demander. Le souvenir de sa propre modération et de celle que son père avait montrée en Espagne lui fit obtenir des Numantins ce qu'il désirait. On ne peut s'empêcher de comparer cette conduite à celle de Scipion l'Africain, défendant à son frère de rendre ses comptes et les déchirant en plein sénat. Ces deux familles alliées, les Scipions et les Gracques, qui se côtoient pour ainsi dire l'une l'autre, offrent à cet égard un parfait contraste. L'une, aveuglée par l'orgueil du vieux patriciat, dédaigne de se conformer aux lois; l'autre, qui a pris en main la juste cause de la démocratie, se soumet aux lois, qu'elle tente d'améliorer. Et c'est aux Gracques qu'on a donné le nom de factieux !

Les Gracques ont dû cette fâcheuse réputation surtout aux lois agraires qu'ils voulurent établir. Par une inexcusable légèreté, on a confondu le sage, équitable et patriotique dessein des Gracques avec les absurdes et séditieux projets de Babœuf. De ce qui était un retour à la légalité violée effrontément par les patriciens, on a fait une tentative démagogique et révolutionnaire; on a pris la défense de la propriété de l'État pour une atteinte portée au droit de l'État. Jamais le lieu commun faux régnant dans l'histoire ne s'est établi plus contradictoirement aux faits que dans ce que l'on a dit et ce qu'on répète encore sur les lois agraires des Gracques [1].

[1] Et non-seulement cette accusation injuste contre leur mémoire a

Disons d'abord à ceux qui confondent les lois agraires des Gracques avec le partage de la propriété, que toute loi concernant l'*ager publicus*, les terres de l'État, s'appelait à Rome loi agraire, *lex agraria*. Ainsi Cicéron a prononcé à Rome deux discours contre la loi agraire du tribun Rullus, qui proposait de distribuer des terres à des colons en Campanie, ce qui en soi n'était pas plus révolutionnaire que de donner en Algérie des terres à nos colons. Chez les Romains, le plus souvent, le terme de loi agraire a désigné des mesures à prendre

---

été reproduite par ceux à qui leur ignorance donnait un droit incontestable à la mettre en avant, mais encore par des hommes que leur science privait de ce privilége. Les circonstances expliquent ces aberrations singulières, et comment Heyne a donné pour titre à une dissertation : *Leges Agrariæ pestiferæ et exsecrabiles* (les lois agraires pestilentielles et exécrables). Cette dissertation, écrite en 93 et destinée à un auditoire dans lequel il y avait beaucoup d'émigrés français s'adresse moins aux lois agraires de Rome qu'aux spoliations du gouvernement révolutionnaire. L'excuse d'ignorance que Heyne ne pouvait réclamer doit être pleinement accordée à un conseiller intime du gouvernement prussien appelé Schultz, qui, au sujet de leur jugement très-fondé sur l'œuvre des Gracques, a accusé des hommes tels que Niebuhr et Savigny d'être des perturbateurs de la société. Cet auteur a soin d'établir ses titres à l'excuse d'ignorance en nous apprenant qu'il ne sait pas le grec et très-peu le latin (Engelbregt, *De Legibus agrariis ante Gracchos*, p. 7). En revanche, il est à l'abri du reproche de partager les opinions révolutionnaires de Niebuhr et de Savigny. Si ces hommes illustres vivaient, ils seraient à la tête du parti constitutionnel en Prusse; quant à leur adversaire, s'il vit encore, il doit être dans un autre parti, et je recommande son avancement à qui de droit, en supposant qu'il y ait dans la bureaucratie prussienne quelque grade plus élevé que celui d'un *geheimer Ober-Regierungsrath*.

pour faire rentrer dans le domaine de l'État et appliquer aux besoins des citoyens pauvres des terres dont l'usufruit avait été concédé à des patriciens, et que, contre toute justice et toute légalité, ils voulaient retenir comme leur propriété. C'est de cette prétendue propriété, usurpée par les patriciens, qu'on eût pu dire : « La propriété, c'est le vol ! »

Dans l'origine, quand les plébéiens n'avaient aucune puissance, les patriciens pouvaient s'adjuger sans partage les terres prises à l'ennemi : cependant, même sous les rois, il est parlé de terres divisées entre tous les citoyens ; mais aussitôt que les plébéiens eurent dans les tribuns des défenseurs et des garants de leurs droits, les réclamations touchant l'emploi du territoire public commencèrent.

La première victime des lois agraires fut Spurius Cassius, un patricien généreux, qui demanda que les terres conquises sous son commandement fussent partagées entre les plébéiens. Les plébéiens, trompés, abandonnèrent Cassius. Les patriciens le mirent à mort, ou, selon d'autres récits, son père le pendit de ses propres mains dans sa maison. Licinius Stolo et son gendre Sextius parvinrent à établir que l'occupation des terres publiques serait renfermée, pour chacun des possesseurs, dans de certaines limites ; mais cette loi n'empêcha point le mal, et Plutarque nous apprend par quels artifices les patriciens parvinrent à l'éluder : ils haussaient le prix du fermage payé à l'État, et par là forçaient les pauvres à y renoncer, ou occupaient sous des noms supposés un terrain dont l'étendue dépassait celui que la loi leur permettait de posséder. Enfin, non contents d'éluder la loi, ils la violaient ouvertement, « et à la fin, sans plus déguiser rien, en tinrent eux-mêmes publiquement et notoirement entre eux la plus grande partie, de manière que les pauvres, en étant ainsi déboutés, ne se soucioient plus de nourrir et élever des enfants, tellement qu'en peu de temps l'Italie se fût trouvée dépeuplée d'hommes de libre condition, et remplie de barbares et d'esclaves par lesquels les riches faisoient labourer les terres desquelles ils avoient chassé les citoyens romains [1]. »

Telle était donc la situation. Les riches avaient indûment accaparé les terres partagées entre tous. Les pauvres ne pouvaient plus exister. De là devait sortir la misère générale, la destruction des hommes libres, la dépopulation. De plus, d'un droit de possession, c'est-à-dire de jouissance à titre précaire, les riches voulaient faire un titre de propriété : semblables en cela à un homme qui déclarerait sien l'argent qu'on lui aurait prêté. C'est un tel état de choses que les *conservateurs* romains voulaient *conserver*, c'est là ce que les Gracques, ces factieux, voulaient changer. Et par quel moyen? Je laisse encore parler Plutarque [2].

---

[1] Plut., *Tib. et Caïus Gr.*, 10, traduction d'Amyot.
[2] *Ibid.*, 11-12. Appien (*B. civ.*, I, 7).

Après avoir dit qu'à la nouvelle du dessein de Tiberius Gracchus le peuple l'y excitait « par écriteaux que l'on trouvoit partout contre les murailles et portiques, sur les sépultures, èsquels on le prioit de vouloir faire rendre aux pauvres citoyens romains les terres appartenant à la chose publique, » Plutarque ajoute : « Toutefois encore ne fit-il pas seul de sa tête l'édit, ains le fit avec le conseil des premiers hommes de la ville en vertu et en réputation, entre lesquels étoient Crassus, le souverain pontife, Mutius Scævola, le jurisconsulte, qui lors étoit consul, et Appius Claudius, son beau-père, et ce semble que jamais ne fut faite loi si douce et si gracieuse que celle-là qu'il proposa contre une si griève injustice et si grande avarice ; car ceux qui devoient être punis de ce qu'ils avoient contrevenu aux lois, et à qui l'on devoit ôter par force les terres qu'ils tenoient injustement, contre les ordonnances expresses de Rome, et leur en faire payer l amende, il voulut que ceux-là fussent remboursés par le public de ce que les terres qu'ils tenoient illicitement pouvoient valoir, et qu'elles fussent remises ès mains des pauvres bourgeois qui n'en avoient point, et qui avoient besoin d'aide pour vivre. »

En effet, la mesure proposée par Tiberius Gracchus était un adoucissement de la loi Licinienne. En enlevant au possesseur l'excédant du terrain que la loi de Licinius lui avait accordé, la loi de Gracchus, au lieu de le frapper d'une amende, lui accordait une indemnité à laquelle il n'avait aucun droit. De plus, au lieu de cinq cents arpents, chaque chef de famille, en son nom et au nom de ses fils, s'il en avait deux, pouvait en posséder mille. On voit quelle était la modération de Tiberius Gracchus : il poussait les ménagements presque jusqu'à l'iniquité. C'est précisément ce qu'avaient fait les États-Unis du Nord en protégeant l'esclavage dans le Sud par la loi des fugitifs. Les aristocrates se montrèrent tout juste aussi reconnaissants que l'ont été les États du Sud. Les aristocrates furent cruellement punis d'avoir repoussé des concessions excessives, et il pourra se faire que les États du Sud, qui ont agi de même, ne soient pas moins sévèrement punis.

En outre, Tiberius Gracchus voulait qu'on accordât une partie des terres reprises sur l'usurpation patricienne à des citoyens pauvres, en toute propriété, comme on l'avait fait dès le temps des rois, et depuis lors chaque fois qu'on établissait une colonie sur un territoire conquis. Par là le sage tribun (je me plais à lui donner ce titre, que les faits exposés par Plutarque ustifient) avait le dessein d'arrêter la dépopulation née de la misère, la substitution du travail par les esclaves au travail libre, de combattre l'accroissement démesuré de la propriété, la formation de ces *latifundia* dont on a si bien dit qu'ils ont perdu l'Italie, et qui là où ils existent encore, comme dans l'État romain, sont un obstacle à la culture et à la population. Ces mesures, si utiles à la république, gênaient beaucoup les usurpateurs. Les lots assignés aux citoyens étaient déclarés inaliénables ; c'étaient comme des majorats de la petite propriété, institués afin qu'elle ne fût pas absorbée dans la grande. Cela empêchait les grands propriétaires de s'arrondir ; ils se plaignaient qu'on leur enlevât des terrains qu'ils avaient cultivés, et où étaient les tombeaux de leurs ancêtres. C'était touchant, mais pourquoi avaient-ils placé les tombeaux de leurs ancêtres sur des terrains qui ne leur appartenaient point? La transmission créait certainement non un droit, mais des intérêts à ménager, et c'est pourquoi, par une transaction indulgente, on ne leur reprenait pas tout ce que leurs aïeux avaient pris aux pauvres ou à l'État.

Aujourd'hui, quand on parcourt le désert silencieux de la campagne romaine, partagée entre un nombre restreint de propriétaires, qui sont loin d'en tirer ce qu'elle pourrait rendre, on est vivement frappé des inconvénients nés de cette distribution de la richesse territoriale, et on appelle tout bas une autre législation qui, en la divisant autrement, en accroîtrait la valeur, en multiplierait les produits et les bienfaits. Une pensée pareille frappa Tiberius Gracchus, lorsque, revenant d'Espagne, il traversa les plaines de la Toscane, qui, par une raison semblable, étaient presque inhabitées, et ce jour-là il conçut le projet de rendre la terre à la culture, en l'enlevant, au nom du droit existant et foulé aux pieds par les riches, à l'abandon où ils la laissaient ; de remplacer le travail paresseux de leurs esclaves par le travail fécond des hommes libres [1]. Il empêchait ainsi le paupérisme d'envahir la société romaine, et d'y amener le désordre, puis le despotisme, et, en soulageant dans le présent des misères injustes, il conjurait dans l'avenir des dangers autrement inévitables. Jamais politique ne fut plus honnête et plus prévoyante que celle-là. Il y allait tout simplement du salut de Rome.

C'est ce que ne comprit point l'aristocratie romaine, aristocratie composée et des vieilles familles patriciennes et des familles nouvelles, enrichies surtout par l'usure, qui était à peu près leur seule industrie ; ce qu'on appelait les nobles (*nobiles*), c'est-à-dire les notables (plus exactement les notabilités), nom qui prévalut alors que la noblesse du sang ne fut plus la seule condition d'aristocratie ; car, chose remarquable à Rome, le mot *noble* devint le nom de la classe gouvernante, quand, selon les idées féodales, elle n'aurait plus eu le droit de le porter. Cette noblesse-là ressemblait, mais seulement par sa composition, à

---

[1] Un publiciste savant et généreux qu'on est toujours sûr de trouver du côté de la raison et de la liberté, a dit : « Alors commencèrent les tentatives des Gracques pour rétablir la constitution romaine dans sa pureté, tentatives infructueuses, efforts désespérés, mais dont le mauvais succès ne doit faire oublier ni la grandeur ni la justice. » Laboulaye, *Essai sur les lois criminelles des Romains*, p. 77. Voyez aussi du même auteur : *Histoire du droit de propriété foncière en Occident*, p. 83.

l'aristocratie anglaise, dans laquelle il y a place, à côté de l'hérédité de la race, pour toutes les grandes situations et toutes les influences.

Revenons à Rome avec Tiberius, pour y assister aux combats livrés par lui pour la plus juste des causes, à sa défaite et à sa mort. Son premier champ de bataille fut le Forum. Le peuple se pressait autour de la tribune où il faisait une émouvante peinture de la déplorable condition des citoyens romains dépouillés indûment par les riches. Ces discours transportaient ceux qui y reconnaissaient si bien leurs misères. Personne n'osait monter à la tribune pour répondre à Tiberius, et l'on était certain que sa loi passerait, quand ses adversaires trouvèrent un moyen peu honnête, mais qui semblait sûr, de paralyser son action. Ils séduisirent un des tribuns, M. Octavius : ce nom fut toujours funeste à la liberté romaine. Gagné par eux, il promit de s'opposer à la proposition de Tiberius. L'opposition d'un seul tribun suffisait pour empêcher que la loi ne fût présentée. Ceci amena une scène violente dans le Forum. Quand le jour du vote fut arrivé, les tribuns parurent dans les Rostres. Tiberius Gracchus ordonna au scribe de lire la loi, Octavius lui ordonna de se taire, et Tiberius, après avoir accablé celui-ci de justes reproches, remit l'assemblée à un autre jour.

Une résistance insensée aigrit les meilleurs. Tiberius Gracchus proposa une loi encore plus favorable pour les pauvres et plus dure pour les riches. C'était un tort, il en eut un plus grand. Poussé à bout par l'opiniâtreté du tribun suborné, il commit la seule violence qu'on puisse reprocher aux Gracques dans ces débats où leurs adversaires en montrèrent contre eux une si grande qu'ils allèrent jusqu'à l'assassinat. Après avoir pris Octavius à part, après l'avoir supplié de se désister d'une opposition intéressée (car Octavius était lui-même détenteur d'une portion du territoire public) et avoir offert de le rembourser à ses frais, bien que sa famille ne fut pas riche, Tiberius Gracchus, ne pouvant souffrir qu'un seul tribun empêchât les huit autres d'accomplir une si grande chose pour le bien public, conçut la malheureuse pensée de faire déposer Octavius par le suffrage des tribus.

Sans doute, selon la rigueur des principes, Tiberius fut coupable [1]. Le jour où il mit la volonté du peuple, quelque raisonnable qu'elle fût, au-dessus de la loi, et au-dessus de la légalité un droit quelconque, ce jour-là, mais ce jour-là seulement, il fut un factieux. Tiberius Gracchus, portant atteinte à l'indépendance du tribunat pour produire un bien évident, doit être blâmé sans doute; cependant il y aurait duperie à trop s'indigner contre un acte illégal accompli en vue de la justice.

---

[1] La faute était d'autant plus grave que, d'après la constitution romaine, toute magistrature était inamovible, même quand les auspices avaient été défectueux. Le sénat ordonnait au magistrat de déposer sa fonction, mais nul pouvoir n'avait le droit de la lui ravir (Rubino, *Unters. üb. R. verf.*, p. 28-32 et suiv.).

Tiberius, en violant sur un point la lettre de la constitution de son pays, ce qui est toujours déplorable, s'écarta moins de l'esprit de cette constitution que les empereurs romains qui faisaient respecter dans leur personne l'inviolabilité légale des tribuns, dont ils avaient usurpé le titre : dérision insolente que quelques écrivains ont prise au sérieux !

Puis, que d'excuses pour Tiberius dans les circonstances au milieu desquelles fut décidée cette regrettable mesure! Du moins tout ne fut pas violence dans l'exécution. Il est vrai que, sachant très-bien d'où partait le coup et craignant que le sénat, profitant de la division du tribunat, n'eût recours à quelque acte d'autorité, Tiberius ordonna qu'il fût sursis à toute autre affaire jusqu'au vote de la loi, et lui-même apposa son sceau sur le trésor dans le temple de Saturne, pour qu'aucune somme n'en fût distraite par les questeurs ou n'y fût apportée par eux. Ce n'était pas très-régulier; cependant il valait mieux sceller le trésor comme Gracchus que de l'ouvrir pour le piller comme César. A cette nouvelle, les riches prirent des vêtements de deuil et parcoururent le Forum, l'air triste et abattu. Dès ce moment ils méditèrent la mort de Tiberius, qui, averti de leur dessein, s'arma d'un poignard. Avant d'en venir aux dernières extrémités, Tiberius voulut tout tenter; il alla dans la Curie pour obtenir quelque chose du sénat : il en fut chassé par des injures. Alors il revint au Forum et déclara que dans la prochaine assemblée on prononcerait entre sa loi et Octavius, qu'on déciderait si un tribun qui agissait contre les intérêts du peuple devait conserver sa charge.

Le jour venu, les riches enlevèrent de vive force les urnes. Cette indignité souleva le peuple. Une grande foule vint au pied de la tribune se mettre à la disposition de Tiberius. La force était pour lui; mais deux personnages consulaires l'ayant supplié de s'en rapporter à la décision du sénat, il y consentit.

Le sénat ne se prononçait point; Tiberius n'attendant rien d'un corps où la faction des riches dominait, assembla le peuple de nouveau dans le Forum. Cette fois il adjura encore Octavius avec douceur, et en lui prenant les deux mains, de céder, de ne pas résister au peuple, qui réclamait une chose juste, qui demandait bien peu en dédommagement de tant de maux, en récompense de tant de sacrifices. Octavius fut inflexible. Alors Tiberius dit : « Nous sommes tous deux des magistrats et différons sur un point de grande importance. Ceci peut amener la guerre civile; je ne vois qu'un remède, c'est que l'un de nous deux quitte sa charge. Que l'on vote d'abord sur Octavius, je rentrerai bien volontiers dans la vie privée, si telle est la volonté de mes concitoyens. » Octavius refusa de se soumettre à ce jugement, et c'était son droit. Tiberius l'avertit que le vote aurait lieu, et pour lui donner le temps de changer d'avis par la réflexion, il renvoya l'assemblée au lendemain.

Le lendemain, Gracchus s'efforça encore de fléchir l'opiniâtre tribun, et, sur un dernier refus, mit sa déposition aux voix. Déjà elle avait été votée par dix-sept des trente-cinq tribus ; avant que la dix-huitième eût prononcé, Tiberius fit suspendre le vote ; il supplia de nouveau Octavius, en l'embrassant, de ne pas s'exposer à la honte d'une telle déposition et de ne pas lui causer à lui-même le chagrin de l'avoir obtenue. En ce moment, Octavius parut incertain et, des larmes dans les yeux, demeura longtemps sans répondre ; mais il jeta un regard sur les riches possesseurs de terres qui formaient dans le Forum un groupe considérable : il n'eut pas le courage de céder devant eux, et dit à Tiberius : « Agis comme il te plaira. » Alors, la majorité des tribus ayant prononcé, Tiberius ordonna qu'on le fît descendre de la tribune où ils siégeaient tous deux. Cet ordre fut exécuté par un affranchi des Gracques, ce qui fit paraître la mesure encore plus odieuse. Probablement les serviteurs publics avaient été gagnés et ne se trouvaient point là. La multitude, toujours la même, voulut courir sus à Octavius ; mais les riches vinrent à son secours. Un brave serviteur de sa maison, s'étant placé devant lui pour le défendre, fut maltraité et perdit la vue. Entendant ce bruit, Tiberius accourut avec beaucoup d'empressement. Octavius, arraché aux mains de la populace, était parvenu à s'échapper et à regagner la demeure de sa famille, la maison où naquit Auguste, remplacée après sa mort par son temple, au pied du Palatin, tout près du Forum.

Encouragé par son succès, Tiberius Gracchus mit en avant la proposition que les trésors légués aux Romains par Attale, roi de Pergame, fussent répartis entre les citoyens pauvres, à qui des portions du territoire public seraient assignées pour se procurer les meubles nécessaires et les instruments de labourage. Cette proposition souleva la colère des aristocrates. L'un d'eux prétendit savoir que l'envoyé de Pergame avait apporté un bandeau royal à Tiberius, qui voulait se faire roi : c'était ridicule. Un autre l'accusa de ce que, lorsqu'il rentrait la nuit, le peuple l'accompagnait avec des flambeaux : c'était puéril. La déposition d'Octavius était un fait plus grave ; un personnage consulaire, Annius, la condamna avec énergie dans le sénat, et, conduit dans le Forum par Tiberius, qui voulait lui faire son procès, la lui reprocha courageusement du pied de la tribune en présence du peuple irrité.

Tiberius Gracchus fut puni d'avoir porté la main sur l'inviolabilité du tribunat. Les plébéiens mêmes s'en plaignirent, et il donna par là à ses ennemis le droit de l'accuser. En vain appela-t-il à son aide une éloquence vantée par les anciens, en vain invoqua-t-il la souveraineté du peuple, qui pouvait s'exercer sur son représentant. C'était la doctrine des révolutions qu'il était amené à prêcher, lui dont l'œuvre en elle-même n'avait rien que de juste et de conforme aux lois. Ce principe dangereux de l'omnipotence populaire mis en avant par Gracchus, et non sa loi très-équitable, peut seul justifier jusqu'à un certain point la réputation de factieux qu'on lui a faite.

La guerre était déclarée entre Tiberius et l'aristocratie; le tribunat lui était devenu un asile nécessaire pour sa sécurité. Il fut réélu et proposa diverses mesures populaires, dont une au moins ne mérite pas les reproches de Plutarque : c'était l'admission parmi les juges, qui à Rome, on le sait, étaient de véritables jurés, et qui jusqu'alors étaient exclusivement patriciens, d'un nombre égal de chevaliers. Il espérait sans doute par là diviser ses ennemis en accordant à la richesse, — les chevaliers, c'étaient les fermiers généraux de l'époque, — un droit que le sénat et les anciennes familles voulaient se réserver.

Le jour où Gracchus devait proposer ses nouvelles lois, le Forum, occupé de bonne heure par ses ennemis, tardait à se remplir de ses partisans, dont le zèle allait se ralentissant; sans doute l'influence des riches avait obtenu de beaucoup d'entre eux ce qui est toujours facile d'obtenir des masses, l'abstention. Tiberius, malgré sa douceur naturelle, montra un dépit violent; pour gagner du temps, il prononça la dissolution de l'assemblée. Le lendemain il parut de bonne heure à la tribune en habit de deuil, suppliant le peuple de ne pas le livrer à la rage de ses ennemis, qui voulaient le faire mourir. Déjà une fois, vêtu de deuil, il avait amené devant le peuple ses enfants, lui demandant de les protéger, eux et sa veuve, quand il ne serait plus : il commençait à pressentir son sort. Le peuple fut ému ; un grand nombre de citoyens allèrent dresser des tentes autour de sa maison, sur le Palatin, et y veillèrent la nuit suivante pour le garder.

Le jour d'après, le peuple se rassembla, non plus dans le Forum, mais sur le Capitole. Nous avons vu que c'était parfois un lieu d'assemblée, mais dans les circonstances présentes, le choix qu'on fit de ce lieu élevé et fortifié avait quelque chose de menaçant. Tiberius sortit de bonne heure pour se rendre au Capitole. Comme il allait sortir, il apprit que les poulets sacrés avaient refusé de manger, il se souvint alors qu'un jour on avait trouvé dans son casque deux serpents. Au premier pas qu'il fit hors de sa maison, son pied heurta contre le seuil ; l'orteil, que la chaussure des Romains ne protégeait point, fut blessé, l'ongle fut brisé, et le sang parut à travers les courroies. En traversant le Forum, entouré d'une grande foule qui l'accompagnait, il vit à sa gauche, c'était le côté de sa maison, deux corbeaux qui se battaient sur un toit, et une pierre détachée par l'un d'eux vint tomber à ses pieds. « Cela, dit Plutarque, arrêta les plus hardis de ceux qui entouraient Gracchus. »

Lui-même fut au moment de rentrer ; mais un philosophe de Cumes, son familier, et auquel on attribuait, ainsi qu'à plusieurs autres Grecs de son entourage, ses tendances démocratiques, plus esprit fort que ces Romains, le décida à continuer sa marche vers le Capitole ; en même temps il lui vint de là des messages rassurants sur les dispositions du peuple, qui l'y attendait. En effet, il fut accueilli par de grands cris de joie, et l'affection populaire se montra dans le soin que l'on mettait à ne laisser que des gens très-sûrs approcher de sa personne. Évidemment on s'attendait à quelque violence de la part des aristocrates : l'événement ne tarda pas à montrer qu'on avait raison.

Le vote des tribus commença au milieu d'un grand tumulte et d'une grande foule. La plate-forme du Capitole avait comme aujourd'hui peu d'étendue ; de plus, elle était encombrée alors de petits temples et de statues. Ceux qui venaient derrière poussaient les autres et étaient repoussés ; mais dans tout cela on ne voit nulle trace d'un coup de main préparé par Gracchus. Tout à coup un de ses amis, L. Flaccus, monta sur un endroit élevé, probablement au haut des marches de quelque temple, et sa voix ne pouvant être entendue, il lui fit signe qu'il avait quelque chose d'important à lui dire. Tiberius ordonne à la foule de s'ouvrir, Flaccus la traverse à grand'peine, arrive à un autre point élevé, sur lequel étaient placés les siéges des tribuns (ce devaient être les marches du temple de Jupiter), y monte et dit à Tiberius que dans l'assemblée du sénat, le consul ayant refusé de le faire arrêter, on a résolu de le tuer, que les sénateurs ont armé à cet effet un grand nombre de clients et d'esclaves. Ce qui se passa peu d'instants après prouva que Flaccus avait dit la vérité. Tiberius communique à ses amis ce qu'il vient d'apprendre, ceux-ci ceignent leurs toges comme pour le combat, saisissent, brisent les verges des licteurs et s'arment de leurs débris pour se défendre. Comme ceux qui sur la place étaient éloignés de Tiberius et de ses amis ne comprenaient point ce qu'ils leur voyaient faire, Tiberius porta les mains à sa tête pour donner à entendre que sa vie était en danger. Ce geste fort innocent le perdit, ses ennemis s'écrièrent qu'il demandait au peuple le diadème royal, et quelques-uns coururent porter cette nouvelle absurde au sénat. Le sénat était réuni, lui aussi, sur le Capitole, dans le temple de la Bonne-Foi, près du temple de Jupiter. Je ne sais si le temple de la Bonne-Foi était bien le lieu d'assemblée que le sénat aurait dû choisir ce jour-là. Le plus violent des patriciens, Scipion Nasica, demanda aussitôt au consul de sauver la république et d'exterminer le tyran. Le consul répondit qu'il résisterait à toute tentative factieuse, mais qu'il ne ferait point mettre à mort sans jugement un citoyen romain. Alors Scipion s'écria : « Puisque le consul trahit la cité, que ceux qui veulent défendre les lois me suivent. » C'est lui qui désobéissait au consul, et par conséquent aux lois, que personne n'attaquait, car tout se bornait à un vote tumultueux, mais il n'y avait nulle révolte. Le vrai motif de Scipion Nasica était celui que nous fait connaître Plutarque : « Il se déclara son ennemi à toute outrance pource qu'il possédoit grande quantité de terres publiques et étoit fort marry de se voir contraint à force d'en vuider ses mains. »

Alors, jetant un pli de sa toge sur sa tête, ce qui pour un Romain était *se couvrir* [1], Scipion Nasica s'élança vers les marches du temple de Jupiter, sanctuaire de sa famille, et près duquel son père avait élevé un portique ; tandis que Gracchus était sur la place, au milieu des siens. D'autres suivirent Scipion, et, entortillant leur robe autour de leur main gauche, en manière de bouclier, ils se ruèrent sur la foule, qui, par une habitude de respect, dans presque toutes les émeutes se dispersait devant les sénateurs ; ils arrachèrent les débris des verges des licteurs aux mains qui s'en étaient armées. Eux-mêmes avaient apporté des massues, de gros bâtons, ils y joignaient les pieds des tables et des sièges que la foule renversait dans sa fuite, et allèrent, assommant ainsi tous ceux qu'ils rencontraient ou les poussant vers les escarpements du Capitole.

Tiberius voulait fuir, mais il tomba sur d'autres qui étaient tombés devant lui. Un indigne tribun, soudoyé certainement par les aristocrates, avec le pied d'un siége le frappa à la tête. Un autre misérable, Lucius Rufus,

---

[1] A Rome, on saluait en découvrant son front voilé par la toge, comme nous saluons en ôtant notre chapeau.

se vanta depuis de lui avoir porté le second coup. On dit qu'il était tombé devant la porte du temple de Jupiter, au pied des statues des rois [1]. Certes jamais Tiberius Gracchus n'avait songé à se faire roi, mais on l'en avait accusé, comme c'était l'usage d'en accuser tous les défenseurs du peuple; un tel rapprochement dut être agréable aux aristocrates, et ils ne l'épargnèrent pas sans doute à sa mémoire : ils ne firent pas remarquer qu'auprès des statues des rois était celle de Brutus, le grand patricien qui dut se reconnaître dans le grand et infortuné plébéien, son égal en patriotisme et plus humain que lui.

Initium in Roma civilis sanguinis, dit Valère Maxime [2]. Ce fut le premier sang répandu dans Rome par la guerre civile, et ce sang ce n'étaient pas les plébéiens qui l'avaient fait couler. Les riches et le sénat souillèrent par de tristes fureurs leur facile victoire; ils trai-

---

[1] Cela même ne paraît pas exact. Tiberius tomba sur les marches d'un escalier. « Per *gradus* qui sunt super Calpurnium fornicem. » Il n'est parlé nulle part, que je sache, de cet arc de Calpurnius, mais Dion Cassius (LVIII, 5) semble indiquer un escalier qui allait rejoindre celui des gémonies, près de la prison Mamertine; cet escalier était donc au-dessous d'Araceli. De plus, il est dit (App., *B. civ.*, I, 16) que Gracchus errait autour du temple de Jupiter quand il fut tué. C'est une confirmation de plus de l'opinion qui place ce temple à Araceli. Gracchus fut égorgé sur les premières marches de l'escalier en question, non loin des statues des rois érigées devant la porte du temple, et on dit qu'il était tombé à leurs pieds. Ce détail fut arrangé pour la circonstance et pour l'effet.

[2] II, 3, 3.

nèrent le corps de Tiberius par toute la ville avant de le jeter dans le Tibre, qui baigne presque le pied du Capitole, et un édile, c'est-à-dire un magistrat chargé d'entretenir l'ordre et la police dans la ville, précipita de sa propre main le cadavre dans le fleuve. Il était de la famille à laquelle avait appartenu Lucrèce, car il s'appelait Lucretius ; à ce glorieux nom qui rappelait des souvenirs de liberté dont il se montrait si peu digne, on joignit dès ce jour le sobriquet de *Vespillo* (croque-mort). Trois cents des partisans de Gracchus furent tués à coups de pierre ou de bâton. Les lettrés grecs, ses amis, qu'on accusait à leur honneur, et je pense avec raison, de ne pas être étrangers à ses inspirations généreuses, furent mis à mort ou poursuivis, et un Romain nommé Villius, coupable du même crime, fut enfermé dans un tonneau pour y périr sous la dent des vipères. Quant à Scipion Nasica, il ne put rester à Rome, où le peuple, indigné de l'assassinat d'un tribun dont la personne était inviolable, accompli dans un lieu consacré, le plus saint de la ville, l'accablait d'injures et lui aurait fait un mauvais parti. Il dut quitter Rome, et, dit Plutarque, « allant hors de son pays, errant, sans honneur et avec grand travail et trouble d'entendement, il mourut bientôt après en Asie, non loin de la ville de Pergame. »

La mort tragique d'un autre membre plus illustre de la même famille vint attrister Rome. Scipion Émilien, le vainqueur de Numance et de Carthage, était revenu à Rome où il combattait rudement les réformateurs. Quoique beau-frère des Gracques, il s'était prononcé contre les lois agraires et avait même approuvé la mort de Tiberius. Un patricien romain, quelque éminent qu'il fût, était patricien avant tout, et la passion de l'Émilien pour les intérêts de son ordre aveuglait ce jour-là ce noble esprit; il s'y mêlait la crainte de voir la république ébranlée par des agitations populaires, quelque raisonnable qu'en fût le principe. Scipion Émilien était de ces hommes qui, attachés à un ordre de choses, n'admettent pas volontiers les innovations qui pourraient le sauver en le transformant[1], redoutent trop les ébranlements qui pourraient le raffermir, et croient le mal toujours moins dangereux que le remède. Du reste, sa passion politique était pure de tout motif personnel, et l'avarice, si puissante sur la plupart des hommes de son parti, lui était étrangère[2]. Il protégeait la cause de l'Italie, il était le patron des Italiens. C'est qu'il comprenait les périls de la république : les larmes qu'il répandit sur la chute de Carthage, dont il était l'auteur, eussent été une affectation de sentimentalité hy-

---

[1] Ce qui ne l'empêchait pas de trouver bon qu'on le dispensât d'obéir aux lois : n'ayant pas l'âge, il fut nommé consul *legibus solutus* (T. Liv., *epist.* L), c'est la formule qu'on employait pour désigner l'omnipotence des empereurs romains, et c'eût pu être la devise de la famille des Scipions, dans laquelle le fils de Paul-Émile était entré.

[2] T. Liv., *epist.* LVII.

pocrite, si elles eussent coulé sur Carthage; mais Scipion Émilien, comme il le dit, pleurait sur Rome, qu'il voyait menacée dans l'avenir d'un sort semblable, et c'est en pensant à Rome qu'il prononçait tristement ces vers d'Homère : « Le jour viendra qui verra périr la ville sacrée d'Ilion, et Priam, et son peuple. » C'était aussi par une citation d'Homère que Scipion Émilien avait exprimé son approbation de la mort de Tiberius Gracchus. Il aimait les lettres grecques et l'élégance grecque; disciple de Polybe et de Panænus, il fut le premier à Rome, où les barbiers venaient de Grèce, qui se fit raser tous les jours. Il encouragea aussi les lettres latines. On sait que l'affranchi Térence fut admis dans sa maison, et si on ignore quelle fut, à Rome, la demeure des Scipions, après que le père des Gracques eut acheté la maison de l'Africain, voisine du Forum, pour bâtir sur son emplacement la basilique Sempronia, la villa de Scipion à Laurentum, où fut depuis celle de Pline, a été immortalisée par les entretiens de l'Émilien et de Lælius, Lælius qu'on appelait le *sage*, et qui l'était trop en effet, car, un bon mouvement l'ayant poussé à entreprendre l'œuvre des lois agraires, la difficulté et les dangers de l'entreprise l'avaient arrêté. Aujourd'hui, en se promenant sur ce rivage de Laurentum, aux environs de la belle forêt de pins de Castel-Fusano, il est impossible de ne pas songer à Scipion et à Lælius s'y promenant ensemble et y ramassant des coquilles aussi indolemment que le peut faire chacun d'entre nous; et cela au milieu de ces agitations terribles qui devaient causer la mort de Scipion. Ce contraste est encore une vue sur l'histoire. Les grands hommes ne sont pas toujours en scène et en action, et dans les temps les plus troublés il se trouve une heure pendant laquelle ils ramassent des coquilles.

Ce fut sans doute à la libéralité de Scipion Émilien que Térence dut ses jardins sur la voie Appienne aux portes de la ville et qui couvraient vingt arpents. Comme ils sont indiqués près du temple de Mars [1], il faut les chercher dans les jardins qui encore aujourd'hui occupent les environs du tombeau des Scipions : les tombeaux étaient souvent attenants à une propriété; on peut donc croire que les jardins de Térence avaient été détachés d'une propriété des Scipions. Posséder des jardins de vingt arpents était une fortune assez nouvelle pour un poëte, et l'existence de Térence était assez différente de celle d'Ennius dans sa petite maison de l'Aventin avec une seule esclave. Évidemment la condition des hommes de lettres allait s'améliorant [2].

[1] Ad Martis villam. Une villa près du temple de Mars (le plus voisin de la porte Capène). C'est dans cette villa des Scipions que Cicéron a placé l'entretien sur le gouvernement, qu'on appelle *la république*.

[2] Selon un autre témoignage, mais emprunté à des vers satiriques contre Térence qu'il ne faut point croire, il eût été, malgré ses nobles amis, réduit à la dernière misère (Suet., *Ter. vit.*), mais cela est de

Un buste de Térence[1], à la figure froide, fine et ferme, avec un certain air d'affranchi, a été trouvé près de la voie Appienne... Mais, dans la société d'Émilien et de Térence j'oublie les graves événements qui s'accomplissent à Rome : je fais comme Scipion et Lælius, je m'amuse à cueillir des coquilles au bord de la mer. Revenons. Un jour, Scipion Émilien avait exposé ses plans de résistance dans le sénat, où ils avaient eu beaucoup de succès. Le lendemain il voulait les exposer devant le peuple. Le peuple s'était rassemblé en grand nombre au Forum pour l'entendre. Un de ses adversaires dans le sénat, où il en avait aussi, parut et s'écria : « Les remparts de Rome sont tombés; Scipion est mort égorgé durant son sommeil dans sa propre maison. » Le Forum fut consterné. Cette mort soudaine de Scipion Émilien fut attribuée au parti populaire, que Scipion s'était plu à irriter et à braver dans ce même Forum. Quelques-uns pensèrent qu'il s'était ôté la vie parce qu'il sentait la cause de l'aristocratie perdue, à peu près comme Scipion l'Africain s'était exilé, et comme plus tard abdiqua Sylla. Rien cependant n'avait pu faire prévoir un tel dessein, et je crois plutôt à un assassinat politique, funestes représailles du meurtre de Tiberius. On en accusa, contre toute vrai-

toute invraisemblance. Térence s'était enrichi aussi par le prix de ses pièces qu'il vendait aux édiles.

[1] *Ann. arch.*, 1840, p. 93-100; il est au musée du Capitole.

semblance, le jeune Caïus Gracchus et sa mère Cornélie. Il est peu honorable à Cicéron d'avoir fait plusieurs fois allusion à ces bruits calomnieux sans les articuler nettement, ou y répondre. La postérité ne les a pas crus. Cornélie et C. Gracchus étaient également incapables d'une pareille infamie.

Caïus Gracchus est un personnage encore plus intéressant que son frère aîné; il sait les dangers de l'entreprise que ce frère a tentée et qui lui a coûté la vie. Il n'a que vingt-six ans, et, comme il le dit un jour dans le Forum, il a hésité avant de s'y engager, il s'est demandé s'il fallait s'exposer à y périr lui et son enfant, le seul reste de la famille Sempronia. Son frère Tiberius [1] lui apparaît dans un songe et lui dit : « Hésite tant que tu voudras, il faudra que tu meures comme moi. » Caïus comprend que c'est sa destinée, il se dévouera comme son frère et finira comme lui.

A peine nommé tribun, Caïus éleva la voix contre les meurtriers de ce frère, puis s'acquit grandement la faveur du peuple par des distributions de terres publiques dans plusieurs villes qu'il repeupla et par des distributions de blé qui devaient être faites aux citoyens pauvres, obligés de payer seulement une partie du prix. Cette loi était d'un mauvais exemple, j'en conviens; mais les spoliations des riches avaient tellement appauvri les

[1] Val. Max., I, 7, 6.

citoyens, qu'il fallait leur venir en aide de quelque manière. Cette loi pouvait se défendre comme la *loi des pauvres*, elle aussi très-mauvaise en principe, par la nécessité. Pour ces distributions, il fallait de vastes greniers publics, Caïus Gracchus en fit construire et les établit avec un soin minutieux. Ces greniers, dont l'emplacement n'est point indiqué, devaient être dans le quartier des greniers et des marchés au blé, aux environs de la porte d'Ostie et du lieu de débarquement, *Emporium*, qui n'a pas changé depuis les Romains. Quand la popularité de C. Gracchus fut bien établie, il proposa une mesure hardie, c'était d'accorder le droit de cité à tous les alliés. Ceci est l'autre partie de l'œuvre des Gracques. Par la loi agraire ils voulaient créer une démocratie propriétaire et libre, ils voulaient aussi, et cette gloire n'est pas pour eux moins grande que l'autre, ils voulaient créer une Italie.

A Rome, il y eut toujours alliance entre la pensée démocratique et la pensée italienne, et cette alliance existe encore. Le premier auteur des lois agraires, Spurius Cassius, fut aussi accusé d'avoir voulu trop faire pour les Latins. Tiberius Gracchus laissa voir des desseins favorables à l'Italie, qu'il n'eut pas le temps de pousser sérieusement. Cependant il est dit qu'il fut considéré par le peuple comme le fondateur non d'une ville ou d'une race, mais de tous les peuples de l'Italie[1].

---

[1] App., *B. civ.*, i, 13.

Ce qui avait détaché de Cassius les plébéiens de Rome, jaloux de leurs droits, c'est qu'il voulait les leur faire partager avec des peuples italiotes; aujourd'hui la pensée de la fondation d'une Italie les attachait à Tiberius et excitait leur enthousiasme. Il y avait là de leur part un progrès sur la vieille politique égoïste de Rome, à laquelle le sénat restait fidèle. C'est néanmoins à Caïus Gracchus que revient l'honneur d'avoir proposé l'extension du droit de suffrage à tous les Italiens. Cela était d'autant plus nécessaire au succès de ses plans que les lois agraires déplaisaient aux alliés parmi lesquels il en était beaucoup qui participaient à l'usurpation des terres publiques menacées par la loi agraire, et qui, bien que ces terres ne fussent point leur propriété, ne se souciaient pas de les rendre; mais l'égalité politique pouvait les consoler de tout. Les deux mesures se tenaient donc étroitement, et en donnant des droits aux Italiens, Caïus complétait et assurait l'œuvre agraire de Tiberius.

Avant de porter le grand coup et pour le préparer, il reprit la loi de son frère Tiberius, destinée, en améliorant la justice, à séparer des intérêts patriciens les intérêts des financiers qu'on appelait les chevaliers; elle associait pour l'office de juge les chevaliers aux sénateurs. Caïus lui donna une portée plus grande en remplaçant les sénateurs par les chevaliers. La corruption des juges que l'on dépossédait était si grande que, *par pudeur*, dit Appien, le sénat n'osa pas résister. C'est en soutenant à la tribune cette loi, qui portait le dernier coup aux monopoles politiques de l'aristocratie, que Caïus Gracchus, contrairement à l'usage qui voulait que l'orateur se tournât vers le Comitium, où étaient les familles patriciennes, se tourna vers le Forum, où étaient les plébéiens : léger changement d'attitude dans lequel était toute une révolution [1].

Caïus Gracchus s'occupa aussi de la condition du soldat pour l'adoucir. Le soldat ne dut commencer à servir qu'à l'âge de dix-sept ans, et la durée du service militaire fut abrégée. Dans le combat entre les Gracques et les patriciens, l'humanité est toujours du côté des Gracques. Mais la grande affaire de Caïus Gracchus, c'était la cause des Italiens, de ceux qui jouissaient d'un droit politique incomplet nommé droit latin, et de ceux qui, sous le nom d'alliés, étaient encore moins favorisés; en un mot, la cause des franchises italiennes, la cause de l'Italie. Caïus Gracchus voulait élever tous les Italiens, sujets de Rome, au rang de citoyens romains [2]. On peut le considérer comme le premier précurseur de l'unité italienne; il voulait réaliser d'avance le vœu que formait plus tard Virgile :

Sit romana potens itala virtute propago.

[1] Cette innovation est attribuée aussi à un Licinius Crassus, du reste orateur populaire; mais elle va trop bien au personnage de Caïus Gracchus pour la lui ôter.
[2] Selon M. Mommsen, il voulait donner le droit de cité romaine aux *Latins*, et étendre les prérogatives du droit *latin* aux *alliés*.

C'est pourquoi il s'occupa beaucoup des routes, ce qui était un bienfait pour toutes les populations italiennes. En facilitant les rapports de ces populations, les routes devaient préparer leur unité politique, but des efforts de Caïus. A cette heure on attend un résultat pareil des chemins de fer établis entre les différents États. Ce qu'étaient les routes dans l'antiquité, les chemins de fer le sont aujourd'hui.

Caïus Gracchus passe pour avoir établi l'usage des pierres milliaires le long des voies romaines. En Grèce, les distances étaient marquées par des hermès depuis le temps d'Hipparque, fils de Pisistrate, et Polybe nous apprend que de son temps des pierres milliaires existaient dans la partie de la route d'Espagne qui traversait la Gaule. Toujours est-il que C. Gracchus en planta sur les routes qu'il fit commodes et belles; magnifique moyen de popularité dans toute l'Italie.

On peut attribuer à Caïus Gracchus l'admirable substruction de la voie Appienne qui se voit près de Lariccia et qui, à en juger par la construction, peut bien être du septième siècle de Rome. Pour éviter une montée pénible, les Romains ont construit là un viaduc de sept cents pieds. Il est formé de masses quadrilatères de pépérin ayant jusqu'à sept pieds de longueur et une hauteur de deux pieds. Le mur atteint une élévation de quarante pieds. Trois arcades y ont été percées pour permettre l'écoulement des eaux. Tels étaient les vues politiques de Caïus Gracchus, les constructions et les travaux d'art qui s'y rattachaient.

Que fit le sénat pour entraver ses desseins en lui enlevant toute sa popularité? Il s'avisa d'un singulier artifice : il mit en avant un tribun, Livius Drusus, qui à chaque proposition libérale de Gracchus en opposait une plus libérale encore, et toujours au nom du sénat [1]. Espérait-il amener par là un retour en sa faveur, ce que nous nommons une *réaction*, et pouvoir plus tard abolir ces lois excessives? ou cédait-il seulement à sa haine pour celui qu'il détestait comme l'auteur, après son frère, de mesures qui lui étaient antipathiques, se résignant à beaucoup perdre s'il le perdait?

Quoi qu'il en soit, la manœuvre réussissait, et, dans l'absence de Gracchus, qui était occupé à repeupler Carthage, ses amis de Rome perdaient du terrain. A son retour, il quitta la maison qu'il avait habitée jusqu'alors sur le Palatin, où se trouvaient les demeures des personnages considérables; par où l'on peut voir ce qu'étaient des plébéiens comme les Gracques, alliés d'ailleurs à l'une des plus grandes familles de Rome, les Cornelii; il alla se loger *au-dessous* du Forum [2], dans un lieu où il y avait beaucoup de gens de pauvre et de basse condition. Ce ne pouvait être que dans le

---

[1] Une politique semblable avait été proposée au sénat pour combattre la loi agraire d'Icilius; mais le sénat d'alors l'avait rejetée avec mépris

[2] Plut, *C. Gr.* 12.

quartier de la Subura, habité en effet par des gens de cette sorte.

A Rome, le lieu de la demeure des personnages historiques n'est presque jamais indifférent, et c'est pourquoi il est toujours bon de le déterminer. En descendant du Palatin et en allant loger dans la Subura, Caïus Gracchus faisait ce que fit depuis, quand il alla aussi loger dans la Subura, Jules César, personnage d'une extraction plus illustre que celle de Gracchus, et qui n'ambitionnait pas moins que lui la popularité, mais pour d'autres fins. Caïus Gracchus, voyant la sienne atteinte par les intrigues du sénat, faisait tout pour la reconquérir. Le consul ayant ordonné à quiconque n'était point citoyen de Rome de quitter la ville, où l'on allait voter sur des lois proposées par Gracchus, et que beaucoup d'Italiotes étaient venus appuyer, le tribun fit afficher dans les lieux publics une protestation contre cette mesure arbitraire, et promit à ceux qu'elle frappait de leur venir en aide. Cependant il poussa la modération jusqu'à laisser conduire en prison, sous ses yeux, par ordre du consul, un hôte et ami de sa famille, disant qu'il ne voulait pas donner à ses ennemis le prétexte qu'ils cherchaient pour commencer les violences.

Caïus prit parti contre les puissants dans une autre circonstance. On devait donner des combats de gladiateurs au milieu du Forum, où avait encore lieu ce genre de représentations, puisqu'alors Rome n'avait point d'amphithéâtre. Un certain nombre de magistrats firent dresser autour du Forum des échafauds pour les louer aux spectateurs. C'est ce qu'on nomme aujourd'hui à Rome des *palchi*, et cette industrie est pratiquée à l'occasion des cérémonies religieuses et des divertissements du carnaval. Caïus Gracchus ordonna d'enlever les échafauds, afin que le peuple pût voir les jeux sans rien payer. On n'obéit point au tribun. Gracchus attendit jusqu'au soir qui précédait le jour de la représentation, prit avec lui des ouvriers et abattit les échafauds pendant la nuit. Le lendemain matin, le Forum était libre. Cette satisfaction donnée à la multitude coûta cher à Gracchus, si, comme on l'a cru, elle l'empêcha d'être nommé tribun pour la troisième fois. Ce ne fut, je crois, qu'une occasion pour les personnages influents qui l'avaient soutenu de montrer leur malveillance, et pour le peuple de montrer son ingratitude et son refroidissement.

Le sénat crut le moment arrivé d'en finir avec Caïus Gracchus. Opimius, son ennemi, venait d'être nommé consul. « Ils cherchaient, dit Plutarque, tous les moyens de l'irriter, afin que lui leur donnât quelque occasion de courroux pour le tuer. » Caïus se contint d'abord; mais, poussé par ses amis, il rassembla ses partisans pour tenir tête au consul, sa mère Cornélie fit venir dit-on secrètement à Rome un certain nombre d'Italiotes déguisés en moissonneurs, pour appuyer celui qu'ils regardaient comme leur défenseur et leur patron.

Caïus Gracchus était allé en Afrique pour faire sortir Carthage de ses ruines en y établissant une colonie romaine, dessein qu'exécuta depuis César. Scipion Émilien avait fait vœu, en dévouant Carthage aux dieux infernaux, que l'herbe y croîtrait toujours : c'était la volonté impitoyable du sénat, la vieille tradition romaine dans toute sa férocité. Les Gracques et le parti novateur qu'ils représentaient commençaient à sortir de ce point de vue étroit et barbare de la conquête sans merci, et déjà Tiberius avait donné l'exemple de quelque humanité pour les peuples vaincus. Le sénat s'opposait fortement au projet de coloniser Carthage ; il avait fait parler les Aruspices, qui avaient déclaré qu'il fallait renoncer à ce projet parce que des loups avaient arraché les bornes de délimitation que Gracchus et son ami Fulvius Flaccus avaient fait planter ; mais ceux-ci affirmaient que les loups n'avaient point arraché les bornes, ce qui en effet n'était guère vraisemblable, et persistaient malgré cette grave objection à maintenir l'utilité de leur loi. Le peuple allait décider.

Le matin du jour où l'on devait prononcer sur la rescision des lois de Caïus Gracchus touchant la colonisation de Carthage, lui et le consul Opimius s'établirent tous deux de bonne heure sur le mont Capitolin. Tous les partis choisissaient cette position dominante pour tenir les assemblées qui devaient être orageuses ; à tout événement on espérait rester ainsi maître du Capitole. Appien parle de poignards apportés par les plébéiens, ce que ne dit pas Plutarque. Après ce qui s'était passé, cela prouverait seulement qu'ils ne se souciaient pas d'être assommés sans se défendre.

Fulvius Flaccus avait commencé à parler quand Gracchus arriva sur le Capitole, où son frère avait été massacré. En attendant la fin du discours, il se promenait sous le portique bâti par le père de Scipion Nasica, l'assassin de Tiberius [1]. Ce lieu n'était pas propre à lui faire oublier, non plus qu'à ses amis, un tel attentat. Ils devaient être dans une disposition irritée. Un pauvre diable nommé Antyllus, attaché au service du consul, vint à passer portant les entrailles sacrées, et, avec l'insolence d'un employé subalterne, s'écria : « Allons, mauvais citoyens ! place aux honnêtes gens [2] ! » et il insulta du geste les amis de Gracchus, qui étaient de méchante humeur et qui tuèrent Antyllus. Gracchus les tança vertement, leur disant qu'ils donnaient beau jeu à ses ennemis. En effet, le consul Opimius déjà demandait vengeance du meurtre

---

[1] Vell. Pat., ii, 3.

[2] C'est le récit de Plutarque. Appien raconte la chose un peu autrement (*B. Civ.*, 1, 25). Antyllus serait un plébéien qui offrait là un sacrifice, et qui, prenant la main de Caïus, l'aurait adjuré de renoncer à ses desseins contre la patrie. La circonstance des entrailles portées par Antyllus semble donner à la version de Plutarque un caractère de probabilité qui manque à la narration d'Appien, où l'on voit un plébéien offrir un sacrifice sur le Capitole dans une assemblée, ce qui est peu conforme à la vraisemblance.

d'Antyllus, et Caïus offrait de se justifier quand une pluie, probablement une de ces pluies soudaines et torrentielles de l'été comme on en voit à Rome, fit dissoudre l'assemblée. Chacun se retira chez soi. A minuit, une partie du peuple vint camper dans le Forum, et le consul Opimius, pour veiller sur ce rassemblement, fit occuper le temple de Castor, situé dans le Forum, qu'on voit toujours, quand il y a des troubles, être un centre de désordre, comme la *Puerta del Sol* à Madrid.

Le lendemain, les sénateurs, convoqués dans la curie, appellent devant eux le consul et Caïus Gracchus. C. Gracchus n'était pas tribun en ce moment, et l'inviolabilité du tribunat ne pouvait le couvrir ; aller dans la Curie, c'était se livrer. Le sénat était en proie à l'exaltation la plus violente ; on avait apporté le corps d'Antyllus, à travers le Forum et le Comitium, à la porte de la curie. Les sénateurs en étaient sortis, et en présence du cadavre avaient poussé des cris de rage et de vengeance à la grande indignation des plébéiens qui voyaient cela du Forum, et trouvaient que c'était bien du bruit pour un serviteur public mis à mort injustement sans doute, mais un peu par sa faute, de la part de ceux qui avaient massacré un tribun inviolable sur le saint Capitole et en avaient précipité son cadavre.

Ce n'était pas à de telles gens, dans un tel moment, que Gracchus pouvait présenter sa justification, d'autant plus que, rentrés dans la Curie, ils décrétèrent que le consul Opimius était chargé de sauver la république et d'exterminer les tyrans : arrêt de mort pour Gracchus et ses amis. Gracchus, retournant à sa demeure, s'arrêta dans l'atrium, où était le portrait de son père, le regarda fixement et passa outre sans mot dire. Ceux qui étaient le plus attachés à Caïus allèrent veiller durant toute la nuit dans sa maison et alternativement faire le guet devant sa porte pour la garder. Là tout se passa dans un calme digne et triste.

Les choses n'allèrent pas de même chez Fulvius Flaccus. Ici la veillée fut bruyante et désordonnée. Flaccus lui-même s'enivra et parla à tort et à travers comme un homme téméraire qui veut s'étourdir sur le danger. Le lendemain, lui et les siens, s'emparant d'armes qu'il avait conquises sur les Gaulois et dont il avait fait un trophée dans sa maison, se rendirent sur l'Aventin, lieu cher aux plébéiens, qu'il avait vu plus d'une fois triompher.

Caïus Gracchus s'arma seulement d'un poignard sous sa toge pour se défendre, et sortit d'un air tranquille comme s'il allait au Forum. Le Forum était sur son chemin pour gagner l'Aventin en partant de la Subura. Sa femme, tenant leur enfant, voulut l'arrêter sur le seuil en lui rappelant le meurtre de son frère ; il se dégagea doucement, et alla rejoindre Flaccus sur l'Aventin.

Flaccus était un séditieux qui avait pris les armes. Caïus Gracchus, qui ne les avait point prises, eut tort d'aller près de lui; mais évidemment sa vie était en danger..Les sénateurs, par leur décret, l'avaient voué à la mort comme son frère. L'Aventin avait été plusieurs fois, pour les plébéiens, un refuge; c'était pour lui un *asile;* il n'excitait point la sédition qu'il commettait la faute de suivre, et il fit ce qu'il put pour amener la paix.

Le mont Aventin avait toujours été la forteresse des mécontents. La loi Icilia y avait établi, par une distribution des terres publiques, pareille à celle que demandait les Gracques et qui avait réussi, un grand nombre de petites familles plébéiennes. Cette population de l'Aventin devait être favorable à la cause des réfugiés. Caïus Gracchus trouvait sur cette colline démocratique, avec les souvenirs de l'insurrection contre le décemvirat, le temple érigé à la Liberté par son aïeul, et orné par son père d'un tableau qui représentait une scène d'affranchissement. Son éloquence, que Cicéron, peu suspect de partialité pour lui, a vantée, dut tirer parti de ce rapprochement.

Il voulut aller dans la Curie porter des paroles de concorde; mais c'était insensé, et on ne le permit point; alors, sur sa proposition, Fulvius y envoya le plus jeune de ses enfants, « le plus beau jeune garçon qu'on put voir, » dit Plutarque. L'enfant se présenta aux sénateurs timidement, gracieusement, en versant des larmes, et prononça un discours de conciliation, que sans doute Caïus Gracchus lui avait fait apprendre par cœur. Plusieurs étaient d'avis d'entrer en pourparlers ; mais l'inflexible consul déclara, et je ne saurais l'en blâmer, qu'on ne pouvait traiter avec des rebelles : il congédia l'enfant, en lui disant de ne revenir que si la soumission était acceptée ; on l'envoya de nouveau vers le sénat. Cette fois Opimius le fit arrêter, et ordonna l'assaut de l'Aventin.

Opimius avait prescrit aux sénateurs d'apporter des armes, et à chaque chevalier d'en faire autant et d'amener avec lui deux esclaves. On ne pouvait plus franchement accepter et précipiter la guerre civile. Flaccus y répondit en appelant les esclaves à sa défense ; mais il n'avait pas affaire aux généreux *volons* que Sempronius, père des Gracques, avait affranchis.

Opimius fit crier à son de trompe que ceux qui poseraient les armes seraient amnistiés, et que ceux qui apporteraient les têtes de Gracchus et de Fulvius recevraient le poids de ces têtes en or (ce sont déjà les procédés des proscriptions), puis il marcha contre l'Aventin avec des archers crétois, milice étrangère propre à être employée contre les citoyens, comme le sont les Suisses. Vivement attaquée par eux, le petite troupe fut bientôt en fuite. Fulvius se jeta dans des thermes abandonnés, où il fut tué avec son fils aîné. Celui-ci avait été pris les armes à la main ; mais ce qui doit être une immortelle flétrissure pour Opimius et le parti vainqueur, c'est que le plus jeune des fils de Fulvius, ce charmant enfant qui, envoyé par son père, était apparu entre les deux partis comme un innocent génie de la concorde, fut égorgé après la victoire. On lui laissa le choix de sa mort : il dut être bien embarrassé, car il ne s'était, je pense, jamais encore demandé comment on s'y prenait pour mourir. A Rome, si l'on veut trouver une atrocité pareille, il faut franchir vingt siècles et arriver du fils de Fulvius au petit frère de la Cenci, malgré sa parfaite innocence sauvé à grand'peine du supplice par un avocat généreux, et condamné à assister au pied de l'échafaud à la mort de sa mère, de sa sœur et de son frère. On savait ce que l'on faisait en le graciant ainsi, car il survécut peu à l'horreur d'un tel spectacle, et les biens des Cenci passèrent aux Aldobrandini.

Caïus Gracchus ne combattit point; il n'était pas venu sur l'Aventin pour cela, mais pour disputer quelques moments sa tête à ses ennemis. Il entra dans le temple de Diane, sur la pente du mont Aventin, pour s'y tuer; deux amis l'en empêchèrent. Alors il se mit à genoux, comme aurait fait un chrétien dans une église [1], et, tendant les mains vers la statue de la

---

[1] Les payens se mettaient à genoux en signe de dévotion. Sur une pâte antique citée par Winckelman, Diomède met un genou en terre devant le palladium au moment de le ravir. César et Claude montèrent à genoux l'escalier du Capitole; Marc-Aurèle écrit à Fronton (ed.

déesse, lui demanda que ce peuple qui l'avait trahi ne fût jamais libre. Cette prière du désespoir ne devait pas tarder beaucoup à être exaucée.

Il voulut ensuite s'échapper du temple de Diane, situé vers le sommet de l'Aventin, dans le temple de la Lune, placé beaucoup plus bas[1], et de là, en sautant pour s'enfuir, il se donna une entorse, ce qui retarda sa fuite. Son projet était de gagner la porte Trigemina, par où l'on allait à Ostie ; mais elle était gardée. Un de ses amis, Pomponius[2], empêcha

---

Mai, *ep.* 72) : Je prie Minerve à deux genoux, *genibus nixis*. Sommes-nous déjà dans la Rome moderne?

[1] Appien nous montre Caïus Gracchus et ses amis se fortifiant dans le temple de Diane (1, 26). Ce temple était sur une esplanade encore visible vers le sommet de l'Aventin, un peu au-dessous du temple de Junon (Sainte-Sabine). C'est là qu'allèrent camper les soldats après la mort de Virginie (Den. d'Hal., xi, 43). Selon Plutarque (16), C. Gracchus, après la défaite des siens, se retire dans le temple de Diane, y fait sa prière et veut s'y tuer, puis est entraîné par ses amis. Ni l'un ni l'autre ne parlent du saut ni de l'accident. Le faux Aurélius Victor (*De Vir. ill. c. gr.*, 65) dit : « Dum a *templo* Dianæ desiliit talum intorsit. » Je crois qu'ici on a confondu le temple de Diane avec le temple de la Lune, où Gracchus serait descendu et qu'un passage de Tite Live (xl, 2) prouve avoir été beaucoup plus bas et peu éloigné du temple de Cérès (Santa-Maria-in-Cosmedin). C'est de là qu'il aurait sauté d'une faible hauteur. Le temple de Diane était trop élevé au-dessus du Vélabre pour tenter un pareil saut. On ne peut croire que le temple de Diane et le temple de la Lune soient le même, car leur dédicace ne se célébrait pas le même jour. (Beck., *Handb.*, p. 456.)

[2] Les expressions de Valère Maxime : « Concitatum sequentium agmen in porta Trigemina aliquandiu acerrima pugna inhibuit, » montrent selon moi qu'il y eut un vif combat près de la porte Trige-

ceux qui l'occupaient de fondre au-dedans sur Gracchus. Ne pouvant sortir par cette porte, il n'avait plus d'autre ressource que de passer le Tibre et d'aller chercher sur l'autre rive la porte du *Janicule*. Il s'élança sur le pont en bois (*Sublicius*). Ceux qui lui donnaient la chasse l'y poursuivirent. Un autre ami, Lætorius, arrêta un moment la poursuite, renouvelant presque, pour protéger la retraite du fugitif, l'exploit d'Horatius Coclès, que ce pont rappelait. De l'autre côté du fleuve était un bois consacré à la déesse Furina, divinité funèbre que son nom a fait confondre avec les furies [1]. C'est là que Caïus Gracchus fut atteint par ses persécuteurs, et qu'un esclave grec, par son ordre, lui donna la mort. Sa tête fut coupée et portée au consul par un misérable qui la remplit de plomb, et réclama, selon la promesse d'Opimius, le poids de la tête en or. L'histoire ne dit pas que, malgré la supercherie employée, le consul ait marchandé sur le prix ; mais il ne permit pas qu'un tombeau fût élevé au petit-fils de Scipion l'Africain. Le corps de Caïus fut jeté dans le Tibre, où l'on avait jeté celui de Tiberius. La maison

mina, mais non que C. Gracchus l'ait passée pour gagner le pont Sublicius, qui, je crois, était dans l'intérieur de la ville. Sans doute C. Gracchus voulait sortir de Rome par cette porte, une forte résistance de ses ennemis, qui s'en étaient emparés, l'en empêcha ; alors il se replia sur le pont Sublicius.

[1] Nommée avec Mania. (Preller *Rom. myth.*, p. 48). Il y avait la déesse Furina et les Furinæ. Cicéron en a fait une furie (*De Nat. d.*, III, 18), et Plutarque les furies ἄλσος ἐρινυνύων.

de Flaccus, sur le Palatin, fut rasée comme l'avait été autrefois celle de Spurius Cassius, qui valait mieux que lui. Trois mille personnes furent égorgées. Après la mort de l'aîné des Gracques, on s'était borné à trois cents; mais plus l'aristocratie avait eu peur, plus elle se montra cruelle.

Après tous ses meurtres, Opimius, avec les biens de ceux qui avaient péri et les dots de leurs femmes, que l'on confisqua, éleva un temple à la *Concorde*. On a bien appelé *place de la Concorde* la place qui vit le sanglant triomphe de nos haines civiles, on a bien appelé *Commune-Affranchie* ma pauvre ville de Lyon après qu'on l'avait mise sous un joug de fer, et que les Opimius de ce temps-là avait fait monter sur l'échafaud qu'eux-mêmes méritaient, ses meilleurs citoyens, entre autres mon vertueux grand-père.

Ce temple de la Concorde dut être placé entre le Comitium et le Capitole, sur la plate-forme à laquelle un antique autel de Vulcain avait fait donner le nom de Vulcanal, à l'endroit même où Flavius de populaire mémoire avait dédié un temple à la Concorde [1], et où plus tard on en dédia un autre dont les traces sont encore visibles, car à Rome les temples dédiés à une même divinité, comme, depuis l'établissement du christianisme, les églises consacrées à un même saint s'élevaient dans le même lieu.

[1] T. Liv., ix, 46. Appien (*B. civ*, i, 26) dit *dans le forum*. Ici, comme il arrive très-souvent, *dans* un lieu veut dire *près* d'un lieu.

Opimius plaça son temple et la basilique Opimia à côté l'un de l'autre, au-dessus du Comitium patricien, auprès du siége où le préteur rendit longtemps la justice; il voulait célébrer par ces deux monuments son triomphe, qui était celui de l'aristocratie et qu'il prétendait, bien à tort on l'a vu, être celui des lois.

L'insolence cruelle d'Opimius, dédiant un temple à la Concorde après avoir noyé dans le sang les mesures conciliatrices des Gracques, fut ressentie à Rome, et les auteurs des *pasquinades* du temps écrivirent la nuit sur le temple un jeu de mots grec qui faisait ressortir l'odieuse inconvenance d'une telle dédicace, et dont voici une sorte d'équivalent : temple à la *clémence* élevé par la *démence*[1]. L'auteur anonyme de ce jeu de mots était plus près de la vérité que saint Augustin. Ce grand homme, venu tard, et quand le préjugé contre les Gracques était déjà fortifié par le temps, admire qu'on ait placé le temple de la Concorde en un lieu où il pût servir d'avertissement aux orateurs[2], et appelle le sénatus-consulte qui en a décrété la fondation un sénatus-consulte ingénieux (*eleganti sanè senatus consulto.*)

Il resta sans doute assez des biens confisqués des proscrits pour élever à côté du temple dérisoire de la Concorde une basilique qui porta le nom d'Opimius[3].

---

[1] Ἔργον ἀπονοίας ναὸν ὁμονοίας ποιεῖ. (Pl., 17.)
[2] *De Civ. D.*, III, 23.
[3] Varr., *L. Lat.*, v, 156.

Les basiliques étaient à la mode dans ce temps-là. Opimius acheva de se déshonorer en se faisant bannir de Rome pour avoir été acheté par Jugurtha. On éprouve quelque plaisir à penser que la fin d'un tel homme fut honteuse et triste; et à lire dans Cicéron qu'autant sa basilique était fréquentée à Rome, autant en Épire sa tombe était abandonnée[1].

Malgré mes sympathies pour les deux nobles victimes, je crois n'avoir pas déguisé leurs fautes; mais je soutiens que leur tentative était généreuse et politique : ils voulaient prévenir par une transaction équitable le conflit qui allait s'élever entre la pauvreté du grand nombre, augmentée par des envahissements illégaux sur la propriété publique, et la richesse de quelques-uns, immodérément accrue par une flagrante iniquité. Ils voulaient aller au-devant du mécontentement des populations italiotes en leur offrant l'égalité des droits qu'elles réclamèrent par la guerre sociale, et qu'après une sanglante résistance il fallut leur accorder. Ces deux buts étaient grands ; il était sage et patriotique d'y tendre par une réforme de la législation. C'est ce que voulurent les Gracques. Ils échouèrent contre l'avarice et l'orgueil de leurs ennemis. Pendant les cinq premiers siècles de Rome, j'admire beaucoup l'aristocratie romaine, la fermeté et la suite de ses desseins, la hauteur de son courage

---

[1] Cic. *pro Sest.*, 67.

dans les périls ; mais dès lors on remarque en elle ces deux défauts, l'orgueil et l'avarice. Quand, à côté des vieilles races, viennent se placer les grandes existences financières, cet orgueil ne diminue pas, et cette avarice tourne à l'avidité. Le plus honteux de ces deux défauts, l'avarice, put seul fermer les yeux à l'équité, à l'opportunité des lois agraires, et l'orgueil aux avantages de la [proposition de Caïus en faveur des Italiens.

Les Gracques n'étaient dont point des factieux ; en voulant introduire légalement dans la constitution romaine des améliorations nécessaires et qui seules pouvaient la faire vivre ; ils étaient des novateurs éclairés et des conservateurs hardis. S'ensuit-il que tous les détails de leur conduite aient été irréprochables? Qui est irréprochable dans les luttes civiles? L'opiniâtreté de la résistance irrite et entraîne parfois trop loin. La plus grande faute de Tiberius fut de faire déposer par le peuple son collègue Octavius. La plus grande faute de Caïus fut d'aller rejoindre Fulvius Flaccus et les insurgés de l'Aventin. Leur excuse est dans la nécessité, qui peut être une excuse, mais n'est jamais une justification. A faire autrement, il y allait pour l'un du succès de son noble et utile dessein ; pour l'autre, de la possibilité de vivre. N'importe, je ne les justifie point ; mais quand je compare l'ensemble de leur conduite avec celle des ennemis qui assassinèrent l'un et forcèrent l'autre à mourir, sans pouvoir les accuser d'aucun crime, j'aurais peine à comprendre comment le nom des Gracques, déjà dans l'antiquité, était le synonyme de factieux :

> Quis tulerit Gracchos de seditione querentes?
>
> « Qui pourrait supporter les Gracques se plaignant de la sédition ? »

si je ne voyais de nos jours certains préjugés nationaux et populaires tout aussi peu fondés, et qui, les événements aidant, menacent de passer dans l'histoire.

Ce furent aussi les événements et les circonstances qui établirent l'injuste lieu commun sur les Gracques, lieu commun que du reste n'ont admis ni Salluste ni Plutarque ni complétement Appien. Les Gracques furent vaincus, ce qui est toujours une preuve qu'on a été coupable aux yeux de la partie aveugle de la postérité. Les annalistes et les auteurs de mémoires où puisèrent les historiens étaient presque tous des patriciens. Les principaux écrivains romains appartenaient au parti qui triompha par la mort des Gracques. Tite Live prend toujours en main la cause du patriciat par un reste de républicanisme qui, sous Auguste, le destructeur de la république, le niveleur par le despotisme, lui fait honneur. Cicéron, homme nouveau, parvenu par le talent, et dont l'ambition était de représenter et de conduire l'aristocratie, n'a garde d'en combattre les préjugés. Celui qui était si glorieux, et avec raison, d'avoir sauvé l'État par un coup dont la légalité lui était contestée, se croyait obligé de défendre les répressions qui ressemblaient en apparence à la sienne. Il ne trouve d'indulgence pour les Gracques que lorsque, combattant une loi agraire proposée par le tribun Rullus, il tient à ménager César, qui en est un des principaux auteurs, et dont Rullus est l'instrument. Sous l'empire, toute lutte contre l'autorité fut regardée comme un crime. La rhétorique, docile de sa nature, amplifia complaisamment le thème de la servitude, et c'est ainsi que s'est transmis de siècle en siècle une fausse vue de l'histoire des Gracques, contre laquelle Niebuhr, qui n'était point révolutionnaire, a eu la gloire de protester. Pour moi, venu après lui sur le Capitole et sur l'Aventin, j'y ai trouvé le souvenir pathétique de son récit de la mort des Gracques, que je lui ai entendu faire autrefois dans ses cours à Bonn, et qui, trente ans après, m'est encore présent à Rome.

Il y avait à Rome, dans le portique de Métellus, qui devint le portique d'Octavie, une statue, avec cette inscription : « A Cornélie, mère des Gracques[1] ! » La vertueuse sœur d'Auguste fut digne d'abriter sous le portique qui avait reçu son nom la vertueuse mère des Gracques. La fille des Scipions était représentée assise, sans doute dans cette noble et calme attitude qu'on a donnée depuis aux Agrippines, dont la pre-

---

[1] Pl., *Hist. nat.*, xxxiv, 14.

mière n'eut pas une âme moins forte et moins fière que la sienne. Je voudrais que cette statue existât encore, pour chercher dans ses traits la clef de cette grande âme, où durent se passer bien des luttes entre les opinions de la fille des Scipions et les sentiments de la mère des Gracques.

Dès leur enfance, elle éleva ses deux fils, qu'elle nommait ses joyaux, pour de grandes choses. « M'appellera-t-on toujours, disait-elle, la fille des Scipions? Ne m'appellera-t-on jamais la mère des Gracques? » Après la mort de Tiberius, elle voulut détourner son frère Caïus de la même entreprise. Ce n'était pas la douleur de la perte d'un fils ou la crainte d'en perdre un autre qui pouvait faire fléchir l'âme de leur mère; mais elle s'appelait Cornélie, elle était de la hautaine race des Cornelius; ses traditions de famille, les opinions de son entourage, lui faisaient condamner les projets de ses fils. Elle ne voyait dans celui de Caïus Gracchus que le désir de venger Tiberius. « A moi aussi, lui écrivait-elle, rien ne semble plus beau que de se venger de ses ennemis, quand cela se peut faire sans que la patrie périsse; mais si nous ne pouvons le faire qu'à ce prix, il vaut mille fois mieux que nos ennemis soient épargnés, et que la patrie ne périsse pas. » Dans ses inquiétudes de patricienne et de mère de famille, elle ajoutait : « Les entreprises téméraires de notre famille n'auront-elles pas un terme? Où nous arrêterons-nous? N'avons-nous pas assez agité et ébranlé l'État? »

Gracchus eût pu lui répondre : « Ma mère, je veux l'affermir et le sauver. »

Mais les scrupules aristocratiques de Cornélie ne l'empêchaient pas, le jour où Caïus était en danger, de faire venir de la campagne des clients pour le défendre. Et quand ses deux fils eurent succombé, les scrupules de parti et de race s'effacèrent devant le respect de son deuil, et elle adopta sans réserve leur cause, lorsqu'elle eut échoué.

Après la triste fin de Caïus, elle se retira dans une villa près du cap Misène, non loin de Literne, où son père était mort dans un volontaire exil. Là, elle refusa d'un Ptolémée, qui lui offrait de l'épouser, le titre de reine d'Égypte. Elle y menait une existence grande et hospitalière. On venait de partout la visiter, l'entendre retracer le genre de vie de son père l'Africain, et raconter les actions et la mort de ses fils avec une fierté qui ne lui permettait pas les larmes, « non plus, dit Plutarque, que si elle eût raconté quelque ancienne histoire. » — « Les petits-fils du grand Scipion, disait-elle, étaient mes fils. » Et, faisant allusion au très-saint Capitole et au bois de la déesse Furina, au delà du Tibre : « Ils méritaient de tomber dans ces lieux consacrés, car ils sont morts pour une cause sublime, le bonheur du peuple romain. » Quand on la plaignait, elle, mère de douze enfants, de les avoir presque tous perdus, elle répondait : « Jamais je ne pourrai me dire malheureuse, car j'ai enfanté les Gracques. »

XVII

MARIUS ET SYLLA.

Patrie et origine de Marius.—Réforme électorale, les *ponts* des comices. — Jugurtha à Rome. — L'arc de Fabius. — Les Romains pénètrent dans la Gaule. — Première invasion des peuples germaniques. — Les Teutons et les Cimbres défaits par Marius. — Souvenirs de sa victoire en Provence. — Monuments à Rome, les trophées de Marius, le temple de l'Honneur et de la Vertu. — Portique et maison de Catulus. — Temple de la *Fortune de ce jour*. — Politique double de Marius; il assiège Saturninus au Capitole, Saturninus est tué dans la Curie. — Maison de Marius. — Guerre sociale; maison de Livius Drusus, son rôle politique, sa mort. — Violences dans la Curie et dans le Forum. — Sylla marche sur Rome, combat dans le marché Esquilin et près du temple de Tellus. — Fuite de Marius. — Départ de Sylla pour l'Asie. — Guerre de deux consuls dans le Forum. — Retour de Marius, Marius au Janicule, à la porte Capène. — Égorgements de Marius, sa mort. — Rome pendant l'absence de Sylla; incendie du Capitole. — Sylla devant Preneste. — Massacres à Rome. — Sylla à la porte Colline. — Massacre des prisonniers. — Les proscriptions, têtes dans le Forum. — Début de Catilina. — Temple de la Fortune, à Préneste. — L'abdication de Sylla; pourquoi il a abdiqué. — Sylla voue deux temples à Hercule. — Réédification du Capitole. — Mort de Sylla.

Quand Caïus Gracchus, a dit Mirabeau, tomba sous le fer des patriciens, il ramassa une poignée de poussière teinte de son sang et la lança vers le ciel; de cette poussière naquit Marius. La phrase un peu emphatique de Mirabeau est historiquement vraie. Les patriciens n'avaient rien voulu céder aux Gracques et ils furent décimés par Marius. La lutte changea de nature. On ne se combattit plus seulement avec des lois, mais encore avec des proscriptions.

Marius, c'était la plèbe incarnée; inculte, impitoyable, formidable comme elle, il avait quelque chose de Danton, si Danton eût été soldat. Ses traits exprimaient, sans doute comme ceux de Danton, cette puissante et violente nature. Nous n'en pouvons juger par aucun portrait de Marius [1].

Plus heureux que nous à cet égard, Plutarque avait vu, à Ravenne, une statue en marbre dont les traits répondaient bien à la rudesse et à l'âpreté du caractère de Marius.

Caïus Marius était né près d'Arpinum [2] dans le pays

[1] Le buste du Vatican (*M. Chiar.*, 511 A) fait pendant à un prétendu buste de Caton non moins grotesque. Ce n'est ni Marius ni Caton : les deux bustes se ressemblent; Marius et Caton ne pouvaient se ressembler. La statue du Capitole a une physionomie trop débonnaire pour rappeler celle dont parle Plutarque; le Marius de la villa Albani porte des moustaches et a l'air d'un sot, ce que Marius n'était point. Aucun des portraits de Marius ne ressemble aux médailles, dont au reste l'authenticité est peu sûre; l'auteur de l'*Iconographie romaine* le donne d'après une pâte de verre qu'il dit unique et ne croit pas plus ancienne que le deuxième siècle de l'ère chrétienne.

[2] A Cereatæ, une inscription où il est parlé des Cereatini Mariani, et qui a été trouvée au couvent de Casa-Mari, entre Veroli et Arpinum,

des Volsques. Il était de cette race de montagnards appartenant à la même famille de peuple que les Sabins; il en eut la vigueur et la dureté. Comme Caton, Marius est un vieux Sabin; mais, venu quand le meurtre des Gracques a rendu toute conciliation avec le passé impossible, il emploiera sa vigueur non à conserver ou à réformer, mais à détruire. Les Gracques voulaient organiser la démocratie, Marius la vengea.

Il n'avait que deux noms[1], comme la plupart des hommes de race sabellique. Les dédains patriciens ont exagéré l'humilité de son origine. Un paysan, même alors, eut pu difficilement épouser la tante de César, une femme de la famille des Jules la plus noble de Rome[2].

Ceux des patriciens, qui sentaient qu'il fallait donner un cours à l'irruption démocratique, adoptaient parfois quelque plébéien dans lequel ils remarquaient un mérite dont ils se faisaient les promoteurs; c'est ainsi qu'un Valerius avait adopté et poussé Caton; un Metellus fit de même pour Marius.

Son talent pour la guerre avait été reconnu et signalé par un autre patricien bien illustre, Scipion Émilien,

porte à croire que la tradition qui a donné à ce couvent son nom, *Casa Mari*, peut avoir quelque vérité.

[1] Le nom de Marius paraît avoir quelque ressemblance avec celui d'une nymphe Marica à laquelle était consacré le marais dans lequel Marius lui-même se cacha près de Minturne. (Vell. pat., II, 19.)

[2] Marius n'était pas proprement un paysan; il etait né dans une ville et avait été élevé dans une ville, Arpini altus. (Sall., *Jug.*, 63.)

sous lequel Marius servait en Espagne, et qui, comme on lui demandait quel général pourrait lui succéder un jour, répondit en mettant la main sur l'épaule de Marius encore inconnu :

« — Peut-être cet homme-là. »

En effet, le vrai génie de Marius était le génie de la guerre. Il ne fut jamais orateur à Rome où tout le monde l'était plus ou moins. Intrépide soldat sur le champ de bataille, les agitations du Forum le troublaient. Il y a d'autres exemples de ce contraste : si le vainqueur de cent batailles a eu peur une fois dans sa vie, c'est au conseil des Cinq-Cents. La politique de Marius, tour à tour rusée ou violente, n'eut jamais de grandeur. Il ne servit d'autre cause que celle de son ambition. Parti d'en bas, il voulut s'élever. Marius, que n'avait point atteint les lumières de la philosophie grecque, était comme le sont aujourd'hui les brigands des montagnes d'Arpino, sanguinaire et dévot. Une devineresse, probablement juive, appelée Marthe, qu'il menait toujours à sa suite, lui avait promis, disait-on, qu'il serait sept fois consul. Il marcha résolûment vers son septième consulat à travers le sang des ennemis et des Romains.

Ce qui prouve que le terrible soutien du parti démocratique n'avait dans le principe aucune opinion politique arrêtée, c'est que l'un des premiers actes publics du futur chef de la démocratie romaine fut de s'opposer énergiquement à la proposition d'une distribution de blé; sans doute à l'instigation des Métellus qui l'avaient fait nommer tribun et de l'influence desquels il attendait alors son avancement.

Mais bientôt il traita le sénat et les Métellus avec l'insolence d'un parvenu sentant sa force, à la suite d'une sorte de réforme électorale assez singulière qu'il avait voulu introduire pendant son tribunat.

Il s'agissait des ponts sur lesquels on passait pour aller voter.

Marius voulait qu'on fit ces ponts plus étroits[1]. Sans doute pour prévenir la fraude que l'affluence et la confusion pouvaient occasionner. Cette mesure était toute semblable à celles qu'aujourd'hui, en France, les électeurs sont obligés de prendre pour assurer la sincérité du vote; il fallait qu'elle fût efficace, car elle déplut grandement au parti aristocratique. Les consuls décrétèrent qu'aucun changement ne serait fait aux ponts, et mandèrent Marius dans la Curie. On espérait l'intimider, mais Marius n'était pas timide. Il entra dans la Curie, comme il serait entré au Forum, et menaça les consuls de les faire arrêter s'ils ne retiraient le décret; L. Métellus, un des consuls, ayant exhorté son collègue Cotta à le maintenir, Marius appela un serviteur des tribuns qui se tenait hors de la salle et lui donna l'ordre de conduire Métellus en prison. Ce jour-là, le Sénat dut regretter les Gracques.

Malgré cette insulte de son protégé, le frère de ce Mé-

---

[1] Cic., *De Legg.*, III, 17.

tellus le choisit plus tard pour son lieutenant et l'emmena en Afrique où il allait combattre Jugurtha. Sans doute les talents militaires de Marius, dont le consul sentait qu'il avait besoin pour vaincre un tel ennemi, le faisait passer sur l'insulte. Marius avait montré en Espagne ce qu'il valait en rétablissant la discipline dans l'armée et en exterminant les brigands dont le pays était infesté. On nommait sans doute ainsi des *guerillas* faisant la guerre de montagnes. Venir à bout de brigands ordinaires n'aurait pas fait tant d'honneur à Marius.

En Afrique, le lieutenant et le général ne vécurent pas longtemps en bonne intelligence. Imaginez sous l'ancien régime, placés dans le même rapport, un officier de fortune et un grand seigneur. Marius demanda un congé pour venir à Rome briguer le consulat. « Tu peux attendre, répondit impertinemment l'aristocrate romain, il sera temps pour toi d'être consul avec mon fils. » Marius partit, vint à Rome et fut consul. Le tout sans permission.

Auparavant, il avait échoué pour l'édilité et avait eu beaucoup de peine à emporter la préture; Marius dut être bien irrité et bien aigri par les obstacles qu'apportait à son ambition le mépris de ces nobles qu'il méprisait. « Ils méprisent ma nouveauté, lui fait dire Salluste, et moi leur incapacité... Tous les hommes sont égaux par nature; le plus noble, c'est le plus vaillant... S'ils me méprisent, ils méprisent leurs aïeux, dont la noblesse a commencé par ce qui fait la mienne : le mérite[1]. »

Quand Marius disait ces choses de sa forte voix à la tribune, le Forum devait trembler d'un tonnerre d'applaudissements.

Marius, homme nouveau, se vantant de son origine, accusant et bafouant les nobles de naissance et de fortune, était l'idole du peuple ; les paysans et les ouvriers que nous rencontrerons souvent dans les scènes orageuses du Forum, quittaient leurs travaux pour lui faire cortége. Dans le champ de Mars, les centuries nommèrent Marius consul, et dans le Forum les tribus lui conférèrent le commandement de l'armée d'Afrique, le dispensant de tirer au sort, comme c'était l'usage entre les consuls, la province qui devait lui échoir en partage, et malgré une décision du sénat qui avait donné la Numidie à Métellus.

Ce fut une grande satisfaction pour son orgueil blessé d'aller prendre ce commandement et de l'enlever à Métellus qui s'éloigna avant son arrivée pour éviter l'humiliation de le lui remettre en personne.

Marius composa son armée de tout ce qui se présenta, enrôla force prolétaires et même des esclaves. Il commença la guerre en brûlant les villes et tuant les prisonniers. Mais Jugurtha, tantôt attaquant l'ennemi, tantôt s'enfonçant dans le désert[2], était insaisis-

---

[1] Sal., *Jug.*, 85.
[2] Sall., *Jug*, 74.

sable, comme le fut longtemps Abd-el-Kader. Une secrète négociation s'ouvrit avec Bochus, prince numide qui, après bien des tergiversations, livra Jugurtha. Cette négociation fut conduite avec beaucoup d'adresse par un jeune patricien auquel Marius l'avait confiée, et qui prétendit en avoir tout l'honneur. De ce moment date la rivalité qui devait plus tard mettre aux prises Marius et ce jeune patricien. Il se nommait Cornelius Sylla.

Jugurtha fut amené prisonnier à Rome. Il y était déjà venu et la visite qu'il y avait faite se lie trop aux événements du Forum et de la Curie pour ne pas être racontée dans cette histoire.

Jugurtha était un Numide qui avait servi dans l'armée romaine, un barbare civilisé, ce qui est la pire espèce de barbares. Nul ne connaissait mieux la corruption qui avait pénétré dans les mœurs de la république. On peut dire qu'il l'exagérait. « Tout se vend à Rome, » disait-il, et il se croyait bien assuré d'y acheter un jugement favorable. Cependant il perdit son procès.

Ce procès entre des princes africains, débattu dans la Curie et le Forum romain, commença par l'accusation contre Jugurtha que le prince dépouillé, Atherbal, adressa au Sénat. Après que sa lettre eut été lue, de vifs débats s'élevèrent; quelques-uns étaient indignés; les sénateurs que Jugurtha avait gagnés prenaient hautement son parti. Parmi leurs adversaires les plus décidés, on remarqua avec étonnement Æmilius Scaurus. C'était un homme habile qui, trouvant les largesses du roi distribuées avec trop d'imprudence et d'éclat, ne voulut pas se laisser compromettre par elles. Mais son tour devait venir.

Bientôt on apprit que Jugurtha, au mépris de ses engagements, avait usurpé les terres d'un roi allié du peuple romain, pris la ville de Cirtha (Constantine), égorgé ce roi et avec lui des négociants romains.

Jugurtha avait des envoyés à Rome qui, admis devant le sénat, cherchaient à adoucir les esprits et à traîner les choses en longueur, selon les procédés encore en usage dans la diplomatie orientale. Mais le tribun Memmius dénonçait vigoureusement au peuple ces coupables lenteurs.

Jugurtha fit partir pour Rome avec son fils deux autres envoyés qui avaient pour instruction : corrompre tout le monde. *Omnes mortales pecunia aggrediendos.*

Cette fois, la vertu jusqu'ici intraitable d'Æmilius Scaurus, jugea qu'il était temps de céder. Il alla en Afrique intriguer avec Jugurtha, dont le consul Bestia accepta la soumission.

Ce fut une grande agitation à Rome ; en tout lieu, dans toutes les réunions[1], on discutait la conduite du consul ; les plébéiens étaient furieux, les aristocrates inquiets. Approuveraient-ils une si grande injustice, ou casseraient-ils le décret consulaire ?

---

[1] Sall., *Jug.*, 30.

On manda vers Jugurtha un honnête homme de l'austère gens Cassia. Celui-ci obtint du Numide qu'il viendrait se faire juger à Rome, lui donnant sa parole pour sauf-conduit.

Jugurtha parut au Forum dans un humble costume, fait pour exciter la commisération. Comprenant que, cette fois, son sort ne dépendait plus du sénat, il avait acheté un tribun.

Le peuple était animé de la plus violente colère. Les uns voulaient que l'on mit le roi numide en prison; d'autres qu'il fût puni de mort. Memmius commença par calmer ces transports, puis somma Jugurtha, s'il voulait rentrer en grâce auprès du peuple romain de faire connaître ceux par les conseils desquels il avait agi. Car c'était à eux que l'indignation populaire en voulait plus qu'à lui. Le tribun Fabius défendit à Jugurtha de répondre. Malgré les menaces et les cris de la multitude furieuse qui remplissait le Forum et faisait mine de se jeter sur lui, Jugurtha ne répondit point, il avait acheté son propre silence. L'impudence triompha, dit Salluste, et le peuple se retira joué.

Jugurtha profita de ce répit pour faire assassiner, dans Rome, un prétendant numide qu'on voulait lui opposer; puis il partit renvoyé par le sénat, en disant : « Ville vénale, tu n'attends qu'un acheteur. » Jugurtha avait encore trop bonne opinion de Rome, car elle devait se livrer pour rien.

Tel avait été le premier voyage de Jugurtha à Rome.

Il y revenait, cette fois, en captif et destiné à une mort qu'il avait bien méritée. On réserva son supplice pour le triomphe de Marius ; après qu'il y eut figuré avec ses deux fils, tout près de ce Forum, où son impudence avait bravé la colère du peuple romain, il fut plongé nu dans le cachot souterrain de la prison Mamertine. C'était le 1er janvier. L'Africain ne fut sensible qu'à la température, et s'écria : « Romains, vos étuves sont froides. » Il ne dit plus rien et mourut de faim au bout de six jours.

De quoi pouvait-il se plaindre? On le traitait comme les vestales qui avaient failli. Les Romains n'étaient pas barbares seulement pour lui.

Mais une plus grande gloire que celle de la défaite ou de la prise de Jugurtha attendait Marius. Il allait repousser la première invasion des peuples germaniques.

Les peuples celtiques ne donnaient plus d'inquiétudes. En Italie, les Gaulois étaient devenus Romains; au delà des Alpes, ils étaient sur la défensive; les armes romaines pénétraient dans la Gaule méridionale, où deux colonies, Aix et Narbonne, venaient d'être fondées. A ce commencement des conquêtes dans la Gaule, se rattachait l'arc de triomphe élevé à un Fabius, vainqueur des Allobroges [1], et son triomphe avait été mérité par un combat important livré, sur les bords de

---

[1] L'*Arcus Fabianus*, érigé à l'endroit où la voie Sacrée débouchait dans le Forum.

l'Isère où vont nous ramener les victoires de Marius, non-seulement aux Allobroges, mais encore à la puissante nation des Arvernes, combat qui assura la Gaule méridionale aux Romains.

Mais derrière les populations celtiques, au bord du Danube comme au bord du Rhin, était l'immense armée des nations germaniques destinées à détruire l'empire romain, et qui, pour la première fois, apparurent formidables au temps de Marius.

L'Italie était sérieusement menacée : les Teutons et les Cimbres[1] venaient fondre sur elle ; plusieurs généraux avaient été battus ; à Rome, l'exaspération populaire était au comble : le peuple voulait faire condamner à mort, Caepion, un de ces généraux. Un tribun ayant osé, à l'instigation des patriciens, intercéder contre ce jugement, fut chassé du Forum.

La marche des Cimbres et des Teutons était la migration d'un peuple avec femmes et enfants, demandant des terres pour s'établir. Après avoir rôdé sur la frontière du monde romain, depuis le Danube jusqu'à

---

[1] Les Cimbres étaient-ils des Celtes ? M. Mommsen (II, p. 170) me paraît très-bien établir qu'ils étaient de race germanique ; on retrouve dans leur nom le mot *kampo* (ou kamper), *guerrier* en ancien allemand. Ceux qui les croient de race gauloise y retrouvent le nom des *Kymris*, peuple celtique ; on a beaucoup abusé des Kymris qu'on a été chercher jusque chez les Cimmériens. M. de Courson a montré que *kymro* chez les Gallois n'est pas un nom de peuple, mais désigne la condition d'homme libre. (*La Bretagne, du cinquième au douzième siècle*, p. 5-6.)

l'Èbre, les deux nations, qui avaient fait leur jonction à Rouen puis s'étaient séparées, furent écrasées par Marius : les Teutons près d'Aix en Provence, et les Cimbres près de Verceil, en Piémont. Le grossier plébéien devenu consul sauva deux fois Rome.

Des vestiges de la défaite des Teutons subsistent encore aujourd'hui en Provence ; qu'on permette à un Français de quitter Rome un moment pour la France et de suivre les traces de Marius dans cette Provence que ses souvenirs et ses ruines font si romaine.

Pour tenir ses soldats en haleine par le travail et pour faciliter l'arrivée des transports qui lui étaient envoyés d'Italie, Marius avait creusé, parallèlement au Rhône, un canal appelé *fossa Mariana*. Ce canal avait seize milles de longueur ; il formait comme un bras artificiel du fleuve et s'en détachait à un mille au-dessus de l'embouchure : il servait à éviter des bas-fonds où les bâtiments engravaient. On suit encore la direction de la *Fossa* de Marius, et le village de Foz conserve la trace de ce nom. Sans nous éloigner de Rome, nous pouvons trouver un travail analogue au canal de Marius : le bras droit du Tibre, le seul navigable aujourd'hui, est un canal artificiel du même genre et créé dans le même but.

La plaine que couvrirent cent mille cadavres de Teutons, s'appela d'un nom hideux, la plaine de la *Pourriture* et a donné son nom au village de la *Pourrière*.

Enfin, chaque année les habitants d'une commune aux environs d'Aix gagnent processionnellement le sommet d'une colline, y font deux grands tas de broussailles auxquelles ils mettent le feu en criant : Victoire! Cet usage tire bien probablement son origine des feux de joie que les habitants du pays allumèrent pour fêter leur délivrance; la colline elle-même s'appelle sainte *Victoire*, la *victoire* de Marius est devenue une sainte chrétienne. C'est ainsi qu'à quelques lieues de Rome le sommet du *Soracte* s'est appelé *saint Oreste*.

Retournons à Rome, où nous attendent d'autres monuments de la double victoire de Marius. Ce sont d'abord *les trophées*[1], qui lui furent érigés sur le Capitole[2] et ailleurs; ces trophées, abattus par Sylla, furent relevés par César que cet acte rendit très-populaire. Aujourd'hui, au sommet de la rampe du Capitole, on voit deux trophées qu'on appelle trophées de Marius, ce que le caractère de la sculpture ne permet point d'admettre. Tout porte à croire qu'ils viennent d'une

---

[1] Cujus bina tropæa in urbe spectantur.
Val. Max., vi, 9, 14.

[2] Ovide parlant de Cléopâtre, que César avait amenée à Rome, où l'on disait qu'il voulait la couronner :

Fœdaque Tarpeio conopia tendere saxo,
Jura dare *statuas inter et arma Mari.*
Prop., iv, 11, 45.

nymphée d'Alexandre Sévère[1] dont un reste existe près de Sainte-Marie-Majeure.

La relation de ces trophées de l'empire avec les trophées qu'on avait élevés à Marius sur l'Esquilin, d'où ils ont été apportés au Capitole, n'en est pas moins certaine. On les avait érigés au temps de l'empire dans le voisinage de l'emplacement des trophées de Marius sur l'Esquilin[2], en mémoire de ces trophées[3]; nous le savons par la tradition qui avait perpétué le souvenir de leur origine[4]. Le monument dont ils faisaient partie s'appelait au moyen âge *Cimbrum*, et au quinzième siècle le Pogge les a vus en place[5].

---

[1] Ch. Lenormant, *Rev. de Num.*, 1842, p. 332-39.

[2] Selon Uggeri, Nibby (*R. mod.*, II, p. 608), ils y auraient été apportés du forum de Trajan.

[3] De même, on en avait élevé d'autres sur le Capitole, au temps de l'empire (diplôme de Domitien, cité par Canina, *Esp. top.*, p. 468), mais pas à la même place, près du temple de Fidès, lui-même voisin du temple de Jupiter, c'est-à-dire d'Araceli.

[4] In Esquilino monte fecit templa Marii quod nunc vocatur Cimbrum. (Montfaucon, *Diar. It.*, cité par Canina, *asp. top.*, p. 157.)

[5] *Ord. rom.*, 1143, p. 141. Can., *Rom. ant.*, p. 155. Templum ex manubiis Cimbricis a C. Mario factum in quo *trophæa ejus* conspiciuntur. (Le Pogge, *De Var. urb. Romæ*, p. 50.) Montfaucon et Le Pogge paraissent avoir confondu la nymphée d'Alexandre Sévère avec le temple élevé par Marius à l'Honneur et à la Vertu dont il sera parlé tout à l'heure. L'église de Saint-Julien, très-voisine de la Nymphée, s'appelle San-Juliano ai Trofei di Mario (Beck., *Handb.*, p. 540). La place sur laquelle ces trophées s'élevaient doit être l'*area Mariaʋorum monumentorum*, nommée par Valère Maxime (II, 5, 6) avant le Vicus Longus, aujourd'hui via di San-Vitale, qui n'est pas loin de là.

Si les trophées de Marius sur l'Esquilin étaient consacrés à l'exterminateur des Cimbres, ceux du Capitole l'étaient au vainqueur de Jugurtha[1]. Les trophées de la rampe du Capitole, bien qu'ils ne puissent être autre chose qu'une imitation des trophées élevés à Marius sur l'Esquilin, représentent à la fois et ses trophées de l'Esquilin et ceux du Capitole; les premiers par leur origine, les seconds par le lieu où on les a placés.

Marius, comme l'avait fait Marcellus, éleva un temple à l'Honneur et à la Vertu, sur le mont Capitolin, au-dessous de la citadelle[2]. Il avait donné à ce temple peu d'élévation[3], non point par modestie, cette vertu n'était pas à son usage, mais dans la crainte que trop élevé il ne gênât les auspices qu'on prenait

---

[1] Nous savons par Suétone (*Cæs.*, 11) que c'était la double destination qu'avaient les trophées de Marius, et par Plutarque que les trophées accompagnés de statues que Bocchus avait élevés à Sylla, étaient sur le Capitole (Plut., *Syll.*, 6). Marius, jaloux comme on sait de la prétention qu'avait Sylla d'être le véritable auteur de la capture de Jugurtha, dut ériger les siens sur l'emplacement même d'où il fit disparaître ceux de Sylla.

[2] Vitr., III, 2, 5. Ceci indique l'emplacement du temple à l'est ou au sud-est, au-dessous de la roche Tarpéienne. Vitruve dit qu'il était *ad Mariana*, ce qui doit s'entendre je crois des trophées de Marius et détermine aussi leur emplacement.

[3] Fest., p. 344. C'était un petit temple; Vitruve (*Præf.*, VII, 17.) l'appelle *Mariana Cella;* cette expression prouve qu'il n'y avait qu'une *cella*. Marius n'avait pas respecté le principe religieux auquel on avait forcé Marcellus d'obéir, en faisant en réalité *deux* temples pour les *deux* divinités.

sur la citadelle, et que les augures ne forçassent celui qui l'avait érigé, tout Marius qu'il était, à le démolir.

Ces mots Honneur et Vertu peuvent étonner quand il s'agit de Marius, car Marius n'était ni un sage, ni un chevalier, mais il faut se rappeler ce que j'ai dit du sens qu'ils avaient chez les Romains : *Virtus*, c'était le courage, la force d'âme ; *Honor* exprimait l'investiture des fonctions publiques. Ni le courage, ni la force d'âme ne manquaient à Marius ; déjà plusieurs fois consul, l'*honor* ne lui faisait point défaut ; le plébéien parvenu par son mérite entendait comme l'avait entendu un autre plébéien, Marcellus, établir que les honneurs devaient toujours accompagner le mérite ; c'est ce que Salluste lui fait dire en propres termes. Marius l'avait dit, par le nom de son temple, avant Salluste.

Marius, après sa victoire sur les Teutons, avait refusé les honneurs du triomphe parce que les Cimbres étaient encore en Italie ; il triompha des Teutons et des Cimbres avec son collègue Catulus, qui l'avait aidé à vaincre ces derniers. Catulus était un patricien, homme de guerre médiocre, que le parti aristocratique voulait opposer à Marius. Catulus éleva aussi son trophée, non pas dans un lieu public, par l'assentiment populaire, mais chez lui, dans un portique orné des dépouilles des Cimbres [1] qu'il fit construire à

---

[1] Il y plaça le taureau de bronze par lequel les Cimbres avaient coutume de jurer. (Plut., *Mar.*, 23.)

ses frais près de sa magnifique demeure du Palatin, élevée sur l'emplacement de celle de Fulvius Flaccus, l'ami du second Gracque. La maison de Flaccus avait été rasée par ordre du sénat, auquel il ne déplaisait pas sans doute qu'un des siens effaçât sous la splendeur de sa magnifique habitation et sous le luxe glorieux de son portique, le souvenir du tribun vaincu.

Catulus dédia aussi, sur le Palatin, un temple à la *Fortune de ce jour*[1], ce qui, comme le dit Cicéron[2], était une manière de désigner la fortune de chaque jour. Catulus avait bien raison de dédier un temple à la Fortune, cette Fortune était l'arrivée de Marius qui l'avait sauvé[3].

Déjà Marius avait été cinq fois consul ; pour l'être une sixième il employa des moyens indignes de sa gloire, il s'associa avec deux démagogues de la pire espèce, Saturninus et Glaucias, qui parodiaient misérablement les Gracques et dont chacun avait assassiné son concurrent. Marius, nommé consul, servit d'abord leurs desseins par un acte de perfidie effrontée : Satur-

---

[1] Base Capit., X. Ce temple donnait son nom à une rue, comme aujourd'hui les églises.

[2] *De Legg.*, II, 11. Ce temple fut dédié de nouveau par Catulus, mais il remontait au moins à Paul Émile. (Pl., xxxiv, 19, 5.)

[3] Selon Plutarque (*Mar.*, 27), c'est Catulus qui aurait décidé de la victoire ; mais il cite les Mémoires de Catulus (26) et ceux de Sylla, qui à ce moment était lieutenant de Catulus, témoignages suspects de partialité. Il convient du reste lui-même que toute la gloire de ce grand fait d'armes fut attribuée à Marius.

ninus ayant proposé que les sénateurs vinssent à la tribune affirmer par serment qu'ils se soumettaient à une loi dont il était l'auteur, Marius déclara dans la Curie qu'il ne prêterait point ce serment. Son but était de faire prendre le même engagement à Métellus, qui le prit en effet. Peu de jours après, Saturninus appela les sénateurs à la tribune pour prêter le serment en question. Marius y parut ; on fit un grand silence et l'on se demandait ce qu'il allait dire. Marius n'hésita pas à violer, pour plaire au peuple, la promesse qu'il avait faite pour tromper le sénat, et il prêta le serment demandé par les tribuns.

La multitude applaudit bruyamment à ce parjure ; les patriciens présents baissèrent la tête et furent consternés. Tous les autres sénateurs jurèrent par peur ; Métellus, en dépit d'un plébiscite qui l'avait mis hors la loi pour avoir refusé de le faire, tint bon et ne jura point ; il fut forcé de s'exiler mais conserva l'honneur.

Après cette comédie en deux actes, joués l'un dans la Curie, l'autre dans le Forum, Marius en joua une autre dans sa maison. Saturninus s'était discrédité par ses violences ; pour ruiner une candidature de Q. Métellus, il l'avait fait assiéger par la populace dans le Capitole et avait fait égorger par elle A. Nonius, que le parti du sénat désirait voir nommer tribun ; les soldats de Marius, qui étaient mêlés dans toutes les émeutes populaires, avaient aidé le coup. Cependant les patriciens, ayant résolu d'abattre Saturninus, s'adressèrent à Marius. Saturninus vint aussi le trouver pour réclamer son appui. Marius le fit entrer par une autre porte sans que les envoyés du sénat en sussent rien. Incertain du parti qu'il devait prendre, il alla plusieurs fois d'eux à lui, les quittant tour à tour sous un prétexte de santé qu'on ne saurait indiquer ici. Cette anecdote, peut-être inventée, peint parfaitement la situation embarrassée et la politique indécise de Marius, résolu seulement sur le champ de bataille. Enfin, voyant le sénat et les chevaliers, les nobles et les riches décidés à se défaire de Saturninus, il consentit à les débarrasser d'un complice auquel il devait beaucoup. Tous les patriciens prirent les armes, même ceux qui étaient âgés et malades, ceux qui pouvaient à peine marcher [1], comme le vieux Scævola. Marius, appuyé sur une pique, se plaça devant la porte de la Curie pour la défendre [2], éprouvant sans doute une certaine joie et un certain orgueil à protéger ceux qui l'avaient dédaigné. Après un combat en règle dans le Forum, Saturninus et les siens se retranchèrent sur le Capitole. Marius ne tenta point l'assaut : le mont Capitolin, d'un accès si facile aujourd'hui, était alors très-abrupte,

---

[1] Cic., *Pr. Rab.*, 7.

[2] Val. Max., III, 2, 18. Valère Maxime, qui admire beaucoup trop en cette circonstance le dévouement de Marius à l'État, pour le rendre plus intéressant le représente comme accablé de vieillesse, « senio confectum. » Marius n'avait alors que cinquante-neuf ans.

comme on peut en juger là où l'on voit à nu la roche Tarpéienne; il préféra réduire les insurgés en coupant les canaux par où l'eau pouvait leur arriver : c'était, je pense, les conduits de l'eau Marcia. L'un des révoltés voulait incendier le Capitole, les autres appelèrent Marius et se rendirent à lui. Marius les enferma dans la Curie, peut-être pour les sauver; mais les patriciens vainqueurs escaladèrent l'édifice, démolirent le toit et assommèrent les prisonniers avec des tuiles, ne respectant pas plus le lieu des assemblées du sénat que leurs adversaires ne respectaient le sénat lui-même. Marius, si grand comme homme de guerre, se déconsidéra beaucoup dans les deux partis par le rôle double qu'il venait de jouer. Métellus ayant été rappelé de l'exil, Marius quitta Rome afin de ne pas voir la rentrée de son ennemi. A son retour, pour entretenir cette popularité qui allait s'amoindrissant, il se fit bâtir une maison près du Forum, afin d'être toujours à la disposition du peuple; elle devait se trouver à l'entrée de la Subura, quartier populaire où logea aussi César, probablement dans la maison de son oncle Marius.

La guerre sociale vint fournir à Marius une occasion de se relever de la triste situation que lui avait faite les indécisions de sa politique; mais il y recueillit peu de gloire. Après la première campagne, il fut remplacé : le vainqueur des Cimbres vieillissait et devenait toujours plus impropre aux travaux de la guerre.

Mais il n'en voulait convenir ni avec les autres ni avec lui-même, et donnait un spectacle assez ridicule en venant chaque jour dans le champ de Mars partager les exercices des jeunes gens, pour faire croire qu'il était jeune aussi. Il finit par aller cacher sa mauvaise humeur dans une villa, près de Naples, tandis que son éternel rival Sylla se distinguait sur le théâtre qu'il avait été forcé d'abandonner. Cette première période de la guerre sociale qu'on appela guerre des Marses, et à laquelle prirent part les Samnites, les Campaniens, les Ombriens et les Étrusques, inspirait à Rome de grandes craintes. Tous les citoyens s'armèrent; on forma avec les affranchis une sorte de garde civique pour la défense de la ville. Le corps du consul Rupilius Lupus, tué dans une défaite, ayant été apporté à Rome, y produisit une grande consternation; les magistrats déposèrent la pourpre et prirent le deuil, le sénat ordonna que désormais les généraux seraient enterrés là où ils tomberaient, précaution qui montrait quels troubles on redoutait et à quels malheurs on s'attendait. Au commencement de la guerre, ce même Lupus avait découvert dans son armée des intelligences avec l'ennemi; il s'en était suivi l'établissement d'une commission pour juger les traîtres et une véritable terreur à Rome.

Rome était en présence d'une haine plus profonde que celle d'Annibal, la haine de la révolte provoquée par l'oppression; et qui produisait la fureur de la résistance. On a trouvé, près d'Ascoli, sur un des champs de bataille de cette guerre, des balles de fronde sur lesquelles sont gravés ces mots : *Mars Vengeur; Rome, touche*, menaces de cette haine et réponse de cette fureur portées, avec la mort, d'un parti à l'autre et qu'en présence de ces missives homicides nous croyons entendre encore aujourd'hui [1]. Cette insurrection, par laquelle l'Italie voulut s'affranchir du joug de Rome, a eu pour principal théâtre les âpres montagnes qui sont au sud et à l'est de l'horizon romain; mais elle fut préparée dans Rome par des menées secrètes, et amena dans le Forum des scènes qu'il m'appartient de raconter.

Celui qui fut le chef de la première ligue sociale, Pompedius Silo, était venu s'entendre avec le protecteur des Italiens, M. Livius Drusus, et logeait dans sa maison. C'est dans cette maison qu'il menaça d'un air sérieux et avec une voix terrible M. Caton, enfant, de

---

[1] On conserve au palais Barberini une inscription qui parait se rapporter à la guerre sociale. C'est une réponse du sénat romain aux habitants de Tibur, après que ceux-ci s'étaient disculpés d'un tort envers Rome qui n'est point spécifié, probablement d'avoir pris parti pour les alliés. Du reste, on ne peut agréer plus altièrement une justification. Nous savions, dit le sénat, que vous ne l'avez point fait et n'étiez pas capables de le faire. « Quod scibamus ea vos... facere non potuisse, neque vos dignos esse qui faceretis. » (Nibb., *Dint.*, III, p. 172. Grut., *Inscr.*, p. 499, n° 12). Cette inscription ne peut remonter, comme on l'a dit, à l'an de Rome 368, car le préteur qui promulgue le sénatus-consulte siége devant le temple de Castor, et en 368 il siégeait encore sur le Vulcanal.

le jeter par une fenêtre, en dehors de laquelle il le tenait suspendu, s'il ne se déclarait favorable à la cause italienne, et l'enfant ne céda pas. M. Mérimée, dans son histoire si habilement retrouvée de la guerre sociale, cite avec raison ce fait comme une preuve du dédain des Romains pour les Italiotes, transmis par l'éducation et sucé avec le lait.

Cette maison, qui était à côté de celle de Catulus, sur le Palatin, qui passa aux mains de Crassus et de Cicéron [1], est une des plus historiques de Rome. C'est au sujet de sa construction que Drusus prononça ce mot célèbre : « Je voudrais qu'elle fût construite de manière que chacun de mes concitoyens pût voir ce qui se passe chez moi. » Drusus y fut rapporté mourant et peut-être empoisonné, du Forum, où sa parole avait soulevé des tempêtes, et y fut assassiné un soir par une main mystérieuse. La vie comme la mort de cet homme singulier est une énigme ; celui qui appelait sur ses actions la lumière du grand jour, est enveloppé pour la postérité d'une ombre difficile à percer.

Ce qu'on entrevoit, c'est qu'en présence du déchirement qui menaçait la société romaine, Drusus se crut de force à le conjurer en donnant satisfaction à tous les partis, et que dans son orgueil il se flatta de pouvoir les dominer. Ce fut en France le rêve de Mirabeau. A la fois novateur et conservateur, champion des plé-

---

[1] Vell., Pat., II. 14.

béiens et des Italiotes, proposant une loi agraire et rendant aux sénateurs le droit de juger, Drusus fut un moment l'idole du peuple et l'espoir des patriciens, puis, comme il apportait dans un rôle qui eût demandé un art et des ménagements infinis, beaucoup de hauteur et de violence, il se vit délaissé du peuple et du sénat, et eut recours à des manœuvres occultes qui ressemblaient beaucoup à de la conspiration. Distribuant les siens en groupes clandestinement rassemblés, usage qui, je crois, n'est pas perdu en Italie et existe peut-être même à Rome, il exigeait d'eux un serment qui fait penser à ceux qu'on attribue aux sociétés secrètes : « Je jure que j'aurai les mêmes amis et les mêmes ennemis que Drusus; que je n'épargnerai ni bien, ni parent, ni enfant, ni la vie de personne, si ce n'est pour le bien de Drusus... que je ferai prêter ce serment à autant de citoyens que je pourrai. Bonheur ou malheur me vienne selon que j'observerai ou non ce serment[1]. »

Avant d'en arriver là, Drusus avait compté, pour gouverner les patriciens, sur son audace et sur son éloquence, et, en effet, ils subirent d'abord la loi de ce protecteur insolent. Un jour il était à la tribune; le sénat l'invita par un message à se rendre au lieu choisi ce jour-là pour son assemblée[2]. « Que le sénat, répondit

---

[1] Diod. Sic., *Fr. Mai, Script. Ant. nova Collect.*, II, p. 116.
[2] C'est ce que veut dire *Curia* opposé ici à *Curia Hostilia*. Au temps

Drusus, vienne dans la Curia Hostilia; c'est plus près des Rostres et de moi. »

Cicéron nous a transmis une discussion orageuse du sénat entre l'orateur Crassus et le consul Philippe, ennemi personnel de Drusus, débat que la présence de celui-ci, et probablement son intervention, purent seules autant passionner. Il paraît que le consul, mécontent des complaisances du sénat pour Drusus, sur lequel les grands comptaient alors, avait porté son dépit dans le Forum et à la tribune. Crassus s'éleva violemment contre le consul et osa lui dire : « Si je ne suis pas sénateur pour toi, tu n'es plus pour moi consul... Si tu veux que je me taise, il faut m'arracher la langue, et quand tu l'auras arrachée, avec mon dernier souffle, ma liberté repoussera encore ton insolence. » Voilà comme on parlait dans la Curie romaine; un consul insultait le sénat qui se confiait à Drusus et un sénateur bravait le consul qui avait mal parlé de Drusus et du sénat : les partis s'attachent avec emportement à ceux qu'ils croient pouvoir les sauver.

Les violences allaient encore plus loin dans le Forum. A quelque temps de là, Philippe interrompit Drusus pendant qu'il haranguait, et Drusus, au nom de la loi qui défendait d'interrompre un tribun, envoya un de ses clients arrêter le consul, ce qui fut exécuté si vio-

de Drusus, il n'y avait pas d'autre Curie que la *Curia Hostilia*. Valère Maxime (ix, 5, 2) n'y a peut-être pas pensé.

lemment que celui-ci eut le col tordu (obtorta gula) et que le sang sortît de ses narines.

Une autre agitation vint à quelque temps de là ensanglanter le Forum. Ceux qui prêtaient à intérêt, et qu'on appelait usuriers, n'avaient jamais été populaires à Rome, pas plus que ne le furent les juifs en Europe au moyen âge. C'étaient en général des patriciens, ce qui n'augmentait pas leur popularité. Les débiteurs se plaignaient que l'usure fut exercée dans des conditions contraires aux lois; ils demandaient du temps pour payer. Le préteur Asellio s'efforçait de concilier les parties et d'adoucir autant qu'il était possible le sort des débiteurs. Le Forum romain vit une émeute de plus, l'émeute de l'usure; les créanciers, qui ne voulaient rien céder, tuèrent le préteur en plein Forum, tandis qu'il offrait un sacrifice devant le temple de Castor, lieu célèbre dans l'histoire des agitations romaines. Le magistrat, jetant la coupe du sacrifice, allait chercher un asile dans le temple de Vesta, mais, bien que ce temple fût tout proche, il ne put y arriver et il fut massacré dans un cabaret où il s'était réfugié. On avait cru qu'il était dans le cloître des vestales, et malgré la *clausura*, des hommes, ce qui ne s'était jamais vu, étaient entré dans ce lieu révéré.

Rome prenait de plus en plus la physionomie des guerres civiles; pendant le tribunat de Drusus, on vit les étendards et les aigles dans les rues. En effet, la guerre civile approchait ; la haine, qui devait mettre les armes aux mains de deux chefs ambitieux, s'accroissait chaque jour et acheva de s'enflammer au sujet de l'expédition contre Mithridate, dont l'un et l'autre désirait le commandement.

Malgré tous les efforts de Marius, Sylla fut nommé consul ; la rage remplit le cœur du vieux plébéien, dont le sort était d'être toujours supplanté par l'aristocrate habile et heureux. Mais Marius ne se tint pas pour vaincu ; il s'entendit avec le tribun Sulpicius qui proposa une loi par laquelle les nouveaux citoyens, c'est-à-dire les Italiens, qui venaient de recevoir le droit de cité après la guerre des Marses, au lieu de voter à part, seraient répartis dans les trente-cinq tribus. Ces voix et celles des affranchis, qu'il proposait de faire voter aussi dans les tribus, pouvaient aider à former une majorité dont le tribun disposerait en faveur de Marius. Les anciens citoyens romains furent saisis d'une grande fureur en voyant le pouvoir passer à ces intrus, qu'ils méprisaient de tout leur orgueil ; on en vint aux coups, on se jeta des pierres dans le Forum. Les consuls, que le résultat des comices effrayait, multiplièrent les jours fériés, pendant lesquels les comices étaient suspendus ; mais Sulpicius ne tint compte de ces prescriptions surannées, il fit prendre à ses partisans des poignards pour s'en servir s'il le fallait, contre les consuls, puis déclara illégale leur suspension des comices sous prétexte de fêtes et les somma de la révoquer. Un grand tumulte s'éleva dans le Forum, les poignards brillèrent et furent dirigés contre les consuls. L'un d'eux, Quintus Pompeius, disparut ; l'autre, Sylla, se retira pour délibérer. Son gendre, fils de son collègue, ayant élevé librement la voix fut tué par la populace, comme Tibérius Gracchus l'avait été par les patriciens. Sylla traîné, quelques-uns disaient s'étant caché dans la maison de Marius, que nous savons avoir été voisine du Forum, en fut ramené et contraint de révoquer la suspension des comices. Cela fait, il se hâta de rejoindre à Capoue l'armée d'Orient.

En son absence, le décret du sénat est cassé par les tribus et Marius est nommé par elles commandant de l'expédition contre Mithridate.

Sylla rassemble ses soldats et leur apprend ce qui s'est passé. Les soldats, craignant que l'expédition, où ils espéraient s'enrichir, ne leur échappe, tuent les lieutenants que Marius leur envoie et demandent à leur général de les ramener à Rome. Sylla marche sur Rome à la tête de six légions. Tous les officiers, excepté un seul, le quittent, épouvantés de cette attaque contre la patrie ; mais les soldats sont moins scrupuleux et Sylla avance toujours. Aux députés que le sénat lui envoie et qui l'interrogent sur son dessein, il répond : « Je vais délivrer les Romains de leurs tyrans, » puis offre, sans entrer dans la ville, de s'arrêter dans le champ de Mars et de s'expliquer, en présence du sénat, avec Marius et Sulpicius. Ceux-ci, qui n'étaient pas encore prêts à se défendre, lui envoient d'autres députés pour lui demander d'établir son camp au cinquième mille, cette limite du territoire romain primitif, et d'y attendre la décision du sénat. Sylla y consent; mais, les députés partis, il marche sur leurs pas et arrive sous les murs de Rome peu de temps après eux.

Sylla s'établit devant la porte du Cœlius [1], Pompeius Rufus, l'autre consul, occupe la porte Colline; une troisième division va s'emparer du pont Sublicius : la ville se trouve ainsi entre deux armées.

Sylla y pénètre par la porte Esquiline, une torche à la main et incendiant tout sur son passage. Il rencontre Marius sur le marché de l'Esquilin [2], près de Sainte-Marie-Majeure. La troupe de Sylla fléchit un moment; Sylla saisit une enseigne et s'élance en avant. Marius est obligé de reculer, et dans quel endroit! en présence de ses trophées de l'Esquilin qui lui rappelaient le temps où il remportait de pures victoires sur les ennemis de

---

[1] Appien (ι, 58) dit : Τὰς κοιλίας πύλας.

[2] Περὶ τὴν Αἰσκύλειον ἀγοράν (App.., B. civ., ι, 58). C'est le Macellum Livianum (par erreur *Liviani* de la *Notitia* et du *Curiosum*). Il est appelé aussi dans les bas temps Macellum Liviæ, par une autre erreur selon Nibby (*R. Ant.*. 11, p. 25). Nibby pense que ce marché avait été construit par Livius Salinator, et ne peut être le λιούτον dont parle Dion Cassius (ιν, 8); celui-ci était un temple, τεμένισμα. Nibby croit que dans le passage de Dion Cassius il est question du temple de la Concorde élevé par Livie aussi sur l'Esquilin, mais dans un autre endroit. Tout cela est fort vraisemblable.

Rome; aujourd'hui, il combattait des Romains et il était vaincu. Mais il fallait bien reculer, car un corps que Sylla avait lancé à travers la Subura pouvait lui couper la retraite. Parvenu à l'extrémité inférieure de ce quartier, dans le voisinage du temple de Tellus [1], il tente un dernier effort : il appelle à lui ceux qui combattent encore du haut des toits plats des maisons, dans le quartier populaire de la Subura où il devait avoir des partisans ; nul ne se montre, et il est obligé de fuir. Il traverse le Forum, le quartier étrusque, et va gagner la porte Trigemina, par où il pouvait atteindre Ostie et la mer. Cette porte, qui était restée fermée pour C. Gracchus, s'ouvrit pour Marius.

Arrivé à la voie Sacrée [2], Sylla s'arrête, fait exécuter

---

[1] Plut., *Sylla*, 9.

[2] On peut suivre sur mes plans (1er et 2e vol.) tous les incidents de ce combat avec la plus grande exactitude. Sylla, entré par la porte Esquiline, rencontre Marius sur le forum Esquilin. Il fait descendre un corps de troupe vers la Subura par le Vicus Patricius (via Urbana) pour tourner l'ennemi et lui couper la retraite. Marius, voulant prévenir ce danger, se retire parallèlement en descendant la montée de la Subura (Santa-Maria in Selce), il s'arrête au temple de Tellus (Torre dei Conti) et livre un dernier combat aux deux divisions de Sylla dont l'une est sur son front, l'autre sur sa gauche ; en cet endroit il fait un dernier appel aux hommes libres et aux esclaves. Personne ne paraissant, sa troupe se disperse et il fuit vers la route d'Ostie. Sylla occupe le Forum, le traverse et gagne la voie Sacrée ; là seulement il s'arrête et procède aux exécutions. Il n'est pas nécessaire de supposer, comme le fait Becker (*Handb.*, p. 523), qu'une partie de ses troupes a pris plus à gauche (via San-Matteo) et est entrée sur la voie Sacrée par son autre extrémité ; l'expression même d'Appien (59) : Ἐς τὴν

les pillards, distribue des postes dans toute la ville et passe la nuit à les visiter. Le lendemain, il monte à la tribune et harangue le peuple, dit que l'état déplorable de la république, troublée par des hommes turbulents, l'a contraint à faire ce qu'il a fait, rend au sénat l'initiative des lois et déclare que des comices par tribus on reviendra aux comices par centuries de Servius Tullius. Le pouvoir des tribuns est considérablement diminué, trois cents nouveaux sénateurs sont nommés; le triomphe du parti aristocratique est complet.

Le système des proscriptions commence. Douze des ennemis de Sylla sont déclarés ennemis de la république, et il est permis à qui les trouvera de les tuer. Pour la première fois, des têtes coupées sont attachées à la tribune.

Sylla fit déclarer par le sénat Marius ennemi de la patrie. Une seule voix s'éleva pour protester, c'était celle de l'augure Scævola : « Tu peux me montrer, s'écria-t-il, les soldats dont tu as environné la Curie; tu peux me menacer de la mort, mais tu ne feras pas que pour un peu de vieux sang qui me reste, je déclare ennemi de Rome

---

λεγομένην ἱερὰν ὁδὸν παρῆλθε, semble indiquer que Sylla arriva vers la voie Sacrée *de côté*. Appien ne dit rien qui puisse faire supposer que Sylla ait fait ce long détour à gauche au lieu de poursuivre Marius dans la Subura. Si Marius n'eût pas eu Sylla devant lui il n'eût pas été vaincu.

celui qui a sauvé deux fois Rome et l'Italie [1]. »

Nous ne saurions suivre Marius caché dans les marais de Minturne, où il fut découvert, saisi et conduit nu, couvert de vase, une corde au col, dans une maison de la ville qui devait lui servir de prison ; là écrasant l'esclave cimbre prêt à lui donner la mort, de ce mot si hardi dans la bouche du destructeur des Cimbres et dont la hardiesse même terrifia celui auquel il était adressé : « Oseras-tu bien tuer Marius? » Marius fut médiocre et sanguinaire dans la politique, il fut grand dans la guerre, et le malheur lui inspira cette réponse à l'officier qui venait l'avertir qu'il eût à quitter l'Afrique ou que le gouverneur de la province serait forcé de le livrer : « Va lui dire que tu as vu Marius fugitif, assis sur les ruines de Carthage. » Ce mot sublime a inspiré à Velleius Paterculus une phrase à effet [2] que Delille a assez malheureusement rendue.

Et ces deux grands débris *se consolaient entre eux*.

Nous retrouverons Marius à Rome quand il y reparaîtra avec des trésors de haine accumulés au sein de ces misères qu'il viendra venger.

Pendant que Marius errait par le monde et que Sylla faisait la guerre en Orient, Rome n'était pas tranquille.

---

[1] Val. Max., III, 8 5.
[2] Cum Marius adspiciens Carthaginem, illa intuens Marium, alter alteri possent esse solatio. (II, 19.)

La question du vote des nouveaux citoyens romains et de leur répartition dans les anciennes tribus, était toujours celle qui troublait le plus le Forum ; les nouveaux admis dans la cité créaient une plebs étrangère aspirant, par la parité absolue du vote, à l'entière égalité politique, comme l'avait fait autrefois la plebs romaine elle-même, et sur cette plebs nouvelle s'appuyaient volontiers les tribuns.

Il faut le dire à leur honneur, les anciens plébéiens ne se montraient pas toujours jaloux des droits accordés aux nouveaux ; souvent ils s'unissaient pour faire en commun la guerre aux aristocrates de naissance et de fortune, qui devenant de jour en jour moins dignes de gouverner la république, songeaient surtout à l'exploiter.

Attaqués par la violence, ceux-ci se défendaient par la violence ; on le vit dans les troubles qui éclatèrent à Rome pendant l'absence de Sylla et de Marius et préparèrent le retour de celui-ci.

Cinna, son partisan et l'un des consuls, se déclara le protecteur des nouveaux citoyens : l'autre consul, Octavius, le défenseur de ce qu'on appelait, un peu légèrement, les *honnêtes gens*. Il avait même avec lui une portion des plébéiens, ceux qui, aristocrates à leur manière[1], voulaient, en reléguant les parvenus au titre de citoyen dans des tribus particulières qui voteraient

---

[1] Ceux qu'Appien (*Bell. civ.*, I, 64) appelle : Τὸ καθαρώτερον πλῆθος, les *purs* de la plèbe.

après toutes les autres, rendre illusoire leur admission au droit de cité. Mais le plus grand nombre comprenait, malgré l'orgueil du préjugé national, qu'il ne fallait pas se diviser devant l'ennemi.

Les bandes des deux consuls se présentèrent dans le Forum armées de couteaux[1]. L'emploi du couteau, qui joue un si grand rôle dans les querelles particulières des Romains modernes, ne paraît pas dans les altercations publiques des anciens Romains avant les Gracques; jusque-là tout se bornait à des coups de poing ou de pierre, comme dans les élections anglaises et américaines. Il n'y a, selon moi, que demi mal dans ces façons un peu rudes de la liberté; mais tout fut perdu à Rome le jour où le couteau intervint, comme tout le serait chez les modernes le jour où le fusil interviendrait dans la politique.

Octavius était resté dans sa maison, celle des Octavii, sur le Palatin[2]. On vint lui dire que la plupart des

---

[1] ξιφίδιον, que l'on traduit en latin par *sica*, « espèce de couteau ou de dague très-pointue et à lame recourbée..., tenait lieu du couteau qu'a maintenant le bas-peuple en Italie, couteau qui a à peu près la même forme et dont on se sert d'une manière analogue pour porter dans la région de l'abdomen, de bas en haut, un coup qui fait une blessure profonde. » (Rich., *Dict. d. Ant.*, p. 581-2.)

[2] App. *B. civ.*, I, 64. Cette maison était sur le Palatin (Cic., *De Off.*, I, 39). Elle fut remplacée par la maison de Scaurus, qui passa aux mains de Clodius, et touchait à celle de Cicéron. Là naquit peut-être Auguste *regione Palatii*, Suét., *Aug.*, 5). On la transforma en sanctuaire quelque temps avant sa mort. Il ne faut pas confondre ce *sacrarium* sur le Palatin avec le temple que Tibère n'avait pas terminé (Suét.,

tribuns s'opposaient au tumulte, mais qu'assiégés dans les Rostres, ils avaient peine à s'y maintenir. Octavius sort de chez lui et, descendant par la voie Sacrée au milieu d'un groupe très-compacte, se précipite dans le Forum avec l'impétuosité d'un torrent ; il se jette à travers la multitude et la refoule devant lui. Appien remarque qu'en gagnant le temple de Castor, point toujours très-important dans les émeutes, il évita de rencontrer Cinna [1], ce qui me fait craindre que Cinna ne fût de l'autre côté du Forum avec ceux qui donnaient l'assaut à la tribune et aux tribuns ; mais la suite d'Octavius, moins modérée que lui, fond sur les *nouveaux* citoyens, en tue un grand nombre et pousse le reste jusqu'aux entrées du Forum inondé de sang et rempli de cadavres [2].

Tib., 47) et qu'acheva Caligula (Suét., *Cal.*, 21). Celui-ci était au bas et à l'angle du Palatin, puisqu'au-dessus passait le pont jeté par Caligula entre le Palatin et le Capitole. (*Ib.*, 22.)

[1] Les gens d'Octavius étaient entrés par l'arc de Fabius puisqu'ils avaient suivi la voie Sacrée qui débouchait par cet arc dans le Forum. Les nouveaux Italiens étaient du côté de la tribune dont ils faisaient le siége ; leurs adversaires fondirent sur eux en traversant le Forum obliquement sur leur droite, tandis qu'Octavius était demeuré à gauche, occupant le temple de Castor et Pollux. Les entrées du Forum par où ces hommes, venus de la voie Sacrée, chassèrent les nouveaux Italiens, furent les issues qui existaient sur le côté nord du Forum où était la tribune, probablement au nombre de trois, chacune correspondant à un des trois *janus*.

[2] « Omnis hic locus, » disait plus tard Cicéron parlant dans le temple de la Concorde, d'où il pouvait montrer le Forum, « acervis corporum et civium sanguine redundavit. (*Catil.*, iii, 10.)

Cinna, désespéré, court à travers les rues, appelant les esclaves à la liberté, puis va soulever les villes qui avaient reçu récemment le droit de cité. Il est rejoint à Nola par des *sénateurs*, parmi lesquels on remarque les noms de Sertorius et du jeune Marius; mais à Rome le sénat le dépose et lui donne pour successeur Lucius Mérula, d'une grande famille dont le nom est encore aujourd'hui celui d'une rue de Rome¹.

Il va à Capoue, où était une partie de l'armée, se prosterne devant elle; les soldats le relèvent et lui déclarent qu'il est consul. Il y a à Rome des élections d'empereurs qui ressemblent à celle-là.

Les villes des alliés donnèrent des soldats et de l'argent à celui qui avait souffert pour leur cause. Pendant ce temps, à Rome, le parti aristocratique se prépare à la défense, fortifie la ville, lève des troupes et appelle Pompeius Strabo, le père de Pompée.

Pompeius arrive et campe devant la porte Colline. Cinna vient y camper à côté de lui. A ces nouvelles le vieux Marius accourt. Il débarque sur la côte d'Étrurie, au port de Télamon, qui s'appelle encore aujourd'hui *porto Telamone*, avec d'autres fugitifs et mille Numides, et parcourt les villes étrusques couvert de misérables vêtements, les cheveux en désordre; il n'avait coupé ni ses cheveux ni sa barbe depuis qu'il

---

¹ *Via Merulana*, près de Saint-Jean de Latran. La famille des Mérula devait habiter de ce côté, au moins dans les derniers temps de l'empire.

avait fui de Rome. Marius promet son appui à la loi de Cinna et vient le rejoindre à la tête de six mille hommes. Trois camps se forment sur la rive droite du Tibre, le camp de Cinna et de Carbon en face de la ville, celui de Sertorius au-dessus, celui de Marius au-dessous, du côté de la mer ; Sertorius et Marius jettent des ponts sur le fleuve pour être maîtres des deux bords et affamer Rome. Marius prend et pille Ostie ; Cinna envoie des troupes du côté de Rimini pour arrêter les Gallo-Romains.

Sylla était en Asie ; les consuls, qui sentent l'infériorité de leurs forces, rappellent Métellus du Samnium, où il continuait la guerre sociale.

Les Samnites se prononcent pour Marius. Le tribun militaire chargé de la défense du Janicule, la citadelle de Rome, en ouvre clandestinement la porte à Cinna. Cinna entre dans la ville, mais les consuls accourent à temps, et il en est presqu'aussitôt chassé. Pompeius Strabo attaque sans succès la porte Colline, mais le ciel semble se déclarer contre lui, car le tonnerre tombe plusieurs fois sur son camp et lui-même est foudroyé. C'était du reste une perte médiocre pour le parti du sénat. Caractère indécis, comme son fils, il fut soupçonné de trahison. Il s'appelait le Louche (Strabo) ; sa conduite ressemblait à son nom. Le sénat le détestait [1], et quand on rapporta son corps à Rome,

---

[1] Homo diis nobilitatique perinvisus (Cic., *fr. Cornél.*, 1, 27). Granius Licinianus, cet historien dont quelques fragments ont été

le peuple s'en saisit et le traîna dans la boue par les rues, comme il fit depuis pour Héliogabale.

Marius s'empare de plusieurs villes voisines de Rome, où des provisions de blé avaient été déposées, et s'avance par la voie Appienne. Marius, Cinna, Carbon, Sertorius, qui ont réuni leurs troupes, établissent leur camp à douze mille de la porte Capène. Octavius, Crassus et Métellus se retirent sur le mont Albain, prenant pour prétexte la mal'aria, qui, cette année, coûta la vie à un grand nombre de personnes, mais ne faisait point quitter sa position à Marius; en réalité, pour gagner du temps et voir venir les événements. Cinna envoie dans la ville des fétiaux promettre la liberté aux esclaves qui accourent en foule; ils sont suivis de beaucoup d'hommes libres, les uns par crainte de la famine, les autres parce qu'ils étaient du parti de Marius.

Cinna porte son camp aux pieds des murs de Rome, dans le voisinage de la porte Capène. Tandis que les envoyés vont et viennent et qu'Octavius, dans le plus grand trouble, ne sait que résoudre, le sénat dépose Mérula, le consul qu'il avait nommé, et se borne à demander que Cinna s'engage à épargner la vie des citoyens. Cinna le promit à peu près, ajoutant qu'Octavius, qui descendu du mont Albain était rentré dans

retrouvés sous un double palimpseste, nous apprend pourquoi (p. 25-27, éd. Bonn.) en nous dévoilant les intrigues et les perfidies de Pompeius Strabo.

Rome par une autre porte, ferait bien de ne pas se montrer pour éviter quelque malheur. Cinna, comme consul, était assis sur la chaise curule; Marius, debout à côté de lui, se taisait d'un silence terrible. Quand les envoyés l'invitèrent à entrer dans la ville, il répondit ironiquement : « Il n'est pas permis aux exilés d'y rentrer. » Aussitôt les tribus, assemblées dans le Forum, se hâtèrent d'abroger solennellement le décret d'exil rendu contre lui et contre les autres bannis.

A peine furent-ils dans Rome que les pillages et les massacres commencèrent. Octavius ne voulut pas fuir; il se retira sur le Janicule avec quelques patriciens et quelques soldats fidèles, s'assit sur sa chaise curule, entouré des faisceaux et des haches consulaires. Comme les patriciens avaient attendu les Gaulois, il attendit les assassins. On vint lui annoncer qu'ils approchaient, il ne se leva point; on lui offrit un cheval pour fuir, il ne daigna pas répondre [1]. Sa tête fut coupée et attachée à la tribune, ainsi que celles d'un Antonius et d'un César, comme devait y être étalée celle de Cicéron par suite de la complicité meurtrière d'un autre Antoine et d'un autre Octavius, neveu d'un autre César.

Tous les hommes considérables du parti de Sylla furent tués ou se donnèrent la mort; ceux qui de-

---

[1] Selon Plutarque, il fut tué dans les rostres par des agents de Marius avant que Marius fut entré dans la ville. J'ai suivi dans cette partie le récit d'Appien, plus circonstancié et plus net que celui de Plutarque.

mandèrent grâce ne furent pas épargnés. Marius répondit à son ancien collègue Catulus, qui l'implorait à genoux : « Il faut mourir ! » Un autre, Q. Ancharius, se présenta devant Marius tandis qu'il sacrifiait au Capitole, espérant que la religion du lieu et du moment pourrait obtenir son pardon ; mais Marius, tout en continuant de sacrifier, le fit égorger par ses soldats dans le temple même de Jupiter. Il fut défendu d'ensevelir les morts. Quant aux esclaves affranchis, quelques-uns ayant abusé de leur liberté, Cinna en profita pour les exterminer jusqu'au dernier.

Marius vécut encore quelques jours, rêvant la guerre, craignant Sylla, voyant venir la mort, qui pour lui était une défaite, et s'enivrant pour s'étourdir, mais toujours plus avide de meurtre et immolant sans relâche de nouvelles victimes.

Marius fit sans doute disparaître du Capitole un groupe de statues en or où l'on voyait des Victoires portant des trophées et Jugurtha conduit captif par Sylla. Le roi numide Bocchus, après avoir livré Jugurtha, en avait fait hommage au peuple romain. Marius dut briser avec plaisir un monument de cette gloire de Sylla qui dès lors lui avait fait ombrage et qu'il retrouvait toujours. Ces joies de la vengeance furent données à un homme qui allait mourir. Marius eut tout juste le temps de faire massacrer ses principaux ennemis, d'exterminer les amis et de déchirer les lois de Sylla, enfin, selon la prédiction de la prophétesse juive et l'augure des *sept* aiglons qu'il avait un jour trouvé dans leur aire[1], d'être pour la septième fois investi du consulat. Quelques jours après il mourut, à soixante-onze ans, rassasié de jours, de gloire et de sang.

Si l'on en croit Valère Maxime[2], le tribun Fimbria voulait que les funérailles de Marius fussent honorées par un sacrifice humain, suivant l'antique coutume que le combat funèbre des gladiateurs avait remplacée; la victime était le grand pontife Scævola, fils de celui qui avait refusé à Sylla vainqueur de condamner Marius; un des hommes les plus savants et les plus vertueux de Rome. Selon Cicéron[3], ce n'eût été qu'un cruel simulacre de l'immolation, Fimbria eût ordonné seulement qu'on blessât Scævola, pour que son sang coulât sur le bûcher de Marius; mais ce ne fut pas assez pour Fimbria : plus tard le tribun fit un crime à Scævola de n'être pas mort, de n'avoir pas reçu le coup tout entier, raillerie féroce digne de Fouquier-Thinville concluant à la mort contre la maréchale de Noailles, qui était sourde, parce qu'elle avait conspiré sourdement. Cette accusation, dont les termes sont ceux

---

[1] Peut-être fut-ce une des raisons qui lui firent choisir l'aigle pour être l'enseigne romaine.
[2] ix, 11, 2.
[3] *Pr., Rosc. Am.*, 12.

qu'on employait en parlant des gladiateurs ¹, fut intentée quelques années après à Scævola, qui, condamné pour ce fait étrange comme un gladiateur qui eût refusé de mourir, périt égorgé dans le temple de Vesta et couvrit la statue de la déesse de son sang². On voit que la *Terreur* de Rome eut aussi, mais en petit, ses massacres de prêtres.

Ce meurtre fut consommé sous le consulat du jeune Marius et de Carbon. Le jeune Marius mourut dans un égout de Préneste, et Carbon de la sale mort d'Héliogabale³. Fimbra, menacé de la colère de Sylla, se tua lui-même, après avoir assassiné le consul Valérius Flaccus, caché dans un puits ; Cinna fut égorgé par ses soldats. L'histoire de ces tribuns ressemble à celle des mauvais empereurs, dont le souvenir me revient à leur occasion mêlé à celui des tyrans de la Convention. Tous les monstres se ressemblent, et on ne saurait trop les flétrir les uns par les autres.

Je n'ai pu découvrir dans quel endroit du champ de Mars on éleva le tombeau de Marius ; il n'importe guère au reste de le savoir, car ce tombeau ne garda pas longtemps ses cendres. Sylla fit jeter les restes de son ancien général dans l'Anio : c'est encore,

---

¹ Quod parcius telum corpore recepisset. (Val. Max., ix, 11, 2.)

² Luc., *Phars.*, ii, 126. Selon Velleius Paterculus (ii, 26), dans la Curie.

³ Val. Max., ix, 13, 2. Donec caput ejus sordido in loco sedentis abscinderetur.

dès cette époque, un procédé de la Rome impériale.

Marius est mort, cette grande et sauvage figure n'épouvantera plus Rome; c'est Sylla qui, présent ou absent, la remplira : présent de sa puissance, absent de sa gloire.

Un des principaux intérêts de l'histoire romaine, surtout vue de près comme nous nous efforçons de la voir, en la suivant sur son terrain, en cherchant à la saisir dans sa réalité vraie, c'est que tout y est très-simple et très-caractérisé. Voici sur ce grand théâtre de Rome la démocratie et l'aristocratie aux prises, eh bien, jamais la démocratie, avec sa rudesse inculte, sa domination brutale, sa violence irrésistible et un fond de grandeur, ne s'est personnifiée dans un homme comme dans Marius, et nul ne personnifia jamais la hauteur, le dédain, la confiance superbe de l'aristocratie plus complétement que Sylla.

Sylla était un Cornélius, au premier rang par sa naissance, puisqu'il sortait de la *gens* Cornélia; la famille des Sylla était, comme la famille des Scipions, une race d'autorité et de commandement. Le premier aïeul de Sylla que mentionne l'histoire fut dictateur[1].

Au milieu du septième siècle, cette famille était pauvre, et Sylla ne commença pas la vie dans des circonstances brillantes; il louait l'étage inférieur d'une maison et son loyer était d'environ six cents

---

P. Cornelius Rufinus, dictateur. L'an 420 de Rome.

francs; celui d'un affranchi, qui occupait l'étage supérieur, n'était moindre que d'un tiers[1]. Sylla, pour ses six cents francs, devait être fort mal logé.

J'ai dit que les Cornélius étaient Sabins d'origine; Sylla avait le trait qui, encore aujourd'hui, caractérise les petites filles des anciens Sabins, les cheveux blonds. Le surnom de Rufus, ou Rufinus (roux) était héréditaire dans sa famille, et le nom même de Sylla paraît avoir eu la même signification en sabin[2].

Il n'y a point à Rome de portrait authentique de Sylla, non plus que de Marius; le prétendu Sylla du Vatican n'a pas la longue et noble figure du Sylla des médailles; c'est un bon homme assez fin et jovial. Sylla aimait la joie et même une joie grossière[3], mais, au

[1] Plut., *Syll.*, 1.

[2] L'étymologie tirée de *sibylla* est très-invraisemblable. La *sil* était une terre colorée employée dans la peinture (Pl., xxxiii, 56, 1-2), probablement, comme la plupart des terres colorées, une ocre jaunâtre. Le mot *silex* a la même racine : une espèce de silex est appelée par les naturalistes silex *blond*. Selon Plutarque (*Syll.*, 2), Sylla devait son nom à la blancheur de son visage. Le mot sabin qui voulait dire blond pouvait être pris pour blanc, par opposition aux cheveux de couleur noire. Le *gelb* germanique, *jaune*, a la même racine qu'*albus*, *blanc*. Un chef célèbre des Marses, peuple sabellique, s'appelait Popædius *Silo*, le Roux, comme plusieurs Syllas *Rufinus*. *Silo* a été confondu avec *simo*, du grec *simos*, qui veut dire à nez applati; d'où *simo*, applatir, et *simius*, singe. *Sila* était le nom d'une partie du Brutium; *Siler* ou *Silarus*, aujourd'hui *Sele*, le nom d'un fleuve au pays des Hirpins, deux contrées sabelliques.

[3] Il s'entourait de mimes, de bouffons, de courtisanes, et détacha souvent des terres du territoire public pour les donner à ceux qui l'avaient fait rire.

milieu de ses orgies, il devait avoir un autre air que celui-là [1]. Nous savons qu'il existait à Rome des portraits de Sylla ; sa statue en or donnée aux Romains par le roi numide Bocchus, ne put être épargnée par Marius, mais on lui éleva plus tard, au temps de sa puissance, une statue équestre dorée, près de la tribune, comme pour exprimer qu'il en avait triomphé. La mémoire de Marius et celle de Sylla furent alternativement maudites ; leurs partisans ont dû, pendant qu'ils triomphaient, anéantir tour à tour les effigies des chefs du parti contraire, et ils ont été punis des proscriptions qu'ils décrétèrent par ces proscriptions mêmes dont l'effet a été d'anéantir leurs images.

Soutenu par l'aristocratie dont il faisait partie, Sylla eut moins de peine à s'élever aux honneurs que l'humble citoyen d'Arpinum ; la préture lui fut d'abord refusée par un motif qui peint bien les Romains d'alors et qui d'ailleurs se rattache à l'histoire des spectacles à Rome. Après la guerre contre Jugurtha, le peuple ne nomma pas Sylla préteur parce qu'il voulait le forcer à demander d'abord l'édilité pour qu'il donnât des jeux où l'on verrait paraître des lions d'Afrique ; il fut nommé l'année suivante et donna comme préteur les jeux désirés où parurent des lions qui avaient sans doute été la condition du vote : les choix de la multitude ont parfois d'étranges motifs.

[1] Le faux Sylla du Vatican (*Br. Nuov.*, 60) ne ressemble point aux médailles que fit frapper son descendant, Q. Pompeius Rufus.

Sylla, avant d'aller combattre Mithridate, avait fait une sorte de traité avec Cinna, le principal chef du parti de Marius. Celui-ci avait juré au Capitole, sur la pierre sacrée, qu'il n'agirait point contre Sylla en son absence ; puis, jetant la pierre, avait appelé sur lui la colère des dieux s'il manquait à son serment. La solennité de cette ancienne cérémonie pélasgique ne dut pas suffire pour rassurer Sylla, mais il était pressé de partir et il n'avait le temps de se brouiller avec personne.

Jusqu'à son départ pour l'Orient, la vie de Sylla est liée à celle de Marius ; il est son subordonné et son ennemi. Il ne fait pour son propre compte que la guerre civile. L'expédition contre Mithridate fonda sa gloire de capitaine et c'est en servant glorieusement la république qu'il se mit en mesure de l'opprimer ; ce que nous verrons se passer à Rome fut préparé en Grèce et en Asie. Mais cette expédition est trop lointaine pour entrer dans le plan de cette histoire [1] ; Sylla ne lui appartiendra que lorsqu'il sera revenu à Rome.

Cependant les campagnes de Sylla en Grèce nous ramènent par les objets d'art qu'il en rapporta [2] et par cet autre trésor, fruit encore plus précieux de ses vic-

---

[1] Un seul fait s'y rattache. Pour subvenir aux frais de l'expédition, le sénat vendit les terres affectées aux dépenses du culte public et qui étaient situées aux environs du Capitole. Cette vente produisit neuf mille livres d'or. (App , *B. Mithrid.*, II, 22.)

[2] Voyez t. III, p. 600-1.

toires, les œuvres d'Aristote, destinées à exercer une si grande influence sur l'Occident et que l'Occident doit, jusqu'à un certain point, à Sylla, car c'est à Rome que fut faite par Andronicus de Rhodes la première bonne édition d'Aristote.

Le philhellénisme de Sylla est curieux à étudier parce qu'il est bien romain et offre ce mélange d'amour pour la langue, les arts, les lettres, les modes grecques et de dédain pour les Grecs eux-mêmes, qui perce dans Cicéron et que le superbe Sylla manifestait avec le sans-façon d'un général victorieux et la désinvolture d'un grand seigneur. Sylla savait le grec, il avait écrit ses mémoires en grec et signait quelquefois ses lettres d'un nom grec, Épaphrodite; mais, pour fabriquer des machines de guerre, il coupait les arbres de l'Académie et du Lycée, il faisait chasser à coups de flèches les prêtres athéniens qui venaient le supplier d'épargner la ville, et quand les prêtresses de Minerve lui demandaient de l'huile, il leur envoyait du poivre; il raillait les discours des députés d'Athènes qui avaient vanté les hauts faits de leurs ancêtres, leur disant : « Mes beaux harangueurs, retournez-vous-en avec toute votre rhétorique, car les Romains ne m'ont point envoyé ici pour apprendre ni pour étudier, mais pour défaire et dompter ceux qui se sont rebellés contre eux. » Enfin, après avoir brûlé des édifices, inondé de sang les rues d'Athènes, il prononça ces mots célèbres : « Je fais grâce aux vivants en faveur des morts. »

Admiration pour les morts, peu d'estime des vivants, tel était aussi le double sentiment, envers les Italiens de nos jours, qu'apportaient à Rome beaucoup de voyageurs avant que les Italiens eussent montré dans ces dernières années qu'il faut, en admirant les morts, estimer les vivants.

Pendant les quatre années qui s'écoulèrent entre la mort de Marius et le retour de Sylla en Italie, les scènes tumultueuses cessent à Rome, parce que le parti populaire étouffe toute opposition ; ce que quelques-uns appellent l'ordre, c'est-à-dire la servitude, régnait. La disette et le besoin d'argent, qui en France firent créer les assignats, déterminèrent Flaccus à donner au sesterce de cuivre une valeur fictive quatre fois plus considérable que la sienne, la valeur du sesterce d'argent. On comprend quelle perturbation cette mesure dut jeter dans les fortunes. Ici encore, la république désorganisée préludait aux mesures désastreuses de l'organisation impériale, sans pourtant en égaler les inconvénients et l'immoralité [1].

Pendant que Sylla gagnait des batailles, on démolissait sa maison, on brûlait ses villas, on forçait sa femme Métella à s'enfuir avec ses enfants. Sylla laissa faire, mais quand il eut soumis la Grèce et vaincu Mithridate, il éleva une voix menaçante, se

---

[1] C'est ce qu'a très-bien établi M. Fr. Lenormant (*Mémoire sur l'organisation économique et politique de la monnaie dans l'antiquité*, p. 182-3.)

plaignit de sa maison rasée, de ses villas ravagées, de la persécution de ses amis et de son propre bannissement. Parlant déjà en dictateur, il annonçait une amnistie qu'il n'avait nul droit de donner et qui devait s'étendre à tous les honnêtes gens. Quand il eût dit vrai, cela ne l'engageait pas beaucoup ; mais selon le langage ordinaire des partis, les honnêtes gens c'étaient les amis de Sylla.

Le seul sentiment qui régnait dans Rome était pour les uns la terreur, pour les autres l'espoir de son retour. Comme il arrivait dans tous les moments d'anxiété, les mauvais présages se multipliaient parce qu'ils étaient plus remarqués et qu'on était plus disposé à y croire. On disait qu'une mule avait enfanté, qu'une femme était accouchée d'un serpent. Un tremblement de terre renversa plusieurs temples ; enfin, le plus auguste, le plus sacré de tous, le Capitole, brûla.

Déjà, quand Marius et Sylla ne s'étaient pas encore déclaré la guerre, les prodiges avaient commencé ; des feux étaient sortis de terre près du temple de Laverne, déesse des voleurs, qu'on pourrait appeler la patronne de beaucoup de Romains de ce temps-là ; les devins étrusques avaient annoncé une de ces révolutions périodiques du monde indiquée par des feux ou des déluges et qui marquaient une nouvelle ère dans les choses humaines ; maintenant le Capitole était atteint par les flammes. Une nouvelle ère en effet commençait pour Rome au milieu de ces présages funestes et l'ère de Rome libre finissait, comme le Capitole, dans un incendie.

Le Capitole fut-il brûlé à dessein? Tacite[1] l'affirme : « Alors, dit-il, un tel temple était incendié. » Par qui le fut-il? On l'ignore. Il convenait au parti vainqueur de terrifier les imaginations par une grande catastrophe. D'autre part, les furieux du parti démocratique étaient capables de tout. Plus tard, Catilina fut accusé d'avoir voulu brûler le Capitole pour jeter le trouble dans la ville, et il y avait alors dans Rome beaucoup de Catilinas.

Sylla, annoncé par tant de signes terribles, s'embarque pour l'Italie. Tout l'espoir de ses adversaires était dans les peuples contre lesquels on avait commencé la guerre sociale, et dont les plus redoutables, les Samnites, n'avaient pas déposé les armes. Sylla s'efforça de les gagner en promettant le maintien de tous les droits accordés aux Italiens; mais son nom et son rôle faisaient de lui l'ennemi naturel de leur cause, et ils se joignirent aux chefs du parti populaire pour le combattre.

Cinna venait de périr, les deux consuls étaient Carbon et le jeune Marius, âgé de vingt-six ans. Rome n'opposait à Sylla qu'un nom.

Le jeune Marius alla s'établir dans la ville de Préneste, à l'entrée des montagnes, d'où il pouvait don-

---

[1] Fraude privata. (Tac., *Hist.*, III, 72.)

ner la main aux populations sabelliques, sur lesquelles il comptait pour résister à Sylla. Il emporta avec lui treize mille livres en or, enlevées aux principaux temples de Rome et notamment au Capitole, que l'incendie venait d'atteindre et dont la guerre civile dépouillait les débris [1]. A Sacriportus, entre Préneste et Signia (Segni) fut livrée la première bataille contre Sylla; les partisans de Marius et leurs alliés les Samnites furent défaits. Beaucoup de cadavres couvrirent la plaine de Pimpinara [2].

L'armée en déroute voulut se réfugier dans Préneste; on recueillit d'abord les fugitifs, mais Sylla parut derrière eux. Pour l'empêcher d'entrer, on ferma les portes, et un grand nombre de Romains et d'alliés furent massacrés au pied des murs. On hissa au moyen d'une corde Marius dans la ville, où put pénétrer aussi Pontius Telesinus, le chef des Samnites, le brave champion de l'indépendance italienne.

Sylla avait bien promis de ratifier les concessions faites aux populations soumises, mais les vaillants Samnites ne voulaient pas se soumettre; ils se défiaient du parti de Sylla, toujours contraire à leur cause, et puis la vieille inimitié des races sabelliques et de la

[1] Val. Max., vii, 6, 4. Pl., *Hist. nat.*, xxxiii, 5.

[2] Ce lieu, appelé Sacriportus, au bord d'un canal, dans le pays des Volsques, n'a pas été déterminé avec certitude. Nibby (*Dint.*, iii, p. 51), ne trouve de ce côté que la plaine de Pimpinara où ait pu se livrer une bataille à laquelle prirent part 100,000 hommes, et, en attendant que M. Rosa ait prononcé, il faut bien s'en tenir à l'opinion de Nibby.

race latine les poussait à détruire Rome : la montagne voulait écraser la plaine.

Quoique de race sabellique, Sylla éprouvait pour les Samnites une haine égale à la haine qu'ils portaient au peuple romain ; tous ceux qui furent pris sous les murs de Préneste furent égorgés.

Le jeune Marius, assiégé dans cette ville, désespérant de son salut, ne voulut pas que ses ennemis dans Rome pussent se réjouir de sa mort : il fit parvenir au préfet de la ville l'ordre de rassembler le sénat sous quelque prétexte et de tuer quatre sénateurs, parmi lesquels étaient le frère de Carbon et le fils de ce Scævola qui avait pris si courageusement le parti de Marius en présence de Sylla. Deux furent mis à mort dans la Curie, un en en sortant, Scævola quand il venait d'en sortir, si cette version de sa mort est la vraie. On jeta les cadavres dans le Tibre, selon un usage qui s'établissait, dit Appien, de ne plus donner de sépulture à ceux qu'on égorgeait[1].

Sylla, qui craignait une marche de quelque autre corps de l'armée alliée sur Rome, envoya ses troupes par plusieurs chemins occuper les portes, avec ordre, si l'on était repoussé, de se replier sur Ostie. Ces précautions prouvent qu'il n'était pas sans inquiétude sur le succès.

Enfin, Sylla laissant son armée hors de la ville, dans

---

[1] App., *B. civ.*, I, 88

le champ de Mars, entra dans Rome non en vainqueur mais en citoyen soumis aux lois. Il ne s'amusa pas à proscrire, il était trop pressé d'aller combattre, mais il fit vendre les biens des partisans de Marius, presque tous en fuite, parce qu'il avait besoin d'argent.

Il alla en Étrurie livrer à Carbon, près de Clusium (Chiusi), un combat acharné mais douteux, puis revint faire tête aux Samnites, aux Lucaniens, aux Campaniens, qui, au nombre de soixante-dix mille hommes, marchaient sur Préneste pour délivrer Marius. Comme le remarque très-bien M. Mérimée, Rome semblait revenir au temps où elle combattait à la fois l'Étrurie et le Samnium et, ce qui n'était pas alors, une partie de ses citoyens se trouvait du côté de l'ennemi.

Sylla occupa les défilés par lesquels les alliés avaient à passer pour venir au secours de Préneste; ces défilés devaient se trouver quelque part dans la vallée du Sacco, la seule route à travers les montagnes et que le chemin de fer de Naples à Rome suit aujourd'hui. Marius, désespérant d'être secouru, après avoir tenté vainement de percer le corps de troupes qui l'assiégeait, se fortifia dans Préneste et attendit.

Carbon ordonna à Brutus Damasippus d'aller avec deux légions faire lever le siége de Préneste, mais ils ne purent déloger Sylla des défilés qu'il occupait, malgré les efforts d'une armée samnite. Cette armée et les troupes romaines, commandées par Damasippus, Marius et Carinas, firent un dernier effort contre les défilés, après que Carbon eut quitté l'Italie pour s'enfuir en Afrique; cet effort échoua. Alors ils se portèrent sur Rome et campèrent à douze milles de la ville au-dessous du mont Albain.

Ce n'était plus Préneste qui était le point disputé entre les deux partis, c'était Rome même; c'était Rome qu'il s'agissait de couvrir et de sauver. Sylla quitta ses défilés et vint à marches forcées se placer devant la porte du Quirinal, la porte Colline. Telesinus et ses alliés romains l'y avaient précédé et s'étaient arrêtés à une demi-lieue des murailles, là où avaient campé les Gaulois après la bataille de l'Allia. C'est Telesinus et le Lucanien Lamponius Gutta qui étaient les vrais chefs de l'expédition; les généraux du parti de Marius étaient devenus des émigrés servant contre leur patrie la colère de l'étranger; leur cause disparaissait dans cette lutte entre la domination de Rome et l'indépendance de l'Italie soulevée contre elle : grand procès que ce jour allait décider.

Dès le matin, de jeunes patriciens, ayant à leur tête un Claudius, sortirent par la porte Colline et vinrent se briser contre une armée de cinquante mille hommes. Claudius fut tué. Alors un grand effroi se répandit dans Rome; les femmes, poussant des cris, couraient épouvantées par les rues : soldats et vivres manquaient. On a peine à comprendre pourquoi les confédérés n'attaquèrent pas tout de suite, n'était cette hésitation qu'on ne pouvait s'empêcher d'éprouver en présence de Rome et qui avait arrêté un moment les Gaulois au même lieu.

Enfin, vers midi, on vit arriver sept cents cavaliers, envoyés en avant par Sylla, et bientôt Sylla lui-même avec son armée. Dès que les soldats eurent pris quelque nourriture, il les rangea en bataille devant le temple de Vénus, là où furent depuis les jardins de Salluste, entre la ville et l'ennemi. Sylla et Crassus, qui commandait l'aile droite, faisaient ce jour-là devant la porte Colline ce qu'avait fait Marius aux bords du Rhône et dans les champs de Verceil, il défendait l'existence de Rome.

Les Samnites et les Lucaniens avaient juré de la détruire, car, comme ils le disaient, tant que l'on n'aurait pas abattu le repaire [1], les loups ravisseurs de la liberté italienne seraient toujours dangereux; ils voulaient étouffer la louve dans son marais. Il était quatre heures; on conseillait à Sylla d'attendre au lendemain pour laisser reposer ses troupes, mais il comprit qu'il n'y avait pas un moment à perdre : il fit sonner les trompettes et, tournant le dos aux murailles, il s'élança sur l'ennemi.

L'aile gauche devait occuper le terrain que couvre aujourd'hui la villa Ludovisi. Cette aile, que Sylla

---

[1] Vell. Pat., ii, 27.

..... Romanaque Samnis
Ultra caudinas speravit vulnera furcas.
Luc., *Phars*, ii, 137.

commandait, plia. Monté sur son cheval blanc, Sylla s'efforçait d'arrêter les fuyards; il ne put y parvenir. Un grand nombre de Romains, sortis de la porte Colline pour voir le combat, furent écrasés sous les pieds des hommes et des chevaux. Dans cette mêlée terrible, Sylla montra la plus grande intrépidité et courut les plus grands dangers. En vain tira-t-il de son sein le petit Apollon en or qu'il portait toujours sur lui comme une amulette, en vain il le baisa dévotement en lui adressant ces paroles qu'un *condottiere* romain du moyen âge aurait adressées à l'image d'un saint : « Apollon Pythien, n'as-tu élevé l'heureux Sylla à tant de gloire dans tant de combats que pour le conduire à sa perte et le faire tomber honteusement devant les portes de sa ville natale, aux yeux de ses concitoyens? » Il avait encore une autre dévotion, la dévotion à Vénus, devant le temple de laquelle il combattait. Elle lui était apparue dans un songe combattant pour lui au premier rang [1] :

Sylla ne put arrêter la déroute et se retira vaincu dans son camp. Si l'on n'eût abattu une sorte de herse [2], qui écrasa beaucoup de monde, une partie de ses soldats seraient même entrés dans la ville pêle-mêle avec les ennemis qui les poursuivaient. Mais l'aile droite, commandée par Crassus, avait battu l'armée

---

[1] App., *B. civ.*, 1, 97.

[2] Τὰς πυλὰς καθῆκαν ἀπὸ μηχανῆς (App., *Bell. civ.*, 1, 93). Ce détail sur le mode de défense complète l'histoire des portes de Rome.

des confédérés; elle avait même repoussé la portion de cette armée qui avait fait reculer Sylla, car Crassus campait sur sa gauche, devant Autemne au confluent du Tibre et de l'Anio.

Le lendemain au matin, Sylla rejoignit Crassus sous les murs d'Antemne et prit cette ville, la première conquête de Romulus, qui touchait aux faubourgs de Rome et qu'après la conquête de l'Orient il fallait reprendre à l'ennemi. Il rencontra des hérauts qui lui demandèrent grâce pour trois mille hommes, prêts à déposer les armes. Sylla promit de l'accorder s'ils se présentaient à lui après avoir fait quelque mal à ses adversaires; en effet, ils se jetèrent sur les leurs, et de chaque côté un grand nombre de combattants périt [1]. Mais cette lâche déloyauté fut punie par la déloyauté de Sylla : malgré sa promesse, il les fit renfermer avec trois mille autres prisonniers dans la *villa Publica*, près du cirque Flaminien; puis, ayant convoqué le sénat hors de la ville, dans le temple de Bellone, il s'y rendit. Comme il avait commencé à parler, on entendit les cris de six milles prisonniers [2] que par son

[1] C'était peut-être des Romains auxquels il ne déplaisait pas de tomber sur des alliés, ou des alliés qui saisissaient cette occasion de tuer des Romains.

[2] C'est le chiffre donné par Plutarque. Appien (I, 93) et Tite Live (*épit.* 88) disent huit milles. Valère Maxime (IX, 2, 1) dit quatre légions. Denys d'Halicarnasse (V, 77) et Sénèque (*De Cl.*, I, 12) sept mille. Saint Augustin (*De Civ. d.*, III, 2, 8) sept mille. Le nombre de *rois mille* donné par Orose (V, 1) doit tenir à une faute de copiste.

ordre on égorgeait dans la villa Publica [1]. Les sénateurs furent glacés d'effroi ; mais Sylla, sans montrer la moindre émotion, leur dit : « Faites attention à mon discours, et ne vous occupez pas de ce qui se passe au dehors ; ce sont quelques mauvais garnements que j'ai ordonné de châtier. » Le mot respire cette atrocité froide et ce dédain aristocratique empreint dans toutes les paroles de Sylla ; mais ces hommes avaient voulu détruire Rome et fait reculer Sylla : deux grands crimes.

Pontius Télesinus, le brave Samnite, avait succombé dans la bataille, peut-être avant que la victoire l'eût abandonné et croyant que Rome allait disparaître du monde avec lui. Ce sentiment se lisait sur son visage, visage d'un vainqueur plutôt que d'un mourant, dit Velleius Paterculus.

Les généraux romains furent amenés à Sylla qui les fit tuer. Leurs têtes, celle du Samnite Télesinus et du Campanien Gutta, promenées autour des murailles de Préneste, avertirent ses défenseurs du sort qui les

---

[1] Le temple de Bellone était à une extrémité des *Septa* ou *ovilia* ; c'est pourquoi Lucain a dit (II, 196) :

Tunc flos hesperiæ leto jam missa juventus
Concidit, ac miseræ maculavit *ovilia* Romæ.

La *villa Publica* était près du cirque Flaminien, Παρὰ τὸν ἱπποδρόμον· à côté du cirque (II., *Syll.*, 30). Amyot et Ricard, faute de connaître la topographie de Rome, ont supposé que Sylla avait fait égorger les prisonniers *dans* le cirque, bien que Plutarque dise que l'exécution eut lieu dans un endroit resserré, ἐν χωρίῳ μικρῷ.

attendait. Le jeune Marius voulut s'y soustraire; la garnison s'étant rendue, il se cacha dans un conduit souterrain qui n'était autre chose qu'un égout[1] et s'y donna la mort. Selon un autre récit, lui et le frère de Télésinus cherchèrent à s'échapper par ce souterrain; mais l'issue en étant gardée, les deux amis terminèrent leurs jours dans un combat singulier, évitant ainsi de se frapper eux-mêmes, ce à quoi répugnaient les Romains, qui préféraient souvent se faire tuer par un esclave. Eux du moins étaient assurés de tomber sous une vaillante main; ils suppléaient ainsi au combat de gladiateurs qui devait manquer à leurs funérailles. La tête de Marius, envoyée à Rome, fut attachée aux Rostres, où le premier Marius en avait fait attacher tant d'autres, et où l'air de jeunesse de son fils adoptif excita les railleries de Sylla.

Sylla vainqueur commença par renverser les trophées de Marius, comme Marius avait renversé les siens; puis il fit arracher du tombeau le corps de son ancien capitaine[2], et on le jeta dans l'Anio; ensuite il

---

[1] Ἐν τάφρους ὑπονόμου. (App., 1, 94.)

[2] Valère Maxime (ix, 2, 1) dit les *cendres*, mais ce fut bien le cadavre, car plus tard Sylla ordonna, contre l'usage sabin de la gens Cornelia, qu'on brûlerait son corps au lieu de l'enterrer, pour lui épargner le sort que lui-même avait fait éprouver aux restes de Marius. Si celui-ci eût été réduit en *cendres*, on ne voit pas comment les *cendres* de Sylla eussent échappé à ces représailles qu'il craignait. Cette précaution de Sylla donne même à penser que le cadavre de Marius avait reçu des outrages dont lui voulait préserver le sien.

procéda froidement à l'œuvre des proscriptions. La cruauté de Marius était celle d'une bête féroce, la cruauté de Sylla était celle d'un homme féroce; Marius était un sauvage et un soldat, il avait fait égorger ses ennemis à la hâte dans Rome, qu'il venait d'assiéger, comme un vainqueur brutal livre au massacre une ville prise d'assaut; Sylla était un gentilhomme, un lettré et avait la prétention d'être un homme de gouvernement; il y mit plus de formes, plus de méthode et de régularité; il *écrivit* des listes de meurtre, retouchant son œuvre, y ajoutant à plusieurs reprises les noms de ceux que dans les premiers moments il avait oubliés. Ces listes restèrent comme un supplément à ses mémoires, qu'il avait aussi écrits et qui étaient en grec. Au lieu de la terreur désordonnée que Marius avait fait régner dans Rome, Rome et toute l'Italie connurent une terreur savante et bien ordonnée; c'est pourquoi les barbaries de Sylla me causent encore plus d'horreur que les barbaries de Marius. Ainsi les assassinats juridiques du tribunal révolutionnaire inspirent encore plus de dégoût que les égorgements de septembre. Les listes de proscription furent affichées dans le Forum, comme l'était l'édit du préteur; près de cinq mille noms [1] y furent écrits, il y avait foule devant ces affiches, chacun allait voir si le sien s'y trouvait: c'était l'intérêt du Forum depuis qu'on n'y parlait

[1] Quatre mille sept cents selon Valère Maxime (x. 2, 1). Orose (v, 21) dit seulement cinq cent quatre-vingts.

plus. Ceux même qui n'étaient pas sur les listes n'étaient point assurés de vivre, car alors dans la ville, comme dit Florus, tuait qui voulait [1].

Ces scènes hideuses se multiplièrent sous l'administration de celui qui disait vouloir restaurer la république; la tribune muette n'était pas vide, les têtes coupées la remplissaient. Mais la tribune ne suffisait plus, on les rangea autour du bassin de Servilius qui lui faisait face et où l'espace manqua aussi bientôt. Le Forum se trouvait ainsi placé entre deux spectacles d'horreur disposés symétriquement, image de l'ordre tel que le comprenait Sylla. Le lacus Servilius était près de l'entrée du Forum, à droite en venant par le vicus Jugarius [2] (via delle Consolazione), par conséquent presque en face de la tribune; son nom lui venait sans doute de quelque édile ou de quelque censeur de la gens Servilia qui l'avait fait construire, ou de Servilius Ahala, qui tua Sp. Mælius dans le Forum. En ce cas, le souvenir des meurtres de Sylla y aurait été devancé par le souvenir d'un autre meurtre accompli de même au nom de la cause patricienne.

C'était un lieu formidable que ce bassin de Servilius. Par une allusion au *Spoliarium*, où l'on achevait

[1] Flor., III, 21.
[2] In principio vici jugarii continens basilicæ Juliæ (Fest., p. 290). Multos occisos non ad Trasimenum *lacum*, sed ad Servilium vidimus. » Jeu de mot de Cicéron sur les deux sens de *lacus*, un lac et un bassin. (*Pr. Rosc. Amer.*, 32.) Jeu de mot courageux, Sylla vivait.

et dépouillait les gladiateurs, il reçut le nom de spoliarium de Sylla. Agrippa le décora d'une hydre[1], image des proscriptions dévorantes et dont les têtes nombreuses rappelaient les têtes abattues par Sylla ; en outre, on lui portait les têtes des proscrits dans sa maison, qui, on le verra bientôt, n'était pas loin du bassin de Servilius. Nul n'osait implorer de Sylla la fin des proscriptions ; le plus hardi de ceux qu'elles menaçaient se contenta de lui demander un jour d'indiquer ceux qu'il comptait épargner. Sylla, avec un flegme tout aristocratique, répondit : « Je ne sais pas. » En transcrivant cette terrible et hautaine parole, je ne puis m'empêcher de me rappeler ce grand seigneur auquel un créancier disait : « Mais enfin quand me payerez-vous? » et qui répondit : « Vous êtes bien curieux ! »

Nul ne s'étonnera que ce sanguinaire Sylla ne fut pas un époux bien tendre. Sa femme étant tombée malade, il ne voulut point la voir, divorça, et la fit emporter hors de sa maison[1] pour que ni lui ni sa demeure ne fussent souillés par une mort. Cette espèce de superstition existe encore à Rome, et quand quelqu'un va mourir les parents quittent la maison ; c'est agir plus humainement que Sylla, mais ce n'est pas se montrer très-sensibles.

Sylla, assis dans le Forum parmi les têtes coupées, y vendait les biens confisqués des proscrits, donnait à

[1] Plut., *Syll.*, 35.

des infâmes et à des scélérats les revenus des villes ou des provinces entières. Un jour qu'il était sur son tribunal, devant le temple de Castor [1], le peuple lui amena un centurion accusé du meurtre de Lucius Ofella, celui qui avait pris Préneste, mais qui depuis avait brigué le consulat contre la volonté de Sylla. « Qu'on laisse aller le centurion, dit-il, il a agi par mon ordre. ».

Parmi les traits de cruauté qui abondent à cette époque, j'en choisirai un pour nous donner le spectacle d'une de ces abominations dont Rome était chaque jour témoin.

C. Gratidius, qui s'appela Marius Gratidianus quand il fut adopté par un frère de Marius, était naturellement du parti des Marius. Son éloquence rude et puissante avait beaucoup d'empire sur la multitude ; il avait gagné la faveur populaire par un édit touchant le règlement des monnaies, et cette faveur était si grande qu'on lui avait élevé de nombreuses statues devant lesquelles le peuple allait brûler de l'encens, répandre du vin et allumer des *cierges*, comme on fait devant les madones [2] ; elles furent

---

[1] Il était assis sur le siége du préteur, que tout prouve avoir été devant le temple de Castor depuis que Scribonius Libo, en 625, l'eut transporté dans le voisinage du putéal de Libon de ce côté du Forum. Le décret du *préteur* Cornélius sur les Tiburtins porte en tête : « Sub æde *Castoris*. »

[2] Cic., *de Offic.*, III, 20. Sen., *de Ir.*, III, 18.

toutes brisées à l'arrivée de Sylla. Un jour Sylla était assis dans le champ de Mars; on vit un jeune patricien, nommé Sergius Catilina, déjà connu par ses désordres et qu'on appelait le valet de bourreau de Sylla, apporter à celui-ci une tête qu'il venait de couper[1], c'était la tête de Gratidianus; puis il alla tranquillement laver ses mains dans le vase d'eau lustrale qui était devant le temple d'Apollon.

Ce qui avait précédé était encore plus horrible : Catilina avait tiré Gratidianus d'une étable à chèvres, où l'ancienne idole de la multitude s'était caché, l'avait conduit au delà du Tibre[2], lui avait arraché les yeux, lui avait taillé en morceaux les jambes et les pieds, pour qu'il *mourût dans chaque membre*, selon l'expression de Salluste. C'est ainsi que Catilina apparaît dans l'histoire. De plus, ayant tué son frère, il obtint de Sylla que ce frère serait mis sur les listes de proscriptions comme s'il vivait. Cela régularisait le fratricide et dut paraître une bonne plaisanterie à Sylla qui plaisantait volontiers.

---

[1] Plutarque (*Syll.*, 32) dit que Sylla siégeait dans le Forum; c'est une erreur, car lui-même, en parlant du temple d'Apollon, ajoute qu'il était tout proche : or, il n'y avait à cette époque qu'un temple d'Apollon dans le Champ de Mars, près du cirque Flaminien.

[2] Flor., III, 21. Au tombeau de Lutatius Catulus, comme une victime expiatoire, du nom de Marius, immolée à celui que le vainqueur des Cimbres avait fait mourir. Le tombeau de la gens Lutatia devait être sur une des voies qui se trouvaient au delà du Tibre. (Val. Max., IX, 2, 1.)

Au milieu de toutes ces monstruosités dont il était l'auteur, Sylla osa se proclamer heureux. Quand le jeune Marius fut mort, il prit solennellement le nom de *Félix*, et le sénat eut soin d'inscrire ce nom au pied de la statue équestre qu'il lui érigeait. Sylla croyait à son bonheur, nous dirions à son étoile ; il appela son fils *Faustus*, sa fille *Fausta ;* il traduisait en grec le nom de *Félix* par *Épaphroditus*, favorisé par Vénus, faisant allusion au *coup de Vénus* qui, dans le jeu de dés, était le coup heureux. Il n'est donc pas étonnant que cet homme, dévot à son bonheur, ait dédié dans la ville de Préneste le temple de la Fortune [1].

C'est à Préneste que la sienne avait triomphé, c'est après la prise de Préneste qu'il avait adopté le nom d'*Heureux ;* à Préneste, il fit massacrer en un jour douze mille citoyens qui restaient et détruisit la ville de fond en comble. Au milieu de ses ruines, il répara ou agrandit le temple de la Fortune, vieille divinité du lieu, d'origine pélasgique comme Préneste elle-même [2], où des débris de murs pélasgiques antérieurs à Sylla et à Rome se voient encore.

[1] Sylla ne bâtit point ce temple. Plutarque, qui avait sous les yeux les mémoires de Sylla, n'en dit rien. Le mot *fecit* dans Pline (xxxvi, 64, 1) ne s'applique pas au temple, mais à la mosaïque. On interrogeait les *sorts* à Préneste avant Sylla, et dès le temps de la première guerre punique..(Val., Max., i, 3, 1.)

[2] T. II, p. 100. Cette Fortune était la mère des dieux, car elle était représentée dans le temple allaitant Jupiter et Junon. (Cic., *De Div.*, ii, 41.)

Sylla avait fondé son règne par la terreur, je dis son règne car il était souverain absolu de fait[1]; il jugea cependant à propos de donner à sa tyrannie une apparence de légalité : il fit nommer par le sénat un *interroi*, avec lequel il s'était entendu, sortit de Rome et lui écrivit de demander au peuple s'il ne jugeait pas à propos d'élire un dictateur pour un temps indéfini, et que dans ce cas lui accepterait la dictature. Le peuple n'avait pas à se prononcer là-dessus, mais le sénat; jamais la nomination du dictateur ne lui avait appartenu. De plus, cet office, aboli depuis plus d'un siècle, avait toujours été limité à six mois. La foule, éternellement complaisante pour la force, livra à Sylla tous les pouvoirs et toutes les libertés. Quand il rentra dans Rome, il reçut une couronne d'or et une hache, dons convenables en effet, la couronne pour le despote, la hache pour le bourreau.

Sylla célébra par un triomphe ses victoires sur Mithridate : il avait agrandi le monde romain et mérité que l'extension du Pomœrium témoignât de cet agrandissement; en réalité il triomphait de Rome et de tout droit. Son char, pour arriver au Capitole, cotoya ce Forum qu'il avait inondé de sang; mais l'énorme quantité d'or et d'argent qu'étalait le triomphateur éblouit la multitude. Cet or était en partie celui que le jeune Marius avait enlevé aux temples de Rome et qu'il n'a-

---

[1] Ἔργῳ βασιλεύς. (App., *B. Civ.*, I, 98.)

vait pas eu le temps de dépenser. Les partisans de Sylla, bannis par ses adversaires, entouraient son char : leur présence faisait voir qu'avec lui un parti triomphait.

Sylla était complétement le maître; nul ne songeait à lui résister quand il mit la main à son œuvre politique, mais cette œuvre n'eut ni consistance ni durée; dans le présent il pouvait tout, il ne put rien pour l'avenir.

On n'efface pas comme on veut la violence de son origine; après avoir agi révolutionnairement on ne se fait pas en un jour conservateur. Sylla s'était établi par la force, Sylla avait foulé aux pieds toutes les lois, Sylla avait tous les vices, il n'était pas en son pouvoir de rendre au droit son autorité et à la morale son empire.

La fin était impossible, le moyen était impraticable : il rêvait de réformer l'État par l'aristocratie, mais il aurait fallu réformer d'abord l'aristocratie elle-même.

Aussi sa politique est pleine de contradictions qui naissent de sa nature, de sa situation et du contraste qui existe entre le but qu'il veut atteindre et les éléments dont il dispose.

Il réglemente la proscription et lui fixe un terme qu'en fait elle dépassa, mais il ne peut en décréter l'oubli, et les souvenirs de la proscription firent tomber l'œuvre de Sylla après sa mort.

Il lui faudrait rasseoir la société romaine sur le respect de la justice, et il fait argent avec les biens des proscrits, les distribue à ses indignes créatures[1], il corrompt l'armée[2]. Sylla pervertit autant qu'il égorgea : pervertir est pire qu'égorger.

Il consacre le honteux principe de la confiscation et crée par elle une classe d'ennemis héréditaires de son institution. Ce réformateur de mœurs abolit la censure et viole ses propres lois somptuaires avec impudence[3].

Jaloux du droit de cité, implacable ennemi des Italiens qui le réclament, Sylla, par les terres données à ses vétérans, accorde le droit de cité à cent vingt mille soldats dans lesquels tous les ambitieux, tous les perturbateurs trouveront un appui. Il va plus loin, il étend ce droit à des étrangers, à des Gaulois, à des Espagnols, à dix mille esclaves qu'il affranchit d'un coup.

Par sa loi des *Sicaires*, il veut, lui qui a tant tué, arrêter les habitudes de meurtre qui s'introduisent dans la vie romaine; mais il excepte ceux qui ont assassiné pour son compte dans les proscriptions : avec une exception semblable, quel pouvait être l'effet moral de la loi?

Sylla voudrait rétablir l'aristocratie, mais elle lui manque dans la main, il est obligé de compléter par

---

[1] Nec finem jugulandi fecit prius quam Sylla omnes suos divitiis explevit. (Sall., *Fr. Hist.*, i, 15.)

[2] Sall., *Cat.*, xi.

[3] Mérimée, *Guerre soc.*, p. 220.

des plébéiens (trois cents chevaliers) le sénat décimé.

Je n'ai pas prétendu donner une analyse approfondie de la constitution de Sylla, à laquelle je reconnais certains mérites [1], j'ai voulu seulement expliquer son abdication que j'avais à raconter. Quand il eut terminé son œuvre et qu'il l'eut imposée à tous, il s'en dégoûta, désespérant de la faire vivre; il jugea la réforme de la société romaine par l'aristocratie impossible et il abdiqua. Ce ne fut point une fantaisie, quoi qu'en dise Montesquieu, les hommes de la trempe de Sylla n'agissent point par fantaisie.

Ce jour-là, on vit avec stupeur celui que précédaient toujours vingt-quatre licteurs descendre seul l'escalier de la Curie, traverser le Comitium, une partie du Forum, de ce Forum d'où il avait chassé un jour les armes à la main Marius vaincu, et où il avait étalé son insolence et sa cruauté, puis gagner par la rue Neuve sa maison, à l'ouest du Palatin [2]. Un jeune garçon, sortant sans doute de quelque école des environs du Forum,

---

[1] On ne peut les méconnaître quand on a lu le chapitre de M. Mommsen intitulé *Sullas verfassung*. M. Mommsen reconnaît les défauts de la constitution de Sylla, mais croit qu'instrument de l'oligarchie, il n'a pu faire mieux et qu'il a fait tout ce qui était possible dans sa situation; les situations en politique excusent mais ne justifient point.

[2] Lorsque Clodius assiégea Milon dans sa maison, il se tint à couvert quelque temps dans la maison de P. Sylla. (Cic., *Ad Att.*, IV, 3.) La maison de Milon était sur le Germale, éminence qui tenait au Palatin du côté du Vélabre et qui aujourd'hui a disparu. La maison des Sylla devait donc se trouver sur la pente ou au bas du Germale.

poursuivit de ses insultes l'ex-dictateur ; on le laissa faire, peut-être même on l'avait poussé. Sylla, arrivé devant sa porte, se retourna et dit seulement : « Ceci empêchera qu'un autre dépose la souveraine puissance. »

On ne peut s'empêcher d'être étonné, comme le furent les Romains. Il y a dans le parti que prit Sylla de la grandeur : la grandeur ne manqua jamais à la république romaine, même dans ses plus mauvais jours, et c'est en quoi ils diffèrent des mauvais jours de l'empire. Juger froidement qu'on s'est trompé et se retirer en silence, au lieu de s'obstiner dans son erreur avec l'entêtement des esprits médiocres, cela n'est pas d'un homme ordinaire. Sylla fit ses adieux au peuple romain par un festin surabondant qu'il lui offrit dans le Forum ou dans le champ de Mars à l'occasion d'un acte de piété ; il donna le dixième de son bien à Hercule. Nous connaissons déjà la dévotion de Sylla à Apollon et à Vénus, nous ne pouvons être surpris de sa dévotion à Hercule. C'était le dieu de la force, c'était aussi le dieu spécial des *gentes* sabines, comme les Fabii, pour lesquelles il se confondait avec le dieu sabin Sancus. Les Cornelii ne savaient plus qu'ils avaient été Sabins ; mais la tradition d'un dieu national confondu avec un dieu grec pouvait s'être conservée dans la famille des Sylla.

Ce fut sans doute avec cette dîme prélevée sur ses biens qu'il éleva un temple à Hercule, à Hercule vainqueur, qu'on appela temple de l'Hercule de Sylla [1], sur le mont Esquilin, non loin du lieu où il avait battu Marius, et un autre dans le champ de Mars, près de la *villa Publica*, où il avait fait exterminer six mille vaincus, près du temple de Bellone, d'où il les avait entendus crier. Celui-ci fut dédié à Hercule *Gardien* [2], peut-être par reconnaissance pour le *secours* qu'il avait cru devoir au dieu protecteur de sa race dans la bataille presque perdue contre Télésinus.

Sylla sans doute fit preuve de hardiesse en rentrant ainsi désarmé dans la foule après avoir soulevé tant de haines et provoqué tant de vengeances ; mais cette hardiesse il ne faut pas se l'exagérer : il y avait en Italie cent vingt mille vétérans et à Rome dix mille affranchis qui auraient puni les meurtriers de Sylla.

Après son abdication, à Pouzzoles, où il se livrait à la pêche et à l'agriculture comme un paisible citoyen retiré des affaires, il fit étrangler sous ses yeux un magistrat municipal nommé Granius, qui, chargé de

---

[1] Sullanus, comme on appelait *Pompeianus* le temple d'Hercule élevé par Pompée au forum Boarium, sans doute pour le distinguer de ceux qu'avait érigés Sylla. On a trouvé sur le mont Esquilin une médaille avec ces mots : *Hercules Vict...* (Beck., **Handb.**, p. 551). Les régionnaires placent le temple d'Hercule Sullanus dans la cinquième région, celle de l'Esquilin, après la nymphée d'Alexandre Sévère, dont il existe un débris près de Sainte-Marie-Majeure.

[2] Hercules Custos. Mais ce temple, dont Ovide (*Fast.*, vi, 209-12) indique avec précision l'emplacement à l'extrémité des Septa, peut difficilement avoir été celui dont on montre quelques restes dans le couvent des PP. Somasques, à San-Nicolo-dei-Cesarini.

recueillir parmi les habitants de Pouzzoles une somme destinée à l'État, tardait de la verser. Ce versement lui tenait au cœur, car il s'agissait de la réédification du Capitole qu'il avait entreprise et qu'il désirait voir terminer. Granius espérait, en traînant ce payement en longueur, arriver sans avoir payé à la mort de Sylla.

Relever le temple de Jupiter Capitolin flattait son orgueil, et il déclara qu'une seule chose avait manqué à son bonheur, c'était de le consacrer. On se souvient que Tarquin n'avait pas eu le temps de l'achever : deux fois les dieux refusèrent cette gloire à la tyrannie.

Sylla, en revenant de Grèce, avait trouvé le Capitole brûlé et dès lors avait songé à le reconstruire ; mais il ne devait pas plus accomplir cette reconstruction que celle de l'État.

Il avait fait apporter d'Athènes à Rome les colonnes du temple de Jupiter Olympien, commencé sous Pisistrate, repris par Antiochus, qui eux non plus n'en avait pas vu l'achèvement.

Ce temple du Capitole causa la mort de Sylla, s'il est vrai que sa colère contre Granius fit crever un abcès dans sa poitrine et que son dernier souffle, comme dit Valère Maxime, s'exhala mêlé de menaces et de sang. D'autres racontaient qu'il était mort d'une maladie hideuse, la maladie pédiculaire ; les insectes qui ont donné leur nom à cette maladie se seraient engendrés dans sa chair corrompue et y auraient pullulé de sorte que rien n'eût pu l'en délivrer. Cette vermine, à laquelle en plein tribunal sa grossière insolence avait comparé les Romains, leur disant que, comme le paysan d'un apologue, à la troisième fois il jetterait ses poux au feu, les poux, puisque je les ai nommés, auraient mangé Sylla [1].

Les habitants de Rome n'eurent pas la joie de voir cette justice de Dieu qui a pour les oppresseurs de la liberté des peines infamantes. Sylla subit son supplice à Pouzzoles, sous le beau ciel de la Campanie, où il s'était retiré pour se livrer à toutes les voluptés.

A peine eut-on appris sa mort à Rome que les querelles des partis reparurent. Ils étaient représentés par les deux consuls; l'un était Catulus, de cette famille si maltraitée par les Marius et chef ardent du parti de Sylla; l'autre était Æmilius Lépidus, le meneur du parti contraire qui déjà levait la tête. On délibéra dans la Curie s'il fallait conduire en pompe le corps de l'ex-dictateur de Pouzzoles à Rome, exposer son corps dans le Forum et lui accorder l'honneur des funérailles publiques. Catulus et les amis de Sylla l'emportèrent : ce fut leur dernier triomphe.

Le cadavre fut apporté à Rome dans une litière dorée, avec les ornements royaux, trompettes en tête et cavaliers derrière. Les vétérans de Sylla accouraient de partout et se plaçaient dans l'immense cortége; son

[1] Le premier siége du mal indiqué par Plutarque me fait croire que le fier aristocrate, le superbe despote est mort d'une maladie honteuse, celle qu'engendre le *pediculus pubis*.

parti tenait à faire acte de présence et à se montrer. En avant, on portait les haches et les autres insignes de la dignité dictatoriale, comme si l'ancien dictateur l'eût encore été au moment de sa mort.

Les patriciennes romaines, envoyées par leurs maris, apportèrent tant de parfums qu'on put faire avec ceux qui n'avaient pas servi deux statues de grandeur naturelle, celle de Sylla et celle d'un licteur; l'image d'un licteur accompagnait bien l'image de l'homme qui avait donné aux licteurs tant d'emploi. Ceux qui avaient flatté sa puissance et ses haines lui élevaient une statue d'encens.

On conduisit le corps au champ de Mars. Un grand tombeau, démoli par Sixte IV et qu'a remplacé l'une des deux églises de la place du Peuple, a passé pour avoir été le sien[1]. Près de là est le mausolée d'Auguste; Sylla lui aurait indiqué la place de sa sépulture comme il lui indiqua son chemin vers l'usurpation de tous les pouvoirs. Auguste y arriva aussi par le sang, mais il sut mieux construire le despotisme et il n'abdiqua point.

Le bonheur de Sylla se montra encore dit-on dans

---

[1] Rien ne prouve cette supposition, mais le vers de Lucain (II, 222) :

Ilis meruit *medio* tumulum se tollere campo.

ne la contrarie point. Le champ de Mars s'étendait au delà de l'enceinte d'Aurélien, et un tombeau voisin de cette enceinte n'était pas pour cela à l'extrémité de ce champ.

cette journée. Le temps était couvert dès le matin et faisait craindre une grosse pluie. On attendit dans le Forum jusqu'à trois heures avant de se mettre en marche vers le champ de Mars. A trois heures, on se décida à porter le cadavre sur le bûcher. A peine y fut-il placé qu'un grand vent s'éleva, excitant la flamme. Quand tout le corps fut brûlé, une pluie abondante commença de tomber et dura jusqu'à la nuit. Les partisans de Sylla dirent que la fortune lui avait été fidèle même dans ses funérailles. Ses ennemis purent tirer de cette pluie un présage : elle lavait le sang versé par Sylla et son œuvre était noyée sans retour.

XVII

POMPÉE, CICÉRON, CÉSAR.

Commencements de Pompée; son premier triomphe. — Réaction contre Sylla, Æmilius Lepidus battu sous les murs de Rome. — Rome en Espagne; Sertorius. — Lettre arrogante de Pompée au sénat. — Spartacus effraye Rome. — Ovation de Crassus; route des Ovations — Tentative de réconciliation entre Pompée et Crassus. — Pompée attaque la constitution de Sylla. — Maison de Pompée dans les Carines. — Pompée est chargé de la guerre contre les pirates. — Violences dans la curie, tumultes dans le Forum. — Lucullus, jardins de Lucullus à la villa Medici. — Villa et tombeau de Lucullus à Frascati. — Pompée est chargé de la guerre contre Mithridate; résistance de l'aristocratie; Cicéron appuie Pompée. — Cicéron, ses portraits. — Sa maison dans les Carines. — Ses débuts oratoires sous Sylla. — Son début politique; les Verrines, les juges sur le tribunal, l'auditoire dans le Forum. — Hortensius, ses villas, son portrait. — Maison de Catilina. — Crassus, jardins Liciniens. — Cicéron accuse Catilina dans le temple de Jupiter Stator, fait arrêter les conjurés au pont Milvius et les fait condamner par le sénat dans le temple de la Concorde. — Ils sont étranglés dans le Tullianum. — Clodius surpris déguisé en femme dans la maison de César, son absolution. — Arrivée à Rome de Pompée; il attend le triomphe dans ses jardins, son second triomphe, ambition et vanité de Pompée. — Le vase de Mithridate au Capitole. — Temple et statue de Minerve. — Temple d'Hercule. — Fausse situation de Pompée. — César paraît. — Portrait de César. — César démagogue, relève les trophées de Marius. — Ses intrigues, procès de Rullus. — Procès de Rabirius. — Dédicace du Capitole. — César préteur. — Opposition de Caton; tempête au Forum. — Signes funestes.

Deux hommes bien inégaux aux yeux de l'histoire, mais qu'elle ne peut séparer parce qu'ils dominent la dernière époque de la république, dont ils se disputèrent les restes, Pompée et César, continuent le rôle politique de Sylla et de Marius. Pompée finit par être le chef du parti aristocratique ; César commença par se faire l'homme de la démocratie. Tous deux tenaient à leurs prédécesseurs : Pompée fut le gendre de Sylla [1], César était neveu de Marius.

Mais je me hâte de le dire, il n'y a rien de commun entre ces deux hommes et ceux dont ils continuèrent la tendance politique. Ils ne furent point des égorgeurs et des bourreaux. Après Marius et Sylla, l'historien respire; le temps des horreurs est passé, il ne reviendra qu'avec Antoine et Octave.

A côté de Pompée, qui, d'abord, tient le premier rang, paraît Cicéron qui joue le premier rôle ; mais Cicéron sera bientôt effacé, et Pompée disparaîtra devant César.

---

[1] Pas exactement le gendre. Sylla lui fit épouser une fille de sa femme, née d'un premier mariage avec Æmilius Scaurus. Pompée était marié à Antistia ; il la répudia, ce qui n'était pas honorable, pour complaire à Sylla. César refusa d'en faire autant.

Pompée, qui parut d'abord sur la scène, était de race plébéienne et sabellique [1]. De bonne heure, cette famille de parvenus sépara sa cause de celle des plébéiens. Un Q. Pompeius prit parti contre Tiberius Gracchus, et, tribun du peuple, agit dans l'intérêt de la noblesse, ce qui était se mettre dans une situation fâcheuse et ressemblait à une trahison. Ce fut lui qui, dans la Curie, vint dire que sa maison était à côté de la maison de Tiberius [2], et affirmer que dans celle-ci on avait déposé un diadème et une robe de pourpre envoyés par Attale : dénonciation mensongère contre un collègue qu'il accusait risiblement de vouloir être roi. Son fils, consul de nom avec Sylla, s'enfuit du Forum au milieu de l'émeute soulevée par Sulpicius. Il rentra dans Rome avec Sylla et dut être de moitié dans les premières proscriptions. Il fut tué par ses soldats, à l'instigation de son parent, ce Pompeius Strabo (le louche), général du sénat, et détesté par lui ; celui-ci fut le père de Pompée.

---

[1] Probablement originaire du Picentin, où il avait de grands biens et une grande influence, car il y leva des légions pour Sylla. Une branche des Pompeii portait le surnom de *Rufus*, roux, ce qui les rapproche des Sabins, une autre branche le surnom de *Strabo*, terminé en *o* à la manière sabine. *Pompeius* paraît venir de *Pompo*, nom du père du roi sabin Numa Pompilius.

[2] Tiberius demeurait sur le Palatin ; les Pompeii y demeuraient donc à cette époque. Ce détail montre la famille Pompeia frayant dès lors avec l'aristocratie romaine qu'elle servait.

Pompée commença donc naturellement sa carrière dans le camp de Sylla; quand Marius rentra dans Rome, sa maison fut pillée [1]. Lorsque Sylla revint d'Orient, le jeune Pompée était à la tête de trois légions en partie composées des vétérans de son père, en partie recrutées dans le Picentin. Pendant les proscriptions de Sylla, il montra, parmi quelques traits d'humanité, une cruauté née des circonstances, mais qui n'était pas dans son caractère, car elle ne reparut à aucune époque de sa vie. Cependant il envoya de Sicile à Rome une tête, celle de Carbon, et on l'appelait alors le jeune bourreau, *adolescentulus carnifex*. On disait qu'il avait léché le sang de l'épée de Sylla; mais c'était le langage des partis et non le langage de la vérité.

La vanité, qui fut toujours le trait dominant de la nature de Pompée, donna au jeune protégé de Sylla la hardiesse de vaincre la résistance de Sylla, qui lui refusait la permission de triompher après une campagne d'Afrique. L'armée que le sénat lui ordonnait de licencier murmura, et Sylla, qui montra toujours une déférence singulière pour le jeune Pompée, comme s'il eût cru voir en lui son continuateur, Sylla céda. La vanité de Pompée paraît encore ici; il voulait que son char

---

[1] Ce fut sans doute ce qui lui fit, lors de son retour à Rome, quitter le Palatin pour les Carines, l'autre quartier brillant de Rome; peut-être aussi parce que ce quartier des chevaliers, c'est-à-dire des financiers, était moins aristocratique que le Palatin; ce qui allait au rôle que joua d'abord Pompée.

fût traîné par des éléphants. Mais la porte, par où entraient les triomphateurs, se trouvait trop étroite, et Pompée fut obligé de renoncer à ses éléphants, que sans doute il regretta beaucoup. Il s'en dédommagea en montrant le premier au peuple des chasses d'éléphants.

Il osa aussi voter pour le consulat de Lepidus, chef de l'opposition qui n'attendait pas la mort de Sylla pour se montrer. C'était prévoyance d'ambition, et cela montre combien ceux mêmes qui entouraient Sylla croyaient son œuvre peu durable. Quand Sylla mourut, il était fort refroidi à l'endroit de Pompée. Pompée, il faut le dire à son honneur, n'en soutint pas moins contre Lepidus qu'il fallait rendre des honneurs extraordinaires aux restes de son général.

Aux funérailles de Sylla, les deux consuls, c'est-à-dire les deux partis, avaient déjà montré l'antagonisme qui allait les diviser. En vain le sénat les avait-il obligés de jurer qu'ils ne se feraient pas la guerre ; à peine Sylla enterré, la réaction contre son gouvernement fut inaugurée par le consul Æmilius Lepidus, dont Salluste a conservé un discours très-énergique [1] prononcé avant la mort de Sylla, et qui fait voir combien, l'ex-dictateur encore vivant, sa politique et sa personne étaient violemment attaquées [2]. Æmilius Lepidus demandait le re-

---

[1] Sall., *Hist. Fragm.*, i, 45.

[2] Les Æmilii étaient de race sabellique. Les membres d'une famille de cette gens s'appelaient Mamertini, de Mamers, nom sabin de Mars.

tour des bannis, la restitution de leurs biens ; le droit de
cité rendu aux Italiens que Sylla en avait privés, et pour
les nouveaux citoyens le vote dans les tribus ; le mono-
pole de la justice enlevé aux sénateurs ; les anciens
droits des tribuns rétablis [1] ; en un mot l'abrogation
de la constitution. C'était trop se hâter et trop demander à la fois. Le sénat fut effrayé ; il entra en pourparlers avec le consul et obtint de lui qu'il partirait pour
la nouvelle colonie de Narbonne, chef-lieu de la Province.

Lepidus partit; mais au lieu d'aller en Gaule, il
s'arrêta en chemin. Le sénat le rappela en vain ; il ne
tomba point dans le piége qui lui était tendu. A la
tête de ses troupes, il marcha sur Rome et vint camper près de la ville. Beaucoup de citoyens de toutes les
classes passèrent dans son camp. Lepidus sollicitait un
second consulat, appuyé, dans le champ de Mars, par
la présence de son armée, et, dans la ville, par l'effroi
qu'elle inspirait. Un vieux patricien, Philippe, releva
les âmes ; il fit rougir le sénat de cette faiblesse, si commune après les révolutions, qui embrasse le danger par
peur. « Vous voulez la paix, disait-il, et vous ne savez

Comme ils étaient anciens et patriciens, on peut les croire Sabins d'origine. Æmilius Lepidus appelle Sylla le cruel Romulus : on dirait une
tradition nationale de haine pour le roi latin.

[1] Drumann, *Gesch. Rom.*, iv, p. 341-2. A en croire Granius Licinianus, qui cite un discours de Lepidus, celui-ci n'allait pas jusqu'au
rétablissement de la puissance tribunitienne. (Gr. Lic., *Fr. ed Bonn.*,
p. 43.)

pas la défendre ¹... Dois-je appeler cela crainte, lâcheté ou démence? Chacun de vous désire que la foudre ne tombe pas sur lui, et ne fait aucun effort pour l'empêcher de tomber. » Ces énergiques exhortations réveillèrent les Romains de la torpeur (*torpedo*) où, par suite des violences, ils commençaient à tomber, et dont l'empire devait profiter pour se fonder. Après un combat livré dans le champ de Mars, Lepidus vaincu s'éloigna. C'était à Pompée que le sénat avait donné le commandement des troupes qui devaient poursuivre et dissiper son armée. Pompée eut peu de peine à triompher de cette levée de bouclier prématurée.

Mais la guerre était déclarée aux institutions de Sylla ; elle ne devait pas en demeurer là.

Déjà Sertorius ², un des meilleurs capitaines du parti de Marius, avait levé l'étendard de la révolte en Espagne. Le vers fameux que Corneille met dans sa bouche,

Rome n'est plus dans Rome, elle est toute où je suis.

[1] Sall., *Hist. Fragm.*, 1, 50-51.

[2] Sertorius était né dans la ville sabine de Nursia. On cite de lui plusieurs traits d'une austérité de mœurs digne de la réputation proverbiale de sa race. Selon Appien (*B. civ.*, 1, 109) il aurait fait exterminer une cohorte entière en punition du crime d'un soldat. Au banquet que lui donna le traître Perpenna, les conjurés, qui voulaient l'irriter, tinrent des propos et firent des gestes grossiers; Sertorius se coucha à la renverse sur son lit, disant qu'il ne voulait rien voir et rien entendre. On profita de cette attitude pour l'assassiner. (Plut., *Sert.*, 26.)

m'autorise à suivre un moment en Espagne l'histoire de Rome et de Pompée.

En effet, Sertorius semble avoir voulu fonder en Espagne un empire indépendant. Parmi les nombreux réfugiés romains qui fuyaient dans son camp la tyrannie de Sylla, il forma un sénat. Mais on ne pouvait emporter Rome avec soi. Jamais, dans des tentatives pareilles, on n'a pu se passer du Capitole et du pomœrium sacré. S'il est un lieu qui ait une destinée, c'est celui-là. Dans la guerre sociale, les Italiens voulurent en vain opposer à Rome une capitale de l'Italie, qu'ils appelèrent Vitlu. Rome est la capitale nécessaire de l'Italie.

A l'époque de la plus grande faiblesse de l'empire, les Sertorius d'alors, qu'on appela les trente tyrans, n'établirent chacun dans leur province qu'un pouvoir éphémère. La république, bien que malade au temps de César et de Pompée, n'en était pas arrivée à la décrépitude de l'empire sous Gallien, et Sertorius échoua dans sa tentative de transporter Rome en Espagne.

Sertorius résista longtemps à Pompée, qu'il appelait l'enfant, et à Métellus, qu'il nommait la vieille femme. Pompée se trouva dans un grand embarras par suite d'envois de vivres qui n'arrivaient point. Le sénat, qui au milieu de ses intrigues oubliait l'armée romaine, fut obligé de s'en souvenir, quand on lut dans la Curie une lettre pressante et un peu arrogante du jeune Pompée.

Il disait aux sénateurs : « Ce n'est pas votre faute si je ne suis pas mort de faim. Par les dieux immortels! croyez-vous que je puisse suppléer le trésor public, ou avoir une armée sans la nourrir et la payer ?... » Après avoir énuméré fastueusement ses exploits, il ajoutait : « Voilà ce que votre reconnaissance, ô sénateurs, a récompensé par la faim et la misère. » Et terminait par cette menace : « Si vous ne venez à notre secours, je vous prédis que, malgré moi, cette armée et avec elle la guerre, passera d'Espagne en Italie[1]. »

Quand on entendait de telles choses dans la Curie, le despotisme militaire n'était pas loin.

Pompée ne put soumettre Sertorius. Il ne vint à bout que de Perpenna son assassin. En attendant le triomphe, il prit patience en élevant un trophée à sa gloire sur une cime des Pyrénées, du côté de Rosas. Une inscription faisait connaître que Pompée avait pris huit cent soixante-seize villes.

Après avoir eu à combattre en Espagne l'essai d'une Rome indépendante de Rome, Pompée fut envoyé dans le sud de l'Italie pour y anéantir une insurrection d'esclaves. Autre effort d'affranchissement dont le chef Spartacus, mérite le respect de ceux qui saluent partout comme le principal honneur de l'espèce humaine l'abolition de l'esclavage sous toutes ses formes et sous tous ses noms.

---

[1] Sall., *Hist. Fragm.*, III, 1.

Malgré la tentative de Spartacus, celles qui l'avaient précédée et le mouvement nouveau d'opinion qui faisait appeler aux armes ou affranchir des esclaves par tous les chefs de parti, l'esclavage ne devait pas être aboli dans l'antiquité, il devait se fondre à la chaleur de l'esprit chrétien et s'effacer à la lumière de la civilisation moderne. Il ne l'est pas encore dans quelques pays du nouveau monde, parce que ces pays ne sont ni assez chrétiens, ni assez civilisés ; mais il le sera, et quoiqu'il arrive, la révolte criminelle et insensée des États-Unis du Sud lui aura, dans leur sein même, porté le premier coup.

Rien ne ternit chez Spartacus la gloire de son entreprise. Les historiens romains n'ont pas osé le calomnier et ont rendu justice aux efforts qu'il fit pour empêcher parmi ses compagnons de lutte les terribles représailles de l'esclavage [1]. Son plan était sensé, il n'espérait pas tenir contre les Romains ; du mont Vésuve, où ce volcan s'était allumé, et qui, de temps immémorial, n'en connaissait plus d'autres, après avoir vaincu plusieurs armées romaines, il voulait gagner les Alpes en traversant toute l'Italie à la tête de cent mille hommes et aller retrouver en Thrace sa hutte de berger. On arrêta sa marche au nord et on le força à rétrograder vers le centre de l'Italie. Il s'en consola en battant tous les généraux qu'on envoyait contre lui.

---

[1] Sall., *Hist. Fragm.*, III, 77.

A Rome, la terreur qu'inspirait l'ancien gladiateur était si grande, que lorsqu'il s'agit, dans les comices, de désigner un général pour la guerre servile, personne ne se présenta. Le Forum et le champ de Mars n'étaient pas accoutumés à être désertés un jour d'élection.

Enfin un candidat s'offrit : c'était Licinius Crassus, déjà célèbre par sa richesse, dont il avait jeté les fondements en achetant à bas prix les biens des victimes de Sylla, dans ce Forum où l'on avait admiré l'éloquence d'un autre Crassus, et où lui ne brillait guère que dans les *tabernæ argentariæ*, chez les banquiers du lieu.

Crassus, comme lord Marlborough et quelques-uns de nos contemporains, montra qu'on peut être avide d'argent, et bien entendre la guerre ; d'ailleurs l'argent était pour lui un moyen d'ambition. Il comprenait qu'à une époque où la corruption donnait une si grande importance à la richesse, l'on pouvait arriver à tout avec un capital de trente-quatre millions[1]. Il eut la gloire de vaincre Spartacus. Il l'enferma derrière une muraille, à l'extrémité de la péninsule italique ; mais Spartacus s'échappa encore de cette prison, puis après quelques combats héroïques, il fut forcé, par l'ardeur des siens, de marcher contre les Romains. Une grande bataille s'engagea par hasard;

---

[1] Mommsen, *R. Geech.*, III p. 13.

avant de la livrer, Spartacus, renonçant à fuir, tua son cheval. Ce jour-là, son armée fut écrasée, et il périt vaillamment. *Pour l'exemple*, six mille prisonniers furent mis en croix; la voie Appienne fut bordée de gibets, de Capoue à Rome, sur un espace de cinquante lieues. Quand on se promène sur cette route, entre les restes de tombeaux magnifiques encore debout des deux côtés, et dans la compagnie des grands souvenirs qu'elle rappelle, il faut se souvenir aussi des gibets.

Crassus, pressé d'en finir, avait fait la faute de réclamer le secours de Pompée. Pompée arriva quand la chose était faite; mais, ayant détruit un corps de fugitifs, avec sa jactance ordinaire, il écrivit à Rome qu'il avait coupé les racines de la guerre.

Malgré l'importance et les difficultés de celle-ci, Crassus ne pouvait espérer les honneurs du grand triomphe, à cause de la condition vile de ceux qu'il avait vaincus. Au lieu d'aller sacrifier un taureau sur le Capitole, il alla sur le mont Albain sacrifier une brebis (ovem). C'est ce qu'on nommait *ovation*.

La route des Ovations est celle qu'on suit aujourd'hui pour arriver au sommet du mont Albain (monte Cavi). Une partie, qui est très-bien conservée, frappe le voyageur quand elle lui apparaît tout à coup au sein d'une forêt solitaire [1]. Il est encore bien imposant ce

---

[1] La partie inférieure de la route fait un zigzag, ce qui est con-

souvenir, même du petit triomphe. Pour Pompée, qui avait vaincu les alliés espagnols de Sertorius, les honneurs du Capitole l'attendaient; il vint donc pour la seconde fois triompher à Rome.

La loi ne lui permettant pas d'y entrer avant le triomphe, il s'arrêta dans le champ de Mars, où deux autres généraux attendaient le même honneur. Dans le champ de Mars se trouvaient en ce moment trois armées. Ce lieu, consacré dans l'origine au dieu de la guerre, puis aux luttes trop souvent armées de la liberté, reprenait l'air d'un champ de bataille.

En venant après son triomphe dans le Forum défiler devant les censeurs comme simple chevalier, il accrut encore l'enthousiasme populaire, et la foule qui le suivit en applaudissant à cette démonstration de son respect pour les lois, en fit pour lui un second triomphe.

Crassus, comme Sylla de race sabellique[1], rendit

---

traire à l'usage romain. En général, les voies romaines vont droit devant elles sans tenir compte des obstacles du terrain ; mais ici l'on se rend compte de l'exception, il s'agit d'une voie triomphale.

[1] Les Licinii étaient, je crois, de race ombrienne; leur nom, sous la forme étrusque *Lecné*, s'est retrouvé dans plusieurs parties de l'Étrurie, autrefois habitée par les Ombriens, et où un grand nombre de noms de lieux ont une physionomie ombrienne. Celui d'une petite ville de Toscane, Lucignano, paraît dériver de *Licinianum*. On trouve les Licinii à Tusculum, dont le nom se rattache à une ancienne invasion étrusque dans laquelle purent figurer des Ombriens. Stolo, nom d'un Licinius, a la terminaison en *o* des noms sabelliques.

comme lui grâces au dieu des familles sabines, Hercule. Il ne lui consacra pas le dixième de son bien, ce genre d'hommage n'était point dans son caractère, mais il lui offrit, ce qui était moins cher, un grand sacrifice. Puis il servit au peuple romain un repas de dix mille tables, distribua du blé et fut nommé consul avec Pompée. Alors, les deux premiers personnages de la république étaient Pompée et Crassus ; César, qui devait les effacer tous les deux, se tenait encore dans l'ombre. Il leur laissait jouer le premier rôle sur le théâtre, mais il agissait derrière la toile et, si j'osais emprunter cette expression moderne, dans les coulisses, en attendant le moment où il pourrait en les unissant pour s'unir à eux les dominer, jusqu'au jour où il les remplacerait. Il voulut les rapprocher, et l'on attribue à son instigation la démarche d'un obscur chevalier, étranger jusque là aux affaires publiques, lequel vint un jour dans le Forum déclarer que Jupiter lui était apparu en songe et ordonnait au peuple de ne pas laisser les consuls sortir de leur charge sans être redevenus amis. Le peuple, toujours crédule à Rome, ordonna aux consuls de se réconcilier. La superbe de Pompée ne se laissa point toucher aux désirs de Jupiter et du peuple romain, il demeura immobile et froid ; mais Crassus, fait pour le second rôle, malgré sa haine contre Pompée, s'avança et lui tendit la main en lui adressant un éloge où perçait encore quelque dépit contre les honneurs extraordinaires accordés à Pompée dès sa première jeunesse.

Pompée se préparait à porter un coup décisif à la constitution de ce Sylla, dont il avait été le favori toujours un peu ingrat ; commençant ainsi à jouer ce rôle de protecteur de la démocratie qui fut le sien jusqu'au moment où la crainte de César le jeta dans le parti du sénat et le fit chef de ce parti, pour ainsi dire à son corps défendant. Plusieurs efforts avaient été déjà tentés pour réhabiliter le tribunat, que Sylla avait frappé d'une sorte d'infamie par la loi qui rendait les tribuns incapables d'obtenir aucune autre fonction, mais tout avait été ajourné jusqu'à ce que Pompée revînt à Rome. Avant de pouvoir y mettre le pied, il avait reçu dans le champ de Mars une députation à la tête de laquelle était le tribun M. Lollius Palicanus [1], et lui avait promis solennellement de faire rendre au tribunat ses priviléges. On était rentré dans Rome plein d'espoir.

En effet, Pompée appuya dans le sénat la rogation de Palicanus. La Curie céda après une faible résistance, intimidée par l'agitation du Forum et la présence de l'armée de Pompée dans le champ de Mars. Ce jour là Pompée crut gagner la faveur du peuple, mais il blessa mortellement le sénat.

---

[1] Né dans le Picentin, où étaient les biens de Pompée et d'où était venue sans doute la gens Pompeia. Une médaille de Palicanus avec ce mot : *Libertas*, et sur laquelle est représentée la tribune, nous en fait connaître la forme.

Des jeux qu'il donna et qui durèrent quinze jours doivent figurer parmi les mesures politiques au moyen desquelles Pompée s'efforçait d'établir sa popularité.

Tout le monde mettait la main à la démolition de l'œuvre de Sylla. Le droit exclusif de juger que Sylla avait attribué au sénat, lui fut retiré par une loi que présenta non pas un tribun mais un préteur, Aurélius Cotta. Chaque jour Cotta, qui avait échoué dans la Curie, montait à la tribune du Forum pour dénoncer les iniquités et les corruptions de la justice du sénat. Cette loi, que Pompée porta comme consul, après la mort de Cotta, étendait le droit de juger, nous dirions donnait place dans la liste des jurés aux chevaliers et à des magistrats inférieurs qui étaient les payeurs de l'armée; ceux-ci ne comptaient pas, et les traitants ne valaient pas mieux pour juger que les sénateurs.

Pompée, pour se conserver la place à part qu'il voulait se faire dans les imaginations, se montrait peu, vivait à Rome fort retiré, dans sa maison modeste bien qu'élégante des Carines, et ne paraissait en public qu'entouré d'une suite nombreuse d'amis et de clients. Cette maison, celle de sa famille, était près du temple de Tellus, par conséquent dans le voisinage de Torre dei Conti. Elle fut d'abord très-simple, car jusqu'à son troisième triomphe Pompée affectait dans sa manière de vivre une fort grande simplicité. Après sa guerre contre les pirates, il la fit orner de rostres au dehors, en mémoire de ses victoires navales, et au dedans de paysages imitant une forêt, à peu près comme les arbres qu'on vient de trouver peints avec tant d'art dans une chambre de la villa de Livie. Plus tard, la maison paternelle des Carines ne parut plus à Pompée digne de lui, et il s'en fit construire une autre près de son théâtre dans le champ de Mars. Nous retrouverons la première dans la suite de cette histoire, parce qu'après la mort de Pompée elle tomba aux mains d'Antoine et dans la suite devint une villa impériale qui appartint à Tibère et aux Gordiens.

Un danger assez sérieux de la république vint le tirer de sa retraite.

Les Romains avaient, partout où ils s'étaient montrés, soumis la terre à leur empire, mais leur marine militaire ne valait pas leurs armées, et la mer était devenue l'asile de leurs ennemis. La Méditerranée se couvrit de pirates dont les côtes montagneuses de la Cilicie étaient le principal refuge. Attaqués plusieurs fois, jamais détruits, ils étaient devenus la terreur des mers. Comme les flibustiers, ils attendaient les navires de commerce au passage; comme les Barbaresques, ils débarquaient à l'improviste sur les côtes, pillaient les temples et les villas, enlevaient les habitants et les forçaient à se racheter. Ils avaient saccagé Ostie et étaient venus vendre leur butin aux portes de Rome.

Les pirates troublaient le commerce maritime et interceptaient les vaisseaux qui apportaient le blé de Sicile; le peuple craignait d'être affamé dans Rome et demandait à grands cris que Pompée fût chargé d'aller détruire les pirates.

Le tribun Gabinius proposa qu'on donnât le commandement de la mer à un consulaire qu'il ne désignait point, mais qui, pour tout le monde, était Pompée.

Le parti aristocratique fut épouvanté, et avec raison, de l'importance toujours plus grande de cet adversaire qui affectait encore de le protéger. Les délibérations de la Curie furent orageuses ; le consul Pison et ses amis se jetèrent sur Gabinius ; Gabinius descendit rapidement dans le Forum, où il vint dire qu'on voulait tuer les tribuns. Le peuple assiégea la Curie et Pison, qui tenait ferme, faillit être égorgé.

Mais deux tribuns étaient opposés à la rogation ; l'un d'eux avait déclaré qu'il mourrait plutôt que de souffrir qu'elle fût convertie en loi. Le jour du vote, les nobles étaient en grand nombre dans le Forum. Pompée monta à la tribune et, dans un discours hypocrite, pria ses concitoyens de ne pas donner lieu de croire en le choisissant qu'il n'y avait pas parmi les patriciens un plus capable que lui. Gabinius parut après Pompée à la tribune et le supplia de se sacrifier au bien public. Ce fut alors que, pour perdre Lucullus dans l'esprit de la multitude, il montra un tableau où était représentée son immense villa de Tusculum ou plutôt de Frascati, dont la magnificence prouvait, selon Gabinius, les déprédations de son possesseur. Puis il somma Catulus, le chef révéré du parti aristocratique, de s'expliquer. Catulus le fit avec modération en disant que la loi conférait à Pompée une véritable dictature. « Et si Pompée venait à succomber dans cette guerre... ajouta-t-il avec une courtoisie assez adroite, qui le remplacerait ? — Toi-même, » répondit non moins courtoisement le peuple, tout en persistant dans sa résolution malgré l'éloquence d'Hortensius.

Restaient les deux tribuns dont l'intercession pouvait tout empêcher. Gabinius renouvela pour l'un d'eux ce que Tiberius Gracchus avait fait dans une circonstance pareille ; sa déposition fut mise aux voix. Quand il eut vu dix-sept tribus se prononcer contre lui, avant que la dix-huitième, qui faisait craindre la majorité, eût voté, il céda ; parodie de la scène émouvante entre T. Gracchus et Octavius. L'autre tribun voulut parler, et, n'étant pas entendu au milieu du tumulte, il éleva deux doigts pour indiquer qu'il fallait donner deux chefs à la guerre contre les pirates ; mais alors il s'éleva du Forum un tel bruit que, dit-on, un corbeau en fut étourdi et tomba.

On ne décida rien ce jour-là. Le lendemain, Pompée se retira dans sa maison de campagne, au pied du mont Albain [1], son Albanum, pour ne pas paraître influer sur les votes. Ils se prononcèrent pour lui en son absence.

[1] A gauche de la route, en venant de Rome, avant d'entrer dans Albano. Pompée avait d'autres villas, une près de Cumes, une à Alsium (Palo).

Pompée rentra dans Rome la nuit, comme voulant échapper aux ovations ; mais le lendemain, quand il vint à la tribune remercier le peuple, il fut reçu par d'immenses applaudissements. Son pouvoir et les moyens mis à sa disposition furent encore augmentés.

Ce jour même, le prix du blé baissa, par suite de la confiance qu'inspirait au commerce de Rome le nom de Pompée et aussi parce que lui et d'autres, qui craignaient de passer pour accapareurs, avaient ouvert leurs greniers et jeté une grande quantité de blé sur le marché.

En trois mois la guerre contre les pirates fut terminée par Pompée, qui ne revint point à Rome, mais demeura en Asie : il y espérait une campagne encore plus glorieuse et la soumission de Mithridate que n'avait pu accomplir Sylla. Sa gloire, et l'abondance qui avait reparu depuis que la mer était libre, sollicitaient pour lui à Rome.

L'armée d'Asie était commandée par Lucullus. Lucullus, aussi plein d'activité dans la première partie de sa vie qu'il se montra endormi par l'indolence dans la seconde. Celle-ci a laissé un témoignage de lui à Rome, dans ces jardins célèbres[1] dont on peut regar-

---

[1] Il ne peut y avoir de doute sur l'emplacement des jardins de Lucullus. Les arcs de l'aqueduc de l'eau *Virgo* commençaient au-dessous des jardins de Lucullus et allaient finir aux Septa (Fr., *De Aq.* 22). L'eau Virgo passe encore au-dessous de la villa Médicis ; on la suit jusqu'à la fontaine de Trévi. J'ai cru reconnaître le reste d'un pilier

der ceux de la villa Médicis comme la continuation et le reste. Là était la célèbre galerie de Lucullus, là ont été rassemblés dans les temps modernes, comme dans son temps, des chefs-d'œuvre de l'art antique, entre autres les Niobides, l'Apollino de Florence et la Vénus qui porte encore le nom des Médicis. Le Scythe, si improprement appelé le Remouleur, a été trouvé dans les jardins et a peut-être fait partie de la collection de Lucullus. Lucullus avait aussi, au-dessous de Tusculum, une villa magnifique, dans laquelle a été bâtie et que ne remplit pas la ville de Frascati; ce qui n'étonne point quand on lit dans Salluste que les villas étaient construites de manière à ressembler à des villes. Aujourd'hui, lorsqu'on se promène dans les rues de Frascati, on se promène dans la villa de Lucullus[1] et l'on ne sort guère de chez lui. Cette villa, tournée vers le nord, était une résidence d'été. Lucullus, plus sérieux qu'on ne croit, n'y avait pas seulement des arbres, les premiers cerisiers apportés en Europe, des viviers qui étaient d'un grand rapport[2], des statues, mais encore une bibliothèque remplie d'ouvrages

---

de l'aqueduc dans un fragment de maçonnerie qu'on voit à l'extrémité de la *Via dei due Macelli*. L'eau Virgo venait d'un champ qui était la propriété de Lucullus à trois lieues de Rome (*ib.*, 10) sur la route de Collatie (Lunghezza).

[1] Au-dessous est celle d'un chevalier romain, retrouvée par M. Rosa.

[2] Le produit des viviers de Lucullus fut vendu huit millions.

philosophiques que Cicéron allait emprunter en voisin le jour où il y trouva Caton enfoncé dans un amas de livres sur les stoïciens. Un grand tombeau qu'on appelle à Frascati tombeau de Lucullus, peut avoir été le sien, car on sait que sa sépulture était dans sa villa de Tusculum[1], selon la coutume des grandes familles et des personnages considérables ; ainsi le tombeau de Néron était au Pincio, dans la sépulture des Domitii, et celui de Pompée dans sa villa Albaine, se voit encore à l'entrée d'Albano.

Lucullus avait vaincu Tigrane, le puissant allié de Mithridate, et Mithridate lui-même ; mais à Rome étaient ses adversaires les plus redoutables que ne pouvaient atteindre ses armes; les chevaliers, alliés naturels des traitants établis dans les villes d'Asie, ne pardonnaient pas au général romain de réprimer leurs déprédations. Ces intrigues de financiers l'emportèrent sur le mérite militaire très-réel de Lucullus. On prépara dans le Forum les succès de Mithridate. Lucullus, calomnié, gêné, privé d'une partie de ses troupes, fut obligé de renoncer à ses plans de conquête.

Ainsi l'on découragea un général habile, et on le conduisit à embrasser de désespoir cette vie épicurienne dont le souvenir, c'est une injustice, est resté seul attaché à son nom.

[1] Plut., *Luc.*, 43. Le peuple, juste pour lui après sa mort, voulait l'honorer d'une sépulture dans le champ de Mars. (Dr., *Gesch. R.*, IV p. 170.)

A son retour d'Asie, Lucullus célébra un triomphe où beaucoup d'objets précieux furent étalés, mais qui fut froidement accueilli ; Lucullus éleva dans le Vélabre, sur la route des Triomphes[1], — on lui avait fait attendre le sien trois ans aux portes de Rome, — un temple à la Félicité. Cependant Lucullus n'avait pas de raison particulière pour adresser cet hommage à la religion du bonheur, que Sylla, son ancien général, avait mise à la mode. En Orient, il avait été *moins* heureux que sage. Il devait ses victoires à ses talents et son rappel à l'intrigue. Peut-être dans sa pensée dédiait-il ce temple à la félicité tranquille qu'il allait chercher désormais dans les jouissances du luxe et de l'esprit.

Pompée était au fond de cette intrigue ; Clodius, depuis tribun formidable, l'avait proposé pour la guerre d'Asie, et le peuple avait applaudi. Manilius, tribun qui appartenait à Pompée, fit voter dans les comices la loi Manilia ; elle lui accordait pour trois ans le commandement suprême de l'armée et de la flotte d'Orient avec des pouvoirs que jusque-là on n'avait conférés à personne. C'était une véritable révolution qui semblait devoir en amener une autre.

Le sénat n'eut pas le courage de s'opposer à cette loi par lui maudite, qui, après celle de Gabinius, préparait pour Pompée une dictature militaire ; devant l'élan populaire qui l'y portait sans le savoir, la Curie se tut.

---

[1] D. Cass., XLIII, 21. τυχαῖον, le temple de la *Bonne Fortune ;* εὐτυχία, dit Strabon.

En vain Catulus s'écria : « Fuyez, comme vos ancêtres, sur les montagnes si vous voulez demeurer libres. » Mais pas un sénateur dans l'assemblée ne se souciait de se retirer sur le mont sacré, où nul d'ailleurs ne l'aurait suivi.

A cette occasion, Cicéron prononça son premier discours politique. Jusque là il n'avait plaidé que devant le tribunal du préteur ; cette fois il paraissait dans les rostres. Le discours pour la loi Manilia fut une glorification sans mesure de Pompée. Cicéron, qui aspirait à être le chef de l'aristocratie, comme Pompée, qui devait la représenter un jour, commencèrent également par la combattre.

C'est le moment de parler de cet homme illustre, que désormais nous rencontrerons toujours mêlé à l'histoire de son temps, ambitieux du premier rôle et ne le jouant qu'une fois dans l'affaire de Catilina, à cette exception près, balloté entre Pompée et César, les deux vrais chefs des deux partis, allant de l'un à l'autre, les menaçant, les servant, les bravant, les raillant tour à à tour, jusqu'au jour où il sera le jouet d'Octave et sa victime.

Il serait bien intéressant d'avoir un portrait parfaitement authentique de Cicéron. Son âme, son esprit, son caractère vivent dans ses lettres. Mais quels étaient les traits et l'expression de son visage ? Après avoir lu cette correspondance, on le connaît si bien qu'on voudrait le voir, et il semble qu'on le reconnaîtrait.

J'avoue que j'ai peine à le reconnaître dans ce gros homme à la poitrine carrée, aux larges épaules, aux traits sans finesse, type assez peu varié des Cicérons qu'on voit à Rome [1], et d'après lequel ont été moulés les plâtres dont les avocats de Paris décorent leurs bibliothèques. Cicéron n'était pas d'une constitution si robuste et si solide ; sa nature était fine et délicate. Quand il n'aurait pas écrit ses lettres, où il fait sans cesse de lui-même un portrait moral d'autant plus ressemblant qu'il se peint sans le vouloir, et auquel ne peut convenir ce gros Cicéron, nous saurions par son propre témoignage que son tempérament était frêle dans sa jeunesse, qu'il avait le col mince et la poitrine faible.

Je retrouve bien plus Cicéron dans un buste du Vatican [2], qui a pour lui une médaille dont malheureusement l'authenticité est contestée [3]. Mais il faut avouer

---

[1] *M. Chiar.*, 608. *M. P. Cl.*, 282. Selon l'auteur de l'*Iconographie romaine*, le meilleur buste est celui du palais Mattei, aujourd'hui en Angleterre, mais M. Hirt le déclare mauvais et d'une époque postérieure à Cicéron ; il rapporte, au contraire, à cette époque celui du Capitole, dans lequel Braun a vu un Asinius Pollion et qui pourrait bien être un Mécène.

[2] *Mus. Chiar.*, 422.

[3] Médaille de Magnésie du Sypile, avec le nom de Cicéron, publiée par l'abbé San-Clemene. L'auteur de l'*Iconographie romaine* l'admet, mais Eckel et Borghesi, deux grandes autorités, la rejettent. Elle n'a pu être frappée pendant la vie de Cicéron, puisque avant César il n'y a pas d'exemple de l'image d'un homme vivant empreinte sur une monnaie, mais elle aurait pu être frappée après sa mort, quand la renom-

que cette tête, dont l'individualité est très-prononcée, irait parfaitement à Cicéron. C'est bien là l'homme ardent, mobile et spirituel si différent de la solennité de son style oratoire, que nous révèlent ses confidences parfois trop complètes à Atticus et à ses autres amis.

Cicéron était d'Arpinum[1], compatriote de Marius et par conséquent de race sabellique[2]; mais rien de la rudesse de cette race ne lui était resté, et s'il en eût conservé quelque chose, une éducation toute grecque l'eût effacé.

Cicéron[3] était le nom de sa famille, et d'après cela

---

mée de Cicéron grandit par cette mort même et qu'on lisait ses ouvrages jusque dans le palais de son meurtrier. Sa bonne administration avait laissé un souvenir favorable dans sa province d'Asie, et son fils lui succéda dans l'administration de cette province, ce qui pourrait avoir été un motif pour les Magnésiens de frapper la médaille. Ce qu'il y a de sûr, c'est qu'on croit voir le buste en question quand on lit cette phrase de Drumann, qui n'admet ni le buste, ni la médaille : « On reconnaissait dans ses traits l'orateur spirituel d'une grande *excitabilité* (*erregbarkeit*), qui savait exprimer toutes les passions par le geste et la physionomie; un sourire moqueur errait sur ses lèvres. (*Gesch. Rom.*, VI, p. 411.)

[1] Il va sans dire que les ruines qu'on montre à Arpino, sous le nom de maison de Cicéron, n'ont aucune authenticité. Quant à sa villa d'Arpinum, elle était hors de la ville, probablement au bord du Fibrène, mais non dans la petite île dont il vante, dans les *Lois* (II, 1), la délicieuse fraîcheur, car il se représente comme allant dans cette île de sa villa.

[2] Il s'appelait Tullius; j'ai montré que *Tullus* Hostilius était Sabin. (T. I, p. 449.)

[3] *Cicero* a la terminaison en *o* des noms sabelliques. Le chef volsque

ne put lui venir d'une verrue en forme de pois chiche (*cicer*), qu'on a cherché sur ses bustes et qu'on a ajouté pour compléter la ressemblance à un buste qu'on lui prêtait [1].

Le père de Cicéron appartenait à l'ordre des chevaliers, nous dirions à la bonne bourgeoisie. Aussi, quand il amena ses deux enfants à Rome, il alla habiter la demeure de sa famille [2], dans les Carines, où était aussi la demeure de Pompée. Les chevaliers paraissent avoir logé de préférence dans ce quartier élégant, comme les familles patriciennes sur le Vieux Palatin; c'étaient la chaussée d'Antin et le faubourg Saint-Germain de Rome.

Les Carines étaient voisines du Forum; le jeune Tullius allait y entendre les orateurs alors en renommée et qu'il devait surpasser un jour. Il fréquentait aussi le théâtre, et déjà il songeait à tirer parti de ce divertissement pour perfectionner ses gestes.

Il avait aussi dans son voisinage la maison de Scævola, car en général les jurisconsultes habitaient les

---

qui reçut Coriolan s'appelait Attius *Tullus*. Attius d'*Atta*, et d'où vient probablement Appius, était un prénom sabin.

[1] Buste du Capitole.

[2] C'est du moins probable. Les régionnaires placent les *avita Ciceronis* dans les Carines; ils ne sont pas mentionnés dans l'édition de Preller, la seule bonne; mais Cicéron, en parlant de l'habitation de son frère, dit: **Tuam in Carinis** (*Ad Qu. fratr.*, II, 3), ce qui confirme la tradition, quelle que soit la date des monuments où elle a été recueillie.

environs du Forum. Celui-ci lui donna probablement ses premières leçons de jurisprudence. Là Cicéron trouvait aussi une agréable société dans les femmes de la famille de Scævola, toutes très-cultivées, et dont il parle, ainsi que de la fille de Lælius et de deux femmes de la famille Licinia, comme remarquables dans la conversation [1]. Après une courte campagne contre les Marses, car à Rome chacun devait avoir servi, il revint à ses études, déclarant que tout était préférable à la vie des camps. Cet éloignement pour la guerre est un trait particulier du caractère de Cicéron. Il se distingue en cela de tous ses contemporains, et peut-être l'absence d'illustration militaire qui en fut le résultat l'empêcha-t-elle de prendre dans la politique le premier rôle qu'il ambitionna toujours, et auquel il ne s'éleva qu'un moment, lors de la conspiration de Catilina.

Pendant les années orageuses qui s'écoulèrent depuis le départ de Sylla jusqu'à son retour, Cicéron étudia la littérature grecque, la philosophie et surtout la rhétorique. Il logea dans sa maison le rhéteur grec Diodote, qui y mourut.

Les proscriptions de Sylla ne pouvaient atteindre ce jeune homme, uniquement occupé d'études philosophiques et littéraires.

Ses premiers plaidoyers roulèrent sur des questions

---

[1] Brut., 58.

de droit et des affaires privées. Mais en défendant Roscius d'Ameria, il toucha à la politique. Il s'agissait du fils d'un homme assassiné près des bains du Palatin, et qu'un puissant affranchi, protégé par Sylla, accusait de parricide, après avoir fait mettre le nom du père mort sur la liste de proscription, espérant ainsi s'emparer de son héritage.

Ce débat, comme tous les débats judiciaires, avait lieu près du temple de Castor [1], vers l'extrémité orientale du Forum, où Scribonius Libo avait transporté le siége du préteur, autrefois placé à l'extrémité opposée du Forum, au-dessus du Comitium, au pied du Capitole.

La cause était délicate : en accusant l'affranchi de Sylla, il fallait, sous peine de la vie, ne pas blesser le dictateur. Le jeune Cicéron se tira assez bien de ce pas difficile, et, mettant Sylla en dehors des proscriptions par une fiction oratoire qu'il était difficile de prendre

[1] Le siége du préteur était placé, je crois, en avant de ce temple et en haut des degrés. César était préteur lorsque, assis sur le degré le plus élevé du temple de Castor, il vit Caton monter intrépide et venir s'asseoir à côté de lui. Ces degrés formaient la base du tribunal, comme autrefois le Vulcanal quand le siége du préteur y était encore. On a des fragments d'un discours de Scipion Æmilien, *pr æde Castoris* (Meyer, *Or. Rom. Fr.*, p. 214). C'est, je pense, le nouveau tribunal du préteur qu'on désignait par le nom de tribunal aurélien (Cic., *De Dom.*, 21). Ce nom se rattachait peut-être à la loi proposée par Aurélius Cotta pendant sa préture pour enlever aux sénateurs le droit exclusif des jugements, et à cette loi un déplacement du tribunal d'où on les rendait.

au sérieux, il put en faire une peinture vive et assez hardie ; c'était une expression indirecte de l'opposition contenue dans les âmes, et ce furent peut-être les premières paroles prononcées dans ce sens que le Forum eût entendues.

Roscius fut acquitté. Ni son avocat, ni ses juges ne furent inquiétés ; la cruauté intelligente de Sylla se tempérait.

Sylla abdiqua, mais nous savons qu'après son abdication il était encore assez puissant pour faire étrangler sous ses yeux ceux qui lui résistaient. Cicéron, dans le procès de Roscius et dans un autre encore avait défendu des victimes de la proscription ; on peut croire qu'en faisant à Athènes un voyage de santé, il ne fut pas fâché de se faire oublier. Il ne revint à Rome qu'après la mort de Sylla. Ce voyage où il m'est interdit de le suivre, rentre par un côté dans celui que je fais à Rome, à travers l'histoire, car les expressions que Cicéron met dans la bouche de son parent, T. Cicéron, cherchant les traces de Démosthènes et le tombeau de Périclès, sont celles dont nous nous servirions à Rome en cherchant la demeure de Cicéron ou le tombeau de César : « Dans cette ville, ces sortes de recherches ne finissent point, car nous ne pouvons faire un pas sans mettre le pied sur un souvenir [1]. »

La plaidoirie de Cicéron contre Verrès fut déjà un

---

[1] Quacumque enim ingredimur, in aliqua historia vestigium ponimus. (*De fin. Bon. et Mal.*, v, 2.)

début dans l'éloquence politique. Ce fut une attaque en règle contre la corruption patricienne, dont Verrès, allié aux premières familles de Rome et ancienne créature de Sylla, était un scandaleux exemple, et que Cicéron ne ménagea pas dans ses invectives hardies. Cicéron briguait en ce moment l'édilité curule, et dans la disposition où étaient alors les esprits, flétrir les spoliations d'un fils de sénateur, était un légitime et sûr moyen de popularité. En effet, il fut nommé avant la fin du procès. Le prétendant à l'édilité devait montrer l'intérêt qu'il prenait à la voirie. C'est pourquoi sans doute, parmi des accusations beaucoup plus graves, Cicéron trouvait place pour celle-ci : « En allant de la statue de Vertumne (à l'entrée du Vicus Tuscus) au grand cirque, on serait averti à chaque pas de ton avarice, car tu as fait paver la route que suivent les pompes du cirque de telle manière que tu n'oses pas la prendre toi-même [1]. »

Cicéron plaidait devant le préteur et les juges assis sur le Tribunal, en présence de la foule qui remplissait le Forum. Il faut se rappeler cette disposition des lieux quand on lit la première Verrine qui fut seule prononcée ; on comprend alors pourquoi, élevant sa cause de l'accusation d'un misérable à une accusation qui atteignait l'ordre des patriciens tout entier, il s'écriait [2] :

[1] *In Verr.*, II, 1, 50.
[2] *In Verr.*, I, 16-17.

« Ceci est un procès dans lequel vous jugerez l'accusé, et le peuple romain vous jugera... Vous pouvez effacer la honte et l'infamie qui, depuis quelques années, se sont attachées à votre ordre... Mais craignez qu'on ne prenne les juges dans un autre. »

Ces menaces, qui furent bientôt réalisées, s'adressaient moins au tribunal devant lequel il parlait qu'à l'auditoire qui était derrière lui.

Ce qui achève de caractériser l'attitude politique de Cicéron dans le procès de Verrès, c'est que Verrès fut défendu par Hortensius, le complaisant apologiste de toutes les pilleries aristocratiques de son temps, qui recevait quelquefois des cadeaux de ses clients, et d'autrefois donnait, lui une des lumières du barreau romain, l'exemple d'une acquisition frauduleuse du bien d'autrui. A ce métier, il s'enrichit beaucoup [1]. Sa maison sur le Palatin, qu'Auguste habita, était modeste ; mais il paraît en avoir acheté une plus fastueuse [2]. Ses villas furent célèbres par leur magnificence; outre un *suburbanum* près de la porte Flumentane, il en avait un près de Laurentum avec un grand parc, et un autre près de Tusculum qu'il ornait de tableaux payés fort cher. La plus belle était celle de Pouzzole. A sa mort, sa villa de Laurentum contenai dix mille amphores pleines de vin de Chios. On a dit de i qu'il arrosait ses arbres avec du vin, et qu'il pleura

---

[1] Val. Max., ix, 4, 1.
[2] Drumann, *Gesch. R.*, iii, p. 104.

la mort d'une murène. Un tel homme ne pouvait avoir qu'une éloquence brillante et fleurie, ce qu'on appelait l'éloquence asiatique ; tel était en effet le caractère de la sienne. Rien de la nature épicurienne d'Hortensius ne se remarque dans un petit buste de cet orateur qui passe pour authentique [1].

La hardiesse et le succès du jeune plébéien irritaient la noblesse. Cicéron crut prudent de désarmer cette irritation en prenant cette fois la défense d'un magistrat accusé très-justement, il paraît, d'avoir pressuré une province. Fonteius avait fait en petit dans la Gaule narbonnaise ce que Verrès avait fait en Sicile. Des Gaulois témoignaient contre lui. A ces témoignages, Cicéron n'opposa que du mépris pour les provinciaux, et des injures pour nos pauvres aïeux, auxquels il reprochait d'avoir pris Rome et pillé le temple de Delphes, ce qui ne justifiait point Fonteius. Ce discours était une avance à l'aristocratie vivement attaquée dans les Verrines par Cicéron pour l'intimider et la forcer de compter avec lui.

Dans cette marche un peu tortueuse de Cicéron, la sévérité avait aussi son jour, et bientôt assis sur ce siége de préteur, devant lequel il avait tour à tour accusé Verrès et défendu Fonteius, il présidait à la condamnation de Licinius Macer, pour concussion dans les provinces.

[1] Il exprime plutôt une certaine fermeté. (*Vill. All.*, sous l'hémicycle.)

Pendant que les armées romaines subjuguaient l'Orient, Rome fut le théâtre d'une conjuration qui la menaçait de sa ruine, si elle eût réussi. Catilina se hâta, sans doute pour profiter de l'absence de Pompée et de l'éloignement de l'armée.

L. Sergius Catilina était un noble ruiné. Sa famille était ancienne, et de celles qu'on faisait remonter aux compagnons d'Enée [1]. Nous n'avons pas son portrait ; Salvator Rosa a dû le peindre de fantaisie, et a donné l'aspect des brigands de la Calabre, parmi lesquels il avait vécu, au superbe et violent patricien. Le vrai portrait de Catilina nous a été transmis par Salluste : « Le visage pâle, la démarche tantôt lente et précipitée, l'air d'un fou. » Comme la plupart des hommes de grande naissance, il habitait sur le Palatin. Sa maison fut comprise plus tard dans l'enceinte du palais impérial au temps d'Auguste [2]. Nous savons où était

---

[1] On faisait descendre ridiculement les *Sergii* du Troyen Sergeste. La terminaison du mot Catilina indique une origine étrusque ou ombrienne ; plutôt ombrienne, car un nom de la gens Sergia était *Silus*, et *s'il* est un radical sabellique (voy. plus haut, xvii. Le plus ancien Sergius s'appelait Esquilin. Sur le mont Esquilin habitèrent plusieurs personnages étrusques ou ombriens, les Licinii et plus tard Mécène, sorti de la puissante famille Arétine des Cilnii. La tribu Sergia était composée de Sabins, de Marses et de Péligniens, nations sabelliques (Cic., *in Vat.*, 15). L'origine sabellique de Catilina est donc bien vraisemblable.

[2] Suét., *Ill. Gramm.*, 17. Par conséquent dans le voisinage des fouilles que poursuit avec habileté M. Rosa, et qui ont déjà découvert plusieurs salles voisines de l'habitation d'Auguste.

ce palais; nous pouvons donc connaître à très-peu près la scène de la formidable conspiration de Catilina : cette maison, située vers le bord du Palatin, opposée à l'entrée sur la voie sacrée [1], était par là fort appropriée à des réunions clandestines. Cicéron, qui demeurait aussi sur le Palatin, mais plus près du Forum, était bien placé pour surveiller son voisin Catilina. Dans cette maison fut prononcé le discours que Salluste a deviné avec tant de vraisemblance, ou a peut-être composé d'après les indiscrétions de Fulvie, cette femme qui révélait à Cicéron les confidences de l'un des conspirateurs, son amant; dans ce discours sont énergiquement et crûment exprimés les motifs qui mettent les armes à la main d'un aristocrate prolétaire. Là le sang fut bu dans une coupe, si ce fait invraisemblable n'est pas une légende appuyée par les amis de Cicéron; là, ce qui est plus certain, se réunirent un certain nombre d'hommes pervers, la plupart appartenant à l'aristocratie, pour préparer une révolution qui devait commencer par le meurtre, l'incendie et le pillage, et donner aux conjurés le pouvoir et la richesse.

Déjà Catilina avait annoncé ce dont il serait capable. Un jour, les consuls avaient appris que deux hommes de sa bande devaient les assassiner, et avaient prétexté

[1] Dans la villa Mills, transformée en un couvent de religieuses et devenue impénétrable, on croit y avoir trouvé quelques chambres faisant partie de l'habitation d'Auguste.

un sacrifice sur le Capitole pour échapper à ce guet-apens. Catilina remit l'exécution de son dessein à un autre jour; ce jour-là, il devait donner à ses complices le signal devant la Curie. Le choix du lieu indique bien que ce signal serait celui de l'égorgement des sénateurs.

La plupart des hommes influents fermaient les yeux sur ces apprêts d'un bouleversement dont ils espéraient profiter. L'un d'eux surtout paraît n'avoir pas ignoré les projets de Catilina : c'était Crassus [1]. Les incendies que devaient, disait-on, allumer dans Rome les conspirateurs ne pouvaient pas beaucoup l'effrayer, lui dont la spéculation favorite était, dit Plutarque, d'acheter à vil prix les maisons qui brûlaient et les habitations voisines que le feu menaçait. Comme Plutarque dit aussi que Crassus ne bâtissait point, on voit qu'il dut en grande partie son énorme fortune à des spéculations sur les terrains.

Crassus commença par être pauvre, mais sa famille avait été riche, puisque dès l'année 212 avant Jésus-Christ on voit un Crassus *dives* grand pontife. Son aïeul était déjà décrié pour son luxe. Sa maison du Palatin fut estimée à plus d'un million, et on l'appelait la *Vénus du Palatin* parce qu'il avait décoré son atrium

---

[1] Salluste (*Cat.*, 17) rapporte ce bruit et semble y croire; car, parlant d'une déposition faite plus tard contre Crassus en plein sénat, il ajoute : « Parmi ceux qui la repoussèrent avec indignation, plusieurs étaient les débiteurs de Crassus.

avec des colonnes de marbre du mont Hymette, après les avoir montrées au peuple dans des jeux qu'il donna comme édile curule. Cependant une maison voisine de Catulus était encore plus belle que la sienne; plus tard, celle d'Aquilius sur le Viminal passa pour la plus magnifique de toutes [1].

Les Crassi étaient une branche de la gens Licinia, d'origine ombrienne; elle donna son nom aux jardins Liciniens qui étaient sur l'Esquilin (aux environs de Sainte-Bibiane [2]. Si l'on était sûr qu'ils datent de Crassus, ce qui est assez probable puisqu'à propos des magnificences de son aïeul il n'est parlé que du Palatin, on pourrait croire, qu'en les plaçant de ce côté, Crassus n'était pas fâché de rappeler le combat de la porte Colline, livré par lui non loin de là aux alliés, combat où, tandis que Sylla fut repoussé, Crassus fut vainqueur. Quand on voit Crassus jouer un rôle principal dans la politique de ce temps, il ne faut pas seulement songer aux spéculations sur les terrains et à la richesse qui en sortit, il faut se souvenir de la porte Colline; sans Crassus Rome eût cessé peut-être d'exis-

---

[1] De la rue Saint-Vitale, qui sépare le Viminal du Quirinal, on voit des substructions considérables qui peuvent avoir porté la maison d'Aquilius.

[2] Près du Macellum Livianum (Cic. pr. *Quinct.*, 6). Au moyen âge, l'église de Sainte-Bibiane est dite: ad Palatium *Licinianum*. Tout édifice considérable s'appelait au moyen âge *palatium* (Nibb., *R. ant.*, II, p. 25, et 329). On donnait ce nom aux ruines de l'habitation qui se trouvait dans la villa devenue ensuite une habitation impériale.

ter, car ceux qui l'assiégeaient avaient juré de la détruire.

L'aristocratie était inquiète et se sentait menacée par Catilina, qui voulait être consul. Cette inquiétude aida peut-être Cicéron à l'emporter sur ce compétiteur, pour lequel en ce moment même il songeait à plaider, tout en avouant qu'il ne pouvait être absous que si l'on jugeait qu'il ne faisait pas jour en plein midi [1].

La superstition régnait encore à Rome, où elle n'a jamais cessé d'être populaire. Quelque temps auparavant, le Capitole avait été frappé par le tonnerre, la louve en bronze doré renversée de son piédestal avec le petit Romulus qu'elle allaitait ; des tables d'airain sur lesquelles des lois étaient gravées, avaient été fondues par l'effet de la foudre. Il n'était pas besoin de ce signe céleste et de la science des devins étrusques pour prophétiser que les lois étaient menacées. C'est alors que, par le conseil de ces devins, la statue de Jupiter Capitolin fut tournée vers l'Orient, dans la direction du Forum [2]. Jusque-là elle regardait l'Occident, afin que ceux qui lui adressaient leur prière eussent eux-mêmes le visage tourné vers l'Orient.

L'avènement de Cicéron au consulat fut aussi marqué par l'apparition de signes célestes et par un tremblement de terre. Un augure romain lui dit que l'on

---

[1] *Ad. Att.*, 1, 1 et 2.
[2] Cic., *in Cat.*, iii, 8.

marchait à la guerre civile; l'augure avait deviné juste.

Cicéron, arrivé au consulat dans un temps difficile, afin de s'attacher le sénat, combattit la loi agraire du tribun Rullus. Pour plaire à l'ordre des chevaliers, qui était le sien, il prit leur parti dans une affaire d'étiquette théâtrale. Le tribun, qui quelques années plus tôt avait obtenu que quatorze bancs seraient réservés pour les chevaliers, fut outrageusement sifflé par le peuple et violemment applaudi par les chevaliers. Cicéron se rendit au théâtre et invita les spectateurs à le suivre dans le temple de Bellone[1]. On l'y suivit. Son discours calma la multitude qui se résigna au privilége des chevaliers.

Mais le parti démocratique, encouragé par l'éloignement de Pompée et de son armée, n'était pas toujours si facile à calmer. Un tribun accusa un vieillard nommé Rabirius d'avoir autrefois participé au meurtre de ce Saturninus, dont Marius lui-même avait réprimé l'insurrection. Cicéron se joignit cette fois pour défendre Rabirius à son rival Hortensius, le champion ordinaire de l'aristocratie.

Ainsi Cicéron cherchait à se concilier les chevaliers et le sénat, dont il sentait qu'il aurait bientôt besoin.

---

[1] Ce temple était voisin du cirque Flaminien, et par conséquent du théâtre en bois élevé près du temple d'Apollon, situé non loin du Cirque, et qui précéda le théâtre en pierre de Pompée. Celui-ci n'existait pas encore.

Car le grand événement de son consulat approchait. Tout en plaidant des causes choisies dans une intention politique, Cicéron avait suivi attentivement les menées des conspirateurs; il assembla le sénat dans la Curie et les dénonça devant lui. Le lendemain Catilina y parut et Cicéron l'accusa en face. Catilina ne s'épouvanta point et répondit par des menaces qui ne soulevèrent que des murmures. Il était en ce moment une seconde fois candidat pour le consulat, et quelques jours après il se rendit aux comices du champ de Mars avec une escorte armée dans laquelle se trouvaient des esclaves. Cicéron y parut aussi revêtu d'une grande armure, pour frapper les yeux, disait-il, et exciter les bons citoyens par le spectacle des dangers que courait un consul. Catilina ne fut point nommé. Dès ce moment, il n'avait plus rien à attendre que de son audace, et il pouvait avoir recours aux partis les plus désespérés.

D'abord il essaya d'attaquer Cicéron nuitamment dans sa maison. Cicéron était sur ses gardes et la maison défendue; puis, la veille du jour où Cicéron devait prononcer devant le sénat sa première Catilinaire, Catilina rassembla les conjurés chez l'un d'eux, Porcius Læca, dans la rue des fabricants de faux[1]. Ce nom semble indiquer un quartier populaire éloigné de

---

[1] Drum., *G. R.*, v, 456 (*In Cat.*, i, 4.; *pr. Sull.*, 18). Il paraît que des rues de l'ancienne Rome portaient un nom provenant de la profession de ceux qui les habitaient; il en est de même aujourd'hui: via dei Chiavari, dei Baullari, dei Canestrari, dei Coronari.

la demeure aristocratique de Catilina sur le Palatin ; c'était sans doute pour déjouer la police de Cicéron. Là, Catilina annonça à ses complices qu'il allait se rendre en Étrurie se mettre à la tête des vétérans auxquels Sylla avait donné des terres dans ce pays : on voyait alors ce que produisait cette mesure imaginée par la politique conservatrice de Sylla. Les conspirateurs se distribuèrent les rôles. Un Cornélius, plébéien, et un sénateur nommé Vargunteius, se chargèrent d'expédier Cicéron ; ils devaient se présenter le matin chez lui, ce qu'on appelait *saluer* le consul, et le massacrer. Ils s'y présentèrent en effet; mais encore cette fois Cicéron était sur ses gardes.

Le lendemain, il rassembla le sénat dans le temple de Jupiter Stator. Le choix du lieu s'explique facilement : ce temple était près de la principale entrée du Palatin[1], sur la Vélia, dominant, en cas d'émeute, le Forum, que Cicéron et les principaux sénateurs habitants du Palatin n'avaient pas à traverser comme s'il eût fallu se rendre à la Curie. D'ailleurs Jupiter Stator, qui avait arrêté les Sabins à la porte de Romulus, arrêterait ces nouveaux ennemis qui voulaient sa ruine. Là Cicéron prononça la première Catilinaire[1]. Ce discours dut être en grande partie impro-

[1] Ante Palatini condidit ora jugi.
Ov., *Fast.*, vi, 796.
Voy. t. I, p. 323.
[2] Quam postea scriptam edidit. (Sall, *Cat.*, 21.)

visé, car les évènements aussi improvisaient. Cicéron ne savait si Catilina oserait se présenter devant le sénat; en le voyant entrer, il conçut son fameux exorde : « Jusqu'à quand, Catilina, abuseras-tu de notre patience! »

Malgré la garde volontaire de chevaliers qui avait accompagné Cicéron et qui se tenait à la porte du temple, Catilina y entra et salua tranquillement l'assemblée; nul ne lui rendit son salut, à son approche on s'écarta et les places restèrent vides autour de lui. Il écouta les foudroyantes apostrophes de Cicéron, qui, après l'avoir accablé des preuves de son crime, se bornait à lui dire : « Sors de Rome. Va-t-en! »

Catilina se leva et d'un air modeste pria le sénat de ne pas croire le consul avant qu'une enquête eût été faite. « Il n'est pas vraisemblable, ajouta-t-il avec une hauteur toute aristocratique, qu'un patricien, lequel, aussi bien que ses ancêtres, a rendu quelques services à la république, ne puisse exister que par sa ruine et qu'on ait besoin d'un étranger d'Arpinum pour la sauver. » Tant d'orgueil et d'impudence révoltèrent l'assemblée; on cria à Catilina : « Tu es un ennemi de la patrie, un meurtrier. » Il sortit, réunit encore ses amis, leur recommanda de se débarrasser de Cicéron, prit avec lui un aigle d'argent qui avait appartenu à une légion de Marius et à minuit quitta Rome et partit par la voie Aurélia [1] pour aller rejoindre son armée.

[1] Cic., In Cat., II, 4.

On ne comprend pas trop en cette circonstance la conduite de Cicéron demandant à Catilina de faire ce qu'il avait résolu, comme le savait Cicéron; il fallait qu'il comptât bien peu sur l'énergie de ce sénat, dans le sein duquel siégeaient des complices de la conjuration. Peut-être l'homme nouveau hésitait-il encore à mettre la main sur des patriciens et des sénateurs.

Le bruit se répandit[1] et une lettre de Catilina contribua à le répandre, qu'il allait s'exiler à Marseille. Cicéron vint dans le Forum exposer au peuple ce qui s'était passé et les motifs de sa conduite. Nous avons ce discours; c'est la seconde Catilinaire. Cicéron s'applaudit d'avoir forcé l'ennemi de Rome à la fuir et menace ses adhérents, dont il se sait entouré, de la sévérité des lois. Ce discours, quelque habile qu'il fût, ne persuada pas tout le monde, et Cicéron lui-même nous l'apprend. Plusieurs disaient que Catilina était plus redoutable depuis qu'il avait quitté Rome[1]; il me semble que j'aurais été de ceux-là.

Quelques jours après, Catulus reçut de Catilina une lettre qu'il vint lire dans le sénat. Elle était pleine de hauteur, et, chose étrange, Catilina, le plus pervers des hommes, s'y montrait tendre époux; il finissait en disant à Catulus : « Au nom de ton amour pour tes enfants, je te demande de protéger Orestilla »

---

[1] Cic., *in Cat.*, III, 2.

c'était une vestale qu'il avait enlevée et dont il avait fait sa femme.

Au milieu des préparatifs de guerre et de défense, Cicéron trouva le temps de plaider pour Murena, accusé, et à ce qu'il paraît coupable, de s'être procuré des voix par captation. Cicéron était l'auteur d'une loi très-sévère sur cet article, dirigée contre Catilina. La cause était mauvaise; Cicéron s'en tira à force d'esprit et de plaisanteries dont l'austérité et les principes stoïciens de Caton firent en grande partie les frais. Le consul s'égaye et s'amuse avec une liberté d'esprit quelque peu triomphante : on sent qu'il respire librement et que Catilina n'est plus dans Rome. Mais les principaux conjurés y étaient restés et y préparaient une révolution. Le jour fut fixé aux prochaines saturnales; on voulait profiter du désordre de ce carnaval antique pour tuer Cicéron, comme on a tué Gustave III dans un bal masqué.

Chacun sait comment ce plan fut découvert. Des envoyés gaulois de la nation des Allobroges, ruinée comme tant de provinces par la rapacité des magistrats romains, étaient venus à Rome apporter les doléances de leurs concitoyens. Le sénat, en ce moment occupé de tout autre chose que de la misère des Allobroges, y avait sans doute accordé peu d'attention. Les Gaulois mécontents ouvrirent l'oreille aux propositions des conjurés. L'intermédiaire fut un négociant romain qui avait fait le commerce et l'usure dans leur pays. Il fut les trouver dans la Græcostase et gagna leur confiance en plaignant leurs misères, auxquelles il avait peut-être contribué. Séduits par les promesses d'un meilleur sort pour leur patrie, les Gaulois se laissèrent conduire dans la maison de Décimus Brutus, qui était voisine [1]. Là, on leur révéla le plan de la conspiration, dont on leur présenta le succès comme assuré, et on leur promit de remettre aux Allobroges les dettes qui les obéraient s'ils voulaient envoyer des troupes en Étrurie au secours de Catilina. Il n'est pas probable que les envoyés aient feint d'entrer dans les desseins de Catilina pour les révéler; je crois plutôt qu'avec l'impétuosité gauloise ils se jetèrent tête baissée dans l'entreprise.

Mais la réflexion leur montra bientôt leur imprudence, et ils allèrent tout confier à leur patron, Fabius Sanga, de la famille du Fabius vainqueur des Allobroges, auquel on avait érigé, à l'entrée du Forum, l'arc de triomphe qui portait son nom.

Fabius instruisit de tout Cicéron. Après s'être entendus avec lui, les envoyés retournèrent vers les chefs de la conspiration, lesquels, avec une étourderie et une confiance tout aristocratique, confièrent aux Gaulois des lettres écrites de leur main et scellées de leur sceau, ce qui équivalait à une signature.

[1] Sall., *Cat.*, 40. Ce Brutus avait pour femme une Sempronia. Sa maison, voisine de la Græcostase et par conséquent du Forum, était-elle la maison des Sempronii sur le Palatin?

Cicéron envoya des soldats occuper les villas situées aux deux extrémités du pont Milvius, aujourd'hui ponte Mole, par où passait la route d'Étrurie et par où passe maintenant la route de Toscane. Arrivés à ce pont pendant la nuit, les envoyés gaulois furent arrêtés et les lettres apportées à Cicéron.

Le chemin que suivaient la nuit, pour se rendre au Palatin, les deux préteurs chargés de cette mission secrète, était le même qu'avaient suivi en plein jour les messagers de la grande nouvelle, si impatiemment attendue, de la défaite et de la mort d'Asdrubal. Aujourd'hui ils apportaient au consul une nouvelle non moins importante pour le salut de la république, bien qu'il s'agît d'une expédition moins difficile et moins glorieuse; car, par cette expédition, des desseins qui pouvaient perdre la république étaient dévoilés. Les princes romains et les dames romaines, qui l'été vont tous les soirs en calèche sur la route de ponte Mole, ont là pour occuper leur imagination deux grands souvenirs, mais je crois qu'ils ne pensent guère à Asdrubal et aux Allobroges.

Le lendemain matin, quatre chefs des conjurés, Gabinius, Céthégus, Statilius et Lentulus, tous patriciens, furent amenés chargés de chaînes devant le consul, peut-être après une nuit de débauche et d'ivresse; avec eux était Céparius, un provincial, un homme de Terracine, qui devait aller dans l'Italie méridionale soulever les esclaves et qu'on avait arrêté à Rome.

Cicéron ne voulut point ouvrir les lettres ni même les recevoir des mains de celui qui les apportait, devant le sénat qu'il avait convoqué cette fois dans le temple de la Concorde.

Le préteur Valérius Flaccus remit au sénat les lettres saisies. Cicéron conduisit lui-même Lentulus, par égard pour sa dignité de préteur; les autres attendirent devant la porte du temple, puis furent introduits l'un après l'autre. D'abord les conjurés nièrent tout, mais on leur montra leurs sceaux, et ils furent réduits au silence. Pâles, consternés, furieux, ils baissaient leurs têtes orgueilleuses devant l'homme nouveau d'Arpinum qui triomphait. Les coupables furent remis aux mains d'édiles ou de préteurs dont les demeures devaient leur servir de prison.

Cicéron fut comblé de louanges et reçut du sénat dans cette grande conjoncture le beau titre de père de la patrie.

La séance dura jusque vers la fin du jour. Quand elle fut terminée, Cicéron descendit du temple de la Concorde au Forum et raconta au peuple tout ce qui s'était passé, dans un discours qui est la troisième Catilinaire. Cette harangue réussit mieux que la précédente; cette fois, il y avait quelque chose de fait, un secret était surpris, des conspirateurs arrêtés. Fort de l'adhésion de la Curie et du Forum, Cicéron se sentit enhardi à porter la main sur de hauts personnages et à demander leur mort au sénat; mais il hésitait encore.

Il passa la nuit dans la maison d'un voisin à délibérer avec ses amis sur ce qu'il devait faire dans ces graves circonstances; il avait dû quitter la sienne où les dames romaines célébraient, chez la femme du consul, les mystères de la bonne déesse d'où les hommes étaient exclus. Le matin, on vint lui annoncer un de ces événements qui étaient d'une si grande importance dans la vie publique et privée des anciens Romains, un *prodige*, leurs descendants diraient un *miracle* : après le sacrifice offert à la bonne déesse, la flamme, qu'on croyait éteinte, s'était rallumée et avait jeté un vif éclat; les vestales avaient chargé Terentia d'en avertir son époux et de lui dire que ce qu'il tentait pour le bien de sa patrie réussirait par la protection de la déesse. Cette déesse était Vesta, dont le temple enfermait le Palladium, gage sacré du salut de Rome. Comme Terentia était la sœur de Fabia, la vestale qui avait parlé, on peut croire qu'une fraude pieuse avait été concertée entre ces deux femmes pour soutenir le courage de Cicéron[1].

Cicéron avait besoin d'encouragement; tout n'était pas terminé par l'arrestation des chefs, les affranchis et les clients de Lentulus allaient dans les petites rues exciter les ouvriers et les esclaves[2]. Cicéron rassembla

---

[1] J. J. Ampère, César, *Sc. hist.*, p. 59.

[2] Liberti et pauci ex clientibus Lentuli divorsis itineribus opifices atque servitia in vicis ad eum eripiendum sollicitabant. (Sall., *Cat.*, 50.)

de nouveau les sénateurs pour délibérer sur le sort des conjurés dans le temple de la Concorde, lieu choisi un peu par anticipation, car la séance fut assez orageuse, et l'on eut quelque peine à se mettre d'accord.

Le Forum, les temples qui l'entouraient, les abords du Capitole étaient remplis d'une foule inquiète dans l'attente de l'événement.

La montée du Capitole [1], par laquelle on arrivait au temple de la Concorde, était couverte de citoyens armés, accourus pour protéger le consul et la délibération, surtout de chevaliers et de payeurs du trésor, auxquels se joignirent les scribes. Ils occupaient aussi le Forum et le Capitole. Un assez grand nombre de sénateurs convoqués firent défaut sous prétexte de

[1] Clivus Capitolinus (Cic., *pro Sest.*, 12). Ailleurs (*Phil.*, VII, 8) Cicéron parle des chevaliers qui se tenaient sur les marches du temple de la Concorde (*Ad Att.*, I, 19, 6; *ad Fam.*, I, 4). Ces passages montrent que le temple de la Concorde, où avait lieu la réunion du sénat, n'était pas sur l'esplanade du Vulcanal, au-dessus du Comitium, où il a existé plusieurs temples de la Concorde et entre autres celui dont on voit encore les restes mais qui n'existait pas à cette époque, car, à en juger par ces restes, son architecture date de l'empire. Le temple où Cicéron convoqua le sénat était celui qu'avait élevé Camille, le sauveur de Rome comme Cicéron aspirait à l'être, celui où l'on montait par le clivus Capitolinus et qui dominait d'en haut le Forum. Le mot *cella*, employé deux fois par Cicéron (*Phil.*, II, 8; III, 12) n'indique point un petit temple, comme étaient sous la république les temples de la Concorde sur le Vulcanal. Cicéron, pour exciter l'indignation contre Antoine, qui avait placé des hommes armés dans le temple de la Concorde, se sert, il est vrai, du mot *cella*, mais dans le sens de *sanctuaire*.

n'avoir pas à prononcer une sentence capitale sur des citoyens romains, en réalité de peur de se compromettre et par rancune contre l'audace de Cicéron qui s'était permis de faire arrêter des Céthégus et des Lentulus. Il était loin d'avoir triomphé; Crassus et César lui faisaient une opposition sourde. Crassus ne vint pas et César vint pour tâcher de sauver la vie des conjurés.

Le consul exposa les faits et mit aux voix la condamnation à mort des coupables [1].

Silanus, consul désigné pour l'année suivante, parla le premier et conclut au plus grand supplice; un assez grand nombre de sénateurs l'imitèrent. Quand vint le tour de César, il prononça un discours fort habile dont la conclusion fut qu'il était contraire aux lois de mettre à mort des citoyens romains, que c'était revenir aux proscriptions de Sylla, que d'ailleurs la mort, dans laquelle l'âme était anéantie, ne pouvait être considérée comme un malheur ou un châtiment. César est tout entier dans ce discours, adroitement humain, spirituel et qui contenait une profession de matérialisme [2]. Ce discours [3] ébranla les consciences timides. Silanus

[1] César, *Scènes historiques*, p. 66.

[2] Ce discours n'est point dans le style de Salluste, il y a seulement introduit quelques archaïsmes.

[3] Celui que nous lisons dans Salluste. Plutarque (*Cat. ut.*, 23) nous apprend que cette harangue était la seule parmi celles de Caton qui eût été conservée. La sténographie, perfectionnée par Tiron, affranchi de Cicéron, existait déjà, et Cicéron, qui avait fait sténographier l'interrogatoire des accusés, a pu faire recueillir de la même ma-

déclara qu'il avait entendu condamner à la prison, le dernier des supplices pour un citoyen romain. Caton, le plus honnête des Romains, se leva indigné ; dans une harangue admirable d'énergie et qui paraît bien être de lui, il foudroya les corruptions et les mollesses de l'aristocratie, peignit les conjurés comme les plus scélérats des hommes et vota la mort suivant la coutume antique, c'est-à-dire au mépris de la loi Sempronia qui l'abolissait. Son vote entraîna presque tous les autres. Mais César ne se laissa pas entraîner. Au sortir de l'assemblée, comme il descendait du Capitole pour traverser le Forum et retourner dans sa demeure, celle du grand pontife, près du temple de Vesta, il eut à fendre la foule des chevaliers et de leurs acolytes qui pensèrent lui faire un mauvais parti. Quelques amis le défendirent et on dit même que Cicéron, ce jour-là tout puissant, le protégea[1].

Dans l'état d'agitation où étaient la ville et les esprits,

nière le discours de Caton, dans lequel sa conduite était approuvée et louée ; cependant Salluste semble donner à entendre que lui-même en est l'auteur (*Cat.*, 53), il ne l'affirme pas positivement, il est vrai, et comme ce qu'il dit s'applique également à celle de César, qui évidemment n'est pas de Salluste, il ne faut pas attacher trop d'importance à ce témoignage, ni surtout lui donner un sens trop absolu. Salluste a retouché peut-être ces deux discours ; il ne les a pas composés.

[1] M. Mommsen fait cette remarque : « Il ne s'en fallut pas de beaucoup que César ne perdît la vie *à la place* même où dix-sept ans après la mort le frappa (III, p. 181). » César fut menacé en sortant du temple de la Concorde, sur le Capitole, et frappé dix-sept ans plus tard dans la Curie de Pompée, près de son théâtre dans le champ de Mars.

il n'y avait pas un moment à perdre pour l'exécution des condamnés si on voulait les exécuter. Cicéron, et ce fut là le grand reproche qu'on lui adressa plus tard, se passa de la sanction du peuple, auquel du reste les condamnés n'en appelèrent pas. Dès que la nuit fut venue, le consul alla chercher lui-même sur le Palatin Lentulus dans la maison de son parent, Lentulus Spinther, où il était détenu, et le conduisit par la voie Sacrée et le Forum, à la prison Mamertine; les autres criminels furent amenés par les préteurs auxquels ils avaient été confiés. Cicéron les fit plonger en sa présence dans le cachot inférieur de la prison qu'on appelait le Tullianum, et étrangler l'un après l'autre. Puis il descendit par l'escalier des Gémonies dans le Forum, et, suivi des sénateurs et des consulaires, prononça solennellement ces simples et terribles paroles : « Ils ont vécu ! »

Les partisans de la révolte furent atterrés et beaucoup de citoyens honnêtes consternés de cette application insolite de la peine de mort à de si hauts personnages; mais le plus grand nombre, éprouvant ce transport que donne le sentiment d'un péril public auquel on vient d'échapper, se réunit à la suite du consul avec des acclamations. On plaçait des flambeaux devant les portes[1], sorte d'illumination usitée de nos jours à Rome, et les femmes, pour le regarder passer,

---

[1] Plut., *Cic.*, 22.

montaient sur les toits, qui étaient plats et formaient
terrasse, ce qui se voit encore aujourd'hui. D'après la
peinture que fait Plutarque de cette marche triomphale de Cicéron dans les rues de Rome, je ne puis
croire qu'il se soit borné à traverser le Forum et à
regagner sa maison des Carines, qui en était tout
proche; je pense qu'il aura pris le plus long et aura
au moins suivi la voie Sacrée jusqu'au temple de Jupiter Stator, pour rentrer chez lui en traversant la
Vélia.

La légalité de la condamnation et de l'exécution des
cinq criminels peut être contestée; elle l'a été dans un
examen très-complet de la question par M. Mérimée.
M. Laboulaye a fait remarquer que les arguments de
Cicéron justifieraient toutes les mesures tyranniques[1].
Cicéron ne tint pas compte des lois, par lesquelles il
était défendu de mettre à mort un citoyen romain sans
en référer au peuple, ce qui était énorme; armé du
sénatus-consulte qui lui avait conféré des pouvoirs
extraordinaires, et de la condamnation que le sénat
venait de prononcer, il se hâta de frapper. Si jamais
une illégalité a été excusable, c'est dans la punition de
cinq misérables correspondant avec l'étranger pour
livrer Rome à la soldatesque et à la populace enrôlées
sous des chefs scélérats; cependant tout mépris de la
légalité entraîne une punition, et Cicéron ne tarda pas
à expier durement le tort qu'on pouvait lui reprocher.

[1] Lab., *Lois criminelles des Rom.*, p. 124-5.

Cicéron aurait dû mourir alors, car dès ce moment sa vie fut une suite de tracasseries pénibles, de généreux élans et de calculs mesquins, d'alternatives de courage et de faiblesse, qui rendent bien difficile de l'apprécier tel qu'il a été, en conservant le respect dû à son beau génie et à la noblesse de son âme, mais en tenant compte aussi de toutes les indécisions, de toutes les saillies, de toutes les contradictions d'un caractère vif et vacillant.

Après l'ivresse vinrent les déboires du succès; sa ferme conduite dans l'affaire de Catilina lui avait fait beaucoup d'ennemis : le parti révolutionnaire, que représentait Catilina, ne pouvait lui pardonner, et dans le parti conservateur beaucoup en voulaient au parvenu qui avait eu l'audace de les sauver. Un homme se mit à la tête de toutes ces haines soulevées contre Cicéron. Cet homme était Clodius.

Clodius sortait de cette superbe famille des Claudii, toujours si contraire aux plébéiens. Lui fut le plus violent des démagogues; mais il porta dans ce rôle l'insolence altière de sa race. Ce qui acheva de le séparer de l'aristocratie, ce fut un procès scandaleux dans lequel, malgré un acquittement aussi scandaleux que le procès, elle se prononça contre lui. Pendant une de ces fêtes en l'honneur de la bonne déesse où les hommes n'étaient point admis, et qui se célébrait cette fois chez Pompéïa, la femme de César, dans la demeure du grand pontife, attenante au temple de Vesta, Clodius y pénétra déguisé en joueuse de lyre pour arriver ainsi jusqu'à Pompéia dont il était l'amant favorisé; mais il s'égara dans cette maison qui devait être vaste et ressembler à un palais. La hardiesse et le double sacrilége d'une aventure menée à fin pendant une cérémonie religieuse et à côté du temple de Vesta, avait tenté le hardi libertin [1].

Les consuls, au nom du sénat, consultèrent le collége des pontifes pour savoir s'il y avait attentat contre la religion. La réponse du sacré collége fut affirmative, mais un procès pour adultère et impiété ne pouvait être intenté à Clodius sans qu'on eût présenté une rogation au peuple afin de déterminer le choix des juges et le mode des poursuites.

Le jour des comices, le Forum fut envahi par la bande de Clodius, composée de jeunes gens barbus et d'ouvriers [2]; ceux-ci occupèrent les ponts par où l'on passait pour aller voter et supplièrent le peuple de ne pas accepter la rogation. Ils ne laissèrent distribuer que les tablettes qui la rejetaient : c'est comme si dans nos votes du suffrage universel des factieux ne laissaient distribuer que des bulletins négatifs.

Caton monta à la tribune et parla sévèrement, ainsi qu'Hortersius et d'autres, mais sans résultat; le vote ne put avoir lieu. Au sénat, Cicéron nous apprend

---

[1] Le prétendu Clodius de la villa Panfili est un Hercule en femme ou un Achille à Scyros.

[2] Barbatuli juvenes... operæ Clodianæ. (*Ad Att.*, I, 14.)

qu'il fit merveille : « Quels combats, quels carnages, quels élans contre Pison, contre Curion, contre toute leur sequelle; comme j'ai tancé la légèreté des vieillards et les désordres de la jeunesse [1] ! »

Vint le jour du jugement. Les juges étaient achetés; le Forum tumultueux; Clodius fut absous. Cicéron était venu témoigner contre lui, et à la suite de l'acquittement, tous deux firent assaut d'épigrammes dans la Curie, où, à ce qu'il paraît, on ne se les épargnait pas. Dès ce moment Cicéron eut en Clodius un mortel ennemi.

Clodius n'avait pas toujours été si mal avec Cicéron; leur deux maisons se touchaient sur le Palatin et ils avaient eu des rapports de bon voisinage avant de devenir des ennemis déclarés. Clodius avait commencé par être l'adversaire de Catilina qu'il accusait au moment où Cicéron songeait à le défendre : ces bandits ne s'aimaient pas entre eux; aujourd'hui, à la tête de ses satellites, Clodius répandait l'épouvante dans le Forum et faisait trembler la Curie; il brûla même le *temple des Nymphes* [2], où étaient conservés les registres des recensements publics, pour anéantir la trace de ses prévarications et de ses dettes.

Un peu avant le procès de Clodius, Pompée avait paru aux portes de Rome.

Pompée absent était celui vers lequel, à Rome, se

[1] *Ad Att.*, I, 16.
[2] Cic., *pr. Mil.*, 27. Le temple des Camènes sur le Cælius.

tournaient tous les yeux ; mais cette absence avait créé aussi pour lui des difficultés et des périls. Le terrain sur lequel il allait marcher s'ébranlait; les inimitiés qu'il avait soulevées grondaient de loin à ses oreilles ; l'aristocratie était irritée de sa conduite envers elle ; le peuple commençait à prendre ombrage de sa puissance. . et sa femme le trompait pour César. Il était revenu lentement ; afin de gagner du temps, il visitait les villes célèbres, écoutant les vers des poëtes en son honneur et les dissertations des philosophes. En débarquant, à Brindes, il avait licencié son armée et était venu, suivi d'une foule considérable qui lui faisait cortége, pour attendre le jour de son triomphe hors de la ville, dans ses jardins[1], dont le nom rappelle aussi

---

[1] Les jardins de Pompée sont à plusieurs reprises cités dans son histoire. Il avait deux *horti*, car on dit qu'il se retira dans ses *jardins supérieurs* (*Arg. pr. Mil.*), pour les distinguer d'autres qui n'étaient pas sur un lieu élevé. Les jardins supérieurs se trouvaient sur une des collines de Rome ; pas sur le Pincio, où on a voulu les placer et où il n'y a point d'espace pour eux, entre les jardins des Domitius et ceux de Lucullus. Je ne saurais prendre avec Nibby (*R. Ant*, II, p. 546), les *horti superiores* de Pompée pour la partie supérieure de ses jardins; il faut y voir une habitation différente où il se réfugiait pour sa sécurité. Les *horti* des anciens Romains correspondaient aux villas urbaines ou suburbaines de nos jours. Peut-être les *horti superiores* de Pompée étaient-ils sur l'Esquilin, au-dessus de sa maison des Carines, comme les jardins Colonna sont au-dessus du palais Colonna. Quant aux autres jardins de Pompée, on peut supposer avec beaucoup de vraisemblance qu'ils étaient dans le champ de Mars et voisins de la maison que plus tard il fit construire près de son théâtre, vers Campo dei Fiori. C'est dans ces jardins voisins du champ de Mars, et par

un fait moins honorable pour lui, car dans ces mêmes jardins, après avoir fait une loi contre la captation des suffrages, il distribua de l'argent pour faire nommer consul Afranius, une de ses créatures.

Un grand nombre de citoyens allèrent au-devant de lui et le sénat le reçut devant la porte qu'il ne pouvait encore franchir. Sa popularité était pour le moment sauvée par le renvoi de son armée, les mécontentements étaient désormais sans prétexte; mais Pompée se trouvait désarmé contre ses ennemis.

La première fois que Pompée parla dans le Forum, son discours fut vague et ne contenta personne (*frigebat*, comme dit Cicéron [1]); on fut froid. Puis il parla dans le cirque populaire, le cirque Flaminien, un jour de nundines, c'est-à-dire un jour de marché, devant une grande multitude conduite par le tribun Fufius qui lui demanda si les jurés, dans l'affaire de Clodius, devaient être désignés par le préteur; le sénat avait prononcé sur ce point et Pompée dit qu'il fallait obéir au sénat. Il alla ensuite à la Curie; il y siégeait à côté de Cicéron et y approuva en gros tout ce que le sénat avait fait sans désigner particulièrement la conduite de Cicéron. Crassus saisit cette occasion de réparer l'omission de Pompée, ce qui charma Cicéron; lui-même, tout fier d'avoir Pompée

conséquent hors de la ville, qu'il attendait le triomphe : on l'attendait en général dans le champ de Mars.

[1] *Ad Att.*, I, 14.

pour auditeur, prit la parole, et, à l'en croire, se surpassa, *acclamations*, dit-il dans le récit de la séance qu'il envoie à Atticus.

Extérieurement, Cicéron était au mieux avec Pompée; quand ils paraissaient ensemble au théâtre, ils étaient salués par des applaudissements auxquels ne se mêlait aucun sifflet [1]; mais bientôt Cicéron ne put plus se cacher à lui-même et cacher à ses amis que la confiance qu'il avait eue en Pompée baissait considérablement.

Pompée, vu de plus près, allait chaque jour perdant quelque chose de la faveur populaire sans rien gagner du côté de l'aristocratie. Pour s'en consoler, il célébra son troisième triomphe avec une magnificence extraordinaire.

J'ai parlé de ce triomphe qui dura trois jours et fut surtout remarquable par les richesses étalées aux yeux du peuple. Lucullus avait apporté d'Orient un chef-d'œuvre de l'art grec, l'Aatolycus de Sthénis, mais ici l'or dominait. On voyait le buste de Pompée en perles : l'Orient faisait son entrée à Rome; les richesses de l'Asie annonçaient le despotisme de l'Asie. La vanité de Pompée se montra dans la liste de ses hauts faits qu'on promenait en pompe devant lui : « huit cents vaisseaux pris, vingt-huit villes fondées, six rois vaincus. » Ses ménagements pour l'opinion se trahissaient

---

[1] *Ad Att.*, i, 16.

par l'absence de l'armée. Pompée parut sur un char étincelant de pierreries, vêtu d'une chramyde qui avait appartenu à Alexandre le Grand, auquel il avait la prétention de ressembler ; il était plus facile de lui emprunter son costume que son génie.

Le spectacle que donnait Pompée fut accueilli par d'immenses acclamations. Ce qui le relevait encore, c'est que Pompée était un simple chevalier, ce que nous appellerions un bourgeois, dont le triomphe était une chose inouïe. Ce triomphe, qui par ses allures orientales présageait le despotisme, glorifiait en même temps la démocratie ; ces deux puissances qui ne triomphèrent que trop ensemble, à Rome.

Il reste peut-être au Capitole quelque chose du triomphe de Pompée, c'est un beau vase de bronze[1] qui a appartenu à Mithridate et dont on ne s'expliquerait guère la présence s'il n'y a pas servi de décoration à ce triomphe, dans lequel nous savons que figurèrent beaucoup de vases précieux[2], deux mille en onyx, et le premier vase murrhin qu'on ait vu à Rome[3].

[1] *M. Cap.*, salles d'en bas.

[2] C'est une raison de l'attribuer au triomphe de Pompée plutôt qu'à celui de Sylla (App., *Bell. Mithr.*, 115). D'autres beaux vases, particulièrement ceux en albatre *oriental*, épars dans les collections de Rome, peuvent provenir de cette multitude de vases apportés de l'Orient par Pompée.

[3] On ne sait pas avec certitude ce qu'étaient ces précieux vases murrhins qui venaient du fond de l'Orient, peut-être de la Chine, et si, comme l'ont pensé plusieurs savants, ce nom désignait des vases de porcelaine. (Deck., *Gall.*, I, p. 144.)

Une inscription nous apprend qu'il avait été donné par Mithridate à une société de gymnastes, c'est-à-dire à une corporation d'athlètes [1], qui portait son nom. Ce nom l'aura fait comprendre dans les richesses royales en raison du donataire, et c'est pourquoi il aura figuré dans le butin de la victoire. On l'a trouvé à Antium (Porto d'Anzo), où fut, dès le temps de Caligula, une villa impériale; je ne sais à qui elle appartenait auparavant, mais les premiers Césars, qui d'ailleurs n'avaient pas besoin de prétexte, purent la réclamer en faveur de la double alliance de Pompée et de César, l'un époux de Julia, fille de César, et l'autre de Pompéia, parente de Pompée.

Quoi qu'il en soit, ce beau vase a une grande valeur historique s'il est un précieux et unique témoin des magnificences du triomphe Pompéien.

Pompée, après son triomphe, éleva un temple à Minerve, déesse de la sagesse qui était loin de diriger toutes ses démarches; mais ce temple en réalité était dédié à une autre déesse dont le culte fut toujours cher à Pompée, la Vanité [2], car il y avait placé une inscription rappelant pompeusement ses victoires qu'il

---

[1] Winckelmann y voyait un de ces vases à mettre la poussière dont se frottaient les athlètes et qui sont représentés sur plusieurs bas-reliefs romains, d'autres y ont vu un vase destiné au tirage des *sorts*, c'est-à-dire des numéros de combat.

[2] « Semper in laude versatus, circumfluens gloria, » disait de lui Clodius. *Gloria* est pris ici dans le sens que *glorieux* avait encore en français quand on appelait un homme vain un *glorieux*.

aimait toujours à rappeler : « Pompée le Grand, imperator, ayant achevé une guerre de trente années, ayant battu, mis en fuite, tué, réduit en esclavage cent vingt et un mille quatre-vingt trois hommes, ayant coulé ou pris huit mille quarante-six vaisseaux ; ayant reçu la soumission de dix-huit cent huit places ou forts, ayant subjugué toutes les régions qui sont entre le lac Maréotis et la mer Rouge, a accompli son vœu à Minerve. »

C'est ce temple qui a donné son nom à l'*église de la Minerve*[1] (Santa-Maria sopra Minerva), nom expressif. En effet, l'église s'est élevée sur les débris du temple, le culte de Marie et le christianisme sur les ruines du culte de Minerve et de la religion païenne.

L'origine de ce nom a été confirmée par une statue de Minerve qu'on a trouvée dans le couvent des dominicains adjacent à l'église ; c'est la Minerve Giustiniani, l'un des chefs-d'œuvre du Vatican [2]. Pompée avait sans doute rapporté cette belle statue de la Grèce, et elle peut avoir orné son triomphe.

Des restes assez considérables du temple de Minerve

---

[1] Il n'est pas question d'un autre temple de Minerve dans la région du cirque Flaminien, et tout porte à croire que le temple de Minerve Chalcidique, attribué à Domitien, fut l'ancien temple de Pompée; or le temple de Domitien était voisin du temple d'Isis et Sérapis (*Cur. urb. not.*, *reg.*, IX. Voy. Canina, *R. ant.*, p. 405), et près de l'église de la Minerve on a trouvé des statues égyptiennes indiquant le voisinage de l'Iséum et du Sérapéum.

[2] *N. bracc.*, 114.

existaient encore au quinzième et jusqu'à la fin du seizième siècle; mais qu'eût dit l'orgueil de Pompée s'il eût vu, comme le Pogge, les colonnes arrachées pour en faire de la chaux; et, comme Fulvio, les parois du temple encore debout, pleines d'immondices [1]?

Pompée, dévot ce jour-là au dieu favori de Sylla, de Sylla qu'il avait servi de son vivant et dont il combattait la politique après sa mort, dédia, lui aussi, un temple à Hercule, dans un lieu consacré par l'antique religion de ce dieu, dans le marché aux Bœufs, près du grand cirque. Cet Hercule, qu'on appelait celui de Pompée [2], ne pouvait manquer d'être un Hercule vainqueur [3].

Le réveil du triomphe fut amer pour Pompée. Le consul Afranius, choisi par lui pour faire ratifier par le sénat ses dispositions en Orient et accorder des terres à ses soldats, échoua complétement. Tous les ennemis de Pompée levèrent la tête. Lucullus, arraché à son repos par ses justes rancunes, vint dans la Curie demander si Pompée était souverain de Rome et si le sénat n'avait qu'à approuver tous ses actes aveuglément. De la discussion politique on passa aux personnalités. « Pompée a voulu le commandement suprême

---

[1] Nibb., *R. Ant.*, I, p. 680-1.
[2] Uti est ad circum maximum (templum) Cereris et Herculis Pompeiani. (Vitr., III, 3.)
[3] Herculi invicto ad circum maxim. (*Calend. Amit.*)

avant l'âge, » s'écria Lucullus. « Il vaut mieux commander trop jeune que de se plonger dans les voluptés quand on est trop vieux, » répliqua Pompée.

Pompée ne réussit pas mieux dans son entreprise de loi agraire en faveur de ses vétérans. Cette loi fut proposée par le tribun Flavius. Le consul Métellus voulut empêcher le vote sous le prétexte suranné d'observer l'état du ciel pour savoir s'il était favorable ; là-dessus le tribun envoya le consul en prison. Le consul y convoqua les sénateurs ; mais Flavius plaça son siége devant la porte. Alors Métellus perça la muraille pour que les sénateurs pussent entrer. En présence d'un tel scandale, Pompée fut obligé de faire retirer la loi.

Voilà où en était Pompée : une grande gloire militaire et une importance politique qui allait déclinant entre la haine de l'aristocratie et le refroidissement du peuple, quand accourut pour le soutenir celui qui devait un jour l'abattre, C. Julius César.

Qu'était César?

Il faut le demander à l'histoire, non à ses bustes et à ses statues. César est un mortel hors ligne, et nul de ses portraits n'annonce un homme extraordinaire, surtout ceux qu'on voit à Rome [1]. Le buste du musée

---

[1] Le portrait de César le plus caractérisé est dans le *Campo Santo*, à Pise. Il faut citer aussi un buste du musée de Berlin et un buste de Naples. Le César de la villa Albani (sous le portique) a été mal res-

Capitolin, où il ouvre, comme il était juste, la série des empereurs, est faux[1]. La statue dans la cour des Conservateurs, du temps de l'empire, est encore la meilleure[2]; César y fait pendant à Auguste[3], et il est curieux de les comparer. César regarde en avant le monde à soumettre, Auguste regarde d'en haut le monde soumis.

Du reste, César est bien placé au Capitole où était un autel de Jules et où l'on éleva, sans doute par son ordre, à côté des statues des rois, la statue de César, et c'est une preuve de plus qu'il en eut réellement l'intention d'être roi[4].

Le buste de la villa Ludovisi passe pour le plus ressemblant; il a un caractère très-individuel, mais qui manque entièrement de grandeur, et l'air assez piteux et grognon. Il est impossible que César ait eu cet air-là.

Il existe au Vatican[5] un buste de César, selon moi, très-remarquable. César est en grand prêtre, son man-

tauré, ce qui lui donne un air gauche; mais la tête, quand on la considère seule, ne manque pas de caractère.

[1] Rejeté par Visconti. (*M. P. Cl*, VI, p. 54, pl. 38.)

[2] Idéalisée selon Visconti, trouvée près du forum de César.

[3] Cet Auguste a été considéré comme douteux et comme certain ; je le trouve ressemblant.

[4] La statue de César et les statues des rois étaient devant le temple de Jupiter.

[5] *M. Chiar.*, 135. A défaut d'un très-bon portrait de César, relisons à Rome celui qu'a tracé Suétone (45) : « Excelsa statura, teretibus membris, ore paulò pleniore. »

teau sur la tête; il semble plus vieux qu'il n'était au moment de sa mort, ce qui s'explique par les désordres et l'activité de sa vie. La bouche exprime l'énergie et le dédain, le regard est triste; c'est César qui, arrivé à tout, las de tout, juge tout.

César sortait d'une race antique et, ce qui est très rare pour les grandes familles romaines, d'une race latine[1]. Cependant son point de départ fut entièrement démocratique. Neveu de Marius, il épousa la fille de Cinna et fut épargné à grand peine par Sylla, qui, en accordant sa vie aux vestales, prononça ce mot célèbre : « Dans ce jeune homme, il y a plusieurs Marius. » Ce qui voulait dire plusieurs têtes pour le parti de Marius.

Tant que Sylla vécut, César n'avait rien à faire à Rome; il alla servir en Asie. Dès que Sylla fut mort, César revint.

Il quitta Rome encore une fois pour aller dans l'île de Rhodes demander des leçons d'éloquence à un Grec

---

[1] Les Julii sont mentionnés par Denys d'Halicarnasse parmi les familles transportées d'Albe, capitale du Latium, à Rome; on y trouve un *Julius* Proculus dès le temps de Romulus. Les Jules avaient leur sanctuaire à Boville, au pied du mont Albain, où l'on pense que se réfugièrent des habitants d'Albe après la destruction de leur ville. Des inscriptions montrent que les habitants de Boville se regardaient comme Albains : « Longalbani Bovillenses (*Orell.*, 119, 1287). Le nom de César paraît en 208 avant Jésus-Christ. Les anciens en ont donné, suivant leur usage, plusieurs étymologies ridicules. J'ai dit que **Kæsar** était pour moi la forme latine, par opposition à la forme sabellique *Kæso*.

nommé Molo, qui en donna aussi à Cicéron. César comprenait que dans un pays agité mais encore libre il était nécessaire de savoir parler.

Ayant résolu de miner peu à peu le parti de Sylla, il évita d'entrer prématurément en lutte ouverte avec ce parti et repoussa les offres que lui fit faire Lepidus de s'associer à la tentative d'insurrection qui fut écrasée sous les murs de Rome.

Tandis que Pompée et Cicéron, tous deux de naissance médiocre, habitaient le somptueux quartier des Carines, le plus noble des Romains vint se loger dans le quartier populeux et populaire de la Subura; il commença par plaider contre les personnages sénatoriaux et consulaires qui étaient odieux au peuple par leurs exactions. Le premier fut Dolabella. Les sénateurs, encore en possession des jugements, l'acquittèrent; mais le Forum applaudit : c'est tout ce que voulait le jeune Julius.

Après une courte expédition en Asie, César revint à Rome, où il avait été nommé pontife, à l'âge de vingt-trois ans, à la place de son oncle maternel, Aurélius Cotta.

Il commença par acheter la faveur populaire en prodiguant les distributions de blé. Sa fortune, qui était considérable, passa entre les mains des usuriers, et il eut bientôt sept millions de dettes ; mais cet argent, qui semblait perdu, était bien placé et il devait en retrouver l'intérêt. A la mort de son père, il donna un combat de gladiateurs. Le sénat en restreignit le nombre à six cent quarante; César, pour se dédommager de cette économie qu'on lui imposait, leur donna des armures d'argent.

En même temps qu'il courtisait le peuple en prononçant à la tribune l'éloge funèbre de sa tante Julia, il avait soin de rappeler qu'elle descendait d'Ancus Martius, roi de Rome, et lui-même, comme tous les Jules, de Vénus. Il croyait peu sans doute à l'existence de cette fabuleuse aïeule, et pas beaucoup plus peut-être à l'extraction royale de sa tante Julia; mais il savait que les masses aiment les noms. D'ailleurs la petite-fille des rois était aussi la veuve de Marius, dont il eut soin de faire porter l'image à ses funérailles. En évoquant ainsi à la fois un souvenir démocratique et un souvenir royal, pour agir sur la multitude, César montrait qu'il la connaissait bien.

Il osa relever les trophées proscrits de Marius, abattus par Sylla. Les consulaires, dont Marius avait fait mourir les parents, furent indignés, mais la démocratie romaine tressaillit de joie à cette réhabilitation de la gloire et de la *terreur* plébéiennes [1].

Après une rapide expédition en Espagne, César est de nouveau à Rome. Le temps n'était pas encore venu pour lui d'obtenir des succès militaires qui pussent rivaliser avec ceux de Pompée; mais en paraissant son partisan et se disant son client, César préparait une rivalité future.

[1] César, *Scènes historiques*, p. 23.

Quand Gabinius demande pour Pompée le commandement de la mer contre les pirates, César a soin de l'appuyer; quand il sera question de le charger de la guerre contre Mithridate, Pompée trouvera encore l'appui de César, toujours empressé à le grandir et qui n'est peut-être pas fâché de l'éloigner.

Tandis que Pompée guerroie en Orient, César ne néglige aucun moyen de popularité; il donne sur le Palatin les jeux Mégalésiens, dans lesquels on représentait des pièces de Térence, et qui étaient ceux de la bonne compagnie; dans le Cirque, à la multitude qui le remplissait, les jeux Romains.

Pour prendre la foule par les yeux, il entoure le Capitole de portiques [1], précurseurs de ceux de Michel-Ange; pour flatter de justes ressentiments, il fait condamner deux agents des proscriptions de Sylla; il attire à Rome des Gaulois du nord de l'Italie, auxquels il a fait accorder le droit de cité et dont les votes sont assurés à toutes les lois qu'il voudra faire passer. Cette population, accourue à la voix de César, donne à Rome la physionomie qu'elle avait au temps des Gracques. Le sénat, comme alors, ordonne à tous les étrangers de quitter Rome; mais il avait affaire à un agitateur bien plus habile et bien plus dangereux que les Gracques.

---

[1] Suét., *Cés.*, 10. César fut chargé du soin de la voie Flaminienne, *curator viæ Flaminiæ* (Cic., *Ad Att.*, I, 1). Il songeait alors au consu-

Avant de commencer lui-même une campagne pour les lois agraires, César mit en avant un tribun sans considération et sans capacité, Servilius Rullus, qui en proposa une mal faite, donnant un pouvoir exorbitant à dix commissaires, et entachée de plusieurs illégalités. La sienne, plus moderée, plus sage, n'en serait que mieux reçue quand elle viendrait; d'ailleurs César, sans paraître, tenait ainsi le parti démocratique en haleine et le parti aristocratique en crainte; dans deux affaires dont j'ai parlé, celle de Rullus et celle de Rabirius, il força le consul Cicéron, dont il ne voulait pas laisser grandir l'importance, à risquer de déplaire au peuple ou à se brouiller avec le sénat.

Cicéron prononça un discours contre Rullus devant les sénateurs rassemblés au Capitole [1], et deux à la tribune du Forum. Dans le sénat, il se montra conservateur du patrimoine de l'État et du droit de propriété jusqu'à déclarer injuste l'expropriation forcée [2]; au Forum, il promit que son consulat serait populaire, se vanta de n'avoir pas d'aïeux, loua les Gracques, tant de fois condamnés par lui, et tira ses principaux arguments des droits du peuple méconnus par Rullus; enfin, il

lat : diriger des travaux d'utilité publique était un moyen honorable de préparer sa candidature.

[1] Cic., *Orat. Agr.*, I, 6.

[2] Ab invito enim emere injuriosum esse (I, 5). Rullus lui-même reconnaissait ce principe. C'était un excès sans doute, mais à Paris nous en sommes bien revenus.

prononça le grand mot : On prépare ainsi une royauté, *regnum comparari;* Rullus donne aux décemvirs chargés de l'exécution de sa loi une puissance *royale.* Cicéron excita les susceptibilités locales, la jalousie de Rome contre Capoue, s'efforçant de faire craindre qu'on n'abandonnât Rome, bâtie sur des collines et dans des vallées, dont les rues n'étaient pas des meilleures, et dont les ruelles étaient très-étroites, pour Capoue, bâtie dans une plaine et offrant des rues spacieuses[1]. Passage curieux pour la topographie romaine, et par lequel on voit que depuis Cicéron l'aspect de la ville, où, encore aujourd'hui, les rues ne sont pas des meilleures et les ruelles très-étroites, n'a, sous ce rapport, pas beaucoup changé. Cette différence de langage, selon le lieu et la nature de l'assemblée, se remarque dans la plupart des discours de Cicéron ; les considérations politiques, les allusions à l'histoire des grandes familles de Rome, sont pour les nobles auditeurs de la Curie ; les grandes violences, quelquefois les grosses plaisanteries, sont pour l'auditoire très-mêlé du Forum. Il est cependant un discours de Cicéron, le plus violent de tous et qui arrive par moment aux dernières grossièretés[2], le discours contre Pison, qui a été prononcé

[1] II, 35.

[2] On y trouve ceci, qu'on ne pourrait rendre en français par les mots qui s'impriment. Cicéron, parlant d'une visite qu'il a faite à Pison, ajoute : « Tu nos quum improbissime respondendo tunc tum turpissime *ructando* ejecisti. (*In Pis.*, 6.)

plus tard dans la Curie ; mais Pison avait lui-même attaqué violemment Cicéron et insulté son exil après y avoir concouru. Cicéron lui répond par les invectives les plus brutales, c'est une réplique irritée. Cicéron appelle l'ex-consul : Furie, monstre, glouton, bête féroce, âne, pourceau [1]; il s'écrie [2] : « Si toi et Gabinius étiez mis en croix, j'aurais encore plus de plaisir à voir déchirer vos corps que je n'en ai à voir déchirer vos renommées. » C'est une triste époque dans l'histoire de la Curie que celle où de telles paroles y étaient prononcées par Cicéron.

Toujours dans le même but, plaire au peuple, raviver ses haines contre l'aristocratie et pousser celle-ci à les exciter de nouveau, César fut l'auteur véritable de l'accusation contre Rabirius, et Cicéron, encore cette fois, joua dans le procès le rôle que César désirait lui voir jouer.

Rabirius était un vieux sénateur qui fut accusé, par le tribun Labienus, d'avoir autrefois, comme je l'ai dit, participé à la mort du factieux Saturninus ; on ajoutait, pour inspirer plus d'horreur, qu'il avait étalé dans un repas la tête de sa victime. Condamné par les juges ordinaires, au nombre desquels était César, Rabirius en appela au peuple. Rien ne fut négligé pour exciter la fureur popu-

[1] Maiali (*In Pis.*, 9). *Maialis* s'est conservé dans l'italien *maiale* qui veut dire *cochon*.
[2] *In Pis.*, 18.

laire contre le vieux Rabirius ; Labienus exhiba dans le champ de Mars le portrait de Saturninus, tandis que naguère un certain Titius avait été condamné pour l'avoir dans sa maison. Cicéron flétrit courageusement la rébellion contre les lois, et établit le devoir imposé aux bons citoyens de les défendre. Malgré son discours et celui d'Hortensius, la condamnation de Rabirius allait être confirmée, le préteur profita du tumulte qui régnait dans l'assemblée pour faire élever sur le Janicule le drapeau rouge, signe d'un danger public, le jugement ne fut pas prononcé ; quand nous ne saurions pas que la cause de Rabirius se débattait ce jour-là devant les Centuries assemblées dans le champ de Mars, cet incident nous l'apprendrait, le drapeau élevé sur le Janicule n'aurait pu être aperçu du Forum.

César avait atteint son but, les deux partis étaient plus aigris que jamais et Cicéron, qui, dans le discours pour Rabirius affecte de se dire populaire, continuait à se dépopulariser. De même encore César fit accuser Calpurnius Pison d'avoir opprimés des Gaulois et vit sans doute avec plaisir Cicéron le défendre. Quant à lui, il avait manifesté son intérêt pour les provinciaux ; on le dirait parmi les Gaulois Transpadans, dont il était le patron ; il n'en désirait pas davantage.

Tout lui était occasion de se rendre agréable à la démocratie ; la charge de grand pontife étant devenue vacante, il commence par faire rendre au peuple le droit d'élire les pontifes que Sylla lui avait enlevé, puis il dépensa des sommes énormes pour être nommé. Dès ce moment il quitta sa maison de la Subura pour aller demeurer dans la demeure assignée au grand pontife, près du temple de Vesta; singulier voisin et supérieur des Vestales, singulier grand pontife qui ne croyait pas aux dieux[1]. La demeure du grand pontife s'appelait la Regia; l'augure de ce nom éveilla-t-il plus tard chez César la pensée de se faire roi?

Dans l'affaire de Catilina il fut soupçonné, comme Crassus, d'une sorte de complicité; je ne crois pas qu'il ait trempé dans la conspiration, et je ne crois pas qu'il l'ait ignorée[2]; il ne voulait pas qu'elle réussit et il savait bien qu'elle ne réussirait pas, mais les terreurs du sénat ne lui déplaisaient point; les dangers de Rome pouvaient lui donner un rôle; il est certain qu'il s'efforça de sauver la vie aux conspirateurs, non certes par intérêt pour des misérables ni par respect pour les lois, mais pour se distinguer du sénat qui les condamnait, pour établir cette réputation d'humanité si propre à réussir en venant après les cruautés de Sylla et de Marius.

Ainsi, César sans paraître jouer un grand rôle, était parvenu à gagner la faveur populaire, à mesure qu'elle se retirait de Pompée absent, malgré sa gloire et ses services; il put même protéger celui dont alors il disait

[1] César, Sc. hist., p. 32.
[2] César, Sc. hist., p. 38.

désirer la protection ; par son influence il fit décerner à Pompée des honneurs plus propres à chatouiller sa vanité qu'à augmenter sa puissance, le droit d'assister aux jeux du Cirque en robe triomphale et une couronne de laurier sur la tête, aux représentations théâtrales avec la robe Prétexte.

Avant que Pompée fût revenu de l'Orient, César s'était appliqué à flatter encore autrement la vanité, défaut dominant de l'illustre général ; la réédification du Capitole, commencée par Sylla, avait été continuée mais non terminée par Catulus, qui avait couvert le temple de tuiles en bronze doré ; quand César demandait à Catulus de rendre compte des sommes employées, c'était sur cette dépense seule que l'injurieuse enquête pouvait porter, car la bâtisse avait été exécutée par corvée et gratis[1]. Catulus fut consul avec Lepidus, celui qui attaqua le premier la constitution de Sylla, mais Catulus la défendait. Voulant continuer la politique de Sylla, il était dans son rôle de continuer son œuvre au Capitole. César était bien aise d'arracher le Capitole au sénat pour le donner au peuple en la personne de Pompée, alors protecteur, au moins c'était sa prétention, du parti démocratique. César proposa que le nom seul de Pompée parut dans l'inscription gravée sur le temple, à l'exclusion même

---

[1] Cic., *In Verr.*, II, v, 19. L'état ne payait pas les ouvriers. « Capitolium, sicut apud majores nostros factum est, publice coactis fabris operisque imperatis gratis, exædificari atque effici potuit.

de celui de Sylla ; il poursuivait ainsi ce nom odieux au parti populaire, il se vengeait de la hauteur que lui avait montrée Catulus quand il lui avait disputé le titre de grand pontife ; il blessait au cœur l'aristocratie dont Catulus était le chef et l'aigrissait encore contre Pompée ; en effet, elle ressentit vivement l'injure ; plusieurs patriciens descendirent dans le Forum pour réclamer l'honneur de la dédicace en faveur de Catulus et une place donnée dans l'inscription au nom de Sylla, mais César, assis sur son siége de préteur, leur refusa la parole. Le nom de Pompée parut seul, à sa grande satisfaction et à la grande colère du sénat, que ce service perfide, rendu par César à son vaniteux rival, acheva d'irriter contre lui.

Le nom de Catulus resta pourtant gravé au Capitole, même après que le nom de César lui-même, quand vint le jour de la toute puissance, eût été autorisé à remplacer celui de Pompée [1]. Catulus est mentionné comme ayant construit le Tabularium, dépendance du Capitole et dépôt des archives romaines, dans une inscription qu'ont lue des yeux modernes [2].

Une partie du Tabularium [3] existe encore, c'est un

---

[1] D. Cass., XLIII, 14. « Catuli nomen usque ad Vitellium mansit. (Tac., *Hist.*, III, 72.)

[2] Une inscription qu'a lue le Pogge ; M. de Rossi l'a restituée au moyen de deux transcriptions. (*Nuov. racc. d'iscriz.*, p. 101.)

[3] Le Tabularium, où étaient déposées les lois, par un escalier qui descendait vers le Forum, pouvait communiquer avec le temple de

des plus précieux restes de l'architecture au temps de la république; ces restes sont ceux d'un portique à deux étages[1] qui regardait le Forum.

L'arcade qu'on a dégagée, et qui a presque la pureté grecque, fait comprendre quel effet devait produire, vu du Forum, qu'il dominait, ce double portique avec ses vingt belles arcades. Derrière le portique inférieur sont des salles dont les murs en péperin ont été rongés par le sel qu'on y a déposé; maintenant on y rassemble de beaux fragments d'architecture romaine; idée heureuse, ce sont encore des archives, les archives de l'art antique dont les proportions sont les *lois* de l'architecture[2].

Saturne où était l'*Ærarium* dans lequel se conservaient aussi les documents publics (Serv., *Georg.*, II, 502., *Æn.*, VIII, 322), ce qui a pu faire mettre quelquefois *Ærarium* pour *Tabularium*. Mais plusieurs faits montrent que les lois furent déposées au Capitole, c'est-à-dire au Tabularium. Cicéron alla *au Capitole* enlever et détruire les lois de Clodius (Plut., *Cic.*, 34). Il existe encore des débris considérables du Tabularium sous le palais Sénatorial (Nibb., *R. Ant.*, I, p. 551). Le Tabularium a donc pu être considéré comme étant sur le Capitole, l'Ærarium jamais. Polybe (II, 26) place les archives sur le mont Capitolin. Le mot *Tabularium* ne se rencontre point avant l'inscription de Catulus, jusque-là les lois et les traités étaient gardés dans l'Ærarium et le furent encore après.

[1] Un étage seul subsiste aujourd'hui, mais Tacite (*Hist.*, III, 71) dit *les* portiques; le Pogge (*de Var. fort. urb. Romæ*) indique deux étages, Au moyen âge, ces portiques s'appelaient *camellaria*; on distinguait la camellaria supérieure et l'inférieure. La Minerve d'Euphranor. placée par Catulus au-dessous du Capitole, ornait probablement le portique inférieur du Tabularium.

[2] Canina, qui a fait une étude spéciale du Tabularium (*Ann. Arch.*,

Quoi qu'il ait pu advenir par la suite, Pompée n'en fut pas moins satisfait de la décision du préteur qui, pour ainsi parler, lui adjugeait le Capitole. Le Capitole, qui rappelle tant de choses, rappelle donc aussi une intrigue très-bien menée par César.

César en conduisit une autre avec non moins d'adresse, et cette fois il n'hésita pas à paraître lui-même au milieu des scènes tumultueuses du Forum qu'il avait provoquées. Pompée, pour se préparer à son retour dans le peuple une réception favorable, avait envoyé un de ses lieutenants, Métellus Nepos, qui fut bientôt tribun. Celui-ci proposa que Pompée fût rappelé à Rome avec son armée pour protéger la république. C'était proposer d'établir légalement la dictature militaire. Il convenait à César de préparer pour

---

1851, p. 268), a reconnu l'existence de deux escaliers. L'un d'eux montait vers la partie supérieure de l'édifice et descendait transversalement vers une porte qui fut fermée lorsque Domitien construisit le temple de Vespasien, placé là pour barrer l'accès du Capitole après l'assaut qui lui avait été donné au temps de cet empereur. Selon Canina, cet escalier atteignait l'esplanade du Capitole, sur laquelle s'élevait le portique supérieur du Tabularium. Canina croyait y voir le portique élevé par Scipion Nasica, dont j'ai parlé à propos des Gracques. En ce cas le Tabularium aurait existé avant l'incendie du temple Capitolin, aurait péri avec lui, et l'un et l'autre auraient été relevés par Catulus; mais les inscriptions ne parlent point du Tabularium *refait*, et comme il n'est pas question d'un Tabularium avant Catulus, on peut croire que c'est d'alors seulement que date la construction de ce monument.

lui-même cette dictature en la faisant accorder à Pompée; il savait bien qu'elle lui reviendrait.

Caton, alors tribun, résolut de combattre une proposition si dangereuse pour la liberté. D'abord il supplia dans la Curie Métellus Nepos d'abandonner un dessein auquel lui s'opposerait toujours, et qui n'aurait jamais l'assentiment du sénat. Il lui fut répondu qu'on se passerait du sénat.

En effet, le lendemain Métellus appela le peuple au Forum. Caton, sur les menaces du tribun, avait dormi d'un sommeil paisible, on fut obligé de l'éveiller. Il se rendit tranquillement au Forum, accompagné de quelques amis; comme il en approchait, on vint lui faire une peinture effrayante de ce qui s'y passait. Il continua sa marche. En y entrant, il vit des soldats, des gladiateurs, des esclaves autour du temple de Castor, et au haut des marches qui y conduisaient, Métellus et César. Caton, montrant le premier, s'écria : « Le lâche! une armée contre un homme! » Il gravit résolument les degrés du temple et vint s'asseoir entre César et Métellus, pour empêcher par son véto toute délibération. Ses amis, à cet aspect, poussèrent un cri de joie, auquel répondirent les huées de la multitude. Métellus ordonna au serviteur public de lire sa rogation. Caton, en qualité de tribun, le lui défendit et lui arracha l'écrit des mains. Métellus voulut la réciter de mémoire, un autre tribun du parti de Caton lui ferma la bouche. Alors la bande de Métellus se répand dans le Forum, d'où elle chasse les aristocrates[1] à coups de bâton, de pierres et d'épée. Le consul Murena couvre de sa toge Caton, qui est obligé de se réfugier dans le temple. Mais les aristocrates et leur escorte rentrent dans le Forum. Ceux qui les avaient chassés en sont chassés à leur tour. Caton reparaît, et du haut des marches du temple remercie au nom de la république les auteurs de sa délivrance. Cette fois, ce qui était rare alors dans les troubles du Forum, le succès était resté au droit. A cette occasion, les ennemis de César renouvelèrent contre lui l'accusation d'avoir trempé dans la conjuration de Catilina. César, comme Crassus, avait pu en connaître et en attendre quelque chose, mais son ambition était trop haute pour qu'il se fût jamais enrôlé dans une bande pareille. Grâce à la haine du parti aristocratique, la séance du sénat dans laquelle était discutée sa conduite se prolongeait beaucoup. Le peuple était dans le Forum, et sans doute au bas de la Curie, dans le Comitium, à cette époque déserté par les praticiens ; il assistait pour ainsi dire à l'assemblée, car en général les portes de la Curie étaient ouvertes ; il savait tout ce qui s'y était passé.

L'accusateur de César, Vettius, se retirait après avoir donné caution. En traversant le Forum il fut reconnu, et peu s'en fallut qu'on ne le mît en pièces. La foule,

---

[1] Je rends ainsi *optimates*, *nobiles*; je n'ai pu dire les patriciens, parce qu'à cette époque ce n'était plus la race seule qui donnait la noblesse.

craignant qu'il n'échappât, le fit entrer dans une des deux prisons voisines du Forum, la prison Mamertine ou les Lautumies, et alla briser ses meubles dans sa maison.

Le sénat, ce qui était illégal, voulut déposer César de la préture. Il tint ferme jusqu'au moment où on vint l'arracher de son tribunal. César, qui savait tout faire à propos, même céder, congédia ses licteurs, déposa sa robe Prétexte, et, du temple de Castor, regagna en toute hâte sa demeure près du temple de Vesta, qui était à deux pas. Mais le peuple indigné se rassembla sous les fenêtres du préteur, et se mit à sa disposition. César employa son influence sur cette multitude pour la calmer. Dans la Curie, la consternation se changea en joie quand on y fut informé de la conduite habile et généreuse de César. Le peuple vit les premiers personnages du sénat traverser le Forum pour aller remercier César, l'inviter à reprendre sa place au milieu d'eux et à garder son titre de préteur. César y voulut bien consentir [1].

César, toujours si maître de lui, un jour cependant, se laissa aller à un singulier emportement. Juba, fils du roi de Mauritanie, était venu à Rome accuser un autre prince africain, ami de César. César descendit de son siége de préteur et saisit Juba par la barbe, grave insulte pour un homme d'Orient. Cette vivacité de César

---

[1] César, *Sc. hist.*, p. 78.

ne fut peut-être pas oubliée plus tard, lorsque Juba le combattit, allié en Afrique aux débris du parti de Pompée.

Les choses en étaient là. César, par l'habileté de ses manœuvres dans la Curie et dans le Forum, était plus populaire que Pompée malgré ses victoires et ses conquêtes. Mais César voulait être consul, il lui fallait aussi quelques succès militaires pour aider à sa candidature, et il repartit pour l'Espagne, après s'être fait prêter de l'argent par Crassus[1], laissant à Pompée le temps de se bien convaincre des embarras de sa situation, avant de reparaître devant lui.

Dès qu'il en eut fait juste assez pour atteindre le but qu'il se proposait, César revint en toute hâte se faire nommer consul. Ses ennemis espéraient que le désir du triomphe le retiendrait aux portes de Rome, où il fallait l'attendre, tandis qu'on ne pouvait être consul qu'au bout de trois semaines (*nundinæ*) de présence dans Rome. César sacrifia le triomphe dont il avait déjà fait les frais et entra directement dans la ville.

C'est ici qu'éclate l'adresse de sa politique. Ses deux rivaux en influence, Pompée et Crassus, se détestaient. Une habileté vulgaire aurait cherché à profiter de ces divisions et à les augmenter, César réconcilia Crassus et Pompée. Pompée, malgré sa superbe, se sentait isolé dans le sénat, où l'on refusait de sanctionner les

---

[1] César, *Sc. hist.*, p. 89.

mesures qu'il avait prises en Asie, et les promesses qu'il avait faites à ses soldats. Ce n'était plus lui qui était l'idole du Forum. César lui promit de faire cesser cette opposition taquine des aristocrates, à la tête de laquelle était Caton, mais il lui déclara qu'on ne pouvait rien sans Crassus. César se fit ainsi des alliés de ceux qui auraient été des adversaires, il comprit bien qu'il fallait tenir compte de la gloire de l'un, de la richesse et de l'influence de l'autre jusqu'au jour où il serait en mesure de les écarter tous les deux [1].

Ce fut là le premier triumvirat que Varron appelait le monstre à trois têtes. Coalition funeste à la liberté de trois ambitions qui s'unissaient pour dominer ensemble. On vit plus tard une annonce des maux qui devaient en résulter dans les désordres de la nature qui marquèrent à Rome cette année funeste.

Une tempête soudaine vint fondre sur la ville et les environs : les arbres furent déracinés, les maisons détruites. Les navires qui étaient à l'embouchure du Tibre et dans la ville, furent submergés, le pont Sublicius emporté, et un théâtre en bois causa en s'écroulant la mort d'un grand nombre de spectateurs [2].

Ces signes n'étaient pas trompeurs, et ils annonçaient pour la république de grandes calamités.

---

[1] César, *Sc. hist.*, p. 99-107.
[2] D. Cass., xxvii, 58.

XVIII

FIN DE LA LIBERTÉ.

Fin du consulat de Cicéron, Cicéron à la tribune. — César consul, sa loi Agraire, scènes dans la Curie, scènes dans le Forum. — César reste sous les murs de Rome jusqu'au départ de Cicéron pour l'exil. — Cicéron pendant son exil toujours à Rome par la pensée. — César en Gaule, Pompée à Rome. — Violences de Clodius, rappel de Cicéron, son retour triomphal. — Cicéron plaide pour rentrer en possession de sa maison du Palatin, indemnité, prix des maisons à Rome. — Villa de Tusculum. — Fortune de Cicéron. — Triste situation de Cicéron et de Pompée. — Union de César, de Pompée et de Crassus. — Pompée et Crassus élus consuls, bataille dans le champ de Mars. — Guerre de César en Gaule, retentissement à Rome de sa conquête, enthousiasme populaire, protestation de Caton. — Soumission de Cicéron, il plaide par complaisance. — Cicéron écrivain : le *Traité de l'Orateur*, mise en scène du dialogue à Tusculum. — Théâtre de Pompée, portiques, jeux. — Pompée impopulaire et mécontent ; boude dans sa villa d'Alsium. — Guerre de Milon et de Clodius dans le Forum. — Milon tue Clodius sur la voie Appienne. — Lieu du meurtre. — Le corps de Clodius est brûlé dans le Forum, incendie de la Curie. — Plaidoyer de Cicéron pour Milon, aspect du

FIN DE LA LIBERTÉ.

Forum, présence de Pompée. — Le sénat veut s'opposer à l'ambition de César. — César achète Curion et Æmilius Paullus. — Celui-ci construit la basilique Æmilia. — Basilique Fulvia. — Première pensée du forum de César. — Débris d'une villa de César dans le lac de Nemi. — Cicéron préteur en Cilicie, son bon gouvernement, le *De Republica*. — César fait des conditions au sénat. — Orage dans le sénat. — Les deux tribuns envoyés par César s'enfuient de Rome. — Pompée quitte Rome, César poursuit Pompée qui passe en Épire. — César revient à Rome et prend le trésor. — Terreurs dans la ville. — Incertitudes de Cicéron, il finit par aller rejoindre Pompée. — Le camp de Pompée, semblant de Rome, émigration républicaine. — — Bataille de Pharsale, Pompée assassiné en Égypte, son tombeau près d'Albano. — Caton, sa vie et sa mort. — La morale dans la politique.

Les trois hommes dont nous avons suivi jusqu'ici la destinée, à laquelle celle de leur pays était liée, se trouvaient alors à Rome.

Pompée était revenu d'Orient avec une immense gloire. Absent, il semblait devoir être l'arbitre de la république; mais sa présence le diminuait. Il ne savait pas se rendre populaire, et les efforts qu'il faisait pour le devenir blessaient de plus en plus le sénat.

Cicéron avait joué le premier rôle pendant son consulat; son succès avait ébloui un moment la foule et lui-même tout le premier; mais il lui était impossible de rester au rang où les événements et son courage l'avaient porté. Les patriciens ne subissaient qu'à regret la reconnaissance qu'ils ne pouvaient lui refuser. Les hommes de guerre n'étaient pas disposés à prendre pour drapeau la toge du consulaire, à laquelle ils n'admettaient pas que dussent *céder les armes*[1].

César, jusque-là, n'avait pas joué un rôle militaire qui pût être comparé à celui de Pompée, ni un rôle politique égal à celui de Cicéron. Il n'avait pas été consul; mais, par une habileté toujours sûre et qu'aucun scrupule n'arrêtait, il avait miné le terrain sous les pas de ses rivaux, compromis Cicéron et le sénat, enfin attiré à lui la popularité que Pompée, ce grand conquérant, n'avait pas su conquérir.

Le jour où expirait le consulat de Cicéron, il se présenta au pied de la tribune pour y monter et, suivant l'usage, rendre compte au peuple de ce qu'il avait fait pendant la durée de sa charge. Le tribun Métellus y avait pris place et lui défendit de parler; celui qui avait fait mettre à mort des citoyens romains sans les entendre ne méritait pas d'être entendu; cet outrage était un avant-coureur des récriminations qui attendaient le consul dès qu'il aurait déposé le pouvoir.

Mais ce fut pour Cicéron un dernier triomphe. Il insista sur son droit de jurer que dans l'office qu'il venait de remplir il n'avait point démérité; il fallut y consentir. A la tribune, à côté d'un ennemi acharné, en présence de ce peuple ébranlé, Cicéron eut un mouvement sublime, et, changeant la formule ordinaire du serment, il s'écria : « Je jure qu'à moi seul j'ai sauvé

---

[1] « Cedant arma togæ, » avait dit Cicéron dans le poëme latin sur son temps, qui était une glorification de son consulat.

la république et cette ville[1] ! » Ce cri d'un noble orgueil alla au cœur du peuple, qui lui répondit par des acclamations[2], et quand, simple citoyen, il rentra dans la maison des Carines, où il logeait encore, la foule l'escorta comme au jour où il avait triomphé de la conjuration de Catilina.

Dès ce moment, les haines que Cicéron avait soulevées commencèrent à le poursuivre. Ses ennemis cherchèrent à le faire passer pour un homme cruel qui avait exercé un pouvoir tyrannique. Cicéron voulut répondre à ces dangereuses accusations, et la première fois qu'il reparut simple citoyen devant le jury romain, ce fut pour défendre P. Sylla d'avoir trempé dans la conjuration de Catilina. L'innocence de ce Sylla est bien douteuse ; mais, en le défendant, Cicéron voulait surtout se défendre lui-même. Dans ce discours prononcé en présence d'une grande foule qui remplissait le Forum, Cicéron revient plusieurs fois sur son humanité, sa douceur ; on sent qu'il s'efforce surtout d'éloigner de lui tout soupçon de cruauté et de tyrannie. Il rappelle sans doute avec un peu d'emphase ce qu'il a fait dans son consulat qui vient de finir. Il s'écrie, s'adressant non plus aux juges assis sur leurs siéges, mais au peuple assemblé dans le Forum : « Je dis à très-haute voix pour que vous puissiez tous m'enten-

---

[1] *In Pis.*, 3.
[2] César, *Scènes hist.*, p. 84.

dre et je dirai toujours... » Suit un tableau des périls de Rome qu'il rend pour ainsi dire présents à ses auditeurs en leur montrant les temples, les maisons qui entouraient le Forum, et dans lesquels était une armée de conspirateurs dangereux que seul il a dissipés [1].

A partir de ce moment, Cicéron cesse de jouer un rôle politique; pénétré du sentiment de sa faiblesse, il se résigne avec amertume à plier sous César et Pompée.

En vain s'efforçait-il de se passer de leur appui en gagnant la faveur de plusieurs hommes d'une importance secondaire parmi la noblesse; ce fut sans doute dans ce but, et non pas seulement par amour pour les lettres, qu'il appuya d'un beau discours les prétentions du poëte Archias au droit de cité. Archias, protégé de l'aristocratie, était surtout cher à Lucullus qui venait de vaincre en Asie et pouvait paraître encore devoir balancer l'influence de Pompée; et puis Archias avait commencé à célébrer en vers le consulat de Cicéron. On voit combien il était avide de louanges par une lettre adressée plus tard à Luccéius, son voisin de campagne à Tusculum et à Cumes, qui écrivait une histoire romaine, lettre dans laquelle Cicéron [2] l'engage assez naïvement à altérer un peu la vérité à son profit.

[1] *P. Sull.*, xi.
[2] *Ad Fam.*, v, 12.

N'ayant, pour se consoler de l'ingratitude qu'il sentait venir, autre chose que la conscience de sa gloire, n'était-il pas excusable de revenir trop souvent sur le grand acte qui l'a justement immortalisé, et de se rendre à lui-même, avec trop de complaisance sans doute, une justice que tout le monde ne lui rendait point? Faut-il s'étonner dès lors s'il remplit les discours qu'il prononça vers cette époque de ses propres louanges? C'est ce qu'il fit en défendant Sestius, qui avait proposé de rappeler Cicéron, et avait, à l'appui de sa rogation, opposé des gladiateurs à ceux de Clodius, d'où était résulté un tumulte au Forum, dans lequel Sestius avait été blessé.

Encore ici Cicéron plaidait pour lui-même en plaidant pour son véhément défenseur; en même temps il accusait Clodius, Gabinius, Pison, effleurait César et même Caton, glorifiait Pompée, et, enhardi par l'attention silencieuse d'une foule immense, condamnait la fausse popularité, exaltait la vraie aristocratie qu'il disait composée de tous ceux qui voulaient le bien de la république, en y comprenant à ce titre les négociants, les paysans et les affranchis[1]; dans ce long discours il fut très-peu question de Sestius et beaucoup de Cicéron, dont l'argumentation peut se résumer ainsi : « Les ennemis de Sestius et les miens sont des scélérats; j'ai sauvé la république; vous avez

---

[1] *Pr. Sest.*, 45.

voulu mon retour, condamnerez-vous celui par qui je vous ai été rendu[1]? »

Le discours contre *Vatinius témoin* est dans nos idées une chose incroyable; nous ne saurions comprendre qu'un avocat, auquel la loi donnait le droit d'interroger un témoin, l'accable d'injures à propos de faits étrangers à la cause. Cicéron reprochait à Vatinius d'avoir une fois, étant accusé, escaladé le tribunal du préteur, chassé le magistrat du tribunal, renversé les siéges des jurés, brisé les urnes, ce qui était grave; il lui reprochait aussi, ce qui l'était moins, d'avoir paru en habit de couleur sombre[2] à un festin donné pour célébrer une victoire désagréable à Vatinius, dans le temple de Castor dont il est fait mention sans cesse à propos des événements de ce temps. Cicéron reprochait aussi à Vatinius d'avoir fait siéger dans les rostres[3] un témoin suborné pour accuser Cicéron et d'autres sénateurs d'un complot contre la vie de Pompée, tandis que les tribuns n'y

---

[1] Eos conservetis per quos me recuperavistis; dernier mot du discours. (*Pr. Sest.*, 45.)

[2] *In Vat.*, 13. Vatinius avait pris ce costume dans un repas funèbre donné par Arrius, ami de Cicéron. Vatinius voulait, en agissant ainsi, témoigner sa désapprobation des actions de grâce qui avaient été décrétées en l'honneur d'une victoire remportée dans les Gaules; les amis de César craignaient que l'importance de celles de César n'en fût diminuée.

[3] Dans son discours il dit Vatinius; dans une lettre à Atticus (II, 24) il dit César.

faisaient placer d'ordinaire que les personnages considérables dont ils vérifiaient les pouvoirs. Tous ces faits ont leur importance pour l'histoire du Forum.

Cette violente invective, motivée seulement par la rancune de Cicéron contre Vatinius, était au fond dirigée contre César, mis hors de cause au moyen d'une précaution oratoire qui ne pouvait le tromper; car Cicéron reprochait à l'ancien tribun les mauvais traitements subis par Bibulus l'infortuné collègue de César, traitements que celui-ci avait autorisés de sa présence et certainement encouragés.

Tandis que Pompée s'effaçait et que Cicéron descendait, César allait commencer à briller et à monter.

César voulait être consul; pour cela il était revenu en toute hâte d'Espagne; il avait sacrifié le triomphe au Capitole pour le triomphe au champ de Mars; il l'avait obtenu : il était consul. Maintenant, ce dont il avait besoin, c'était de triompher au Forum.

Avant d'y paraître, il proposa dans le sénat une loi agraire qui n'était plus, comme au temps des Gracques, une revendication des terres usurpées par les riches sur l'État, mais une aliénation des terres de l'État au profit des plébéiens pauvres et chargés d'enfants.

C'était une loi populaire; le consul se faisait tribun.

La loi était sage et ses dispositions habilement

combinées. Il semble que Caton eut tort de s'y opposer ; mais sa clairvoyance, à laquelle on n'a pas rendu justice, découvrait le but auquel César voulait arriver par la popularité. Il vint donc dans la Curie avec son intrépidité ordinaire pour le combattre ; il était seul ; toutes les autres voix ou approuvaient ou se taisaient. César, le traitant comme un perturbateur, donna ordre à un licteur de l'arrêter et de le conduire en prison. Caton se leva tranquillement pour marcher vers la prison. Ce spectacle émut et indigna ; beaucoup de sénateurs se levèrent aussi et le suivirent ; un d'eux s'écria généreusement qu'il aimait mieux être en prison avec Caton que dans la Curie avec César [1].

César, qui s'arrêtait toujours à temps, fit relâcher Caton.

« Puisqu'on m'y force, dit-il, je vais recourir au peuple. »

Le jour des comices, César avait pris ses précautions : un grand nombre de gladiateurs, d'esclaves et de plébéiens armés de poignards occupaient le Forum. César parut sur les marches du temple de Castor

[1] Plutarque (*Cat. min.*, 33), place cette scène dans le Forum, d'autres historiens dans la Curie ; j'étais tenté de suivre Plutarque ; l'ordre d'arrestation donné en plein sénat me semblait encore plus extraordinaire que dans le Forum ; mais un passage d'Aulu-Gelle, tiré d'un ouvrage d'Atteius Capito sur le *sénat* (*De Officio senatorio*), me paraît trancher la question (Gell., IV, 10). Atteius Capito met la scène au sénat. Dans mon *César* (César, *Sc. hist.*, p. 108) j'ai suivi Plutarque.

et harangua le peuple. Ce jour-là Caton n'était pas seul ; le collègue de César, Bibulus, dont le temple de Castor rappelait l'impuissance[1], montra un vrai courage contre cette populace, je suis bien tenté de dire cette canaille, qui le fit rouler au bas du temple de Castor, lui jeta sur la tête un panier d'ordure, brisa les faisceaux de ses licteurs sans que son collègue César intervînt pour le protéger[2]; ses amis le sauvèrent de la furie populaire qu'il bravait résolûment, en l'entraînant par la voie Sacrée dans le temple de Jupiter Stator. Caton, fendant la foule, parvint à gagner un lieu élevé, et commença à parler au milieu de ce tumulte. Les césariens le saisirent et l'emportèrent. Lui, rentrant par un autre côté, s'élança à la tribune, mais ne put se faire entendre. On voulut le chasser violemment du Forum; mais il en sortit le dernier, ferme et indomptable jusqu'au bout.

Pompée avait figuré dans la scène du Forum, dans cette scène tragique mêlée d'incidents burlesques, et il y avait joué, j'en demande pardon à sa grande ombre, le rôle du niais. Tout glorieux de paraître protéger César, dont il faisait les affaires sans s'en douter, il était venu se placer à côté de lui et déclarer qu'il approuvait la loi ; elle donnait des terres en Campanie

---

[1] On comparait Bibulus, consul sans importance, à Pollux, auquel était aussi dédié ce temple que dans l'usage on appelait seulement temple de Castor.

[2] App. *B. civ.*, II, XI; D. Cass., XXXVIII, 6; Plut., *Pomp.*, 47-8.

à vingt mille de ses vétérans. « Et si l'on résiste à cette loi, lui demanda César, ne viendras-tu pas au secours du peuple? — J'y viendrai avec l'épée et le bouclier, » répondit Pompée. Rodomontade séditieuse et maladroite. Peu de temps après, César s'attachait Pompée par un lien de plus en lui donnant sa fille Julia.

Cicéron s'était prudemment absenté de Rome pour n'avoir pas à combattre en face César et Pompée. On le voit à cette époque aller d'une de ses villas à l'autre, de Tusculum à Antium, d'Antium à Formies, de Formies à Arpinum. Ses villas étaient son refuge dans les moments difficiles. Les séjours qu'il y a faits tiennent une grande place dans sa vie politique; ils en marquent souvent les défaillances. Pour se consoler, il écrivait en grec l'histoire de son consulat, qu'il célébra aussi en latin. Atticus lui conseillait un ouvrage difficile comme le plus propre à distraire de lui-même son attention en l'absorbant, et le pauvre Cicéron essayait d'un traité de géographie mathématique. Mais ce travail ne l'intéressait pas autant que ses mémoires, dans lesquels il se proposait, pour se venger, de faire une histoire secrète de son temps, pareille à celle de Théopompe, mais encore plus remplie d'amertume. Il déclarait ne plus vouloir songer aux affaires désespérées de l'État et se mourait du désir d'avoir des nouvelles de Rome, où il vivait constamment par la pensée et d'où, à vrai dire, durant ses visites à ses villas, ce qui me donne le droit de l'y suivre, il n'était jamais sorti. « Quand je lis tes lettres, écrivait-il à Atticus, je crois être à Rome[1]. »

A Antium, Pompée lui avait fait en passant une visite, et lui avait renouvelé, au sujet de Clodius, ces promesses qu'il ne tenait jamais.

Puis Cicéron revenait dans la Curie, il trouvait César cherchant à le gagner par des offres qu'il était par moments tenté d'écouter, mais dont l'acceptation l'aurait compromis et que le point d'honneur le forçait de repousser un peu à regret.

Alors il s'écriait : « J'aime mieux combattre ! »

Il remarquait qu'on avait mollement applaudi César[2], et saisi une allusion fâcheuse pour Pompée ; s'il se retournait vers Pompée, les irrésolutions de Pompée augmentaient les siennes.

César, qui, lui, n'était pas irrésolu, faisait tous les jours jouer quelque machine. Un certain Vettius parut dans le Forum, et, avec la permission du consul César, à la tribune, montrant un poignard que, disait-il, lui avaient donné Bibulus, Caton et Cicéron pour assassiner César et Pompée. C'était, à en croire Appien, un moyen dont se servait César pour exciter le peuple. Ce qu'il y a de sûr, c'est que Vettius, qui avait été arrêté et devait être jugé le lendemain, fut tué pen-

---

[1] *Ad Att.*, II, 15. Atticus était, ce qu'aimait beaucoup Cicéron, un flaireur de nouvelles. « Soles enim tu hæc festive odorari. (*Ib*, IV, 14.)
[2] Mortuo plausu. (*Ad Att.*, II, 19.)

dant la nuit dans sa prison. Cicéron a accusé[1] formellement Vatinius, créature de César, d'avoir fait mettre à mort un faux témoin dont il craignait les révélations.

Cicéron plaidait toutes les fois qu'il trouvait, en défendant un de ceux par lesquels il avait été soutenu pendant son consulat, une occasion de revenir sur ce consulat glorieux et toujours regretté ; c'est ce qu'il fit en plaidant pour Flaccus. Flaccus était accusé d'avoir rançonné des villes d'Asie. Parmi les témoins se trouvaient des Grecs et des Juifs ; Cicéron les traita aussi mal que, dans le plaidoyer pour Fonteius, il avait traité les Gaulois. Un passage de son discours fait voir que les Juifs garnissaient en grande abondance les abords du tribunal[2], attirés sans doute par le voisinage du Putéal de Libon, rendez-vous des usuriers. Dans une péroraison magnifique, Cicéron évoqua le souvenir de cette nuit mémorable où Rome avait été délivrée par lui de si terribles périls. Flaccus lui dut son acquittement, et Cicéron retrouva devant les siéges des jurés les émotions du succès qu'il ne trouvait plus ailleurs.

Mais il allait être livré à Clodius : des deux nouveaux consuls, l'un, Pison, appartenait à César ; l'au-

---

[1] *In Vat.*, XI.
[2] *Pr. Flacc.*, 28. « A gradibus Aureliis. » Preuve de plus que le tribunal Aurélien était, comme je crois l'avoir établi, le tribunal du préteur.

tre, Gabinius, à Pompée. César fit agir, et Pompée laissa agir Clodius. La loi agraire de César pouvait se défendre, mais son but secret fut trahi quand on vit que la plus grande partie des terres de la Campanie était distribuée aux vétérans de Pompée. Tout en cajolant le peuple, César voulait payer une dette de son complaisant rival et achever de le séduire. Du reste, toute sa conduite à ce moment est celle d'un démagogue accompli. Consul, il cesse de paraître dans la Curie et transporte le gouvernement dans le Forum; il remet à ces traitants enrichis par le pillage des provinces qu'on appelait *les chevaliers*, un tiers de leur ferme; il appuie Clodius, qui avait déshonoré sa femme, mais qui l'aida à obtenir la province de la Gaule et l'Illyrie pour cinq ans avec quatre légions [1].

C'est là ce que voulait César et ce qui relève par la grandeur du but les manœuvres peu dignes de lui auxquelles il avait fait descendre sa politique. Par cette émeute du Forum, à laquelle il avait présidé, il s'était assuré la Gaule à soumettre; il avait conquis sa future conquête.

César avait eu besoin de Clodius et avait porté la loi qui le transférait dans une famille plébéienne. Suivant la coutume antique, le père de Clodius aurait paru avec lui dans le Champ de Mars, devant les centuries assemblées, et aurait dit trois fois : « Je te vends

---

[1] App., *B. civ.*, II, 13-14

(mancipo) ce fils qui est mien. » Et le père adoptif, mettant la main sur Clodius, eût répondu en jetant dans une balance une pièce de monnaie : « Je déclare que cet homme est mien par le droit des Quirites et que je l'ai acheté avec cette pièce d'airain et cette balance d'airain. » Car on achetait un fils qui était un esclave, comme un esclave. L'année d'avant, un tribun avait voulu, en effet, évoquer l'affaire devant les centuries au Champ de Mars[1]; mais tout se passa autrement. Cicéron venait de prononcer un discours sur le malheur des temps. César était consul ; le discours lui déplut, et, sur-le-champ, par une loi *curiata*, il déclara Clodius plébéien. Tout se passa dans le Comitium, avec l'approbation des trente licteurs qui représentaient les trente Curies.

Désormais Clodius ne faisait plus partie de la gens Claudia ; il était plébéien et pouvait être tribun. C'était Mirabeau prenant une patente de drapier pour pouvoir représenter le tiers état.

Mais, si César était, bien qu'un très-grand homme, le plus habile des intrigants, il était au-dessus d'un ignoble larcin, et je ne saurais croire qu'il ait, comme le dit Suétone, enlevé du Capitole trois mille livres d'or et les ait remplacés par du bronze doré. Plus tard César devait s'emparer du trésor de l'État, mais publiquement, à la face du ciel, par la force. Non, le

---

[1] Cic., *Ad Att.*, I, 18.

glorieux Capitole ne rappelle point une telle honte de César.

Avant de quitter Rome, César voulait en éloigner Cicéron; il ne pouvait refuser cela à son ami Clodius, auquel il devait tant. D'ailleurs, il ne se souciait pas de laisser derrière lui ce défenseur éloquent du sénat, dont les paroles, plus hardies que la conduite, pourraient en son absence avoir quelque danger, et peut-être entraîner Pompée. César campa donc durant plusieurs mois aux portes de Rome avec son armée, qu'il avait mise sous les ordres d'un frère de Clodius, de manière à pouvoir assister aux assemblées tenues hors de la ville et soutenir de sa présence les manœuvres du factieux tribun.

Clodius convoqua le peuple dans le cirque Flaminius, qui était hors des murs, et où César pouvait paraître; il harangua avec sa violence accoutumée, et provoqua chez quelqus-uns une désapprobation [1] que Cicéron a peut-être exagérée. César dit qu'on savait ce qu'il pensait, que la mort des conjurés était contraire aux lois; puis il conseilla l'oubli des choses passées, s'en reposant sur les consuls du soin d'accuser ouvertement Cicéron. Le fils de Crassus prononça quelques mots en sa faveur, et Pompée l'abandonna [2].

[1] *Pr. Sest.*, 50.
[2] D. Cass., xxxviii, 17.

Cicéron alla implorer son appui dans sa villa près d'Albe, et, il nous l'apprend lui-même, tomba à ses genoux. Pompée, sans daigner le relever, lui répondit qu'il ne pouvait rien faire contre la volonté de César. Lorsque, de nouveau, Cicéron se présente à la porte de l'*Albanum*, Pompée, pour ne pas le recevoir, à en croire Plutarque, pendant que Cicéron entrait par une porte, sortit par une autre.

Le consul Gabinius convoqua le sénat dans le temple de la Concorde, « ce temple, disait Cicéron, qui rendait présente la mémoire de mon consulat[1]. » Le sénat était pour lui, mais timidement. Gabinius refusa l'entrée du temple à une députation composée d'un certain nombre de chevaliers[2], conduite par plusieurs sénateurs, parmi lesquels on aime à voir le rival de Cicéron, Hortensius. Comme ils se retiraient, Clodius fondit sur eux avec sa bande. Hortensius courut quelque danger, et un autre sénateur fut si maltraité qu'il en mourut. Dans le temple, on discutait avec violence; Gabinius, qu'irritait la résistance du sénat, s'emporta, et déclara que, dans son opinion, Cicéron était coupable. Alors les sénateurs décidèrent qu'ils prendraient le deuil. Gabinius, furieux, laisse là le sénat

---

[1] *Pr. Sest.*, xi.

[2] Les chevaliers *allant sur le Capitole*... ἐς τὸ Καπιτώλιον (D. Cass., xxxviii, 16. Cette expression de Dion Cassius montre que le temple de la Concorde, où s'assemblait le sénat, était bien où je l'ai placé et non *au-dessous* du Capitole.

rassemblé par son ordre, descend au Forum, monte à la tribune, dit que le sénat importe peu, que les chevaliers expieront leur audace, que le temps de la vengeance est venu, et, par un édit rendu avec son collègue Pison, il interdit le deuil aux sénateurs.

Cicéron ne voulut pas prolonger une lutte impossible, et résolut de s'exiler volontairement; mais, avant de partir, il monta au Capitole et dédia dans le temple de Jupiter une statue de Minerve. Mettant Rome sous la protection de la déesse de la Sagesse pendant qu'elle serait privée de sa propre sagesse; il sortit de la ville à pied, de grand matin, par la porte Capène, et suivit la voie Appienne pour gagner la Campanie et la Sicile.

Quelles durent être ses pensées dans ce triste départ s'il se retourna pour regarder une dernière fois le Palatin, où il laissait sa belle maison, sa femme, son fils, sa fille qu'il aimait si passionnément, et ce Capitole, où il avait obtenu, malgré César, la condamnation des complices de Catilina! César prenait aujourd'hui sa revanche.

Je n'ai pas à suivre Cicéron dans son exil, et j'en éprouve peu de regrets; il y montra un abattement, une faiblesse, une occupation de soi et un oubli de la chose publique dont les témoignages arrivaient trop souvent à Rome dans ses lettres. Il se reprochait de vivre, il se regrettait, et pour ainsi dire se pleurait lui-même[1].

Cette faiblesse n'était pas suffisamment excusée par sa tendresse pour les siens, et ce besoin d'être à Rome que Cicéron trahit à chaque page de sa correspondance, tout en affirmant que nul lieu n'est plus triste à habiter pour un bon citoyen.

Dès que Cicéron eut quitté Rome d'un côté, César s'en éloigna de l'autre et partit pour la Gaule, où tant de gloire l'attendait.

Après son départ, Clodius trouva moyen d'éloigner Caton en lui faisant donner par le peuple une mission dans l'île de Chypre, au sujet d'une Ptolémée que les Romains avaient résolu d'en chasser. Ce Ptolémée s'empoisonna; Caton, considérant le peuple romain comme héritier de ses biens, les fit vendre et en tira une somme considérable qu'il déposa dans le trésor; il ne garda pour lui qu'une statue de Zénon. Les richesses qu'il rapportait excitèrent en sa faveur un grand enthousiasme à Rome. Le sénat, les magistrats, les prêtres et une foule nombreuse allèrent au bord du Tibre attendre son arrivée : on eût dit un triomphe. Caton, qu'indignait sans doute le motif d'une pareille joie, ne s'arrêta point, ne descendit point à terre pour recevoir les remerciments du sénat, mais continua sa route jusqu'aux *Navalia*[2]. On

---

[1] Me valde pœnitet vivere (*Ad Att.*, III, 4). Desidero enim non mea solum neque meos, sed me ipsum. (*Ib.*, III, 15.)

[2] Becker place les *navalia*, c'est-à-dire le lieu où étaient abrités et

trouva cette manière d'agir hautaine; mais, quand on eut vu les trésors de Ptolémée apportés à travers le Forum dans le temple de Saturne, tout fut pardonné, et on combla Caton de louanges et d'honneurs. Il les méritait par l'intégrité qu'il avait montrée, mérite bien rare alors dans ce genre de fonctions.

Avant son départ, César avait pu consulter sur l'état de la Gaule Divitiacus, chef des Éduens, qui était venu à Rome. C'est le premier de mes ancêtres les voyageurs français qui l'ait visitée; c'est pourquoi je le mentionne ici.

Pour Cicéron, il avait été, après son départ, banni à perpétuité, et Clodius avait affiché sur la porte de la Curie une défense de rapporter jamais la loi qui le frappait. La belle maison qu'il avait achetée, après son consulat, sur le Palatin fut mise au pillage, puis incendiée et renversée. Sa courageuse femme Terentia fut obligée de se réfugier dans le couvent des Vestales, heureusement peu éloigné de sa demeure, et dont la supérieure était sa propre sœur. Elle en fut arrachée et traînée chez un des banquiers du Forum pour déclarer qu'elle garantissait l'argent que Cicéron avait

réparés les navires, dans l'intérieur de la Rome actuelle, beaucoup au-dessus de l'*emporium*, qu'il distingue des *navalia* et qui était au-dessous et vers l'entrée de la ville, au pied de l'Aventin. Mais Plutarque (59) en disant que les trésors de Ptolémée furent portés (au temple de Saturne) à *travers* le Forum, semble indiquer pour les navalia un emplacement voisin de l'emporium. En effet, en venant de là par la voie Étrusque on *traversait* une partie du Forum.

laissé. Enfin, dernière insulte, une misérable créature de Clodius, éleva sur l'emplacement de sa maison rasée une statue à ce patron bien digne de lui et Clodius une statue à la Liberté; ce qui faisait dire à Cicéron : « La liberté est dans ma maison comme la concorde est dans la Curie. » Cette statue de la Liberté était le portrait d'une courtisane grecque enlevé à un tombeau par le frère de Clodius.

Les villas que Cicéron possédait près de Tusculum et à Formies éprouvèrent le même sort que sa maison du Palatin. A Tusculum, Gabinius, son voisin, fit transporter des arbres de la villa de Cicéron dans sa propre villa.

Cicéron en Grèce, Caton dans l'île de Chypre et César en Gaule, Pompée était resté seul à Rome; mais il s'y trouva plus embarrassé que jamais. Clodius, auquel il avait lâchement livré Cicéron, ayant obtenu de sa faiblesse ce qu'il voulait, se tourna contre lui.

Pompée fut assiégé dans sa propre maison. Clodius la fit entourer par une troupe de bandits, à la tête desquels était un de ses affranchis, et que le préteur Flavius tenta en vain de repousser. Clodius menaça Pompée de jeter par terre sa maison des Carines, comme il avait fait abattre celle de Cicéron sur le Palatin. C'était un grand niveleur que ce Clodius.

Gagné par Tigrane, roi d'Arménie, que Pompée gardait dans son Albanum, Clodius alla l'enlever. Le sénateur chargé de sa garde voulut le reprendre : il s'ensuivit une bataille sur la voie Appienne, au quatrième mille, et un ami de Pompée, M. Papirius, périt dans la mêlée.

On arrêta un esclave de Clodius, armé d'un poignard, qui confessa avoir eu le dessein de tuer Pompée dans le temple de Castor, au milieu du sénat [1].

Clodius s'empara de ce temple, en détruisit l'escalier, y transporta des armes et en fit une forteresse de l'émeute. Devant le tribunal [2], siège de la justice, il enrôlait publiquement des hommes perdus. Il attaqua le consul Gabinius lui-même et brisa ses faisceaux. Au milieu de ces émeutes, ce qu'on nomme aujourd'hui la question sociale apparaissait.

D'abord il y avait les esclaves que, depuis Herdonius jusqu'à Marius, presque tous les chefs de parti avaient appelés à la liberté. Cicéron a accusé formellement Clodius d'avoir voulu les affranchir à son profit [3]. Puis il y avait la plèbe indigente, mêlée de scélé-

---

[1] Cic., *De Har. resp.*, 23.

[2] Pro tribunali Aurelio (*Pr. Sest.*, 15). Ce tribunal, que j'ai dit être le tribunal du préteur, était près du temple de Castor. Le voisinage du putéal de Libon, où se faisaient les emprunts usuraires, « Scyllæum æris alieni (*Pr. Sest*, 8), » devait attirer de ce côté des gens ruinés par les usuriers et propres à figurer dans les troubles : de là sans doute le rôle qu'y joue toujours ce temple, « Arx perditorum hominum, » et duquel Cicéron a dit : « Quo maximarum rerum quotidie frequentissime advocationes fiunt. »

[3] « Incidebantur jam domi leges quæ nos servis nostris addicerent (*Pr. Mil.*, 32). Lege nova quæ est inventa apud eum... Servos nostros libertos suos fecisset. » (*Ib.*, 33.)

rats, à laquelle il promettait les biens des riches[1], et qu'on ne pouvait désarmer qu'à prix d'argent[2], rançon payée aux barbares. Enfin Clodius avait les ouvriers (operæ mercenariæ), qui sont souvent cités parmi les agents soudoyés du désordre[3]. Les corps de métiers (collegia), dont l'organisation remontait à l'époque des rois, formaient des associations propres à recruter l'armée des factieux, et Clodius eut soin de réorganiser ces associations dangereuses, par une loi.

Je suis très-sympathique aux ouvriers et très-favorable aux associations, pourvu que les uns ni les autres ne soient pas un instrument d'oppression dans les mains d'un factieux.

Pompée, soit qu'il redoutât les violences de Clodius, soit plutôt qu'il voulût paraître les craindre, ne sortait plus, restait enfermé dans ses jardins d'en haut et s'y entourait d'une garde nombreuse.

[1] « Egentium civium et facinorosorum... (*Pr. Mil.*, 14.) Plebem et infimam multitudinem quæ P. Clodio duce fortunis vestris imminebat. » (*Ib.*, 35.)

[2] Cicéron, en parlant de Milon : « Eam (plebem), quo tutior esset vestra vita se fecisse commemorat, ut non solum virtute flecteret sed etiam tribus patrimoniis suis deliniret. (*Ib.*)

[3] Les ouvriers dont disposait Clodius, Clodianas operas (*In Vat.*, 17), operæ conductæ (*Pr. Sest.*, 17), operæ Clodianæ, pontes occuparant... operæ comparantur (*Ad Att.*, I, 13, 14). Clodius distribuait des armes à ses ouvriers dans le temple de Castor (*De Har.*, 13); se vendait aux ouvriers et disait hautement que par leur aide il avait échappé à la loi. Les ouvriers libres sont distingués des esclaves : *opifices* et *servitia*.

Cicéron a fait de l'état de Rome, avant son départ et pour le justifier, une peinture oratoire sans doute, mais où il n'y a pas beaucoup d'exagération, et que l'on peut tenir pour vraie dans les principaux traits[1].

« Dans une ville où le sénat était sans pouvoir, où tout était impuni, où on ne rendait plus la justice, où le Forum était livré à la violence et au glaive, où les particuliers étaient protégés par les murs de leur maison, non par le secours des lois, où les tribuns du peuple étaient blessés sous vos yeux, quand on marchait contre la demeure des magistrats le fer et le feu à la main, quand les faisceaux des consuls étaient brisés et qu'on incendiait les temples des dieux immortels, j'ai pensé que l'État n'existait plus. »

Cicéron, pendant son exil, encore plus que lorsqu'il séjournait dans ses villas, est tout entier à Rome. « Que se fait-il? Que penses-tu de ce qui se fait? écrit-il sans cesse à son ami Atticus. Où en est l'affaire de mon rappel? » Telles sont les questions qui remplissent toutes ses lettres. « Reverrais-je ma femme, ma fille, mon fils? Me rendra-t-on mes biens, ma maison? » De loin il assiste avec anxiété à chaque péripétie politique; en ce qui le concerne, il voit toutes les difficultés, toutes les complications : s'il accepte l'appui que lui offrent quelques grands personnages, cela ne le brouillera-t-il

[1] *Or. post red*, 6.

pas avec les tribuns qui ont pris son parti, et comment refuser cet appui? « Fais sonder Pompée, dit-il à Atticus, par son affranchi Téophane; informe-toi des intentions de César auprès de ses amis, des dispositions de Clodius auprès de sa sœur Clodia. »

Pomponius Atticus[1], le correspondant principal de Cicéron, convenait admirablement à ce rôle et était très en mesure de lui apprendre ce qui se passait à Rome, car Atticus était ami de tout le monde; c'était un modéré qui sut traverser les derniers temps de la république, si remplis de luttes et de vicissitudes, sans se brouiller avec aucun parti et finit par marier sa fille avec le favori d'Auguste, Agrippa; homme prudent, peu disposé à la résistance dont il détourna trop souvent Cicéron, mais conservant une certaine dignité et fidèle à ses amis dans les disgrâces qu'il ne voulait point partager avec eux. Quand Atticus n'était pas à Athènes ou en Épire, il vivait dans une belle maison située sur le Quirinal à laquelle était

---

[1] Surnommé Atticus à cause de ses séjours à Athènes. Probablement de race sabine; le père de Numa, disait-on, s'était appelé Pompo; dans la gens Pomponia : Matho, Molo. Labeo, surnoms en *o*; Rufus, Flaccus, noms sabins; Manius, Marcus, Titus, prénoms sabins. J'ai fait remarquer que Pomponius Atticus demeurait sur le mont Sabin, le Quirinal, qu'habitèrent d'autres gentes sabines, les Cornelii, les Fabii, les Flaviens; je dois dire que la maison d'Atticus lui venait de Cæcilius, son oncle maternel; mais les Cæcilii, qui prétendaient descendre de Cæculus, fondateur de Préneste, devaient être originaires de cette ville; s'ils n'étaient Sabins, ils étaient Sabelliques.

joint un grand parc ¹, et dans une villa aux portes de Rome. Il fut enterré dans la tombe des Cæcilii, sur la voie Appienne, vers le cinquième mille, par conséquent près du tombeau de Cæcilia Métella ².

Atticus avait placé dans sa bibliothèque le portrait d'Aristote ³. Il devait goûter la morale de celui qui mit la sagesse dans un sage milieu. Possédant des amis dans tous les partis, il avait aussi chez lui le portrait du premier Brutus, le fondateur de la liberté, et de Servilius Atala, le vengeur de l'aristocratie ⁴.

L'hostilité insolente de Clodius ramena Pompée à Cicéron. Les premiers qui proposèrent de le rappeler furent des tribuns. L'un d'eux, Fabricius, vint avant le jour s'établir dans les Rostres pour présenter une rogation en faveur de son retour. Mais déjà Clodius, escorté d'hommes armés, était là ; ils avaient occupé pen-

[1] Sylva dit Cornelius Nepos (*Pomp. Vit.*, 13). C'était une vieille maison à laquelle Atticus conservait sa physionomie antique, ne la réparant que lorsqu'elle menaçait ruine.

[2] Ce tombeau, que connaissent tous les voyageurs, est celui d'une Cæcilia, fille de Métellus Creticus et femme d'un Crassus. Ce ne peut être, d'après les dates, la femme de Crassus le triumvir, mais ce peut être celle de son fils Marcus. (Drum., *G. R*, II, p. 55.) Le sarcophage qu'on dit celui de Cæcilia Métella, et qu'on voit dans la cour du palais Farnèse, semble être moins ancien. (Hirt., *Gesch. d. bauk.*, I, p. 235.) La magnificence du tombeau s'explique par la richesse de la famille.

[3] *Ad Att.*, IV, 10, 1.

[4] *Ib.*, XVI, 40.

dant la nuit le Forum, le Comitium et la Curie. Ils empêchent le tribun Cispius d'entrer dans le Forum, se jettent sur son collègue Fabricius et vont cherchant le frère de Cicéron pour le tuer. Quintus monte à la tribune; aussitôt on l'en précipite. Il va tomber dans le Comitium et s'échappe à grand'peine, protégé par les esclaves et les affranchis qui l'accompagnent. Beaucoup de personnes périrent dans cette mêlée nocturne; les cadavres encombraient les égouts et le Tibre, il fallut éponger le sang dans le Forum.

Un autre jour, le tribun Sestius, favorable à Cicéron, étant venu sans suite au temple de Castor, fut attaqué par Clodius et ses sicaires armés de bâtons, d'épées et des débris de l'enceinte en bois qu'on dressait dans le Forum pour les élections et qui ce jour-là fut brisée par ces furieux. Sestius, couvert de blessures, fut laissé pour mort sur la place. On conçoit que plus tard Cicéron ait plaidé pour lui.

Tandis que Sestius et Milon opposaient leurs bandes aux bandes de Clodius, le sénat se réunit dans le temple de la Vertu et de l'Honneur, élevé par Marius, le grand parvenu d'Arpinum, le compatriote populaire de Cicéron. Il y avait dans le choix de ce lieu d'assemblée une allusion bienveillante au *mérite* par lequel Cicéron, comme Marius, s'était élevé aux *honneurs*. Le sénat invita toutes les villes d'Italie à bien accueillir sa personne et les habitants des municipes à venir à Rome; unique moyen de contrebalancer l'ascendant de

la populace urbaine. L'opinion, de plus en plus favorable
à Cicéron, osa se manifester au théâtre; des allusions
à son retour y furent saisies avec empressement; on
lui appliqua un vers de tragédie sur le roi Servius,
appelé comme lui Tullius et qui avait établi la liberté.
Dans le *Brutus* d'Attius Nævius, l'auteur ayant prononcé le nom de Cicéron au lieu de celui de Brutus,
on fit répéter plusieurs fois le vers, et l'on applaudit
beaucoup. Des applaudissements accueillirent aussi
Sestius quand, remis de ses blessures, il parut dans le
Forum pendant un combat de gladiateurs; ces applaudissements s'élevèrent depuis le pied du Capitole jusqu'à
l'extrémité opposée du Forum [1]. Clodius fut hué et sifflé
à son tour, et la petite rue, par laquelle il descendait
du Palatin au Forum, appelée dérisoirement du nom de
sa gens *via Appia*. Le sénat tint une séance solennelle
dans le temple le plus auguste de Rome, celui de Jupiter Capitolin. Pompée, oubliant sa conduite passée,
déclara que Cicéron avait agi justement. Un autre jour,
le sénat décida dans la Curie qu'il rappelait Cicéron.
Après la séance, plusieurs sénateurs descendirent au
Forum, haranguèrent le peuple et lui communiquèrent
la décision du sénat. César avait fait savoir qu'il approuvait.

Vint le grand jour où les centuries, rassemblées

---

[1] *Pr. Sest.*, 59. Ex fori *cancellis*. Ceci montre qu'au moins à cette
extrémité du Forum était une balustrade.

dans le champ de Mars, devaient prononcer. L'assemblée, grâce aux Italiens appelés à Rome par le sénat, fut nombreuse, et, grâce aux gladiateurs de Milon, fut tranquille. Plusieurs personnages considérables surveillèrent les votes. Une seule voix, avec celle de Clodius, s'éleva contre Cicéron. Pompée fit son éloge et pria toutes les classes de ratifier la rogation présentée par le sénat; elle fut ratifiée.

Le retour de Cicéron ressembla littéralement à un triomphe, car il lui fut permis d'entrer dans Rome sur un char doré traîné par des chevaux magnifiquement caraçonnés. Le tableau de cette entrée brillante, n'a rien perdu sans doute à être retracé par lui-même ; il a peint la foule couvrant les toits et les degrés des temples, tandis qu'il s'avançait de la porte Capène, suivant la voie des triomphes, la voie Sacrée, traversant le Forum et montant au Capitole pour y aller rendre grâces aux dieux comme un général victorieux. Il reprit la statue de Minerve qu'il y avait déposée le jour de son départ pour l'exil, puis rentra sans doute dans la demeure paternelle des Carines, alors propriété de son frère, car dans cette ville où il triomphait il n'avait point de foyer, sa maison du Palatin n'existait plus, mais il était dans Rome ; il venait de franchir cette porte Capène par laquelle il en était sorti si tristement seize mois auparavant, par laquelle il y rentrait si glorieusement aujourd'hui. Le lendemain, il parla dans le Forum et dans la Curie : il avait repris possession de ses deux anciens champs de triomphe.

Clodius, vaincu dans le sénat et dans le champ de Mars, ne se découragea point; la rue lui restait. Il y avait alors une disette de blé à Rome; Clodius en rejetait la faute sur Pompée, et le peuple au théâtre l'en accusait. Clodius affirmait que les Italiens, accourus en grand nombre dans l'intérêt de Cicéron, avaient affamé la ville. Il organisa des troupes d'enfants, nous dirions de *gamins*, qui allèrent crier sous les fenêtres de Cicéron : « Du blé! du blé! » Une foule furieuse se précipita dans l'enceinte où l'on célébrait les jeux Mégalésiens, sur le Palatin, et, interrompant peut-être une pièce de Térence, se rua sur la scène[1]. Conduite par Clodius, elle assiégea le sénat dans le temple de la Concorde; mais un grand nombre de citoyens accourut sur le Capitole[2] et la dispersa. Cicéron retrouvait Rome aussi turbulente qu'il l'avait laissée. C'est sous le coup de la terreur inspirée par de pareils désordres, c'est dans cette séance menacée du Capitole que Cicéron proposa de conférer pour cinq ans à Pompée un pouvoir absolu en tout ce qui concernait l'alimentation publique. Cicéron s'était d'abord renfermé chez lui, mais sommé de paraître au sénat

---

[1] *De Harusp.*, resp. x.

[2] *De Dom.*, 5, 7. Ceci prouve encore que ce temple de la Concorde était *sur* le Capitole ; c'est faute de le savoir qu'on a nié l'authenticité de ce discours, parce que Cicéron nomme tantôt le temple de la Concorde, tantôt le Capitole. (Drum., *Gesch. R.*, II, p. 305-6, note.)

et apprenant d'ailleurs que la bande de Clodius avait été rejetée dans le champ de Mars, il vint donner cette marque de confiance et de reconnaissance à Pompée.

La grande affaire de Cicéron, après son retour, fut d'obtenir l'annulation des mesures qui l'avaient dépouillé. Peut-être le voit-on trop occupé à cette époque de cet intérêt particulier, mais ce n'était pas seulement pour lui une question d'argent, il y allait de sa dignité. On l'avait traité comme un *outlaw*, Clodius avait fait raser sa maison du Palatin après y avoir mis le feu; par une dérision insolente, il avait consacré le terrain qu'elle occupait à la Liberté [1] : c'était déclarer la mort des complices de Catilina acte de tyrannie, la plus odieuse et la plus dangereuse des accusations à Rome et contre laquelle Cicéron se devait à lui-même de protester.

D'ailleurs cette maison lui était chère; il s'écriait dans son exil : « Je regrette la lumière (de Rome), le Forum, ma maison [2]. » C'est, écrivait-il, ce que j'aime le plus au monde; aussi il disait s'être surpassé dans le discours qu'il prononça pour que l'emplacement du moins lui en fut rendu. Elle était le symbole de son élévation; en quittant les Carines, après son consulat, pour le Palatin, il avait passé du quartier de la finance dans le quartier patricien. Ce changement de demeure avait été comme le sceau de

---

[1] Oppressa libertate libertas. (*Ad Pont.*, 44.)
[2] *Ad Att.*, v, 15.

son ennoblissement[1]. Aussi Clodius trouvait-il que c'était une grande impertinence à un manant d'Arpinum d'habiter sur le Palatin. En effet, le Palatin, et surtout cette partie occidentale du Palatin, était habité par les plus grandes familles de Rome. Tout à côté de la maison de Cicéron, s'élevait celle de Catulus avec son portique triomphal orné des dépouilles des Cimbres et un toit en dôme[2]; celle d'Æmilius Scaurus[3], de qui la magnificence était célèbre autant que la probité suspecte et que Cicéron eut le tort de défendre.

Celle-ci fut achetée par Clodius; elle se trouvait derrière la maison de Cicéron, ce qui lui fournit l'occasion d'un *mot;* il les aimait : « J'élèverai mon toit non pour te regarder d'en haut (despiciam) mais pour que tu ne puisse voir (aspicias) cette ville dont tu as voulu la ruine. A côté de Clodius demeurait sa sœur

---

[1] Cicéron ne demeurait pas encore sur le Palatin à l'époque de son consulat. Plutarque dit qu'il amena Lentulus du *Palatin* à la prison (*Cic.*, 22); il ne s'agit pas de la maison de Cicéron, mais de celle de Lentulus Spinther, auquel Lentulus le conspirateur avait été confié. D'après une lettre de Cicéron à Sestius (*Ad Fam.*, v, 6), on voit que sa maison du Palatin fut achetée plus tard, Fufius Calenus étant tribun, en 693. (*Ad Att.*, 1, 14.)

[2] Tholus ut est ædes Catuli. (Varr., *D. re rust.*, iii, 5.)

[3] Dans l'atrium étaient des colonnes de marbre grec de 38 pieds (Pl., xxxvi. 2). Elle avait appartenu au premier des Octavii qui fut consul. Scaurus l'avait fait rebâtir dans de plus grandes dimensions; elle appartint ensuite à Clodius et paraît être revenue aux Octavii.

Clodia, ce qui donnait lieu à Cicéron d'injurier son ennemi de plusieurs façons; tantôt lui reprochant trop de tendresse pour cette sœur que dans le discours pour Cælius il peint comme une déhontée capable de tous les crimes, ayant des jardins aux bords du Tibre pour voir nager les jeunes Romains, et qu'il appelle la Médée du Palatin; tantôt accusant Clodius d'avoir élevé à travers le vestibule de Clodia un mur qui l'empêchait d'entrer chez elle.

Nous savons déjà l'histoire de la maison de Cicéron depuis le mot célèbre de Livius Drusus. Elle avait été occupée par l'orateur Crassus [1], un des devanciers de Cicéron dans l'éloquence, puis par Crassus le triumvir, avec Pompée et César, un des trois plus grands personnages de Rome et le plus riche, duquel Cicéron l'acheta. Elle était ornée de colonnes de marbre grec, ce qui avait fait appeler l'orateur Crassus la Vénus du Palatin.

C'était une fort belle maison, comme devait être celle de Crassus Dives (le riche). Elle devait être tournée au midi [2], position, alors comme aujourd'hui, désirable

---

[1] Becker (*Handb.*, p. 423) dit que cette maison ne peut avoir été celle de L. Crassus l'orateur, parce que celui-ci était contemporain de Drusus; cela prouve seulement que Cicéron l'a achetée de son héritier.

[2] Elle n'était pas éloignée de l'extrémité du Palatin qui regardait e Forum, puisqu'on pouvait appeler Cicéron le *voisin* de César, c'est-à-dire de la Regia et du temple de Vesta (Cic., *Ad Att.*, ii, 24), ce qui achève de déterminer la position de sa demeure.

à Rome pendant l'hiver; l'été, Cicéron avait à choisir entre ses nombreuses villas. De ses fenêtres il voyait le brillant quartier étrusque et le mouvement du port marchand sur le Tibre. De l'autre côté il avait la vue du Forum et de la tribune; aussi dit-il que sa maison est en vue de toute la ville, dont elle regarde la partie la plus importante et la plus fréquentée [1], et cette position de sa demeure lui fournissait des apostrophes éloquentes. Les fenêtres étaient étroites, ce que son architecte Cyrus soutenait par A + B être favorable à la perspective. Cicéron y logea un fils de roi, le fils d'Ariobarzane, roi d'Arménie, selon l'usage romain de mettre ainsi ces hôtes illustres dans la demeure des citoyens considérables et sous leur garde.

Si l'on en croyait une anecdote rapportée par Aulu-Gelle, certaines circonstances de l'achat de sa maison ne feraient pas à Cicéron grand honneur. Pour la payer, il aurait reçu clandestinement un prêt considérable d'un accusé qu'il s'était chargé de défendre, P. Sylla [2]; et comme la chose transpirait, il aurait affirmé n'avoir rien reçu. « Aussi vrai, aurait-il ajouté,

---

[1] *De Orat.*, 37.

[2] *Noct. Att.*, xii, 12, 4. Dans la diatribe contre Cicéron attribuée à Salluste, cette maison est appelée : « Vi et rapinis funestam. » Ceci est absurde; mais malheureusement dans une de ses lettres se trouve une phrase qui pourrait se rapporter au fait avancé par Aulu-Gelle « Messala consul autronianam domum emit H. S. cxxxiv, quid id ad me inquies. Tantum... Quod homines intelligere ceperunt licere *amicorum facultatibus emendo* ad aliquam *dignitatem pervenire*.

que je n'achèterai pas la maison. » Plus tard, il eût répondu aux reproches que ce *jésuitisme* méritait : « Un père de famille prudent doit toujours dire qu'il ne veut pas acheter, afin d'éviter la concurrence. Méprisons cette anecdote, et faisons comme César qui, dans le recueil des bons mots de Cicéron circulant par la ville, reconnaissait sur-le-champ ceux qui n'étaient point de lui.

On est d'abord tenté de s'étonner de sa fortune; son patrimoine était modeste, et il avait fini par posséder une douzaine de villas, grandes et petites, des terres en différents endroits. Il aimait les livres, les tableaux, les statues, les beaux meubles : une table lui avait coûté cent mille francs[1]. D'abord ses deux femmes furent riches ; la loi qui défendait de rien recevoir pour les plaidoiries n'était pas toujours observée, car Cicéron dit positivement, dans un chapitre du *De Officiis*[2], que l'avocat est mieux disposé pour le client dont il espère que la rémunération se fera le moins attendre. On considérait comme un témoignage honorable d'être mis dans les testaments, et Cicéron se vantait d'avoir reçu quatre millions par

[1] Pl., *Hist. nat.*, xiii, 15. Elle était en thuya, arbre d'Afrique; c'est ce que veut dire *citrus*, et non pas *citronnier*. (Beck., *Gall.*, i, p. 138.) Évidemment l'argent avait alors peu de valeur à Rome, si l'on en juge par les prix exorbitants de différents objets : un bel âne valait quatre-vingts mille francs. (Dureau de la Malle, *Éc. pol. des Rom.*, ii, p. 159.)

[2] *De Off.*, ii, 20.

héritage[1]; sa province de Cilicie ne fut point rançonnée par lui, mais il put honnêtement accepter des dons volontaires, et sa part du butin dans l'expédition qu'il commanda[2]; lui-même déclarait avoir déposé à Éphèse une somme considérable en monnaie d'Asie. Cicéron faisait valoir ses biens ruraux qu'en son absence Atticus était chargé d'affermer; il louait des maisons situées dans des quartiers populeux, l'Argiletum, près de la Subura, et l'Aventin. Ces maisons appartenaient à sa femme Terentia et rapportaient seize mille francs par an. Malgré toutes ces ressources, les affaires de Cicéron, comme on le voit par sa correspondance, étaient souvent embarrassées; il avait des dettes. César figure parmi ses créanciers[3], et parmi ses débiteurs Pompée.

Cicéron plaida pour être réintégré dans sa propriété du Palatin devant un tribunal ecclésiastique, le Collége des pontifes, probablement dans la Curia Calabra. Le grand pontife César était absent, il guerroyait contre les Gaulois; sans cela c'est lui qui aurait jugé Cicéron. Clodius, en consacrant le terrain où s'élevait la maison du consulaire à la Liberté, prétendait lui avoir donné

[1] *Phil.*, II, 16.
[2] *Ad Fam.*, II, 17.
[3] Pour une somme de cent soixante mille francs (Drum., VI, p. 400), sans compter les intérêts. Cicéron était fort préoccupé de l'acquittement de cette dette (*Ad Att.*, V, 5); il avait raison. Ce qu'il y a de certain, c'est qu'elle n'était point payée à la fin du séjour de Cicéron en Cilicie. (*Ad Att.*, VII, 8.)

une attribution sacrée qui devait empêcher tout retour au propriétaire : on croit être dans la Rome moderne où l'on frustre quelquefois dit-on ses héritiers en destinant à quelque *opera pia* une partie de sa fortune. Heureusement pour Cicéron le tribun, peu au courant de la procédure religieuse, avait négligé quelques formalités ; les pontifes lui donnèrent tort sur ce qu'on pourrait appeler le point de droit canonique ; au civil, le sénat prononça, dans le même sens, un arrêt en faveur de Cicéron.

Ce procès au sujet de la maison de Cicéron offre quelques détails qui peignent le temps et font connaître ce que pouvait se permettre un homme tel que Clodius.

Clodius, dont la maison était placée derrière celle de Cicéron, et par conséquent y touchait presque, avait voulu profiter de l'exil de son ennemi pour s'arrondir à ses dépens ; mais la maison de Cicéron ne lui suffisait pas ; d'ailleurs une partie du terrain avait été consacrée à la Liberté. Catilina eut envie d'une maison attenante, celle d'un nommé Séjus. Séjus déclara qu'il ne la vendrait pas et que Clodius ne l'aurait jamais de son vivant ; Clodius le prit au mot, l'empoisonna et acheta sa maison sous un nom emprunté. Il put ainsi établir un portique de trois cents pieds, qui allait rejoindre celui de Catulus et rappelait de moins glorieux souvenirs. Le portique de Catulus lui-même avait été détruit par Clodius. Catulus était dans le parti du sénat; les consuls, complices du séditieux tribun, avaient fermé les yeux.

Cicéron se hâta de faire reconstruire sa maison. Il indique plusieurs fois dans ses lettres à quel point cette reconstruction est arrivée et de sa villa de Cumes écrit à Atticus pour le remercier de ce qu'il a été fréquemment visiter les travaux.

Après la déclaration des pontifes, Clodius, avec une effronterie sans pareille, vint déclarer à la tribune qu'ils avaient jugé en sa faveur et que Cicéron songeait à s'installer par la force; qu'il fallait aller lui résister, défendre la Liberté et son temple. On ne le suivit pas. Le lendemain, il parla trois heures dans la Curie contre le décret du sénat; mais l'impatience des sénateurs fut si grande, l'on fit tant de bruit que le démagogue fut obligé de se taire et de laisser voter le décret.

Le portique de Catulus devait être relevé aux frais de l'État. On n'en fit pas autant pour la demeure de Cicéron : Cicéron n'était pas un si grand seigneur que Catulus, il semble même qu'une aristocratie ingrate ait trouvé mauvais qu'il se permît d'habiter là où habitait un Catulus; on lui conseillait de ne pas reconstruire sa maison, de vendre le terrain. Une indemnité lui fut accordée, environ quatre cent mille francs [1], pour sa maison du Palatin : elle lui avait coûté

[1] *Ad Att.*, iv, 2.

près du double¹, cent mille francs pour sa villa de Tusculum et cinquante mille francs pour sa villa de Formies. Cicéron déclare que les deux dernières sommes étaient très-insuffisantes.

La maison de Cicéron ne devait pas être une des plus chères de Rome, celle de l'orateur Crassus, mort en 663, fut évaluée douze cent mille francs², et la valeur des maisons avait encore augmenté ainsi que le prix des loyers. La maison qu'habitait Sylla était louée environ mille francs³. Au temps de Cicéron, deux mille francs était un loyer modeste et six mille francs un loyer dispendieux⁴. La maison de Sylla était, il est vrai, une petite maison à deux étages et dans un quartier peu élégant, mais la différence dans le prix des loyers et par suite des maisons n'en est pas moins notable et prouve qu'une élévation réelle s'était opérée dans la valeur des immeubles entre les deux époques. C'est ce que confirme la villa de Cornélie, près de Misène, achetée par L. Lucullus trente-trois fois plus cher qu'elle n'avait coûtée à la mère des Gracques⁵.

¹ *Ad Fam*, v, 6.

² A la moitié de ce prix sans les arbres; les arbres devenaient rares à Rome et avaient un grand prix. (Mommsen, *Rom. Gesch.*, II, p. 400.)

³ Six cents francs le rez-de-chaussée, quatre cents francs l'étage supérieur. (Plut., *Syll.*, I.)

⁴ *Pr. Cœl.*, 7. En 629, les censeurs accusèrent l'augure Æmilius Lepidus, parce que son loyer était de douze cents francs; plus tard, ce prix parut indigne d'un sénateur. (Vell. Paterc., II, 10.)

⁵ Momms., *Rom. Gesch.*, II, p. 401.

Clodius, lui qui ne respectait rien, voulut soulever contre Cicéron la superstition populaire. Des signes funestes avaient paru et des Aruspices, ces devins de bas étage, murmuraient que les dieux étaient irrités parce qu'on avait rendu à un usage profane un lieu consacré. Clodius s'en faisait une arme contre Cicéron. Cicéron, qui était Augure et connaissait la science augurale, sur laquelle il a écrit un livre, réfuta ces accusations ridicules par un discours sur les réponses des Aruspices qui fut prononcé dans le sénat.

Clodius ne se tint pas pour battu. A la tête d'un ramas d'ouvriers armés d'épées et de bâtons, il attaqua Cicéron tandis qu'il descendait la voie Sacrée et le contraignit à se réfugier dans le vestibule d'une maison de cette rue dont les amis du consulaire défendirent l'entrée. Quand Cicéron voulut rebâtir sa maison, Clodius arriva avec son monde, chassa les maçons, renversa le portique de Catulus déjà relevé jusqu'au toit et fit même jeter des torches dans la maison du frère de Cicéron qui fut en grande partie brûlée. Quintus avait conservé la maison paternelle dans les Carines, mais il l'avait louée et était venu habiter à côté de son frère sur le Palatin. L'amitié des deux frères les portait à se rapprocher; ils demeuraient l'un près de l'autre à Rome et à Tusculum. Cette amitié ne fut que passagèrement troublée, et ils se retrouvèrent pour mourir.

Quintus Cicéron fit rebâtir cette maison du Palatin

par Cyrus, architecte grec à la mode dans le beau quartier, car il était aussi employé par son frère et par Clodius. En attendant que son habitation pût le recevoir, Quintus loua pour sa femme Pomponia une maison qui appartenait aux Licinius, vraisemblablement près des jardins Liciniens[1], sur l'Esquilin, lieu éloigné des bagarres du Forum et convenable à la vie retirée d'une femme que son mari était obligé de quitter. Cicéron promettait que tout serait terminé pour le 1er juillet, jour où l'on renouvelait les loyers, et l'entrepreneur Longilius l'avait solennellement promis; mais la maison n'était pas encore terminée au mois d'octobre[2]. Ces petits détails, si je ne me trompe, ont, surtout en présence des lieux, le mérite de nous transporter dans ce que j'appellerais l'intérieur de la vie romaine. Plus tard, on voit Cicéron s'occuper d'une statue élevée à Quintus, près du temple de Tellus, dans son ancien quartier des Carines[3].

La villa de Tusculum tient une grande place dans la vie de Cicéron. Ce nom, consacré par lui dans les Tusculanes, nous représente son existence philoso-

[1] Si c'est *Licinia* qu'il faut lire pour Lucinia dans cette phrase : « Domus tibi ad Lucum Pisonis Liciniana conducta est. » De ce côté étaient les *atria Licinia*. Cicéron ajoutait que la maison des Carines était louée à de bons locataires. « *mundi habitatores* conduxerunt. » (*Ad Fr.*, ii, 3.)

[2] Drum., *Gesch. R.*, vi, p. 732

[3] *Ad Fr.*, iii, 1.

phique et littéraire, bien que nous sachions que plusieurs de ses ouvrages ont été composés dans d'autres villas. Toutes sont liées à la vie de l'écrivain et à l'existence du politique ; elles virent les travaux du premier ; elles recueillirent les absences souvent calculées du second ; il y reçut Pompée, César, Brutus. Ces villas étaient nombreuses ; les principales étaient : la villa paternelle d'Arpinum, bien que déjà embellie par le père de Cicéron, la plus rustique de toutes et qu'il appelait son Ithaque ; la villa d'Antium, au bord de la mer, où il se plaisait *à compter les vagues*[1], trait de rêverie moderne qui frappe au milieu de la vie agitée et affairée de Cicéron ; la villa d'Astura, dans laquelle il pleura sa fille. Près de là était comme aujourd'hui la *macchia* (Silva densa et aspera[2]) ; la villa de Formies, d'où il sortit pour rencontrer la mort ; deux villas près de Naples, dont une à Pompéi et l'autre à Cumes : l'acquisition de celles-ci fut un hommage à la mode élégante ; Baïes et les bords du golfe de Naples étaient alors ce que sont nos villes d'eaux ou de bains de mer, le rendez-vous d'un monde brillant et quelquefois d'un monde corrompu. Il avait à Ficulée[3], sur la route de Nomentum, un *suburbanum*, et un autre, du même côté, à Sicca. Le Tusculanum de Cicéron était sa villa préférée. « Là, disait-il, je me repose de toutes mes

---

[1] *Ad Att.*, II, 6.
[2] *Ad Att.*, XII, 15.
[3] *Ad Att.*, XII, 34.

fatigues et de tous mes ennuis; non-seulement l'habitation mais la seule pensée de ce lieu me charme. » Ce lieu était à sa portée, il pouvait en deux heures échapper aux agitations, aux inquiétudes, que lui faisaient une situation difficile, un caractère d'autant plus irrésolu que son esprit était plus pénétrant, et là, à cinq lieues de Rome, recevoir des nouvelles toutes fraîches, écouter de près tous les bruits de Rome, dont il était singulièrement avide.

La villa de Cicéron avait appartenu à Publius Sylla [1], défendu par Cicéron, et probablement avant lui au dictateur. Elle était destinée à passer du plus impitoyable des hommes à l'un des plus humains. Cette villa, qui contenait un xyste [2], c'est-à-dire un parterre avec des allées couvertes, était formée de terrasses, comme l'étaient presque toujours les villas antiques, et comme le sont fréquemment aussi les villas modernes qui leur ont succédé. Cicéron, plein des souvenirs d'Athènes, avait appelé la terrasse supérieure le *Lycée* et l'inférieure l'*Académie*. Il se plaisait à orner sa demeure champêtre de statues, de tableaux, de terres cuites, d'objets d'art de toute espèce qu'il priait son ami Atticus de lui envoyer de Grèce, mais dans lesquels il semble n'avoir jamais vu qu'un moyen de décoration [3]. Il parle de bustes à tête de bronze, d'hermès

---

[1] *Ad Frat.*, III, 9.
[2] *Ad Att.*, I, 8.
[3] Cependant il faisait passer quelquefois la beauté de l'art avant le

comme ceux qu'on trouve partout où il y a eu des villas romaines, de *putéals* ornés de figures comme ceux qu'on voit au musée du Capitole. Il envoyait à Atticus des modèles de bas-reliefs [1] en terre cuite qu'il voulait encastrer dans les murs de son atrium, comme ceux qu'on a appliqués contre les murs de la villa Campana.

On montre, aux lieux où fut Tusculum, des ruines qu'on appelle *la maison de Cicéron*. Ce ne sont pas plus les ruines de la maison de Cicéron que l'amphithéâtre de Tusculum n'était, quoi qu'en disent les *ciceroni* de l'endroit, fort indignes de porter le nom de ce grand homme, l'école où Cicéron enseignait aux *Tusculans* à parler latin, tradition absurde née peut-être d'une confusion avec le *Gymnase* de Cicéron; ce ne sont pas même les ruines d'une villa mais, comme on n'en peut douter quand on les voit avec M. Rosa, des conserves d'eau au-dessus desquelles était l'*area* d'un temple. La villa de Cicéron, située sur le flanc de la montagne [2] qui domine Frascati et non au sommet de cette montagne, était beaucoup plus bas que ses prétendues ruines; tout porte à la placer dans une des villas qui sont au-dessous de la Rufinella, laquelle au-

mérite de la convenance; il avait acheté des bacchantes pour décorer sa bibliothèque: des muses auraient mieux valu, dit-il, mais les bacchantes sont bien jolies « pulchellæ sunt. » (*Ad Fam.*, vii, 23.)

[1] Typos tibi mando quos in tectorio possim includere.

[2] Tusculi... in monte siti ad cujus *latera superiora* Cicero sua villam habebat Tusculanam. (*Schol. Horat.*, epod.)

rait remplacé la grande villa de Gabinius, et quelque part dans le voisinage de la belle villa Aldobrandini, où l'eau Crabra, mentionnée par Cicéron [1], coule encore et, unie aux fraîches ondes de l'Algide, chanté par Horace, forme la belle cascade qui tombe en face du Casin.

C'est donc là qu'il faut aller chercher Cicéron; c'est là qu'il était tout entier avec sa double condition d'homme politique et d'homme littéraire, l'une qui lui causa tant de mécomptes, l'autre qui lui a donné tant de gloire. Là on le suit sous ses ombrages, occupé jusqu'à la passion des grands intérêts de Rome et aussi de toutes les intrigues qui viennent les traverser, ou plongé dans l'étude de la philosophie et des lettres. La littérature le console et la politique l'afflige presque toujours; mais, cela soit dit à son honneur et pour nous servir de leçon, à nous tous qui tenons une plume, l'une ne lui fit jamais oublier l'autre.

---

[1] En effet, Cicéron a mentionné plusieurs fois l'eau Crabra, pour l'usage de laquelle il payait un droit à la ville de Tusculum (*Pr. Balb.*, 20; *Ad Fam.*, xvi, 18; *De Leg. agr.*, iii, 2); ce qui force à faire descendre la villa de Cicéron au niveau de cette eau. L'expression *latera superiora* du scholiaste d'Horace citée plus haut, dans laquelle le mot *latus* modifie et restreint le sens de *superius*, ne contredit point l'opinion que j'ai adoptée. La villa Aldobrandini et celles qui l'avoisinent sont encore à une hauteur considérable au-dessus de la plaine. Le pluriel du mot *latera* s'explique par la correspondance de Cicéron, où l'on voit qu'il voulait acheter près de Tusculum une autre villa, sans doute à côté de la première et pour l'agrandir.

Les environs de Tusculum étaient habités par l'aristocratie romaine, comme les villas de Frascati appartiennent la plupart à des princes romains; ce sont aujourd'hui les Borghèse et les Torlonia, c'était alors les Catulus et les Crassus, c'étaient Pompée, Hortensius, Lucullus, Æmilius Scaurus, Lépide, Varron, Brutus, presque tous les personnages qui figurent dans cette période de la république romaine.

Depuis son retour de l'exil, la situation politique de Cicéron était bien abaissée; il était rentré à Rome par la protection de Pompée et par le pardon de César; Clodius le menaçait et l'effrayait toujours. Cicéron se voyait forcé à bien des complaisances pour se ménager l'appui de deux hommes dont il avait eu à se plaindre et dont il avait besoin.

Dans la première ardeur du succès, Cicéron l'avait pris d'assez haut; il était allé au Capitole arracher les tables de bronze sur lesquelles étaient gravées les lois de Clodius; il avait en toute occasion célébré à pleine voix sa conduite dans l'affaire de Catilina, ce qui ne pouvait plaire à César; il avait traité avec la dernière violence Vatinius, un de ses instruments; il avait pris part au projet de révoquer sa loi agraire de Campanie. Mais bientôt cette belle ardeur s'était refroidie, et pendant la discussion de cette loi il avait fait comme il faisait volontiers toutes les fois que son rôle dans la Curie l'embarrassait : il était allé visiter ses villas. Cette fois il avait éprouvé tout à coup le besoin d'arranger sa bibliothèque d'Antium [1].

Enfin, il se rapprocha décidément de son ancien persécuteur. Dans le discours sur les *Provinces consulaires*, Cicéron demanda qu'on laissât la Gaule à César et profita de cette occasion pour se réconcilier avec lui en plein sénat, ce qui était se donner, après lui avoir envoyé un poëme en son honneur composé en grand secret à la campagne et dont l'auteur avait fait mystère même à son fidèle Atticus.

La défense de Balbus [2], entreprise pour plaire à César et à Pompée, fut une occasion de célébrer les louanges de César. Balbus avait acheté près de Tusculum une villa qui avait appartenu aux Métellus et aux Crassus; on trouvait cela bien outrecuidant de la part d'un étranger sans aïeux et sans importance, mais Cicéron, auquel on avait reproché de même son habitation sur le Palatin, se moquait de ce dédain.

[1] Cicéron avait grand soin de ses livres, on le voit par les instructions qu'il adresse à son affranchi Tiron, chargé du soin de sa bibliothèque (*Ad Fam.*, xvi, 20), et par une lettre à Atticus (iv, 4), auquel il demande de lui envoyer deux aides pour Tyrannion, qui a fait un admirable catalogue (designationem), avec deux colleurs (glutinatores), en leur recommandant d'apporter du papier fin et frangé pour y écrire les titres des ouvrages. « Membranulam ex qua indices fiunt quam vos græci σιλλύβους appellatis. » Cette feuille colorée faisait l'ornement des livres comme aujourd'hui la reliure. « Nihil pulchrius quam *sillybis* libros illustrarunt. »

[2] *Pr. Corn. Balb.*, 25.

La situation de Pompée n'était pas meilleure que celle de Cicéron. Cette intendance des vivres qu'on lui avait accordée pour cinq ans n'était point ce qu'il lui fallait; elle ne servait qu'à le rendre aux yeux de la foule responsable de la disette et de la hausse du prix des blés. Il aurait voulu un grand commandement, mais cette proposition, mise en avant par un tribun de ses amis, déplut tellement au sénat, dont la défiance croissait toujours, que Pompée fut obligé de la désavouer. Pour avoir une flotte et une armée, il désirait être chargé de replacer sur le trône d'Égypte Ptolémée Auletès, que son frère en avait chassé. Ce roi fugitif demeurait dans la villa albaine de Pompée; il y tenait un comptoir de corruption, empruntant pour acheter les sénateurs. Un jour, il prit la fuite tandis que Pompée était en Sicile occupé à surveiller des envois de grains, et probablement d'accord avec lui. Mais l'on découvrit que les livres sibyllins défendaient d'entreprendre cette guerre, et Pompée dut renoncer à la faire.

Clodius était toujours menaçant, le sénat toujours mal disposé. Pompée finit par avoir tout le monde, même Cicéron, contre lui. Ce fut alors que, de désespoir, il se jeta dans les bras de César : c'était ce que César attendait.

Pompée alla le rejoindre à Lucques, qui faisait partie de la province de Gaule et où César venait l'hiver, aussi rapproché de Rome que la loi le permettait, compléter par ses intrigues les résultats de ses victoires. Crassus y vint aussi de son côté. Un pacte fut formé entre eux, tout au profit de César : il aiderait de son influence à Rome et de l'or des Gaulois l'élection de Pompée et de Crassus au consulat, eux feraient prolonger de cinq ans son commandement en Gaule et obtiendraient les troupes et l'argent dont il aurait besoin [1].

Pompée et Crassus furent en effet nommés consuls, mais après une bataille dans le champ de Mars et une victoire moins glorieuse que celles de César en Gaule, Caton, jugeant avec raison qu'il y avait là un combat à livrer pour la liberté à des ambitieux ligués contre elle, se rendit, avec son candidat Domitius [2], dans le champ de Mars [3] avant le jour. Des hommes armés y étaient déjà embusqués pour les repousser; les torches qui les précédaient furent éteintes, un de ceux qui les portaient fut tué. Caton, blessé au bras droit, tint ferme et encouragea Domitius à l'imiter, mais celui-ci eut peur et se sauva.

Bientôt après ce fut Caton qui sollicita la préture pour résister aux consuls et pour empêcher qu'elle ne fût donnée à cette âme damnée de César, Vatinius, auquel son impopularité faisait cruellement expier sa bassesse, à tel

[1] César, *Sc. hist*, p. 130.
[2] Plut., *Pomp.*, 52. *Cat. Min.*, 41.
[3] C'est par erreur que Plutarque (*Pomp.*, 52) dit dans le *Forum*; les élections des consuls se faisaient dans les comices par centuries au Champ de Mars.

point qu'il fut obligé de demander aux édiles d'obtenir du peuple qu'on ne lui jetât plus de pierres, mais seulement des fruits à la tête[1]. La première tribu appelée ayant voté pour Caton, — l'on considérait ce vote comme très-important, souvent il était décisif, — Pompée prétendit qu'il avait entendu tonner, et l'élection fut remise à un autre jour. Cette fois là Pompée et Crassus « ayant, dit Plutarque, répandu beaucoup d'argent et chassé du champ de Mars tous les gens honnêtes, » Vatinius fut nommé par la violence[2]. L'indignation était générale. Une assemblée populaire se forma dans le Champ de Mars sous la présidence d'un tribun; on voulait tuer Crassus et Pompée. Caton annonça les maux qui allaient fondre sur la république; il fut reconduit dans la ville et jusqu'à sa maison par une foule immense.

Quand on croit que pour être politique il est nécessaire de n'être pas honnête, on traite Caton de rêveur chimérique; Caton au contraire jugeait parfaitement la situation de l'État romain. Il voyait les périls, seulement il ne croyait pas que se livrer fût se sauver. Il prédit très-clairement à Pompée ce qui adviendrait de sa complicité avec César, l'avertissant qu'il se mettait César sur le cou et lui annonçant le jour où il ne voudrait plus le porter et ne pourrait pas le jeter par terre[3].

[1] Macr., *Sct.*, II, 6.
[2] Plut., *Cat. Min.*, 42.
[3] Plut., *Cat. Min.*, 43.

Dans la mêlée, le vêtement de Pompée fut taché de sang. Ce vêtement, rapporté dans sa maison, fit croire à Julie que son époux était dangereusement blessé ; elle était grosse, la terreur détermina un accident qui, dit-on, amena sa mort après une seconde grossesse. Il paraît que la fille de César, unie à Pompée dans un but politique, aimait sincèrement son mari ; les sentiments naturels rencontrés au milieu des haines de parti font du bien.

Caton est un intrépide soldat de la liberté, d'une liberté sans doute orageuse et menacée, mais qui, malgré ses abus et ses dangers, valait mieux que la servitude ; car, pour qui porte un cœur d'homme, tout vaut mieux que la servitude.

Caton combat vaillamment et sans relâche dans la Curie, dans le Champ de Mars, dans le Forum.

Un tribun, gagné par Pompée Trebonius, vint proposer de lui accorder par une loi, pour son commandement en Espagne, où il n'était pas allé, l'illégale prolongation accordée à César pour son commandement dans la Gaule qu'il avait en partie soumise. Pompée, par vanité, voulait obtenir ce qu'avait obtenu César, sans voir que l'égalité du titre ne lui donnerait pas l'égalité de la gloire. Caton résolut de s'opposer à cette insolente prétention que rien ne justifiait. Il alla au Forum, et demanda deux heures pour parler contre la loi proposée et faire connaître tous les maux qu'elle entraînait. C'était beaucoup attendre de la patience de ses adversaires; il fut bientôt interrompu, mais refusa de quitter les Rostres. Un licteur vint l'en arracher. Il continua de parler du pied de la tribune. Le licteur le saisit et l'entraîna hors du Forum; mais il y rentra, remonta à la tribune et invita tous les bons citoyens à le soutenir. Cette fois Trebonius ordonna, comme dans une autre occasion avait fait César, de conduire Caton en prison. Caton, en y marchant, continuait à haranguer le peuple qui le suivait. Il fallut le relâcher.

Le lendemain, la violence consulaire triompha. Aquilius Gallus [1], un tribun, décidé à s'opposer à Trebonius, s'était caché dans la Curie, qui touchait au Forum, pour être là au moment où le peuple serait rassemblé; on l'y enferma. Caton, voyant que la loi allait passer, cria qu'il entendait tonner. J'ai peine à croire qu'il ait eu recours au stratagème patricien qu'avait employé Pompée. Peut-être tonnait-il en effet, ou prit-il pour le tonnerre quelque bruit du Forum. Un citoyen le souleva dans ses bras, et il répéta son affirmation. Alors le carnage commença. Le tribun Aquilius, qui était parvenu à s'échapper de la Curie, fut blessé. Le sang d'un sénateur coula sous les coups de Crassus [2], et la loi passa.

Mais ceux que révoltaient ces indignités se précipitèrent du côté des Rostres, où était la statue de Pom-

[1] D. Cass., XXXIX, 35.
[2] Plut., parallèle de Nicias et de Crassus, 2.

pée[1]. Ils voulaient la mettre en pièce; Caton les en empêcha.

Cependant César avait trouvé dans la Gaule un théâtre digne de lui, et il commença d'une manière brillante ces campagnes où il devait déployer le génie militaire qu'il avait reçu du ciel, comme tous les autres dons de l'intelligence. A Rome, nous n'avons guère vu que l'admirable intrigant; en Gaule, s'il nous était permis de l'y suivre, nous admirerions le grand capitaine. Mais il a été mieux admiré et mieux jugé par un émule de sa gloire, Napoléon. Retenus à Rome, nous pouvons du moins y observer l'effet qu'y produisirent ses merveilleuses victoires. Du reste, César absent y était toujours par la pensée. Toutes ses victoires avaient un but, et ce but était à Rome. En conquérant la Gaule, César voulait conquérir le pouvoir suprême, et il ne subjugua les Gaulois que pour subjuguer les Romains.

Voltaire a fait dire à Cicéron :

Romains, j'aime la gloire...

César, lui aussi, aimait la gloire, mais il aimait encore plus la puissance. La gloire était pour lui un moyen comme l'intrigue; seulement c'était un moyen plus noble.

Pendant les neuf ans qu'il mit à soumettre la Gaule,

---

[1] Plutarque (*Cat. Min.*, 43) dit *les* statues. Je crois qu'il s'agissait surtout de celle qui avait été érigée devant la tribune, qui fut renversée plus tard et que César fit relever.

César occupa constamment l'imagination des Romains par des victoires dans un pays à peu près inconnu, remportées sur un peuple belliqueux dont le nom avait laissé à Rome une grande terreur; car, seul de tout le peuple du monde, il avait occupé Rome et fait payer une rançon aux défenseurs du Capitole.

Quand il commença cette suite de campagnes immortelles, César laissait à Rome beaucoup d'ennemis; mais, pour le moment, ils étaient réduits à l'impuissance.

Crassus lui appartenait, Pompée était son allié; il se croyait son rival, mais il ne faisait plus rien de grand. Clodius soulevait le peuple contre lui; le sénat le ménageait encore, mais au fond le haïssait et le craignait. Cicéron, dégoûté de Pompée, se sentait attiré vers César. César, qui le connaissait et qui, s'il l'avait desservi comme chef d'un parti contraire, voulait bien de lui comme instrument, César commençait avec Cicéron ce manége de coquetterie auquel celui-ci ne sut jamais résister.

De cette Curie où régnait une aristocratie mécontente de son chef et n'osant se brouiller avec lui, parce qu'elle n'en avait pas d'autre ; de ce Forum turbulent, de ce Champ de Mars où le sang coulait pendant les élections, les yeux des Romains se détournaient pour se fixer sur le théâtre d'une guerre glorieuse, et en même temps que César entretenait par des succès continuels l'admiration et l'étonnement, il ne négligeait rien pour satisfaire les ambitions qui se donnaient à lui. Après avoir arrêté les Helvétiens aux bords du Léman et repoussé Arioviste au delà du Rhin, il revenait dans la Gaule d'Italie, et, là, dit Plutarque, il jouait le rôle de démagogue [1], accordant à ceux qui allaient vers lui ce qu'il leur fallait et les renvoyant satisfaits de ce qu'ils avaient reçu ou pleins d'espérances.

A la nouvelle des succès de César, une grande joie remplit Rome. L'enthousiasme dut être bien vif pour forcer le sénat à décréter quinze jours d'actions de grâces, ce qui était sans exemple. On n'en avait accordé que dix à Pompée après la guerre de Mithridate. Ce fut Cicéron qui demanda cette augmentation; le sénat n'osa pas la refuser.

Mais son mauvais vouloir à l'égard de César ne tarda pas à se montrer. Un tribun vint dans la Curie proposer l'abrogation de la loi agraire de César, et en attaqua sans ménagement l'auteur. Il ne fut point interrompu. Le sénat écouta en silence; ce silence était une approbation timide sans doute, mais c'était une approbation. Le tribun revint à la charge; cette fois, Cicéron fit un discours véhément, mais contre Clodius et non contre César. Tout à coup on entendit de la Grécostase, voisine de la Curie, les cris que poussaient les ouvriers de Clodius, et les sénateurs se retirèrent chez eux [2].

[1] Ἐδημαγώγει. (*Cæs.*, 20.)
[2] *Ad Fr.*, II, 1. A græcostasi et *gradibus*.

Pompée alla à Lucques, où il trouva César entouré de ce que Rome avait de plus considérable, et ayant déjà une cour avant d'être souverain. Ce spectacle ne le fit pas réfléchir au danger d'une alliance qui lui donnait un maître, et il revint à Rome, avec Crassus, servir, sans le vouloir, les plans de celui que, aveuglé par sa présomption, il ne savait pas craindre.

Il fut encore question dans la Curie de l'abrogation de la loi de César, mais cette fois sans qu'on donnât suite au dessein. Les deux cents sénateurs qui étaient allés complimenter César à Lucques ne pouvaient lui faire une opposition bien vive.

César fit rappeler à Cicéron, par son frère Quintus, qu'il s'était attaché comme lieutenant, la condition qu'il avait mise au rappel de l'exil : le silence sur la loi de Campanie. Cicéron comprit le devoir que lui imposait la reconnaissance, comme il l'écrivit à Lentulus [1].

Il partit pour une de ses villas.

Il reparut dans la Curie pour appuyer toutes les demandes de César en hommes et en argent, ainsi que la seconde prolongation de son commandement; puis de nouveau s'absenta de Rome, où il ne parut guère que pour assister aux jeux donnés par Pompée.

Un nouvel étonnement vint saisir les Romains. César avait passé le Rhin pour aller chercher les Germains

---

[1] *Ad Fam.*, I, 9.

dans leurs forêts, qu'on disait impénétrables. En dix jours il avait construit un pont en bois de son invention sur le fleuve. Il avait fait plus, il avait franchi la mer et abordé le premier dans cette île de Bretagne qu'on disait, encore après lui, *séparée du monde.*

... et toto divisos orbe Britannos.

Cette double expédition dans une contrée inconnue qui communique maintenant avec Rome en quelques secondes, mais qui semblait alors comme un autre univers, comme une Amérique lointaine à l'existence de laquelle quelques-uns ne croyaient point, cette expédition assez inutile, ce me semble, au point de vue militaire, fut très-bien conçue au point de vue politique; elle frappa vivement les imaginations populaires; on dut en parler beaucoup à Rome dans les boutiques des barbiers et parmi les oisifs qui se rassemblaient devant la tribune, au bord du *canal;* ce fut, en petit, la campagne d'Égypte du Bonaparte romain.

De plus, il paraît qu'on espérait trouver dans l'île de Bretagne une sorte d'Eldorado, des mines d'or et d'argent. Ces richesses, dans la pensée de César, étaient sans doute destinées à appuyer, dans le Forum et le Champ de Mars, les candidatures de ses partisans.

L'enthousiasme à Rome allait croissant, car, cette

fois, le sénat dut décréter, non plus quinze, mais vingt jours d'actions de grâce. Durant ces vingt jours de fête, les travaux cessaient; tous les temples étaient ouverts; la foule allait de l'un à l'autre, chacun selon sa dévotion particulière. Certains moments de l'année romaine pendant lesquels se succèdent des solennités très-rapprochées peuvent donner quelque idée de l'aspect que la ville offrait alors. Les exploits de César furent vingt jours durant racontés, commentés, exaltés de mille façons, sans doute avec accompagnement de récits merveilleux et d'aventures incroyables.

Ce transport du peuple romain pour des hauts faits prodigieux était bien naturel, mais il préparait l'asservissement de Rome. La gloire militaire est la plus dangereuse sirène pour les peuples libres.

Mais que faire contre le torrent? Quand le tribun S. Lupus avait parlé dans la Curie contre la loi agraire de César, la Curie avait été muette.

Caton ne s'y trompa point. Au milieu de l'enivrement général, il éleva une voix sévère. César, après avoir promis à des ambassadeurs germains de ne pas attaquer avant leur retour, avait profité d'une agression partielle et désavouée pour violer sa promesse. Peut-être y était-il autorisé par ce qu'on appelle le droit de la guerre, et qui ressemble beaucoup au droit du plus fort. Mais Caton, qui n'aimait pas ces victoires, car il sentait très-bien qu'elles étaient remportées sur la république et que c'était la liberté de Rome qui périssait dans les Gaules et en Germanie, Caton se leva au sein de la Curie et prononça ces paroles :

« Je demande que César soit livré aux barbares pour que la malédiction qui s'attache au parjure soit détournée de nous et retombe sur son auteur. »

Ce que rapporte Suétone des extorsions et des pillages de César dans les Gaules justifie la colère de Caton[1].

La mort de la fille de César fournit à ceux qui ne pensaient point comme Caton, et ils étaient en grand nombre, une occasion de montrer leur sympathie pour le glorieux conquérant. La voix des tribuns entraîna le peuple; du Forum il se précipita vers les Carines, qui en étaient très-proche, et où Julie était morte dans la maison de Pompée. Le corps fut enlevé et porté dans le Champ de Mars, où l'on n'enterrait que les personnages considérables. Elle alla y attendre son père, qui devait être porté au même lieu après elle.

On vit dans ce malheur privé un présage de la division qui allait s'accomplir entre César et Pompée, et d'où sortit la guerre civile. Si Julie eût vécu, elle

[1] Cæs., 54, et celle d'un de nos contemporains, M. Laboulaye, quand il dit à ce sujet : « Verrès, Pison, Gabinius ont laissé dans l'histoire un nom exécrable; mais la conduite de César ne fut pas moins infâme; je ne sais pourquoi les historiens, éblouis par son génie, n'ont point marqué du même sceau d'ignominie ce vo'eur éhonté. »

n'eût rien empêché ; mais la multitude aime à donner de petites causes aux grands événements. Cependant il est possible que cette mort et celle que bientôt après Crassus alla chercher parmi les Parthes aient hâté une rupture inévitable. César et Pompée se trouvèrent face à face, sans lien, sans intermédiaire, et leur dissentiment ne tarda pas à se montrer. Avant de suivre les progrès de ce dissentiment d'abord voilé, je dois revenir de la Gaule à Rome pour y observer la conduite politique de Cicéron et de Pompee, et y signaler les œuvres monumentales de celui-ci.

Cicéron s'était peu à peu laissé gagner aux séductions de César ; dans le discours *pour les provinces consulaires*, il avait hautement déclaré dans la Curie sa réconciliation. L'occasion était bonne : on voulait ôter à César l'une de ses deux provinces pour la donner à Gabinius, ennemi de Cicéron. En s'opposant à un pareil projet, Cicéron satisfaisait à son ressentiment et ne semblait céder qu'à la justice et à la gloire.

Tous les plaidoyers qu'il prononça vers cette époque prouvent son envie de se rendre agréable à César sans cesser de plaire à Pompée. Il plaida pour Cornelius Balbus, ami de tous deux, en avouant que c'était surtout par déférence pour Pompée, de qui Balbus tenait le droit de cité qu'on lui disputait avec raison ; non sans de grands éloges de César, et l'expression un peu trop vive d'une résignation un peu trop complète à ce qui n'avait pu s'empêcher [1].

Cicéron défendit Rabirius Posthumus, un usurier chassé d'Égypte pour ses extorsions, mais que soutenait César. Il défendit, par un sentiment de reconnaissance personnelle, Plancius, qui lui avait été fidèle dans son exil. Il eut le malheur de plaider pour Vatinius, auquel il avait prodigué les dernières injures, mais que César protégeait, et à la suite d'une visite de Pompée. Cicéron avait dit dans son invective contre Vatinius que ce serait une honte de le défendre [2], et il le défendit; comme il l'avouait, sa haine n'était pas libre [3].

Cicéron n'usa pas toujours aussi largement du droit qu'il réclame quelque part de défendre de mauvaises causes [4] aux dépens de la vérité; mais on doit avouer que toutes celles qu'il défendit n'étaient pas excellentes, et qu'il eut souvent d'assez fâcheux clients. Comment l'ignorer devant le témoignage des faits? Comment le taire en présence de ce Forum qui a entendu ces discours pleins de complaisances et de contradictions? Elles font partie de l'histoire de Cicéron et de l'histoire du Forum.

---

[1] *Pr. C. Balb.*, 27.

[2] *In Vat.*, 2.

[3] *Ad Q. Fratr.*, III, 5 et 6. Angor... meum non modo animum sed ne odium quidem esse liberum.

[4] Judicis est semper in causis verum sequi, patroni non nunquam veri simile, etiamsi *minus sit verum* defendere (*De Off.*, II, 14.)

Ces complaisances¹ furent d'abord, et ce sont encore les plus justifiables, pour ceux qui l'avaient servi, qui avaient secondé ses efforts pendant son consulat ou encouru des dangers pour amener son rappel. De ce nombre était Flaccus, que Cicéron sauva malgré l'évidence de l'accusation, dit Macrobe².

Ces complaisances personnelles m'affligent moins que celles qui sont inspirées à Cicéron par César, l'ennemi de sa cause, ou par Pompée, dans lequel il déclare n'avoir pas plus de confiance que dans César. « Pompée, disait-il, a coutume de penser une chose et d'en dire une autre, et n'a pas assez d'esprit pour qu'on y soit trompé. » Quelquefois les deux motifs se réunissent. Rabirius Posthumus lui avait rendu service, et César le favorisait.

Les contradictions de Cicéron à l'endroit de César sont vraiment curieuses : il le craint, le maudit et l'adore tour à tour ; tantôt il parle de sa très-douce union avec lui, tantôt il repousse avec horreur la très-honteuse alliance avec le tyran³. César a voulu son exil ; César

---

[1] On lui reproche d'avoir plaidé pour Fonteius, imitateur de Verrès, qui avait écrasé d'impôts les vins de la Gaule méridionale déjà renommés. Dans la défense de Cluentius, l'un des acteurs de ce drame compliqué d'un tel enchevêtrement de crimes qu'on a peine à s'y reconnaître, Cicéron se vanta, selon Quintilien, d'avoir su éblouir ses juges.

[2] De manifestissimis criminibus exemit. (Macr., *Sat.*, II, 1.)

[3] Mea suavissima cum Cæsare conjunctio... turpitudo conjungendi cum tyranno. (*Ad Att.*, VII, 20.)

travaille à détruire la liberté. Cicéron le voit, car il est homme d'esprit; Cicéron le sait, car il a compris que, dès le temps de son édilité, César a voulu être roi, et pourtant, pendant la guerre de Gaule, pendant que César fait triompher à Rome les ennemis de Cicéron et de sa cause, Cicéron est avec lui dans les termes d'une véritable tendresse [1] que César a soin de lui rendre [2]; puis, quand César marche à main armée contre Rome, Cicéron, qui ne manquait pas de courage, est pris d'une terreur d'imagination incroyable; plus tard, il fait des vœux pour qu'il arrive en Espagne quelque chose de semblable à ce qui est arrivé à Crassus chez les Parthes. Il se console en pensant que César périra par lui-même ou par un autre, et il espère bien que ce sera de son vivant; après cela, il se réconcilie avec le dictateur tout-puissant et fait éclater des transports de joie à sa mort.

Les faiblesses politiques de Cicéron l'entraînant à de singulières faiblesses oratoires, Caton avait eu raison de désapprouver que Cicéron, consul, défendît Murena, en dépit d'une loi dont lui-même était l'auteur [3].

[1] Cicéron est tout dévoué à ses desseins. « Cujus in cupiditatem incubui. » (*Ad Att.*, v, 13.)

[2] « Tu me dis, écrit-il à son frère, que César a pour moi une grande affection; aie soin de l'entretenir et j'emploierai tous les moyens pour l'augmenter. » César lui avait écrit d'Angleterre que Quintus se portait bien. Comment lui résister?

[3] Une loi *de ambitu*. Ambitus, c'était la captation des votes; ce mot venait d'*ambire*, aller tout autour du Forum, s'adressant à chacun

Ce fut bien pis quand il se vanta d'avoir, par un discours très-élégant (ornatissime), fait absoudre Scaurus[1], qu'il avouait avoir, pour être élu, distribué de l'argent au peuple[2]. Scaurus s'était entendu avec d'autres candidats pour briguer le consulat à frais communs, et Cicéron disait d'eux à Atticus : « Ils seront absous ; mais, après cela, on ne pourra plus condamner personne. » Il ajoute : « Tu me demandes ce que je pourrai dire pour eux ; que je meure si je le sais ! »

Malgré le désir de Pompée, il ne plaida point pour Gabinius, son ennemi mortel, tant outragé par lui et qu'il avait accusé d'avoir sacrifié un enfant aux dieux infernaux ; mais il témoigna en sa faveur, c'était déjà trop.

pour obtenir des voix ; il fut employé pour exprimer d'autres *intrigues*, et par suite le désir du pouvoir. *Ambitio*, d'où nous avons fait *ambition*, a la même origine. L'histoire de cette origine d'*ambition* m'appartient, car elle me ramène à Rome. C'est l'étymologie locale pour ainsi dire et née d'un usage tout romain d'un mot qui a perdu son sens primitif en s'éloignant du Forum où il était né, mais qui, dans son sens général, est de tous les pays.

[1] *Ad Att.*, iv, 16. En parlant de Scaurus, Valère Maxime dit : « Perditam et comploratam defensionem » (Val. Max., viii, 1, 10). Cicéron écrit à son frère : « J'ai terminé les discours *demandés* pour Scaurus et Plancius. » Plancius avait eu de bons procédés pour Cicéron dans son exil. (*Ad Att.*, iii, 22.)

[2] Populo *tributim* domi suæ satisfecerat (*Ib*). Encore une expression dont l'origine est toute romaine ; *distribuere* c'était répartir par *tribus*.

La cause était si mauvaise, que les jardins de son gendre, Crassipès, situés près de la porte Capène, ayant été atteints par un débordement extraordinaire, Cicéron disait que Jupiter avait puni ainsi l'absolution de Gabinius, et lui-même avait concouru à cette scandaleuse absolution.

Un tel rôle ne convient pas à Cicéron ; mais il l'accepte et le subit.

« Tu me demanderas comment je supporte tout cela ; très-bien, et je m'applaudis d'être ainsi. Nous avons, mon cher Atticus, perdu non pas seulement la sève et le sang, mais jusqu'à l'apparence et la couleur de notre ancienne Rome. Rien dans la politique ne me plaît, rien ne me satisfait, et je m'en arrange parfaitement, car je me rappelle combien la république était belle quand nous la gouvernions et quel gré on m'en a su. Je ne m'afflige point qu'un seul puisse tout, car ceux qui ont vu avec peine que je pusse quelque chose crèvent de dépit[1]. »

Je ne suis pas de ces écrivains qui insultent Cicéron et qui, sans tenir compte à cette généreuse et brillante nature de ses intentions droites, de ses nobles aspirations, l'accablent sous l'aveu de ses faiblesses ; c'est écraser un oiseau avec la pierre qu'il a fait tomber. Je ne consens pas à voir son dernier mot dans une boutade échappée au découragement et au désespoir,

[1] *Ad Att.*, IV, 16, 10.

mais j'aimerais mieux que Cicéron n'eût pas écrit cette lettre; car, si elle eût été surprise, elle eût réjoui les partisans intéressés de César, qui valaient moins que Cicéron.

Cicéron avait un sentiment honnête, l'horreur de la guerre civile, et il pensait très-justement qu'il ne pouvait en sortir pour Rome qu'un maître [1].

On l'applaudissait encore parfois au théâtre, et il s'attachait à ces dernières marques de la faveur qui lui échappait, comme une coquette sur le retour s'attache aux derniers hommages qu'elle reçoit. « Un envieux seul, écrivait-il, a pu dire que c'était Curion et non pas moi qu'on a applaudi. »

Cicéron, à cette époque de détresse où il avait besoin de tous les appuis et ne pouvait être mal avec personne, se réconcilia aussi avec Crassus, qui l'avait autrefois ménagé, quand César et Pompée l'abandonnaient, pour leur faire contre-poids, mais qui l'avait abandonné à son tour. La réconciliation fut scellée par un souper dans les jardins de son gendre, Crassipès, situés près de la porte Capène [2], la veille du départ de Crassus pour cette expédition chez les Parthes

---

[1] *Ad Fam.*, I, 6.

[2] Cicéron s'arrêtait volontiers dans ces jardins avant d'entrer dans Rome. On l'y voit s'arrêter, par exemple, un jour où il ne veut pas assister à une séance du sénat : « Cogito in hortis Crassipidis quasi in diversorio cœnare, fraudem facio senatus consulto. » (*Ad Att*, IV, 12.)

qui lui coûta la vie et simplifia la situation de César en ne lui laissant qu'un rival et un rival bien maladroit, à jouer.

Ce départ de Crassus eut lieu sous des auspices menaçants. Au Capitole, le tribun Ateius Capito lui annonça des signes funestes. Arrivé à la porte de la ville, le peuple ne voulait pas le laisser partir, et il ne put la passer que protégé par les soldats de Pompée. Le tribun le somma encore de s'arrêter, ordonna aux serviteurs publics de le saisir et le voua aux dieux infernaux.

Ce furent les tristesses de sa situation politique qui firent de Cicéron un écrivain. Son premier écrit considérable est le traité *de l'Orateur*. Cicéron a placé les interlocuteurs de ce dialogue dans la villa de L. Crassus, près de son cher Tusculanum, non loin duquel le jurisconsulte Scævola, un des personnages du dialogue, avait, lui aussi, une maison.

L. Crassus, dont l'éloquence était célèbre, et d'autres Romains de la génération qui avait précédé Cicéron, discutent sur l'art oratoire sous un beau platane, tel qu'on en pourrait trouver encore aux environs de Frascati; non pas comme les interlocuteurs du Phèdre de Platon, étendus avec le laisser aller des mœurs grecques sur un gazon odorant aux bords de l'Ilissus, mais gravement assis, dans leur majesté sénatoriale, sur des coussins.

Le lendemain du jour qui avait vu le premier de ces

entretiens, Crassus, tombé soudainement malade, était couché dans sa villa de Tusculum. Le jeune Sulpicius et l'orateur Antonius se promenaient sous le portique, quand arrivèrent de Rome Q. Catulus et C. Julius César Strabo; ayant entendu parler des conversations de la veille, ils venaient écouter, et Crassus et l'autre grand orateur Antonius, qui devait ce jour-là parler sur toutes les parties de l'éloquence. Crassus y consent, à condition qu'ils passeront la journée entière chez lui. Cette invitation est faite et acceptée avec cette courtoisie grave et fine qui était l'*urbanité*[1] romaine, qui règne dans tout l'ouvrage et qu'on aime à retrouver parmi ces grands personnages en sortant comme eux des violences de la Curie et des turbulences du Forum.

On se sépare un peu avant midi : c'est l'heure, en effet, où la chaleur se fait sentir le plus vivement à Rome; puis, après deux heures de repos, on se réunit dans la forêt voisine, et on reprend les discours du matin, dans cet endroit ombreux et frais (opacus et frigidus).

Cette mise en scène n'offre pas le charme exquis de celles qu'on admire dans quelques dialogues de Pla-

---

[1] Urbanité est encore un mot dont l'étymologie, comme celle d'*ambition*, est locale; c'était une manière de s'entretenir particulière à Rome (urbs) et non commune aux *villes* en général, par opposition à la *campagne*. L'équivalent vrai serait le mot barbare *romaïsme*, comme *atticisme* exprime le parler et l'élégance d'Athènes.

ton; mais elle a aussi le sien, elle est locale et vraie. Comme il est doux de lire le Phèdre au bord de l'Ilissus, il y a plaisir à lire le *de Oratore* sous les platanes et dans la forêt de Frascati, dont il reste un peu plus qu'il ne reste des beaux arbres qui, au temps de Platon, ornaient les rives aujourd'hui dépouillées de l'Ilissus.

Pendant les neuf ans employés par César à soumettre la Gaule, Pompée ne fit qu'une chose, son théâtre. C'était sans doute une grande captation pour les Romains : le premier théâtre en pierre, contenant quarante mille spectateurs[1], et disposé de telle manière qu'il pouvait servir d'arène, se prêter aux combats de gladiateurs, aux exhibitions et aux *chasses* d'animaux étrangers, comme aux représentations moins goûtées de l'art dramatique. Mais César donnait d'autres spectacles, et montrait de loin au public de Rome un autre drame : la conquête de la Gaule, intermède héroïque dans la grande tragi-comédie où il jouait le principal rôle, et dont le dénoûment devait être sa mort et celle de la liberté.

Le théâtre de Pompée fut un souvenir de ses campagnes d'Asie et de ces succès qu'il aimait à se rappeler pour se consoler de n'en plus obtenir d'autres. Tandis

---

[1] C'est le chiffre de Pline. La *Notitia imperii* dit vingt-sept mille cinq cent quatre-vingt. Le premier chiffre s'accorde avec le plan du théâtre restauré, suivant Baltard (*Restauration du théâtre de Pompée.*)

qu'il était à Mitylène, après avoir vaincu Mithridate, il y avait institué un concours littéraire parmi les poëtes du lieu, dont le thème unique était les hauts faits de Pompée[1]. Cette circonstance lui avait rendue chère cette ville, patrie de l'affranchi Théophane, un Grec auquel il était fort attaché, et qui avait auprès de lui beaucoup de crédit. Aussi ce fut le théâtre de Mytilène qu'il voulut imiter à Rome, mais en l'agrandissant et l'accommodant aux goûts des Romains.

Malgré l'importance et la grande situation de Pompée, bâtir un théâtre avec des gradins était une innovation hardie. Déjà la tentative avait été faite, elle avait échoué devant la sévérité des magistrats, qui craignaient que, si le peuple pouvait s'asseoir au théâtre, il n'en voulût plus sortir.

Pompée éluda la difficulté par un artifice bien ingénieux pour lui, et dont l'idée appartenait peut-être à son affranchi Théophane. Au-dessus des gradins, il plaça un temple dédié à Vénus victorieuse[2]. — Il fallait qu'il y eût du *victorieux* dans tout ce qui concernait Pompée. — Les gradins se trouvèrent ainsi transformés en degrés du temple; la scène n'en fut plus qu'un accessoire, et les jeux, qui, à Rome, étaient toujours

---

[1] Plut., *Pomp.*, 42.

[2] Des traces de ce temple ont été reconnues là où il devait être, au sommet des gradins. Une maison qui avance sur la place de *Campo di Fiori* en marque, dit-on, l'emplacement.

liés à la religion, purent être considérés comme faisant partie du culte de la déesse[1].

Le temple était dédié aussi à la Félicité, — Pompée avait commencé par être l'élève de Sylla, si dévot à cette divinité, — et aussi à l'Honneur et à la Vertu, c'est-à-dire aux honneurs qui récompensent le mérite, religion bien naturelle à un homme qui, sans l'appui de la naissance, était arrivé aux plus grands emplois. On a prétendu que le théâtre avait été construit avec les trésors dont un affranchi de Pompée, Demetrius, avait dépouillé l'Asie, et que Pompée y avait mis son nom pour qu'on ne pût dire qu'un de ses affranchis eût amassé de telles richesses et fût en état de faire une dépense semblable.

Cette anecdote injurieuse pour Pompée est invraisemblable[2], et a été probablement inventée par ses ennemis. Mais tout ce qui peint les passions du temps

---

[1] Tacit., *Ann.*, xiv, 20-21. Tertullien (*De Spect.*, 10), avec son emportement ordinaire, reproche à Pompée ce nom de temple de Vénus donné à un théâtre. « Pompée le Grand, indigne de ce nom seulement par son théâtre, quand il eut élevé cet asile de toutes les turpitudes, craignant la sévérité des censeurs pour son monument (*memoria* pris dans ce sens par les auteurs chrétiens), plaça au-dessus un temple de Vénus et, en présence du peuple appelé par un édit à le dédier, ne le nomma pas théâtre mais temple de Vénus, disant que les gradins en formeraient les degrés. Ainsi il couvrit du nom de temple cette œuvre damnée et damnable, et par la superstition éluda la discipline. »

[2] Elle n'est rapportée que par Dion Cassius (xxxix, 38), qui la donne pour un *ouï-dire*. Ἤκουσα δὲ καὶ ἐκεῖνο.

dans lequel un monument a pris naissance fait partie de l'histoire politique de ce monument, et c'est à cette histoire que je m'attache surtout.

A en croire Varron [1], Pompée, au moment de faire inscrire sur son théâtre : « Pour la troisième fois consul, » aurait hésité entre *tertio* et *tertium*, timidement, dit Varron [2], comme pour indiquer que l'adversaire de César n'osait rien décider, pas même cela. Cicéron, consulté, pour ne mécontenter aucune opinion, aurait proposé d'écrire seulement *tert.*

Cette historiette de grammairien est suspecte [2], mais elle peint le caractère de Pompée, indécis dans les petites choses comme dans les grandes, et montre Cicéron tel qu'il était alors, très-désireux de vivre bien avec tout le monde et de ne déplaire à personne.

Du théâtre de Pompée, plusieurs fois incendié et réparé sous l'empire, il reste encore à Rome de reconnaissables débris dans l'intérieur du palais Pio, dans les caves et les écuries environnantes [3]. A quelque dis-

---

[1] Pompeius timide, apud Gell., *Nott. Att.*, x, 1.

[2] Le théâtre de Pompée fut inauguré pendant son *second* consulat et non pendant le *troisième*, mais il se peut que l'inscription soit postérieure à l'ouverture du théâtre et date de son entier achèvement.

[3] Canina, *Ed. ant. di R.*, iii, p. 7-18; iv, pl. cliii-clviii). La *cavea* (le parterre) du théâtre est placée par Canina sur l'emplacement du palais Pio et des maisons adjacentes, entre la place de *Campo di Fiori* et la rue des *Chiavari*, le long de laquelle s'étendait la scène, et entre

tance, on a trouvé une inscription contenant ces mots : « Le Génie du théâtre de Pompée. »

A Rome, chaque chose, comme chaque homme, avait son Génie[1].

La courbure des murs du théâtre est encore indiquée par celle des rues voisines du palais Pio. La petite église de Santa Maria in *Grotta Pinta* doit son nom à un des arceaux qui soutenaient les gradins, et dont on avait fait une chapelle, sur les parois de laquelle étaient des *peintures*. Dans cette église, consacrée à la Vierge, on a trouvé une inscription en l'honneur de Vénus, où l'on a lu ces deux mots : *Veneris victricis*, la Vénus victorieuse de Pompée.

La place des Satyres (piazza dei Satiri) est ainsi appelée parce qu'on y a découvert deux satyres qu'on suppose avoir orné la scène[2], et qui ont été transportés dans la cour du musée Capitolin. Ces satyres formaient sans doute la décoration de l'orchestre et faisaient peut-être partie des statues que Pompée avait

---

la place *del Paradiso* et la via *dei Giubbonari* (*Esp. ant.*, p. 557). Cette détermination topographique est adoptée par Nibby (*R. ant.*, II. p. 619). Voyez, à l'Académie des beaux-arts, à Paris, la restauration inédite du théâtre de Pompée par Baltard, pensionnaire français à Rome.

[1] Cela rend compte des singulières personnifications dont j'ai parlé, Le jeune homme qui dans l'apothéose de Faustine représente le champ de Mars est le *Génie* du Champ de Mars.

[2] Des satyres décoraient de même le théâtre de Ségeste et un des deux théâtres de Pompéi. (Bunsen, *St. R.*, III, 3, p. 48.)

demandé à Pomponius Atticus de disposer dans son théâtre.

Les restes des murs sont en péperin, comme presque tous les monuments de la république, et tiennent encore de la construction étrusque [1].

Tous les théâtres à Rome n'étaient pas couverts ; Pline, en nous l'apprenant pour le théâtre de Libon, bâti par Valérius [2], semble indiquer que cet usage n'était pas général ; ce qui fait comprendre pourquoi les théâtres antiques étaient presque toujours placés de manière à offrir une belle vue, dont on n'aurait pu jouir s'ils eussent été constamment couverts.

On a trouvé dans le voisinage du théâtre de Pompée plusieurs autres de ces statues qu'avait arrangées le goût délicat d'Atticus. On cite une Melpomène colossale, bien à sa place dans un théâtre ; une Cérès : Pompée voulait-il rappeler qu'il avait reçu la mission d'approvisionner Rome de blé ? Le Torse du Vatican [3], ouvrage certainement grec et qui a pu être rapporté

---

[1] Les parallélipipèdes sont placés alternativement dans le sens de leur longueur et dans le sens de leur largeur.

[2] Pl., *Hist. nat.*, xxxvi, 24, 2.

[3] On dit aussi qu'il a été trouvé dans les thermes de Caracalla (Nibb., *R. mod.*, ii, p. 561). Près du théâtre de Pompée était un Hercule qui avait été apporté de Carthage où on lui offrait des victimes humaines (Pl., xxxvi, 5, 26) ; le posséderions-nous dans ce magnifique débris ? Il y avait à Carthage beaucoup de statues grecques, mais rien n'autorise à croire qu'un tel chef-d'œuvre rappelle un si fâcheux souvenir.

de Grèce par Pompée. Les colonnes de la cour du palais de la Chancellerie passent pour provenir du théâtre de Pompée[1].

Une coupe de marbre blanc et noir a décoré la villa Albani après avoir orné le portique du théâtre de Pompée, que rappelle par son aspect le portique de cette villa, et dans lequel étaient des eaux jaillissantes[2] qui ont pu retomber dans cette coupe.

Ce qu'on n'a pas retrouvé, ce sont les tableaux dont j'ai parlé et qui décoraient les murs du portique : l'Homme montant ou descendant l'échelle, de Polygnote ; le Cadmus et l'Europe, d'Antiphile ; le Pâris et

---

[1] *Att dell' ac. Arch.*, vi, p. 17.

[2]   Flumine Sopito quæque Marone cadunt,
    Tot leviter lymphis tota crepitantibus urbe
            Prop., iii, 30, 14.

Ce vers, jeté là par Properce, peint bien ce bruit d'eau *dans toute la ville* qui frappe encore aujourd'hui l'étranger à Rome,

    Cum subito Triton ore recondit aquam.

Tout le monde convient que ce dernier vers de Properce est obscur; de plus, on ne sait ce que veut dire *Marone*, auquel on a sans raison substitué *Anione;* l'Anio n'a rien à faire avec le portique de Pompée. Visconti, pour expliquer ce vers, a supposé un satyre couché et serrant le col d'une outre, composition qu'on trouve souvent reproduite, et un autre satyre à genoux recevant l'eau qui s'échappait de l'outre. Selon lui, le masque de la *Bocca della Verita* pouvait être aussi employé à recevoir une eau tombante. Le triton de Bernin (place Barberini) peut donner aussi une idée approximative du personnage, qui

    ... Ore recondit aquam;

serait-ce un personnage aquatique? *Maro* ressemble à *Marica*, divinité des eaux.

la Calypso, de Nicias; les Bœufs noirs, en raccourci, sur un fond sombre, de Pausias. Ces tableaux faisaient du portique de Pompée une véritable galerie. Les tentures, dont parle Martial, servaient sans doute à les protéger.

Selon le précepte de Vitruve[1], le portique de Pompée était derrière la scène, et des rangées d'arbres l'embellissaient.

Il est cité comme un des lieux de promenade où se rassemblaient de préférence les oisifs de Rome.

Cicéron met sur la même ligne une promenade sous le portique de Pompée et une promenade dans le Champ de Mars[2]. Catulle dit à son ami Camerius : « Je t'ai cherché dans le cirque, dans toutes les boutiques de libraires, dans le petit Champ de Mars, dans le temple sacré de Jupiter, dans la promenade de Pompée[3]. » Ovide[4] en vante la fraîcheur pendant l'été, il conseille à celui qui veut plaire aux dames romaines d'aller *flâner* à l'ombre de ce portique et sous les arbres qui l'entouraient.

---

[1] Vitruve (v, 9, 1) cite comme un exemple de cette disposition les portiques de Pompée. Appien (*B. Civ*, II, 115) dit que le portique était placé *devant* le théâtre; mais ici le *théâtre* ce sont les gradins d'où l'on regardait; ce sens se retrouve dans *amphithéâtre*.

[2] *De Fato*, 4.

[3] Cat., LV, 3. J'ai rendu *omnibus libellis* comme on le fait d'ordinaire. Les boutiques de libraire sont aujourd'hui encore à Rome un lieu de rendez-vous.

[4] *De Art. am.*, I, 67.

Properce emploie à peu près les mêmes termes en indiquant qu'on s'y promenait en toilette (*cultus*); la jalouse Cynthie lui défend de se promener, élégamment vêtu, à l'ombre du portique de Pompée [1].

Le portique de Pompée était bordé de deux rangs de platanes parmi lesquels on avait placé des figures d'animaux [2]; des tapisseries étaient suspendues entre les colonnes [3]. On peut se faire une idée de l'effet qu'elles produisaient par les tentures qui ornent le portique de Saint-Pierre pendant la procession de la Fête-Dieu.

Il faut distinguer du portique de Pompée le portique aux cent colonnes qui était voisin [4].

---

[1] Tu neque Pompeia spatiabere cultus in umbra.
Prop., v, 8, 75.

[2] L'image d'un ours est particulièrement citée par Martial :

Proxima centenis ostenditur ursa columnis,
Exornant fictæ qua platanona feræ.
Mart., iii, 19.

Ces « fictæ feræ » étaient des arbres taillés en forme d'animaux (Pl. Jun., *ep.* v, 6.)

Et creber platanis pariter surgentibus ordo.
Prop., ii, 30, 13.

Les Romains aimaient à mêler la végétation à l'architecture :

Nempe inter varias nutritur silva columnas.
Hor., *Ép.*, i, 10, 22.

[3] Porticus aulæis nobilis attalicis.

[4] Les vers cités à la note 2 prouvent que les deux portiques étaient très-rapprochés ; les suivants montrent qu'ils étaient distincts

Deux fragments [1] du plan antique de Rome nous ont conservé la disposition du théâtre de Pompée et de ces portiques, dont les ruines existaient encore au quinzième siècle [2].

Il y avait aussi des lauriers : c'est un arbre que Pompée ne pouvait oublier. Le jour où César fut tué dans la Curie de Pompée, qui était près de son théâtre, un roitelet fut vu apportant un rameau d'olivier, et d'autres oiseaux sortant des bois voisins le déchirèrent [3]. Ces bois voisins étaient les arbres plantés des deux côtés du portique, — le *Nemus duplex* de Martial, — parmi lesquels nous savons ainsi que des lauriers croissaient auprès des platanes.

Ce monument fut l'orgueil de Pompée ; il croyait s'être assuré la faveur du peuple de Rome en assurant ses plaisirs; les applaudissements qui l'accueillaient quand il paraissait dans son théâtre retentissaient encore de loin à son oreille après qu'il eut fui de Rome

Inde petit *centum* pendentia tecta *columnis*.
Illinc Pompeii dona, nemusque duplex.
Mart., ii, 14.

Étaient-ils tous deux de Pompée? Vitruve semble l'indiquer en disant au pluriel « Porticus Pompeianæ. » Eusèbe les a confondus probablement quand il a dit : « Pompei theatrum incensum et hecatostylon. »

[1] Malheureusement celui qui représente le théâtre et une partie du théâtre a été complété d'après un dessin d'Orsini (Beck. *Handb*., p. 616); sur le second on lit *hecatostylon* (Escalier du musée Capitolin.)

[2] Au temps du Pogge. (De Rossi, *Prim. raccolt.*, p. 413.)

[3] Suét., *Cæs.*, 81.

devant César, pour n'y plus rentrer ; il en rêva, la veille de Pharsale ; mais, toujours incertain, il douta du présage, parce que, dans ce songe, victorieux, il ornait son temple de Vénus ; il craignit que ce ne fût un signe favorable pour César, qui descendait de Vénus, et il lui sembla que ces applaudissements résonnaient comme une plainte.

« Il se revoyait jeune, dit Lucain[1], tel qu'il était quand, vainqueur de Sertorius, il recevait, simple chevalier, les applaudissements du sénat. Maintenant il ne devait plus revoir sa patrie, et c'est ainsi que la Fortune lui donna Rome. »

Pompée inaugura son théâtre par des jeux magnifiques ; Cicéron, quittant la campagne, y vint assister, non par goût pour le spectacle des combats d'animaux, nous savons qu'il ne l'aimait point, mais parce que c'était faire une politesse à Pompée, et qu'il entrait alors dans son plan de conduite, tout en s'adoucissant pour César, de ne pas négliger Pompée.

Dans ces jeux, on tua cinq cents lions et vingt éléphants. Le peuple, qui voyait avec plaisir mourir les hommes, s'attendrit aux gémissements et aux attitudes suppliantes des éléphants. C'est que les hommes mouraient sans se plaindre. Les lamentations de madame Du Barry émurent la féroce populace, que ne

Phars., vii, 10.

touchaient point la pieuse résignation de la reine ou la fermeté stoïque de madame Roland; et puis ce fut une occasion de maudire publiquement Pompée. L'irritation populaire se soulagea en s'en prenant à lui de la mort des éléphants.

Du reste, les applaudissements même, et Pompée dut en recevoir, quand il était encore glorieux et semblait puissant, retentissent tristement à notre oreille, à travers les siècles, parmi les ruines de son théâtre; car nous savons la fin lamentable qui l'attendait, et Lucain a eu raison de dire, en parlant de ces applaudissements : « Pourquoi ceux qui remplissaient ton théâtre ne t'ont-ils pas pleuré? »

Qui te non pleno pariter planxere theatro [1]

Ces jeux ne plurent point à Cicéron, qui, en ce moment, était fort mécontent de Pompée et assez de tout le monde [2]. On avait, selon lui, déployé un grand appareil pour peu d'effet. Il avait vu sur la scène des personnages qu'il croyait ne pas devoir s'y trouver [3], et cette vue l'avait indisposé contre le spectacle, les

---

[1] Luc., *Phars.*, vii, 44
[2] *Ad Fam.*, vii, 1.
[3] Honoris causa in scenam redierant ii quos honoris causa de scena decesse arbitrabar (*ib.*). Ce jeu de mots me ferait penser qu'il y avait des places d'honneur *sur le théâtre* romain, comme celles qu'occupaient autrefois les seigneurs de la cour sur le nôtre.

pièces et les acteurs; la gaieté manquait, Ésope ne savait pas son rôle; la mise en scène de *Clytemnestre* avec six cents mulets, les trois mille cratères du *Cheval de Troie*, le déploiement de l'infanterie et de la cavalerie lui avaient semblé ridicules. Nous reconnaissons bien Pompée dans ce fastueux étalage.

On ne le reconnaît pas moins dans le soin qu'il avait eu de placer auprès de son théâtre les images enchaînées de quatorze nations vaincues, celles qu'il énumérait dans sa pompeuse inscription. Plusieurs statues de provinces et de pays qui sont encore à Rome peuvent nous en donner une idée. Celles-là firent donner le nom de *Portique des nations* à l'édifice qu'elles décoraient, et qui ne peut être, puisqu'elles sont dites voisines du théâtre, que le portique de Pompée ou le portique aux cent Colonnes.

Pompée voulait la dictature; son ambition, plus lente et plus douce que celle de César, comme dit Montesquieu, n'était pas moindre; seulement il désirait qu'on lui offrît la toute-puissance que César finit par prendre; mais le sénat, et c'est là sa gloire, ne voulait pas d'un maître. Pompée employait toutes sortes de ruses pour arriver au but qu'il ne devait point atteindre. Des tribuns qui lui étaient dévoués, sous prétexte de signes funestes, retardaient l'élection des consuls; ils prolongèrent l'interrègne de sept mois. Un d'eux proposa enfin que Pompée fût dictateur. Caton

FIN DE LA LIBERTÉ.

et le sénat s'y opposèrent, et Pompée alla bouder dans sa villa d'Alsium[1].

J'ai dit que Pompée avait élevé un temple à Hercule dans le voisinage du grand Cirque[2], comme il convenait au dieu qui, en Grèce, présidait aux jeux de la palestre et de l'hippodrome. Pour Hercule, comme pour Vénus, comme pour la Félicité, Pompée professait la religion de son maître Sylla.

A mesure que son importance réelle diminuait, il prenait des airs *plus importants*. Jusqu'à son triomphe, il avait vécu simplement dans sa maison des Carines, si modestement ornée que son successeur (c'était, il est vrai, le voluptueux Antoine) s'écria : « Où donc soupait Pompée? »

Mais, après ce triomphe, première date du déclin de ses prospérités, Pompée renonça à cette simplicité qui jusque-là avait formé un honorable contraste avec les profusions de César, et il se fit construire une maison beaucoup plus belle que la première auprès de son théâtre[3]. C'était, à vrai dire, un suburbanum; car

---

[1] Cic., *Pr. Mil.*, 20. Aujourd'hui Palo, à moitié chemin entre Civita-Vecchia et Rome. On y voit des restes d'une grande villa dont l'architecture est du dernier siècle de la république et que Nibby a cru pouvoir attribuer à la villa de Pompée. (*Dint.*, II, p. 528.)

[2] Les temples d'Hercule étaient fréquemment placés près des cirques. (Vitr., I, 7.)

[3] Plut., *Pomp.*, 40. On ne pouvait à cette époque habiter le champ de Mars; mais la maison de Pompée n'était pas dans le champ de Mars proprement dit, elle était dans cet *autre champ* dont parle Strabon

le théâtre était hors de la ville, mais assez voisin de la porte Carmentale. Cette résidence convenait, par là même, à Pompée, qui affectait de se tenir à l'écart, et il trouvait commode, pour ses menées dans les élections, de n'être pas trop en vue. Ceux dont il achetait le suffrage savaient bien l'aller trouver dans ses nouveaux jardins, où il leur en payait le prix.

En présence des incertitudes et des mollesses de Pompée, l'agitation des rues durait toujours. Cela ne lui déplaisait point; il espérait que ces désordres amèneraient le sénat à lui donner le pouvoir de les réprimer.

Une telle conduite, sans lui concilier la multitude, exaspérait tout ce qu'il y avait d'honnête dans le sénat : Bibulus, le vieux Curion et d'autres, que soutenait secrètement la jalousie de Crassus, se plaignirent hautement dans la Curie des manœuvres de Pompée. Pompée était absent. Huit jours après, il assista à une séance dans le temple d'Apollon [1]. Là le tribun C. Cato

---

(v, 3, 8) qui y touchait. Cet *autre champ* est peut-être ce qu'on nommait le *petit champ de Mars*.

[1] Cic., *Ad Q. Fr.*, II, 3. Senatus ad Apollinis fuit ut Pompeius adesset. Son commandement militaire ne lui permettait d'assister qu'à des séances tenues hors de la ville; le temple d'Apollon était près du cirque Flaminien et du Champ de Mars. Cicéron, qui en ce moment est favorable à Pompée, dit (*ib.*) : « Il faut empêcher qu'il ne soit accablé par ce peuple du Forum qu'il s'est presque entièrement aliéné, par la noblesse, son ennemie, par l'injustice du sénat et la perversité de la jeunesse.

lui adressa les plus vifs reproches, auxquels Pompée répondit très-aigrement. Un autre jour, il était bafoué dans le Forum par Clodius et hué par la bande de Clodius.

Ce calcul peu noble de Pompée devait échouer comme tous ses autres calculs; mais, s'il désirait le trouble pour en profiter, il était servi à souhait par deux hommes, Milon et Clodius, qui aspiraient, le premier à la préture, le second au consulat, et qui soutenaient leur prétentions aux plus hautes magistratures de l'État par la violence.

C'est alors qu'eut lieu entre ces deux hommes la rencontre où Clodius fut tué. Voici comment fut amené cet événement que le plaidoyer de Cicéron en faveur de Milon a rendu célèbre.

Milon était, comme Clodius, de race sabellique; fils d'un Samnite[1], il avait été adopté par un Annius, son aïeul maternel. La gens Annia était plébéienne, et elle aussi sabellique, originaire de Setia, ville du pays des Volsques[2]. C'était le plébéien Milon qui soutenait la cause de l'aristocratie et le descendant des Claudii qui l'attaquait.

Du reste, les moyens employés par tous deux étaient

[1] Papius, nom illustre dans le Samnium que Papius Brutulus avait défendu contre les Romains, porté aussi par C. Papius Mutulus, général dans la guerre des Marses.

[2] Tous les Annii que nous connaissons ont le prénom sabellique Titus; *Milo* a la terminaison sabellique en *o*.

les mêmes : l'un et l'autre avait à ses ordres une troupe de gladiateurs ; seulement, il faut le reconnaître, Milon faisait de la sienne un meilleur emploi, et ce fut pour se défendre contre Clodius qu'il prit le parti de l'imiter.

Clodius avait assiégé sa maison sur le Germale[1], et Milon n'avait sauvé sa vie qu'en se réfugiant dans la demeure de P. Sylla[2].

Pendant ce temps, un ami de Clodius était allé donner l'assaut à une autre maison de Milon sur le Capitole[3].

Clodius briguait alors l'édilité pour échapper aux poursuites que lui attiraient ses violences. Milon, afin de l'empêcher d'être nommé, voulait qu'il fût jugé avant l'assemblée des comices. Le jour de l'élection venu, Milon se rendit à minuit dans le Champ de Mars avec sa bande et y resta jusqu'à midi. Clodius ne parut point. Le consul Métellus, qui s'entendait avec lui, se retira en annonçant que, s'il y

[1] Le Germale était une hauteur tenant au Palatin et faisant saillie vers le Vélabre (Varr., *L. Lat.*, v, 54). Elle n'existe plus et a été probablement détruite par les travaux qu'a nécessités l'établissement du palais de Caligula. On donnait aussi ce nom à la partie marécageuse qui était au bas de la colline; on le voit par Plutarque. (*Romul.*, 3.) Voyez Beck., *Hanbd.*, p. 417-9.

[2] *Ad Att.*, iv, 3. Cette maison devait être celle du dictateur ; celle-ci fut rasée en son absence; mais, après son retour, elle fut certainement rebâtie.

[3] La maison Anniana, des Annius, par conséquent, venue à Milon par son grand-père maternel, cet Annius qui l'avait adopté.

avait opposition, le lendemain il recevrait les réclamations dans le Comitium. Milon transporta sa troupe dans le Forum pendant la nuit pour y attendre Clodius ; mais il apprit qu'il avait été joué, et que le consul se dirigeait, par des rues écartées, vers le Champ de Mars. Il l'atteignit sur le Capitole [1] pour lui présenter son opposition. Le consul, pris en flagrant délit de perfidie, s'éloigna au milieu des insultes. Quelques jours après, Cicéron écrivait à Atticus que Milon était dans le Champ de Mars, et qu'à la porte de la maison de Clodius, — il pouvait facilement le savoir, car elle était tout à côté de la sienne, — il n'y avait qu'un ramas de gens en guenilles avec une lanterne, tandis que dormait encore Marcellus, un des candidats, car Cicéron l'entendait ronfler. La présence de Milon empêcha qu'on tînt les comices dans le Champ de Mars ce jour-là.

Le sénat s'assembla en petit nombre. Les amis de Cicéron soutenaient que Clodius devait être jugé avant les comices, les partisans de Clodius demandaient que l'on procédât sans retard à l'élection. Cicéron et Clodius étaient en présence dans la Curie : le premier parla, le second répondit. Pendant son discours, on entendit les cris des siens qui hurlaient dans le Forum. Il n'y eut, cette année-là, ni jugement, ni élection. Le sénat ne décida rien.

[1] Inter lucos (*Ad Att.*, IV, 3). Dans ce qu'on a appelé l'*intermontium* et qui correspond à la Place du Capitole.

Au commencement de l'année suivante, Clodius parvint à se faire nommer édile. A son tour, il voulut accuser Milon de violences.

Tous deux comparurent devant le tribunal, escortés de leurs gladiateurs. Caton et Pompée défendirent Milon. Pompée, interrompu par les clameurs des partisans de Clodius, ne se laissa point intimider; recommençant plusieurs fois son discours, il parvint à se faire écouter.

Clodius parla durant deux heures, interrompu aussi à tous moments par des injures, par des quolibets et des vers satiriques sur lui et sa sœur Clodia; pâle de colère, de sa voix furieuse il parvint à dominer les cris. Au lieu de s'adresser à ses juges, il se tourna vers le peuple, et montant sur un lieu élevé, probablement les marches du temple de Castor, il dit :

« Qui est un autocrate impuni? qui fait mourir le peuple de faim? qui se gratte la tête avec son doigt? »

A toutes ces questions, à d'autres encore plus injurieuses, le peuple, frémissant de rage ou éclatant de rire, répondait :

« C'est Pompée! c'est Pompée! »

Puis les gens de Clodius se mirent à cracher au visage de leurs adversaires; ce fut le signal d'une mêlée générale dans laquelle ils eurent le dessous et se virent forcés de vider le Forum.

Dans la Curie, on n'accusa ni Clodius ni Milon, mais Pompée, dont le discours avait aigri le peuple. Le sénat lui-même pardonnait tout bas à Clodius, parce qu'il gênait Pompée.

Un autre jour, celui-ci vint se défendre devant les sénateurs réunis au Champ de Mars dans le temple d'Apollon. Attaqué vivement par un tribun et soutenu par Cicéron, Pompée, qui devenait énergique lorsqu'il se mettait en colère, fit entendre des menaces, et s'en prit à Crassus, n'osant s'en prendre à César.

Mais la visite à Lucques le réconcilia avec Clodius, que protégeait César. Clodius, de son côté, se déclara l'ami et le soutien de Pompée, qu'après son enrôlement dans le parti de César il n'avait plus de raison pour combattre. Son audace contre le sénat et les consuls s'en accrut. Un jour qu'on l'avait interrompu à la tribune, il se précipita comme un furieux dans la Curie; entouré par les sénateurs auxquels il était doublement odieux depuis qu'il prenait le parti de Pompée, il aurait pu avoir le sort de Romulus; mais la populace vint à son aide avec des cris et des torches, l'enleva du sein de la Curie et le ramena au Forum en triomphe.

Par suite du rapprochement de Pompée et Clodius, la haine de celui-ci et de Milon avait paru dormir; elle se réveilla au moment où tous deux se trouvèrent candidats, l'un à la préture et l'autre au consulat. Milon, qui était le plus riche, donnait des jeux et gardait ses gladiateurs; Clodius faisait venir de ses possessions d'Étrurie des esclaves pour les armer. Les bandes de celui, qui aspirait à être le chef de la justice, et de celui qui prétendait à gouverner l'État, se rencontraient chaque jour et chaque jour en venaient aux mains. Les consuls ne pouvaient instituer les comices; eux-mêmes se mêlaient à ces bagarres, où l'un d'eux fut blessé.

Survint un autre candidat, Antoine, qui voulait la questure; sa présence amena de nouvelles scènes de trouble. Il venait du camp de César, qui l'avait chargé sans doute de tenir en respect Clodius, devenu trop l'ami de Pompée. La bouillante ardeur d'Antoine alla un peu loin; il poursuivit Clodius, l'épée à la main, à travers le Forum et le contraignit à se cacher dans l'escalier d'une boutique de libraire[1], probablement une des boutiques de la voie Sacrée, pour ne pas être tué par celui qui devait un jour faire tuer Cicéron.

Pompée aurait bien désiré qu'on lui offrît la dictature, et pouvoir renverser la constitution sans paraître la violer. Il s'éloigna des murs de Rome pendant que deux tribuns, ses instruments, proposaient qu'on le nommât dictateur, pour paraître étranger à cette manœuvre. C'était encore une imitation de Sylla. Mais Caton parut à la tribune et souleva l'indignation du peuple, qui menaça de déposer les tribuns. L'année précédente, un tribun, pour avoir appelé Pompée dictateur, avait manqué d'être tué dans le Forum. Ca-

---

[1] Cic., *Phil.*, ıı, 9. *Pr. Mil.*, 15.

ton consentit à ce que Pompée fût seul consul. C'était irrégulier; mais le danger de l'omnipotence dictatoriale, qui aurait pu se prolonger indéfiniment, était ainsi écarté; au bout de quelque temps, Pompée s'adjoignit un collègue.

Pompée apprit son élection dans ses jardins, près de son théâtre.

Grâce à sa coupable politique, qui consistait à empêcher sous main les élections des magistrats pour que l'anarchie conduisît à la dictature, Rome n'avait eu pendant plusieurs mois ni consuls ni préteur. Milon et Clodius se faisaient librement la guerre dans le Forum et dans les rues.

Personne ne dut être fort étonné quand on apprit qu'un de ces deux chefs de partisans avait été expédié par l'autre, et Cicéron moins que personne, car il avait écrit à Atticus :

« Si Milon rencontre Clodius, il le tuera[1]. »

Voici comment la chose s'était passée.

Clodius était allé à Aricia pour une affaire. Le lendemain, il s'était arrêté dans sa villa, voisine du mont Albain, où il devait coucher. La nouvelle de la mort de son architecte le fit partir assez tard. A peine avait-il commencé à suivre la voie Appienne, qu'il se croisa près de Boville avec Milon; Milon se rendait à Lanuvium,

---

[1] *Ad Att.*, IV, 3. A l'aide de ces hommes déterminés qui étaient à sa disposition, *Viros acres* comme les appelle complaisamment Cicéron.

d'où il était originaire, pour y installer dans sa charge un prêtre de la déesse du lieu, Junon Sospita.

Je crois que les deux ennemis ne s'attendaient pas à se rencontrer. Milon était en voiture avec sa femme; escorté par ses esclaves, parmi lesquels se trouvaient deux gladiateurs renommés. Dans la situation où il se trouvait vis-à-vis de Clodius, cette escorte n'avait rien d'extraordinaire.

Clodius était à cheval, suivi de trois amis et d'une trentaine d'esclaves.

Les deux ennemis s'étaient dépassés sans se rien dire. Une querelle s'engagea entre ceux qui formaient leur suite.

Selon Cicéron, un grand nombre des gens de Clodius attaquèrent Milon d'un lieu qui dominait la route. Son cocher fut tué. Milon sauta à terre pour se défendre; les gens de Clodius coururent vers la voiture pour attaquer Milon, et commencèrent à frapper ses esclaves à coups d'épée. Ce fut alors que le gladiateur Birria, attaquant Clodius par derrière, lui perça l'épaule.

Les serviteurs de Clodius, beaucoup moins nombreux, s'enfuirent et emportèrent leur maître dans une hôtellerie; l'hôtellerie fut assiégée par les hommes de Milon, l'hôte tué. Clodius, arraché de cet asile, fut ramené sur la route, et là percé de coups. Milon ne fit rien pour l'empêcher. On dit plus tard qu'après le meurtre il était allé dans la villa de son ennemi, qui était tout proche, pour chercher son enfant et l'égorger; que, ne le trouvant pas, il avait torturé ses esclaves; mais ces accusations n'ont aucune vraisemblance.

La suite de Clodius s'était dispersée. Un sénateur qui passait par là trouva son corps gisant sur la route et le fit reporter dans sa maison du Palatin. La foule s'y précipita. Fulvie parut poussant des cris et montrant au peuple les blessures de son époux. Le lendemain, la foule était encore plus grande. Un sénateur fut écrasé; deux tribuns, dont l'un, Plancus, était attaché à Pompée, firent porter le corps dans le Forum. On l'exposa, couvert de sang et de boue, devant les Rostres. Les tribuns y montèrent et haranguèrent la multitude, qui, conduite par le frère de Clodius, prit le cadavre et l'alla brûler dans la Curie pour insulter le sénat. On forma le bûcher d'un amas de tables, de bancs et de papiers.

Le cadavre ne fut qu'à demi consumé par ce bûcher improvisé, mais le feu prit à la Curie. Selon Dion Cassius, il avait été allumé dans ce dessein [1]. La Curie, monument vénérable fondé par le roi Tullus Hostilius, dont il portait encore le nom, fut brûlée; avec elle brûlèrent la basilique Porcia et d'autres bâtiments voisins de la Curia Hostilia.

Pendant ce temps, les tribuns continuaient à exciter

---

[1] D. Cass., xl, 50.

le peuple et n'abandonnèrent les Rostres que lorsqu'ils en furent chassés par les flammes.

Puis les partisans de Clodius dressèrent dans le Forum des tables pour le festin funèbre, à la lueur de l'incendie.

On nomma un entreroi : ce fut Lépide. Comme il tardait à désigner des consuls, les satellites de Clodius, réunis à ceux des rivaux de Milon pour le consulat, Hypsæus et Scipion, allèrent assiéger la maison de Lépide, brisèrent les portes, entrèrent dans l'atrium, jetèrent à bas les images des ancêtres de la gens Æmilia, parmi lesquelles devaient se trouver celles de Paul Émile et de Scipion Émilien ; puis prenant les faisceaux consulaires sur le lit funéraire de Clodius, où on les avait placés, allèrent les porter à Hypsæus, à Scipion, à Pompée, qu'ils furent trouver dans ses jardins, ses nouveaux jardins, près de son théâtre, hors de la porte Carmentale.

Avant que Milon fût rentré durant la nuit dans Rome, on avait voulu brûler sa maison, mais des sénateurs et des chevaliers l'avaient défendue. Milon était brave ; il osa paraître au Forum quand la Curie fumait encore, pour se justifier de toute préméditation dans le meurtre de Clodius. Il accusa intrépidement les incendiaires qui l'accusaient.

Mais deux tribuns amis de Clodius ne lui laissèrent pas achever son discours. Ils se ruèrent dans le Forum à la tête d'une bande, en chassèrent Milon et son ami le tribun Cælius. Ayant pris des vêtements d'esclaves, tous deux parvinrent à s'échapper.

Sous prétexte de les poursuivre, on entra dans les maisons particulières, on les pilla; on se jetait sur tous ceux qui étaient bien vêtus et portaient des anneaux d'or.

Pendant plusieurs jours, Rome fut livrée au fer et au feu.

Pompée, qui s'était retiré dans sa villa d'Alsium, revint à Rome ; le sénat se rassembla dans le Champ de Mars, près de son théâtre, sans doute dans la Curie qui portait son nom. C'est là que César devait être frappé.

Le sénat décida qu'on donnerait la sépulture à Clodius ; que la Curia Hostilia, que Sylla avait réparée, serait relevée par son fils Faustus, et que du nom de celui-ci elle s'appellerait Cornélienne, de peur sans doute qu'elle ne s'appelât Pompéienne. Effrayé du désordre populaire, le sénat semblait vouloir se réfugier derrière le nom de celui qui avait tenu le peuple sous ses pieds; mais Faustus n'acheva point la nouvelle Curie, et elle ne s'appela point Cornelia. Ce retour posthume vers le nom et le souvenir de Sylla ne laissa pas plus de trace que sa sanguinaire et impuissante réaction n'en avait laissé.

Pompée, qui — singulière politique pour un illustre général — jouait la peur, affecta une grande crainte de Milon. Il refusa de le voir dans ses jardins[1] qui bientôt ressemblèrent à un camp. Là il délibérait avec ses amis sur ce qu'il devait faire pour sa défense et pour celle de l'État, espérant toujours qu'on lui offrirait la dictature ; mais on ne la lui offrait point. Il fit répandre le bruit que Milon avait formé le dessein de l'assassiner. Un pauvre diable de victimaire ou de cabaretier du quartier étrusque[2] affirmait que des esclaves de Milon, qui s'étaient enivrés chez lui, avaient avoué ce dessein, l'avaient maltraité et menacé de la mort s'il parlait. Milon fut obligé de montrer en plein sénat qu'il ne portait point un poignard caché sous sa tunique. Pompée vint même à la tribune entretenir le peuple de ses dangers. Ses créatures proposèrent timidement sa dictature dans le sénat ; mais cette proposition indigna tellement, que Pompée fut obligé de la désavouer. Ce fut alors qu'on consentit à le nommer seul consul. C'était fort différent. Le pouvoir d'un consul n'égalait point, à beaucoup près, la puissance absolue d'un dictateur.

Pompée, qui voulait perdre Milon depuis que Milon avait voulu être consul sans sa permission, institua une question touchant le meurtre commis sur la voie

---

[1] Ses jardins de la ville, « in superioribus. (Asc., *Pr. Mil.*, *Arg.*)

[2] C'est ce que veut dire : « *De Circo* Maximo (*Pr. Mil.*, 24)... servos *apud se* ebrios factos. » Ce Popa n'est-il pas plutôt un cabaretier ? Du reste les aruspices et ce qu'on pourrait appeler la prêtraille habitait le quartier étrusque.

Appienne ; puis il désigna les trois cent soixante jurés qui devaient juger Milon et le quæsitor chargé de présider au jugement.

Pour la première fois, le procès commença par l'audition des témoins ; jusque-là elle n'avait lieu qu'après les plaidoiries[1], mais elle fut troublée par la fureur des amis de Clodius. Un des défenseurs de Milon se vit obligé de se réfugier dans le Tribunal, et on demanda que Pompée, qui assistait au tumulte, assis près du temple de Saturne[2], où il semblait présider au Forum, vînt avec une force armée assurer la tranquillité des débats. Il vint en effet le lendemain avec des soldats. Ce jour-là, Rome avait un air d'émeute ; toutes les boutiques étaient fermées. Pompée avait placé des soldats à toutes les issues et devant tous les temples du Forum.

Cicéron prononça un discours plein d'habileté, mais où l'on sent un peu d'embarras ; car tantôt il disculpe, tantôt il loue Milon d'avoir tué Clodius. On peut croire

---

[1] Laboulaye, *Lois crim. des Rom.*, p. 152.

[2] Ad Ærarium (*Pr. Mil., Arg.*). L'Ærarium, le trésor public, était dans le temple de Saturne, hors du Forum qu'il dominait. C'est une raison de plus d'attribuer au temple de Saturne les huit colonnes encore debout au pied du Capitole, et non les trois colonnes du temple de Vespasien, séparées du Forum par la voie Triomphale. Pompée était assis sur ce *suggestus*, cette élévation artificielle, qu'on voit encore près de l'arc de Septime Sévère, qui n'a jamais été la tribune de la république, mais qui a servi, sous les empereurs, à une époque où il n'y avait plus de vraie tribune.

que cet embarras fut encore plus grand en présence d'une foule dans laquelle beaucoup regrettaient Clodius, et de bandits contre lesquels il ne se sentait protégé que par l'ennemi de Milon. En effet, le commencement de son discours fut accueilli par d'immenses huées, et le silence ne se rétablit dans cette multitude que quand elle eut senti le fer des soldats.

Cicéron put alors reprendre son exorde ; mais il y avait dans cet incident de quoi troubler l'avocat.

Qu'on se figure bien la situation et le lieu de la scène. Domitius, qui préside le débat, est sur le Tribunal, à la gauche du Forum, devant le temple de Castor, dont trois colonnes indiquent aujourd'hui l'emplacement. Au pied du Capitole, du côté de l'Ærarium, c'est-à-dire du temple de Saturne, dont huit colonnes sont encore debout, Pompée est assis, comme la veille, entouré de ses soldats. En présence des lieux, on s'explique pourquoi Cicéron, s'adressant à lui, disait : « J'élève la voix pour que tu m'entendes[1]. »

En effet, il y avait entre eux plus de la demi-longueur du Forum. C'était ce même Forum dans lequel peu de temps auparavant avaient eu lieu les scènes de désordre qui suivirent la mort de Clodius ; Cicéron, en l'accusant d'avoir incendié mort le temple du sénat qu'il voulait renverser vivant, pouvait

[1] Te enim jam appello, et ea voce ut me exaudire possis. (*Pr. Mil.*, 25.)

montrer les ruines de la Curie embrasée par ses funérailles.

On le sait, le discours que nous admirons n'est point celui que Cicéron prononça, et probablement on peut en dire autant de la plupart de ses autres discours. En général, ils n'étaient point lus[1] et n'étaient pas non plus entièrement appris par cœur comme ceux de nos prédicateurs. Improvisés[2], au moins en partie, ils furent ensuite retouchés par l'auteur avant d'être publiés.

Plusieurs allusions aux circonstances des jugements ont dû être suggérées par la présence des lieux eux-mêmes; en les voyant tels qu'ils sont, en se les représentants tels qu'ils étaient, on comprend mieux, et surtout on sent plus vivement, les mouvements d'éloquence qu'il ont inspirés à l'orateur; on voit naitre cette inspiration, on en surprend le secret.

Si l'on veut se faire une idée vraie de tout l'effet oratoire produit par les discours de Cicéron, il faut placer sur cette scène, pour ainsi dire ressuscitée, les personnages qui y figurent, avec leur aspect, leur attitude; il faut voir dans le procès de Sestius un de ses

[1] On les lisait quelquefois, mais c'était une exception dont le motif est indiqué. Ainsi Suétone a soin de remarquer qu'Auguste lisait les siens; on pensait leur donner par là plus de poids; Cicéron, en parlant d'un discours prononcé par lui dans le sénat, dit qu'il l'a lu à cause de l'importance du sujet : « Propter rei magnitudinem *dicta de scripto est.* » (*Pr. Pl.*, 30.)

[2] L'improvisation est évidente quand Cicéron fait allusion à quelque incident imprévu des débats.

témoins se lever du tabouret où il était assis près de l'accusé et jurer qu'il l'appuiera jusqu'au bout; dans le procès de Plancius, une vestale, sortir de sa sainte demeure pour venir embrasser son frère en pleurant devant le peuple ému de piété et de religion; enfin, dans le procès qui nous occupe, Milon, ferme et farouche, refusant de rien faire pour attendrir ses jurés, et Cicéron, éperdu, éploré, répandant devant les juges ces larmes auxquelles dédaigne d'avoir recours la fierté de son ami.

Quand on va de Rome à Albano, on traverse le lieu de la rencontre homicide que Cicéron retrace si vivement, mais au point de vue de la défense. M. Rosa a déterminé ce lieu avec une grande précision.

L'événement se passa, dit Cicéron, devant le terrain appartenant à Clodius [1], sur lequel il construisait une villa. Là étaient, à droite en allant à Rome, au-dessus de la route qu'elles dominaient, les substructions démesurées (insanas substructiones), dont parle l'orateur.

Là les gens de Clodius, selon Cicéron, attaquèrent Milon d'en haut (de superiore loco) et se précipitèrent sur lui.

Cette agression, qui eût mis tous les torts du côté de Clodius, n'est appuyée sur aucun témoignage; il est plus probable que le combat, une fois engagé, se sen-

---

[1] Ante suum fundum. (*Pr. Mil.*, 10.)

tant moins nombreux, ils gagnèrent cette petite hauteur pour prendre une position avantageuse. A peu de distance, aux portes d'Albano, M. Rosa a reconnu la villa de Pompée[1], dans laquelle Cicéron reproche à Clodius de s'être arrêté pour attendre son ennemi et sans autre motif; car, il le savait, Pompée était alors à Alsium.

C'est peut-être l'argument le plus fort que Cicéron ait employé pour établir le guet-apens. « Était-ce pour voir la villa? ajoute-t-il; mais il l'avait vue cent fois. » Malice à l'adresse de Pompée, réconcilié avec Clodius, et souvenir amer du temps où Pompée n'y recevait pas Cicéron.

Cicéron a soin de mentionner un temple de la bonne déesse, voisin de l'endroit où Clodius fut frappé, et de rapprocher cette circonstance de l'insulte à cette divinité dont Clodius s'était rendu coupable. Le temple de la bonne déesse n'a point laissé de trace; mais on ne peut s'en étonner, car, placé dans une propriété particulière[2], un tel édifice, sans doute peu considérable, devait ressembler plus à une chapelle qu'à un temple. Les défenseurs de Clodius cherchaient à tirer parti du hasard qui l'avait fait tomber sur cette route construite par un autre Claudius, Appius Cæcus, dont elle portait le nom, et, comme on disait : parmi les souvenirs de ses ancêtres.

[1] Et non comme on fait d'ordinaire dans la villa Doria.
[2] Cic., *Pr. Mil.*, 31.

Cicéron, répondait : « Appius Claudius Cæcus a-t-il construit cette voie pour l'utilité du peuple romain ou pour l'impunité du brigandage de ses descendants[1]? »

Et il rappelait que, sur cette même voie Appienne, lors de l'évasion de Tigrane, confié à la garde de Pompée, le noble descendant des Claudii avait donné la mort à un honnête chevalier romain. Enfin, évoquant, lui aussi, les souvenirs que cette voie faisait naître, l'orateur attestait les tombeaux, les autels enfouis des Curiaces[2], qui n'existaient déjà plus de son temps, et leurs bois sacrés que Clodius avait fait disparaître sous ses substructions insensées; il adjurait ces tombeaux, qui existaient donc alors, et dont ce passage indique où il faudrait chercher les restes; enfin il adjurait, contre Clodius, le Jupiter du mont Albain, de la belle montagne où s'élevait il y a cent ans le temple de Jupiter, et qui se dresse encore au-dessus de ce lac, le lac d'Albano, que Cicéron accu-

[1] Cic., *Pr. Mil.*, 5.
[2] Vos enim jam, *albani tumuli* atque luci, vos inquam imploro atque testor, vosque *albanorum obrutæ* aræ (*ib.*, 32). Ces tombeaux albains, sur la route d'Albe, près de la ville habitée par une population albaine, que pouvaient-ils être autre chose que les tombeaux et les autels des héros albains, des Curiaces? Les autels, maintenant enfouis, n'étaient-ils pas dédiés au culte de ces héros? Les Romains n'avaient aucun intérêt national à les conserver; avec le temps ils avaient été enfouis sous la terre; mais les tombeaux et les bois sacrés que la religion empêchait d'abattre avaient duré jusqu'à Clodius.

sait Clodius d'avoir profané par ses coupables plaisirs.

Enfin Cicéron dit que le lieu est rempli de voleurs[1], par où nous voyons que, de ce côté, les environs de Rome étaient encore moins sûrs de son temps qu'ils ne le sont aujourd'hui.

Cicéron, pour cette belle défense de son ami, s'attribua des honoraires assez fâcheux; ses lettres, et surtout un passage en grec — dans lequel, jouant sur le nom de Milon, qu'il appelle le Crotoniate tyrannicide, à cause de Milon de *Crotone*, il parle de la vente de ses biens, — ne permettent guère de douter qu'il n'ait fait un bénéfice hors de saison sur les biens du condamné vendus à vil prix[2].

C'est à dater du procès de Milon que le parti du sénat montre plus clairement sa défiance de César et que Pompée commence contre son habile rival cette guerre sourde et maladroite qui devait le perdre.

Pendant ce consulat, sans partage d'autorité, Pompée prit plusieurs mesures qui sentaient le dictateur. Il mit un frein à la parole en bornant la durée du discours des orateurs[3] et défendit de porter des armes

---

[1] Insidioso et pleno latronum in loco... latronum occultator et receptor locus. (*Ib.*, 13.)

[2] Un bénéfice d'environ cinq cent mille francs. (Dur. de la Malle, *Éc. pol. des Rom.*, t. II, p. 293. *Ad Att.*, vi, 4.) Milon s'en plaignait. (*Ib.*, v, 8.)

[3] Imposuit veluti frenos eloquentiæ. (*De Caus. corr. eloquentiæ*, 58.)

dans la ville ¹, sage mesure mais qui ne paraît point avoir été exécutée ; elle a été prise il y a quelques années par un général français à Rome, où l'usage du couteau ne rappelle que trop, de nos jours, l'emploi de la *sica* au temps de Clodius.

Pendant ce temps, César livrait des batailles plus glorieuses que celles qui ensanglantaient le Forum romain. La Gaule, presque entièrement soumise, se soulevait presque tout entière, unie pour la première fois sous la main d'un chef suprême, Vercingétorix ². César déploya dans cette nouvelle phase de sa conquête une habileté et une activité extraordinaire et écrasa, s'il faut l'en croire ³, sous les murs d'Alesia, une armée de trois cent quatre-vingt mille hommes. A Rome, vingt jours d'actions de grâce furent décrétés, encore cette fois; un historien dit soixante ⁴.

Cette victoire permettait de considérer la conquête de la Gaule comme terminée, et dès ce moment la pensée constante du sénat fut d'arracher à César sa province et son armée. C'était bien ce que désirait Pompée, mais il n'osait le dire ouvertement; sa vanité d'ailleurs et son peu de perspicacité concouraient à le rassurer.

---

[1] Pl., *Hist. nat.*, xxxiv, 39, 2.

[2] César, *Sc. hist.*, p. 158.

[3] Un capitaine digne de le juger, Napoléon, ne l'a pas cru (*Précis des campagnes de César*, p. 110.)

[4] D. Cass., xi, 50.

Cicéron était proconsul en Cilicie, assez ennuyé d'être si loin de Rome, y vivant par la pensée, avide de nouvelles [1], occupé à faire chasser des panthères que son ami Cœlius le priait de lui envoyer et à guerroyer dans l'Amanus : il espérait en faire assez pour obtenir le triomphe à Rome, où il était fort impatient de rentrer, mais ne savait pas bien pour qui il prendrait parti à son retour. Ses succès militaires ne parurent pas à Rome très-éclatants, car les *supplications*, c'est-à-dire les actions de grâces aux dieux, décrétés par le sénat, eurent de la peine à passer; son ami Cœlius lui écrivait : « Tes *supplications* nous ont donné bien du mal [2]. » Sa seule consolation était d'entendre dire, autour de lui : « Voilà donc cet homme par qui Rome... que le sénat... Tu sais le reste, » d'apprendre que son *De Republica* plaisait à Atticus, et que son rival d'éloquence, Hortensius, pour la première fois, avait été sifflé [3].

Les victoires n'étaient pas le seul moyen auquel eût recours l'ambition de César ; il avait soumis la Gaule, il fallait acheter Rome. Vers ce temps, il fit deux acquisitions, l'une peu importante, celle du consul Æmilius Paullus, frère de Lépide le triumvir, dont il paya sept millions et demi [4] la neutralité équivoque

---

[1] Ego res Romanas vehementer exopto et desidero. (*Ad Fam.*, II, 14.)
[2] *Ad Fam.*, VIII, XI. Acriter nos tuæ supplicationes torserunt.
[3] *Ad Fam.*, VIII, 2.
[4] Quinze cents talents. (Plut., *Cés.*, 29.)

et qui ne gagna même pas l'argent que .César lui donnait; l'autre, très-considérable, celle de l'éloquent tribun Curion, qui jusque-là avait été le plus hardi champion du sénat et qui se vendit; triste exemple de ces défections qui affligent d'autant plus qu'elles forcent à mépriser le talent.

Curion coûta à César deux millions, selon Velleius Paterculus; douze millions, suivant Valère Maxime[1].

Ce double marché fut profitable à la splendeur monumentale de Rome; Curion et Paullus employèrent une partie de ce bien mal acquis à l'orner: l'un fut l'auteur de ce double théâtre sur pivot, dont les deux parties rapprochées formèrent le premier amphithéâtre romain; l'autre construisit, derrière les boutiques du Forum, une basilique, qui, du nom d'Æmilius Paullus, s'appela la basilique Æmilia : deux moyens de gagner le peuple; dans ce temps-là quand on se vendait c'était pour l'acheter.

Les deux théâtres étaient en bois et on n'en parle plus après Curion, mais la basilique Æmilia, avec ses colonnes de marbre phrygien (pavonazzetto) qu'on a

---

[1] Vell. Paterc., II, 48. Val. Max., IX, 1, 6.
Lucain a dit de Curion :

> Gallorum captus spoliis et Cæsaris auro.
> *Phars.*, IV, 820.

On croit que Virgile, dans son *Enfer*, l'a désigné par ces mots :

> Vendidit hic auro patriam...

cru retrouver dans celle de Saint-Paul, excitait encore l'admiration de Pline [1]. Sa position n'est pas douteuse ; Stace nous apprend qu'elle faisait face à la basilique Julia [2], dont on a retrouvé des restes impossibles à méconnaître sur le côté méridional du Forum. Elle était donc en face, du côté septentrional, à l'est de la Curie, près du lieu où s'élève aujourd'hui l'église de Saint-Adrien, dans les murs de laquelle sont des parties antiques ayant appartenu à la Curie ou à la basilique Æmilia [3].

[1] Pl., xxxvi, 24, 2. Les colonnes de Saint-Paul hors les Murs venaient plutôt du mausolée d'Adrien si, comme le dit Nibby (*R. mod.*, i, p. 579), sur quelques-unes était écrit le nom de Sabine, femme d'Adrien.

[2] Stace (*Silv.*, i, 1, 29) dit en parlant du cheval de Domitien, placé dans le Forum en avant du temple de la Concorde et du temple de Vespasien, qu'il a d'un côté la basilique Julia et de l'autre la basilique de Paullus :

Hinc Julia tecta tuentur,
Illinc belligeri sublimis regia Paulli.

Ces vers réfutent une opinion de Becker (*Handb.*, p. 303) suivant laquelle la basilique Æmilia ne serait autre chose que la basilique Julia. La découverte qu'on a faite de celle-ci, il y a quelques années, confirme le témoignage de Stace qui distingue les deux basiliques et montre qu'elles étaient vis-à-vis l'une de l'autre. L'épithète *Belligeri*, donnée par Stace à Æmilius Paullus, ne lui convient nullement, car il n'eut jamais de commandement militaire et l'ambiguïté de sa politique lui ôta toute considération. Stace l'a confondu peut-être avec son ancêtre Paul Émile. Je plains Paul Émile de s'être appelé comme un pareil drôle et d'avoir pu être confondu avec lui.

[3] D'après Canina (*d'i. ant.*, i, p. 140), l'église de Saint-Adrien a été bâtie entre deux murs antiques.

D'abord Æmilius Paullus répara une basilique, la plus ancienne après la basilique Porcia. Élevée du même côté du Forum [1] pendant la censure de Fulvius Nobilior et de M. Æmilius Lépidus [2]; elle s'appelait *Fulvia*. Les Æmilius la considéraient comme un monument de famille; un autre M Æmilius Lépidus l'orna de boucliers de bronze représentant les images de ses ancêtres [3].

Après avoir entrepris de restaurer à peu de frais la basilique Fulvia [4], Æmilius Paullus commença une nouvelle basilique d'une grande magnificence [5] : il s'était ruiné pour l'élever, il se vendit pour la continuer. Ce

---

[1] Post Argentarias novas (T. Liv., xl, 51). Mais plus à l'est, car Cicéron (*Ad Att.*, iv, 16) dit « in *medio* foro, » vers le milieu du côté septentrional du Forum, comme le Janus *medius*, le second des trois Janus qu'on sait avoir existé le long de ce côté du Forum.

[2] Tite Live (xl, 51) attribue la fondation de la basilique à Fulvius Nobilior, mais elle pouvait être considérée comme l'œuvre commune des deux censeurs.

[3] Pl., *Hist. nat.*, xxxv, 4.

[4] Jam pœne texuit iisdem antiquis columnis (Cic., *Ad Att.*, iv, 16). C'est-à-dire faisait servir à la décoration de la basilique restaurée les anciennes colonnes.

[5] Plutarque (*Cés.*, 29) dit : « Ἀντὶ τῆς φουλβίας, » ce qui ne peut signifier ici *en face* de la basilique Fulvia, car la basilique Fulvia et la basilique Æmilia étaient du même côté du Forum. C'est donc *à la place* de la basilique Fulvia qu'il faut entendre. Il paraîtrait qu'après avoir commencé par vouloir réparer la basilique Fulvia, Æmilius Paullus, quand il eut reçu les millions de César, abandonna ce projet pour construire un monument entièrement nouveau; l'ancien avait probablement disparu au temps de Plutarque, et il parlait de la

fut la basilique Æmilia, qu'on appelait aussi la basilique de Paullus.

Il est triste d'être immortalisé par un souvenir de sa vénalité quand on s'appelle comme Paul-Émile.

Malgré les quinze cents talents reçus de César, Paullus ne put achever ce monument de sa honte : la guerre civile vint tout interrompre. Ayant abandonné le parti de César, comme il avait abandonné le parti de Pompée, il se brouilla avec son frère qui le fit placer sur la liste

basilique Æmilia comme l'ayant remplacé. Mais la seconde basilique ne pouvait être exactement au même lieu que la première, car celle-ci était à peu près à la hauteur du centre du Forum (in medio foro), l'autre à la hauteur de la basilique Julia, près de l'entrée du Forum ; du côté où était le premier des trois Janus. Un scholiaste d'Horace (*Ép.*, I, 1, 54), en disant qu'il y avait devant la basilique Æmilia deux Janus, semble indiquer qu'elle s'étendait du premier au second, c'est-à-dire jusqu'à l'emplacement où avait été la basilique Fulvia, ce qui pourrait faire supposer que cet emplacement et peut-être quelques restes de l'ancienne basilique Fulvia furent compris dans la nouvelle basilique Æmilia. C'est sans doute aux deux basiliques réunies que Varron (*L. lat.*, VI, 4) donnait le nom de « basilica *Fulvia et Æmilia*. » Le Janus medius devait se trouver en face du siége du préteur (temple de Castor), que Cicéron dit aussi « in foro *medio* » (*Ad Quint. Fr.*, II, 3). La statue d'Antonius, placée devant le temple de Castor (Cic., *Philipp.*, VI, 5), lui avait été dédiée comme au patron du Janus medius, celui où se faisaient surtout les prêts usuraires, circonstance qui porte aussi à mettre le Janus medius en face du temple de Castor voisin du puteal de Libon, cher aux usuriers. D'autre part, la basilique Julia va, comme on le lit dans l'inscription d'Ancyre, du temple de Saturne (aux huit colonnes) jusqu'au temple de Castor (aux trois colonnes) ; ceci montre encore que la basilique Æmilia, opposée à la basilique Julia, pouvait s'étendre du premier Janus au second, situé en face du temple de Castor.

des proscrits; il parvint à s'échapper et mourut obscurément dans l'exil. Son fils adoptif dédia la basilique Æmilia après sa mort [1].

On n'aime pas à rencontrer Cicéron dans l'histoire d'Æmilius Paullus et de sa basilique, lui qui avait gémi sur la défection d'Æmilius et de Curion. Cicéron [2], dans une lettre à Atticus où il s'appelle l'ami de César, « quand tu devrais en crever de rire, » a-t-il soin d'ajouter, parle, à propos de ce monument qu'il appelle très-glorieux, des soins que lui-même a pris pour acheter le terrain destiné au forum de César [3]. Je préférerais ne pas le voir occupé à obliger celui dont il devait applaudir les meurtriers, mais c'est, je crois, à tort qu'on lui a reproché d'avoir manié ces fonds dont César laissait volontiers une partie dans les mains par lesquelles il les faisait passer [4]. Dans la vie de Cicéron

[1] Quand elle fut brûlée et réparée sous Auguste. (D. Cass., LIV, 24.) Voir une médaille. (Dyer, *Roma;* Smith, *Dict.,* II, p. 787.)

[2] *Ad Att.,* IV, 16.

[3] Le forum de César devait être voisin de l'extrémité nord-ouest du grand Forum, où était le Vulcanal, puisqu'on disait que les racines d'un arbre aussi vieux que la ville et planté dans le Vulcanal avaient atteint le forum de César. Avant que M. Mommsen le premier eût découvert la vraie place du Comitium, et par suite celle du Vulcanal, on le transportait à l'extrémité sud-est du Forum romain et par là en suivant les racines de l'arbre dont parle Pline, on était conduit à mettre le forum César aux environs de Torre dei Conti, mais le Vulcanal remis à sa place remet le forum de César à la sienne.

[4] M. Drumann, toujours très-dur pour Cicéron, suppose que César a profité de cette circonstance pour avancer de l'argent à Cicéron (*Gesch. R.,* III, 323). Ce que Cicéron dit de la *liberalitas* de César ne

il y a beaucoup de faiblesses, mais pas une trace de vénalité.

Il n'était question alors que d'agrandir le Forum romain, Ciceron ne dit rien autre chose : « Pour agrandir le Forum et l'étendre jusqu'à l'atrium de la Liberté [1] nous n'avons pas regardé à soixante millions de sesterces [2] » (douze millions). César, proconsul de la république, ne pouvait encore mettre un forum qui portât son nom à côté de celui du peuple romain ; cela n'était possible qu'après Pharsale, aussi le forum de César ne fut-il dédié qu'après son triomphe. C'est donc lorsque nous serons arrivés à la dernière période de la vie de César que nous aurons surtout à nous en occuper. Dès l'époque à laquelle nous sommes parvenus, César commençait à acheter le terrain destiné à son forum

doit point se prendre dans le sens de *liberalité* (*Ad Fam.*, i, 9). Il est bien question d'un personnage qui, à son départ pour la Cilicie, lui a dit espérer quelque chose, et qui, vaincu par les bons offices et les hommages de Cicéron, les estime plus que tout l'argent du monde (*Ad Att*, viii, 5, 8); ce passage n'est pas assez clair pour être décisif. D'autres semblent prouver que Cicéron a été le débiteur de César, mais cela n'a, je crois, rien à faire avec le forum de César.

[1] Nous avons vu que l'atrium de la Liberté était sur le penchant de cette colline, allant du Quirinal au Capitole, que Trajan a supprimée pour établir son propre forum, et jusqu'au pied de laquelle devait s'étendre le forum de César. C'est en effet entre le grand forum et la place Trajane qu'on voit, dans la rue du Ghetarello, un mur qui probablement faisait partie de l'enceinte du forum de César.

[2] *Ad Att.*, iv, 16. Suétone dit plus de cent millions de sesterces vingt millions). (*Cæs.*, 26.)

à venir : si quelque chose aide à croire que dès lors César visait au pouvoir suprême, c'est bien cela.

Mais le proconsul pouvait remplacer les *septa*, où se tenaient les assemblées du Champ de Mars, par un édifice en marbre avec un toit et un portique de cinq mille pieds; c'est ce que César voulait faire faire, et il avait confié encore à Cicéron l'exécution de ce projet, qui fut exécuté par Lépide[1]. Les comices furent dédiés par Auguste; ils eurent un palais de marbre avec un toit et un portique, mais bientôt on ne les rassembla plus.

Cicéron dit que ces Septa du Champ de Mars sont destinés aux *comices par tribus*. Un passage de Suétone, qui se rapporte à la fin de la vie de César[2], montre aussi les comices par tribus tenus dans le Champ de Mars; jusque là c'était dans le Forum qu'ils avaient coutume de se rassembler. César les a-t-il transportés loin du Forum accoutumé à la turbulence, hors de la ville, et par conséquent dans un lieu où l'*imperium*, c'est-à-dire le commandement absolu des généraux, pouvait être exercé, et voulait-il par ce projet d'un monument magnifique destiné à remplacer le vieux septa, éblouir les esprits et les gagner à son dessein? Du reste, l'intention de tous ses projets de bâtiments n'est pas douteuse, il s'agissait de gagner le peuple pour le soumettre; mais il était puéril de dire comme Pompée

---

[1] D. Cass., LIII, 23.
[2] Suét., *Cæs.*, 80, et Dion Cassius, LIII, 23.

que ces projets furent une des causes de sa rébellion et qu'il voulait renverser l'État pour pouvoir les accomplir.

Afin de rassurer sur son retour et d'endormir les craintes du sénat, comme s'il n'eût du songer désormais qu'à jouir de son repos et de sa gloire, il faisait construire près de Nemi [1] une villa qu'il fit détruire quand elle fut achevée parce qu'elle ne se trouva pas telle qu'il l'aurait voulue, ou plutôt parce que l'effet qu'il l'avait destinée à produire était produit. Il reste de cette fantaisie a but politique, sous les eaux du lac, une construction en bois qu'on a appelée le vaisseau de Tibère ou de Trajan [1]. Selon les habitudes que prit le luxe romain sous les empereurs et que César lui faisait prendre déjà, il avait voulu bâtir sa villa dans le lac même, ainsi que l'on bâtit plus tard tant de villas dans la mer.

Pendant ce temps-là, Cicéron était proconsul en Cilicie; son correspondant Cœlius lui faisait parvenir les *on dit* de Rome : « On dit tout bas que César a été battu en Gaule, qu'il est entouré; le bruit s'est répandu que toi-même avais péri [2]. » Les auteurs de

---

[1] Nibby (*Dint.*, II, p. 396) voit là une substruction en bois; elle est Suét., *Cæs.*, 46) recouverte d'un grillagé en fer sur lequel sont de grandes briques en fer et ce seul mot : *Caisar*.

[2] *Ad Fam.*, VIII, 1. Cœlius avait une habitation près de la porte Flumentane (*Ad Att.*, VII, 3) c'est-à-dire près du Tibre et non loin du lieu où fut depuis le théâtre de Marcellus.

cette nouvelle étaient les *subrostrani* (les oisifs qui se tenaient sous la tribune). Cœlius, pour les séances du sénat, le renvoyait à la *Gazette de Rome* [1], dont il lui adressait plusieurs *numéros* [2], l'engageant à passer les inutilités qui s'y trouvaient, les listes des décès et le compte rendu des pièces tombées.

J'ai dit qu'au milieu des gorges de la Cilicie, Cicéron était agréablement occupé du succès auprès du public et auprès d'Atticus de son livre sur l'*État* ou la *société politique* (c'est le vrai sens de *de Republica* [3]). Ici le lieu de la scène est dans les jardins, nous dirions la villa de Scipion Emilien, probablement près de la porte Capène, non loin du tombeau des Scipions.

C'est le temps des féeries latines. Scipion Emilien reçoit quelques amis qui pendant ces jours de loisir viennent le visiter. Quand Furius, l'un d'eux, paraît, Scipion se lève, le prend par la main et le fait asseoir sur son lit, la place d'honneur à Rome, comme le *canapé* en Allemagne; puis, lorsqu'un esclave annonce que Lælius est sorti de sa maison et vient le voir, Scipion

---

[1] *Ad Fam.*, VIII, XI. *Commentarium rerum urbanarum.* Multa transi; in primis ludorum explosiones, et funera.

[2] Commentarium rerum urbanarum *primum* dedi L. Castrinio Pæto, *secundum* ei qui has litteras tibi dedit. (*Ib.*, 2.)

[3] Res publica, res populi; populus autem non omnis hominum cœtus quoque modo congregatus, sed cœtus multitudinis juris consensu et utilitatis communione sociatus. (*De Rep.*, I, 25.) Cicéron se sert du mot *respublica* en parlant de la monarchie. (*Ib.*, 26.)

met sa chaussure, prend sa toge et va l'attendre sous le portique; à son arrivée, il le salue ainsi que ceux qui l'accompagnent, se retourne alors et, debout sous le portique, présente Lælius à ses autres amis. Un nouveau personnage survient : tous le saluent et, comme on était en hiver, la grave compagnie va chercher dans un petit pré le soleil. Les interlocuteurs de l'*Orateur* avaient cherché l'ombre à Tusculum : l'ombre et le soleil jouent un grand rôle dans la vie des peuples méridionaux, et en particulier des Romains.

Cicéron revint d'Asie à Rome, tout occupé de son triomphe peu mérité, dont Caton lui refusait l'innocente satisfaction, que César par lettres et Pompée de vive voix lui faisaient espérer ; cajolé par les chefs des deux partis, sans influence sur l'un ni sur l'autre, se flattant de la paix qui était devenue impossible et aspirant au rôle de médiateur qu'il n'était pas en mesure de jouer. On vint en foule à sa rencontre et son entrée, dit-il, fut aussi belle qu'il pouvait le désirer. Mais il tomba dans le feu de la discorde civile.

Le moment suprême de la république approchait ; la lutte allait s'engager entre la république et l'empire, entre Rome et César, entre la liberté mal protégée contre la tyrannie des factions et le pouvoir absolu d'un maître ; la liberté était malade, elle allait mourir. Il était clair pour quiconque avait les yeux ouverts que César était son ennemi, mais comment la sauver de César ?

Si César eût été un Washington ou un citoyen de l'ancienne république romaine, à l'expiration de son commandement il fût rentré dans Rome comme un simple citoyen protégé seulement par sa gloire et son immense popularité. Mais on ne pouvait attendre cela de lui et il semblait sage de ne pas le pousser à bout. C'est pourquoi Pompée appuya la demande que fit César d'être nommé consul quoique absent. Mais on comprit bientôt le danger qu'il y avait à le laisser revenir à la tête de son armée victorieuse, entouré de la faveur populaire, revêtu dn premier pouvoir de l'État : c'était lui livrer la république.

Pour la conserver, il fallait à tout prix lui enlever sa province, et son armée.

Mais ce parti violent donnait à la cause de l'ennemi de l'État une apparence d'équité : on s'y prenait trop tard ou trop tôt; on devançait l'événement pour prévenir le danger. Après avoir laissé César grandir et se fortifier, on voulut tout à coup l'arrêter et le détruire; on le mit dans la nécessité qu'il attendait de dominer pour se conserver et d'attaquer pour se défendre.

Le rappel de César devint la grande question; elle fut mise en avant par le consul Marcellus, ennemi acharné de César, combattue par son collègue Sulpicius. Pompée était absent, ce qui le dispensait de se prononcer. Quand il reparut dans la Curie, son langage fut évasif; il était embarrassé de son personnage, car il avait l'Espagne pour cinq ans au même titre que

César avait la Gaule, et cela par la violation d'une loi dont lui-même était l'auteur.

Curion, vendu à César, ne paraissait point l'être; Marcellus ayant proposé que César déposât son commandement, Curion approuva Marcellus, mais demanda que Pompée déposât le sien. Cela fit hésiter le sénat qui ne décida rien. Pompée s'en alla en Campanie; il y tomba malade, peut-être de dépit. Quand il revint, après sa guérison, tout le long de la voie Appienne, il fut accueilli par des signes d'allégresse. Dans tous les lieux qu'il traversait on offrait des sacrifices sur son passage, on le recevait avec des couronnes et des flambeaux, on lui jetait des fleurs; ces hommages achevèrent de lui tourner la tête et de l'aveugler.

En arrivant à Rome, il déclara qu'il était prêt à renoncer à sa province et ne doutait pas que César n'en fît autant. Curion répondit qu'il fallait lui donner l'exemple en exécutant ce qu'il promettait[1].

Personne n'était de bonne foi, chacun des deux rivaux voulait tromper l'autre et Curion comptait peut-être sur le refus de Pompée pour autoriser celui de César.

Pompée montra de l'humeur et se retira dans sa villa Albaine, s'éloignant selon son usage quand il était mécontent.

---

[1] César, *Sc. hist.*, p 183.

Le sénat s'assemble en son absence ; la proposition de Curion, repoussée d'abord, est enfin acceptée. Marcellus sort furieux en s'écriant : « Eh bien, que César soit votre maître ! » Curion alla dans le Forum où l'on savait déjà ce qui s'était passé dans la Curie. Il fut reçu avec des applaudissements, et quand il eut déclamé en chaud républicain contre la tyrannie de Pompée, on le reconduisit à sa maison en lui jetant des fleurs, comme on en jetait naguère sur la voie Appienne à ce même Pompée.

Le bruit se répandit dans Rome que César avait passé les Alpes et marchait sur la ville ; Cicéron même le crut déjà à Plaisance. Cette nouvelle, qui causa un grand effroi, était de celles qui ne sont pas encore vraies, mais qui ne tardent pas à l'être. Pompée était toujours hors de la ville ; les consuls allèrent le trouver, Marcellus lui remit un glaive en lui disant : « Nous t'ordonnons d'aller combattre César ; nous te donnons le commandement des troupes qui sont en Italie et le pouvoir d'en lever d'autres autant que tu le jugeras convenable. » Pompée répondit : « J'obéirai aux consuls. » Et il ajouta : « S'il est nécessaire, » soutenant son personnage de modéré irrésolu jusqu'au bout. Curion, après avoir démenti le faux bruit de l'arrivée de César, s'être plaint des armements que la république faisait pour sa défense, avoir, comme tribun, défendu d'obéir aux consuls, retourna vers César : il avait bien gagné son argent.

Le dénoûment approchait. Antoine était tribun comme Curion l'avait été; son langage à la tribune fut encore plus violent contre Pompée, ce proconsul d'Espagne qui campait aux portes de Rome avec une armée. Pompée commençait à craindre César, mais trop tard, comme disait Cicéron [1]. On n'avait rien fait pour le désarmer et tout pour l'irriter; cela ne lui donnait aucun droit, mais lui créait une grande force. De Ravenne, il se mit à traiter avec le sénat et lui fit connaître ses conditions : Pompée et lui déposeraient le pouvoir proconsulaire, mais jusqu'à l'élection des consuls on lui laisserait deux légions, la Gaule cisalpine et l'Illyrie, au moins l'Illyrie et une légion. Si le sénat acceptait, César, sûr d'être nommé consul, ayant pour lui la faveur de l'armée et du peuple, était le maître et la république romaine avait cessé d'exister.

Tous ceux qui ne voulaient pas d'un maître, qui voulaient conserver la constitution de leur pays quoique ébranlée et sa liberté quoique orageuse, tous ceux-là devaient repousser ses conditions, qu'un général, quelque habile et quelque heureux qu'il eût été, n'avait nullement qualité pour imposer. Cette lettre était une sommation à Pompée de déposer le pouvoir, une promesse en ce cas de le déposer également; si Pompée refusait une menace de venir à Rome venger les injures faites à lui, César, et à ses amis.

---

[1] Cæsarem sero cœpit timere. (*Ad Fam.*, xvi, xi.)

On refusa d'abord d'entendre la lecture de la lettre; deux tribuns qui appartenaient à César, Cassius Longinus et Antoine, en obtinrent la lecture : elle fut regardée avec raison comme une déclaration de guerre à laquelle il n'y avait pas à répondre.

Ici commence une suite de délibérations orageuses dont le lieu n'est point indiqué et qui durent se passer dans différents temples, peut-être dans la Curie de Pompée; la Curia Hostilia avait brûlé aux funérailles de Clodius et n'était pas encore relevée. Il semblait que le sénat, quand la dernière heure de son importance politique était près de sonner, en fut averti par le sort qui lui enlevait le lieu ordinaire de ses réunions : la Curie n'existait plus et bientôt le sénat n'existerait plus que de nom.

Dans ces séances agitées, un petit nombre de voix s'élevèrent en vain pour que l'on donnât du temps à César, qu'on cherchât à s'entendre avec lui. Toute entente était impossible entre ceux qui voulaient conserver la constitution et celui qui la minait depuis si longtemps et avait résolu de la renverser.

Enfin, le sénat, sur la proposition de Scipion, beau-père de Pompée, décréta que César eût à revenir au terme qui lui serait fixé, sans quoi il serait considéré comme ennemi de l'État. Les deux tribuns voulurent user de leur droit d'intercession pour empêcher l'effet de la loi; on n'en tint compte. Enfin, le mot sacramentel des grands périls et souvent des grandes violences, fut prononcé : Que les magistrats avisent... la république est en danger.

A ce moment, aucune vie n'étant plus assurée, les consuls invitèrent les tribuns à se retirer. Antoine, toujours plein d'audace, s'élance de son siège au milieu de l'assemblée et proteste contre cette atteinte portée à l'autorité du proconsul : disant que les auteurs du décret qui vient d'être rendu doivent être chassés de la Curie comme des homicides et des scélérats; annonçant la guerre, les exils, les proscriptions et dévouant aux puissances infernales les auteurs de tant de maux; puis il sortit avec Cassius et Curion. Un détachement de Pompéius entourait la Curie ; ils furent obligés de revêtir des habits d'esclaves pour se sauver et allèrent trouver César dans une voiture de louage.

Pompée, que l'*imperium* retenait hors des murs de la ville, n'avait pas paru dans le sénat[1]. Rome, par son ordre, se remplit de soldats, protection dangereuse de la liberté; aussi n'entend-on pas parler en ce moment d'assemblée au Forum, le Forum est muet, tout se passe dans le sénat. Le sénat fut convoqué hors de la ville, probablement dans la Curie de Pompée, près de sa maison. Cette fois il parut, approuva tout, et sembla plein d'espoir; le trésor public fut

---

[1] Cés., *De Bell. civ.*, 1, 1, éd. Oberlin. Je crois qu'il faut lire *aberat* et non *aderat* dans cette phrase : « Hæc Scipionis oratio quod senatus in urbe habebatur Pompeius que *aderat*, ex ipsius ore Pompeii mitti, videbatur.

mis à sa disposition. Caton tança vertement le préteur Roscius qui demandait qu'on envoyât une députation à César. Les principaux sénateurs se rendirent dans diverses parties de l'Italie pour lever des troupes et rassembler de l'argent. Cicéron choisit la côte de Campanie, où il avait des propriétés et où étaient sa villa de Cumes et sa villa de Pompéi.

César avait passé le Rubicon et semblait marcher sur Rome. La terreur y était grande; les prodiges abondaient, on pressentait la fin de la république, on voyait déjà César vengeant ses injures par des proscriptions[1] et livrant à ses Gaulois le Capitole; les grands personnages s'enfuyaient dans leurs villas et des gens sans aveu accouraient dans Rome pour aider à la piller. Telle était la physionomie de la ville (forma urbis[2]). La maison de Pompée était assiégée par les sénateurs; chacun lui apportait une nouvelle, tantôt rassurante, tantôt alarmante; chacun lui adressait une excitation ou un reproche. Cicéron, qui de loin partageait toutes ces alternatives de confiance et de découragement, a peint la politique de Pompée en deux mots : « Timidité et confusion[3], » et l'état de Rome en disant : « Tout est plein de terreur et d'aveuglement[4]. » Il y a de ces moments-là pour les peuples.

[1] César, *Sc. hist.*, p. 207.
[2] Formam mihi urbis exponas. (*Ad Att.*, vii, 12.)
[3] Nihil esse timidius constat, nihil perturbatius. (*Ad Att.*, vii, 13.)
[4] Plena timoris et erroris omnia (*ib.*, 12). Le sien, hélas! était bien grand, car il se flattait encore de jouer le rôle de conciliateur et

Sans attendre César, qui était encore loin, Pompée déclara le siége du gouvernement transporté à Capoue, et, sur un faux bruit de l'approche de César, quitta précipitamment Rome avec les deux consuls et toutes les autorités, sans prendre le temps d'emporter le trésor [1]. Rome est livrée à elle-même et dans une situation où elle ne s'était jamais vue jusque-là; Cicéron a appelé ce départ, auquel il tenta de s'opposer, une fuite très-honteuse : « Fugam ab urbe turpissimam [2]. »

Les inquiétudes de ceux qui demeuraient étaient affreuses; le désespoir de ceux qui s'éloignaient fut profond; pendant toute la nuit, ils errèrent tumultueusement dans la ville, le matin ils allèrent dans les temples, invoquant les dieux, les priant, baisant le pavé (on se croit dans la Rome de nos jours) et pleurant leur patrie qu'il fallait quitter. « Il y eut beaucoup de larmes aux portes, dit Dion Cassius [3]; les uns s'embrassaient et saluaient Rome encore une fois, les autres pleuraient sur eux-mêmes et mêlaient leurs prières à celles de leurs amis qui partaient; on criait à la trahison et on en maudissait les auteurs; vous

---

demandait à Atticus de lui envoyer le livre de Démétrius Magnès sur la Concorde pour y chercher des arguments. (*Ad Att.*, vii, 12.)

[1] *Ad Att.*, vii, 21. *Ib*, viii, 2. Qui urbem reliquit idest pecuniam... huic (Cæsari) tradita urbs est nuda præsidio, referta copiis (*Ad Att.*, vii, 12.)

Ad Att., vii, 21.

[3] xli, 9.

eussiez dit deux villes et deux peuples, l'un en marche et en fuite, l'autre abandonné qui restait pour mourir. »

César laissa Rome sur sa droite et, suivant la côte, alla chercher Pompée à Brindes. Pompée ne l'attendit point et passa en Épire; César, qui n'avait pas de vaisseaux sous la main et ne voulait pas que l'armée d'Espagne pût menacer la Gaule et l'Italie, s'abstint de le suivre et jugea plus prudent de revenir à Rome préparer les moyens de le vaincre. Cette marche de soixante jours à travers l'Italie presque sans coup férir, les troupes et les généraux envoyés contre César passant de son côté, ressemble beaucoup à la marche en vingt jours de Cannes à Paris; cependant elle est moins merveilleuse, mais il y a entre elles une différence : César était bien coupable, car il marchait sur Rome au mépris des lois, mais il ne venait pas jouer le sort de son pays contre l'Europe encore sous les armes hélas! et, malgré des prodiges de résistance, y amener l'ennemi.

A Rome, César convoqua ce qu'il appelle dans ses Mémoires *le sénat*, c'est-à-dire les poltrons et les traîtres à la république qui n'avaient pas suivi les consuls et Pompée. Dans un discours, conservé par lui, il se plaignit beaucoup de ses ennemis; mais parce qu'un général a de justes sujets de mécontentement, son mécontentement lui donne-t-il le droit d'attaquer à main armée les autorités régulièrement constituées et la constitution elle-même? Quoi que pût dire César, sa présence à Rome était un crime contre l'État (*violata respublica* [1]).

Sur sa route et à son arrivée, par cette clémence calculée, « insidiosa clementia, » disait Cicéron, dont César savait toujours se servir à propos, comme en Gaule il se servit plus d'une fois de la cruauté, il eut bientôt rassuré ceux qui craignaient de voir dans cet ambitieux sans colère un furieux comme Marius; mais César montra que la violence ne lui coûtait rien lorsqu'elle lui était utile et que les scrupules religieux ne l'arrêtaient point.

Le trésor de l'État, qui s'appelait le trésor très-saint, était renfermé dans l'Ærarium, attenant au temple de Saturne [2], dieu de l'âge d'or, âge où l'on ne volait point, mais l'âge d'or était passé et les deux Marius avaient donné l'exemple du pillage de l'Ærarium. César ordonna que le trésor lui fut livré; le tribun Métellus eut le courage de se placer devant la porte du temple.

[1] Cic., *Ad Att.*, vii, 17.

[2] Quod in sanctiore ærario ad ultimos casus servabatur (T. Liv., xxvii, 10). Ce mot *sanctius* a fait supposer qu'il y avait deux et même trois æraria. Je crois que *sanctius* indique seulement ici la partie la plus sacrée du trésor, celle, comme dit Tite Live, qui était réservée pour les cas extrêmes. Il y avait aussi un trésor public dans le temple de la Diane d'Éphèse et au Parthénon (Hirt, *Gesch. de Bauck.*, ii, p. 130). On voit encore à Rome qu'il existait un espace vide sous le temple de Saturne, là étaient sans doute les vingt-cinq mille ou soixante mille lingots d'or et d'argent et les huit millions en espèces. (Dr., *Gesch. R.*, iii, p. 446.)

César, peu clément ce jour-là, le menaça de le tuer[1], ajoutant : « Tu m'appartiens, toi et tous ceux qui se sont armés contre moi. » Il était difficile de fouler aux pieds plus insolemment tout droit. Les consuls, dans leur simplicité, avaient pris la précaution d'emporter la clef du trésor; César fit briser les portes[2]. Si jamais il y eut vol, et vol avec effraction, ce fut ce jour-là.

Le vol du trésor, les menaces de meurtre adressées au tribun firent un certain effet sur le peuple, qui s'irritait encore de la tyrannie en la subissant. Le sénat de César lui-même laissa voir quelque mécontentement, car César partit pour l'Espagne irrité contre lui[3].

Je n'ai pas à l'y accompagner, mais Marseille étant une des étapes du voyage de Rome, ceux qui liront mon livre à Rome me permettront de mentionner en pas-

---

[1] César (*B. Civ.*, I, 14) plaide la circonstance atténuante et dit que le trésor n'était pas fermé. Pompée s'était ravisé et avait ordonné aux consuls d'aller chercher le trésor à Rome (*Ad Att.*, VII, 21) : ainsi il ne pouvait échapper aux spoliateurs; mais, comme le dit Cicéron, si les consuls étaient venus à Rome, César ne les aurait pas laissé sortir :
« Exeant : quis sinat?

... Tum conditus imo.
Eruitur templo multis intactus ab annis
Romani census populi. »
Luc., *Phars.*, III, 655.

[2] César, *Sc. hist.*, p. 216

[3] *Ad Att.*, X, 7. Iratus senatu exiit. (*Ad Fam.*, VIII, 16.)

sant cette forêt que Lucain a chantée, qu'enveloppait une terreur religieuse inspirée par la formidable religion des druides et que César fit abattre pour les besoins de son siége. Elle était voisine de Marseille (Vicina operi) et s'élevait épaisse entre des monts dénudés.

Inter nudatos stabat densissima montes [1];

ce qui montre qu'elle se trouvait dans un lieu bas, entre des montagnes arides déjà au temps de César comme elles le sont de nos jours, et ne permet pas de la placer comme on le fait d'ordinaire sur le rocher de Notre-Dame de la Garde, où il n'y avait alors pas plus d'arbres qu'il n'y en a aujourd'hui [2].

Marseille avait tenu contre les lieutenants de César pendant quarante jours, temps qui lui avait suffi pour éteindre toute résistance en Espagne. Marseille dut céder à César, mais ce fut après avoir héroïquement défendu ses murs et la liberté romaine.

De retour à Marseille, César apprit qu'il avait, selon son désir, été nommé dictateur de la manière la plus illégale; mais qu'importait la légalité, le temps du droit était passé sans retour. Il fut plusieurs fois dictateur et plusieurs fois consul ; je ne mentionnerai plus

[1] Luc., *Ph.*, iii, 428
[2] Voyez sur cette forêt druidique mon *Histoire littéraire de la France avant le douzième siècle*, t. I, p. 45-6.

ces titres peu sérieux, César fut le maitre jusqu'au jour où il fut tué : il n'y a que cela de réel pour l'histoire[1].

César avait laissé à Rome Antoine pour y commander en son absence ; celui-ci y avait étalé ses vices et avait paru en public précédé par les licteurs et accompagné de la courtisane Cytheris, de bouffons et de pire encore. Il est fâcheux que Cicéron raconte gaiement avoir assisté à un souper où était cette femme[2]. César ne fit aucun reproche à Antoine ; Antoine était dévoué et en fait de mœurs César n'avait pas le droit de se montrer sévère. Durant l'absence de César quelque mécontement s'était montré au théâtre, mais son retour rapide et glorieux appaisa tout.

Pendant un court séjour à Rome, César promulgua plusieurs lois empreintes de cette modération qui ne justifie point le despotisme usurpé de César, mais qui honore César sans l'absoudre. On s'attendait qu'il abolirait les dettes ; il ne le fit pas, et seulement adoucit la condition des débiteurs. Il distribua du blé à la multitude et se paya de ses dons avec les *ex voto* des temples : ce ne fut pas là son plus grand crime. Quand il partit pour aller s'embarquer à Brindes, le peuple l'accompagna en criant : « La paix ! »

---

[1] César fut nommé consul d'abord pour cinq ans, puis pour dix ans, puis pour toute sa vie. A Rome, le *consulat à vie* était une monstrueuse illégalité.

[2] *Ad Fam.*, ix, 26.

La guerre civile allait commencer, et les enfants, divisés en pompéiens et césariens, se battaient dans les rues de Rome.

Cicéron était bien embarrassé. Fallait-il suivre Pompée qui avait livré Rome et déserté l'Italie, duquel il n'attendait rien de bon? « Tous deux veulent régner, » disait-il avec raison ; fallait-il attendre César, qui apportait certainement la servitude et dont la clémence[1] le rassurait peu, car Curion l'avait averti qu'il ne devait pas s'y fier[2]. De plus, il traînait avec lui six licteurs auxquels il ne voulait point renoncer et qui embarrassaient sa fuite. Incertain de la conduite à tenir, il s'occupait à écrire en latin et en grec les motifs de partir et les motifs de rester[3]. Dans ses lettres, Cicéron nous peint par ses propres inquiétudes ce qui se passait à Rome dans bien des âmes; beaucoup se disaient, ainsi que lui : Que va-t-il advenir?.que veut Pompée? pourquoi a-t-il fui devant César? que fera César? que deviendront mes villas? Comme lui, on était tenté d'aller rejoindre Pompée et l'on ne partait point : on avait une Tullie, un Atticus, une fille, un ami qui tantôt vous exhortaient

---

[1] Elle charmait les municipes (*Ad Att.*, viii, 16), mais quel droit avait César de pardonner? Sa clémence même fut insultante, dit Montesquieu. (*Gr.*, xi.)

[2] Curion lui avait dit : « César n'est pas clément par nature; la clémence est pour lui un moyen de popularité; le jour où il cessera d'être populaire, il sera cruel. (*Ad Att.*, x, 4.)

[3] *Ad Att.*, ix, 3.

à faire votre devoir tantôt vous conseillaient d'attendre et de voir comment les choses tourneraient. César ne demandait à Cicéron que la neutralité; mais c'était lui demander de s'annuler. César eût bien voulu le voir à Rome dans son sénat de renégats : ceci c'était trop honteux, et Cicéron, qui correspondait avec le vainqueur, le suppliait de l'en dispenser [1]. Il avait d'abord eu l'intention de renvoyer sa femme et sa fille à Rome, mais il jugea que cela ferait parler et paraîtrait un premier pas vers son retour; et il y renonça. En attendant, il formait le projet de visiter l'une après l'autre ses villas, qu'il avait désespéré de revoir; mais il ne sortait point de ses perplexités et ne pouvait s'arrêter à aucun parti. Rome lui apparaissait, au milieu de son incertitude, sous les aspects les plus contraires. Tantôt c'était une ville sans lois, où il n'y avait plus ni tribunal ni droit, une ville abandonnée au pillage et aux incendies [2], tantôt il s'écriait : « Et cette ville est debout, les préteurs y jugent, les édiles y préparent des jeux, les gens honnêtes y enregistrent les intérêts payés de leur argent [3]. » Enfin, il se décida à aller, par point d'honneur [4], rejoindre Pompée avec la conviction qu'il courait à sa perte.

[1] *Ad Att.*, ix, 11.
[2] *Ad Fam*, iv, 1.
[3] *Ad Att.*, ix, 12.
[4] Itaque vel officio, vel fama bonorum vel [pudore victus, ut in

FIN DE LA LIBERTÉ.

Dans le camp de Pompée il trouva une apparence de Rome, les consuls, la majorité des sénateurs et un grand nombre de chevaliers; les envoyés de diverses villes de Grèce et d'Asie et plusieurs de ces rois dont on voyait toujours quelques-uns à Rome complétaient la ressemblance, Pompée pouvait croire, comme il le crut en effet, que Rome l'avait suivi.

Le camp de Pompée était le refuge de l'émigration républicaine; on y avait toutes les illusions des émigrés : César allait être abandonné de ses troupes, bientôt réduites à mourir de faim; on se donnait des airs de Sylla et on se répandait en menaces à exécuter quand on serait revenu à Rome; on s'y croyait presque déjà. Les pompéiens, qui transportaient dans leurs tentes de Pharsale les recherches de la vie élégante de Rome, espéraient bientôt les y retrouver; sûrs de la victoire, ils couronnaient ces tentes de laurier et par avance faisaient louer des maisons dans le beau quartier, se partageaient les dignités de la république, se disputaient le titre de grand pontife porté par César, dont Lentulus s'adjugeait par avance les jardins et les villas; il y joignait la maison d'Hortensius, et disposait même de celle du prudent Atticus. Cicéron, mal vu pour sa lenteur à rejoindre son parti[1], ne

tabulis Amphiaraus, sic ego prudens et sciens « ad pestem ante oculos positam » sum profectus. (*Ad Fam.*, vi, 6.)

[1] Après la bataille de Pharsale, à laquelle sa santé ne lui permit pas de prendre part, Sextus Pompée voulut le tuer. Caton, qui pensait

jouant aucun rôle dans la guerre, reportait aussi, mais plus tristement, sa pensée vers Rome, où ses affaires étaient comme toujours assez dérangées, où ses créanciers devenaient importuns, où il ne trouvait personne qui voulut acheter ses terres, où sa fille, ruinée par un époux prodigue, était dans la gêne, où il craignait toujours que sa chère maison et ses chères villas ne fussent confisquées.

Je n'ai pas à raconter cette campagne d'Épire et de Thessalie dans laquelle César, battu d'abord à Dyrrachium, sut tirer parti de ce revers en le pardonnant à ses soldats et en leur faisant attendre comme une grâce l'occasion de la réparer [1]; dans laquelle Pompée, plein tout à la fois de confiance et d'irrésolution, quand son plan était d'affamer et de lasser l'armée de son ennemi, se laissa entraîner à une bataille qui fut la mémorable défaite de Pharsale [2].

Pompée était vaincu et avec lui toute chance de liberté détruite; non que ses intentions fussent meilleures que celles de César [3], lui aussi voulait la toute puissance, seulement il attendait toujours qu'on la lui offrit et César attendait le jour où il pourrait la prendre. Pompée, grand général si l'on veut mais

qu'il aurait pu être plus utile en Italie, le blâmait d'être venu (Plut., 38). Pauvre Cicéron!

[1] César, *Sc. hist.*, p. 244.
[2] *Ib.*, p. 253.
[3] Uterque regnare vult. (Cic., *Ad Att.*, viii, xi.)

pauvre politique et mauvais citoyen, était cependant le dernier espoir et comme le dernier asile de la république. Il eût sans doute cherché à la détruire s'il eût triomphé; il rêvait la dictature de son maître Sylla [1]; mais son inhabileté eût mis des obstacles à sa coupable entreprise. La prodigieuse habileté de César triompha de tout. L'un et l'autre jouaient le même jeu; seulement César jouait bien et Pompée jouait mal; César ne fit pas une faute et Pompée n'en manqua pas une.

Le parti vaincu à Pharsale était le bon parti, celui de la constitution qu'il fallait réformer, transformer s'il était possible et non détruire, car en la détruisant on créait le pouvoir absolu, le mal sans remède. La corruption était partout, chez les *nobiles* comme chez les hommes nouveaux. Les premiers comptaient pourtant dans leurs rangs quelques honnêtes gens; ils avaient Caton, la vertu même. Dans le parti contraire, je ne puis découvrir un honnête homme. Et il ne faut pas que ce mot *nobiles* fasse illusion; cette aristocratie n'était point fermée; la naissance n'était nullement nécessaire pour y prendre place et y jouer un grand rôle; Marius, Cicéron, Pompée même le prouvent assez. Il n'y avait alors à Rome nul privilége, nulle inégalité de droit; toutes les fonctions étaient

---

[1] « Sullaturit animus ejus (*Ad Att.*, ix, 10) Pompeius occultior non melior, » dit Tacite, parlant de Marius et de Sylla. (Tac., *Hist.*, ii, 38.)

accessibles à tous. Les justes droits de la vraie démocratie n'étaient donc point en cause, et quant à ce que l'on confond souvent avec eux, l'empire de la multitude, il n'était que trop grand, car c'est par lui, comme il arrive presque toujours, que devait s'établir le despotisme.

Après Pharsale, Cicéron revint en Italie avec une précipitation que lui-même s'est amèrement reprochée, profondément découragé, désespérant de l'avenir, fort inquiet de la manière dont il serait traité par César et de l'opinion qu'on allait avoir de lui; attendant avec impatience le moment de rentrer à Rome, cette ville où il avait fait de grandes choses, où il retrouverait son ami Atticus et ses livres, ces autres vieux amis [1]. Il y arriva enfin, après s'être arrêté quelque temps dans sa villa de Tusculum, où sa femme vint le retrouver, se plongea, et comme il le disait, se cacha dans l'étude des lettres, cette consolation à laquelle il fut toujours sensible, mais qui ne lui avait pas suffi toujours. Maintenant il se rejetait sur la littérature, dans laquelle il croyait par moments trouver un repos agréable et complet [2], mais on sent que c'était un pis aller. Au sein de l'étude il regrettait l'éloquence, la Curie, le

---

[1] *Ad Fam.*, ix, 1. Scito enim me, cum in urbem venerim, redisse cum veteribus amicis, id est, cum libris nostris, in gratiam.

[2] *Ad Fam.*, ix, 3. In nostris studiis libentissime conquiescimus. (*Ib.*, 6.)

Forum où il n'y avait plus de place pour lui [1]; Cicéron revenait à la philosophie comme le joueur revient à sa maîtresse; lui aussi, ayant perdu la partie, s'écriait : *O ma chère Angélique!*

Pendant ce temps-là, César battait les pompéiens en Afrique et Caton échappait à la servitude par la mort. En Asie, César triomphait de Pharnace avec une rapidité qu'a immortalisée un mot célèbre : « Je suis venu, j'ai vu, j'ai vaincu. » A Rome, toutes les haines n'étaient pas désarmées puisque ses amis lui écrivaient de ne point débarquer à Alsium, dans la villa de Pompée [2], car là on pourrait lui faire un mauvais parti. César les crut et prit terre à Ostie.

Peu de temps après que Caton était mort pour demeurer libre, Cicéron, moins héroïque, tout en écrivant un livre à la louange de Caton, se consolait en soupant, c'est lui qui nous l'apprend, chez les vainqueurs [3]. « Que faire, ajoutait-il, il faut se conformer au temps (tempori serviendum est). »

Cicéron, et cela le relève un peu, ne pouvait éteindre

---

[1] Postea quam illi arti cui studueram nihil esse loci neque in Curia neque in Foro viderem, omnem meam curam atque operam ad philosophiam contulisse. (*Ad Fam.*, iv, 3.)

[2] Cic., *Ad Fam.*, ix, 6. Il paraît que César avait fait sienne la villa de Pompée.

[3] Non desino apud istos qui nunc dominantur cœnitare (*Ad. Fam.*, ix, 7). C'est dans ces moments là qu'il s'écriait avec un gémissement de conscience qui désarme : « Incredibile quam turpiter mihi facere videar. »

dans son âme faible mais naturellement généreuse, le sentiment de sa déchéance; vers la même époque il écrivait à un de ses amis : « Tu me parles de Catulus et de ces temps, qu'y a-t-il aujourd'hui de semblable... Nous étions à la poupe et tenions le gouvernail; aujourd'hui à peine avons-nous une place dans la sentine du vaisseau. » Il ajoute tristement : « La face de Rome est changée, on ne trouve plus dans l'*urbs* aucune *urbanité*; elle prend un aspect étranger, toute remplie qu'elle est de Transalpins, de Gaulois qui portent des braies. » Il a le projet de quitter Rome et d'acheter près de Naples une villa pour s'y retirer : « A quoi sert d'aller au sénat? tandis que je suis les débats du Forum ou que j'écris, j'apprends qu'on a reçu en Arménie, en Syrie un sénatus-consulte pour lequel on dit que j'ai voté et dont je n'ai jamais entendu parler. » Les sénatus-consultes se fabriquaient chez César. A cet enjouement douloureux succédait l'amertume de l'humiliation que les lettres d'Atticus cherchaient à adoucir. « Quand je les lis, lui écrivait Cicéron, je rougis moins de moi-même (minus mihi turpis videor.) »

Ce sentiment de tristesse se retrouve dans le traité de Cicéron sur les *Orateurs illustres*, auquel il a donné le nom de *Brutus*. La scène de ce dialogue entre Brutus, Cicéron et Atticus, est à Rome dans le jardin de Cicéron, sur une pelouse, au-dessous d'une statue de Platon [1].

[1] *Brut.*, 6.

Cicéron y fait l'histoire de l'éloquence romaine maintenant muette; il déplore d'être né trop tard et d'être tombé dans cette nuit de la chose publique.

En effet, César était tout puissant, Pompée était mort en Égypte et Caton dans Utique. La sépulture de Pompée est près de Rome; avant d'entrer dans Albano on voit, à gauche, le squelette d'un grand tombeau qui était revêtu de marbre; il est, selon Nibby [1], disposé comme un bûcher à quatre étages. On donnait parfois aux tombeaux cette apparence de bûcher : fut-elle choisie à dessein comme pour consoler l'ombre du grand capitaine qui sur la plage d'Égypte n'avait eu pour bûcher funèbre que quelques planches d'une vieille barque échouée comme sa fortune, auxquelles avait mis le feu la main d'un affranchi fidèle.

Cornélie apporta d'Égypte les cendres de ce cadavre dont la tête manquait : elle avait été coupée par un traître et portée à César dans Alexandrie. César avait d'abord considéré cette tête avec attention pour s'assurer qu'on ne le trompait point, puis, se détournant, avait répandu des larmes, qu'en dépit de Lucain [2], je

---

[1] Si vede che in origine questo sepulcro era foggiato a guisa d'un rogo a quattro diversi ripiani. (*Dint.*, I, p. 92.)

[2] Lucain (IX, 1041) a prêté à César un sentiment forcé :

... Lacrymas non sponte cadentes
Effudit, gemitusque expressit pectore læto,
Non aliter manifesta putans abscondere mentis
Gaudia, quam lacrymis.

crois sincères[1]. César ne jouait pas la comédie pour rien ; le spectacle de cette fin misérable d'une destinée mêlée à la sienne dut le toucher ; d'ailleurs

> ... Il est aisé de plaindre
> Le sort d'un ennemi quand il n'est plus à craindre.

César fit brûler la tête avec des parfums et ordonna que les cendres fussent placées dans un sanctuaire élevé par lui, devant la porte d'Alexandrie, à Némésis[2], la déesse inexorable qui abat toutes les grandeurs et qui devait bientôt abattre la sienne.

En Égypte, des mains pieuses, celles de l'affranchi Philippe et d'un ancien questeur de Pompée, avaient construit pour ce qui restait de son cadavre, qu'ils brûlèrent après l'avoir retiré du Nil où il avait été jeté, un petit monument sur lequel on traça cette épitaphe : « Pour celui qui avait des temples, quel pauvre tombeau[3] ! » C'est de là que Cornélie avait apporté les os

---

[1] César, *Sc. hist.*, p. 267.

[2] App., II, 90. Ce sanctuaire fut détruit dans une insurrection des Juifs d'Alexandrie sous Trajan. Appien (*B. Civ.*, II, 86) dit qu'Adrien l'ayant trouvé enfoui sous le sable, le fit relever.

[3] Selon l'auteur du *De Viris illustribus* (77), ces mots plus simples : « Hic situs est magnus. » L'assertion : « Pompeio tumba nulla, » est donc deux fois inexacte.

Les vers prétentieux de Lucain (VIII, 713-4) :

> Pompeio raptum tumulum fortuna paravit,
> Ne jaceat nullo vel ne meliore sepulcro,

ne le sont qu'à moitié.

de son époux dans le magnifique sépulcre d'Albano. Pompée vint donc reposer près de cette villa où il était allé si souvent chercher un asile contre les agitations de Rome, apporter ses rêves ambitieux et ses éternelles incertitudes. Il avait désiré que les cendres de Julia y fussent déposées, mais le peuple les avait portées au Champ de Mars, dans la tombe des Jules : pour le peuple, elle était moins la femme de Pompée que la fille de César. Aujourd'hui, dans le tombeau destiné à Julia, une autre épouse déposait les restes de Pompée.

Pour Caton, rien ne rappelle à Rome cette mort admirable, ce suicide que Dante, le grand poëte catholique, n'a pas osé condamner, accompli avec un calme, une sérénité, une douceur qui élève l'âme et l'attendrit. Ce suicide fut cependant une erreur; tout n'était pas perdu par la prise d'Utique, l'Espagne et une armée restaient aux fils de Pompée. César, victorieux et tout puissant se crut obligé d'aller en personne les soumettre. Dans cette dernière lutte, la victoire et la vie pensèrent lui échapper. Caton aurait dû être là; mais il avait cru la liberté anéantie et l'avénement du pouvoir d'un seul établi sans retour. Il faut tâcher de comprendre que pour une âme fière comme la sienne c'était la dernière des hontes; il n'avait pas voulu la voir. Après avoir tout disposé pour la fuite de ses amis et s'être occupé d'eux jusqu'au dernier instant, au sortir d'un souper rempli par de graves et calmes entretiens, il s'était retiré dans sa chambre, avait lu le *Phédon*, s'était endormi jusqu'à l'aube et alors s'était tranquillement percé de son épée ; puis, ses amis et son fils étant accourus, l'ayant trouvé encore vivant et voulant le secourir, il avait déchiré ses entrailles et l'appareil mis sur sa blessure, sans emportement, mais parce que, Rome recevant un maître, il avait résolu de ne plus vivre. Tout cela s'était passé dans une petite ville d'Afrique, mais il n'y a rien de plus romain dans l'histoire de Rome [1].

D'ailleurs à Rome le souvenir de Caton est partout, dans le Champ de Mars, dans le Forum, où il combattit de ses discours et de sa personne la démagogie qui, comme toujours, préparait la tyrannie, brava les fureurs et les insultes de la populace et se fit traîner un jour de la Curie à l'arc de Fabius, la plus grande longueur du Forum ; dans la Curie où il éleva souvent son austère voix contre les corruptions aristocratiques qui déshonoraient la liberté, sans être lui-même, et c'est là pour moi sa grandeur, jamais disposé à l'abandonner ; au Capitole, où il appuya de sa parole le courage que Cicéron montra cette fois contre le parti scélérat de Catilina ; enfin jusqu'au Comitium, dans lequel il joua philosophiquement à la balle le jour où un autre que lui fut nommé préteur [2].

[1] César, *Sc. hist.*, 290-326.
[2] Eodem quo repulsus est die, in Comitio pila lusit. (Sén., *Ep*, 104.)

Nous savons où était la maison de Sylla, au pied d'une saillie occidentale du Palatin qui n'existe plus; c'est là qu'à l'âge de quatorze ans fut conduit le petit Caton et que voyant apporter des têtes il demanda à son pédagogue pourquoi on laissait vivre cet homme. « C'est, lui fut-il répondu, parce que Sylla est encore plus craint qu'il n'est haï. — Eh bien, reprit le brave enfant, pourquoi ne m'as-tu pas donné un glaive afin que le tuant j'arrache ma patrie à l'esclavage? » Et il expliqua comment la chose lui serait facile, parce que Sylla avait coutume de le faire asseoir sur son lit[1]. Ce n'était donc pas une boutade enfantine, mais déjà le sérieux dessein de délivrer Rome d'un monstre.

Son énergie à maintenir le droit fut manifeste dès la première cause qu'il plaida. Les tribuns se réunissaient dans la basilique Porcia, qu'avait fait construire Caton le censeur; une colonne, qui se trouvait là, les gênait et ils voulurent la faire enlever. Caton fut poussé à la tribune par cette prétention inique et défendit l'intégrité de l'édifice élevé par cet aïeul qu'il avait pris pour modèle. On fut étonné de la vigueur de son éloquence mêlée d'une grâce mâle. Quand il eut obtenu justice, il rentra dans le silence, fortifiant son corps par l'exercice et son âme par la philosophie.

Sa vie fut une pratique constante de la justice. En revenant de servir en Asie contre Mithricate, il trouva

[1] Val. Max., III, 1, 2.

aux portes de Rome Lucullus, à qui les créatures de Pompée, pour servir sa jalousie, faisaient refuser les honneurs du triomphe; il obtint que ces honneurs seraient accordés à Lucullus.

Il ne songeait pas au tribunat et allait visiter ses biens en Lucanie quand il apprit sur sa route que Métellus Nepos venait du camp de Pompée, alors démagogue, dans le dessein de se faire nommer tribun; il revint à Rome pour tâcher de l'être et empêcher un choix qu'il jugeait dangereux. Cette patriotique candidature remplit les nobles d'admiration et de joie; ils accoururent dans le Forum avec leurs clients en si grand nombre que Caton pensa être étouffé.

J'ai dit les luttes qu'il livra dans le Forum à César et à Pompée, coalisés par ambition contre le peuple, que tous deux caressaient pour l'asservir. Dans le procès de Clodius, il vint déposer contre lui, et, au sein de la Curie, flétrit les intrigues formées pour le faire absoudre. Pendant ce temps Pompée, comme il lui arrivait souvent, se tenait renfermé dans ses jardins. En vain le peuple s'assemblait devant sa porte et demandait à grands cris qu'il intervint dans le jugement, Pompée, qui voulait ménager les deux partis, ne paraissait point.

Pison avait distribué de l'argent dans sa maison pour être nommé consul; Caton dévoila ces corruptions électorales dans le sénat et fit ajourner les comices. Il fit rejeter la demande des chevaliers qui voulaient obtenir, aux depens du trésor, une diminution dans le prix de leur ferme, et la mesure agraire proposée à l'instigation de Pompée en faveur de ses vétérans. Il empêcha, au nom de la loi, César d'entrer dans la ville pour solliciter le consulat avant qu'il eût triomphé et le contraignit à sacrifier le triomphe.

Un jour, l'opiniâtre Caton parla jusqu'au coucher du soleil, ce qui ne permit pas de voter. On voit que rien ne le faisait céder; il ne ménageait personne, ni César, ni Pompée, ni le sénat, ni les chevaliers, ni le peuple.

Comme il avait voulu être tribun pour prévenir un mauvais choix, il voulut être préteur pour empêcher Vatinius de l'être, un des plus détestables agents de César. Il échoua cette fois, mais l'année suivante il fut nommé.

Ce fut pendant sa préture qu'eut lieu un incident souvent cité : il assistait aux jeux célébrés à l'occasion de la fête de Flore. Les spectateurs, par respect pour la gravité de Caton, n'osaient demander que les danseuses parussent nues sur la scène ; on en avertit Caton, et Caton sortit.

Cet incident a fait dire beaucoup de choses inexactes. D'abord il a fait imaginer par les antiquaires un cirque de Flore sur le Quirinal, où il n'y a jamais eu qu'un temple de Flore[1].

---

[1] J'ai dit comment une erreur de lecture avait causé cette erreur de topographie et avait transporté dans un cirque imaginaire les

Martial, dans une épigramme, a dit à Caton : « Pourquoi, sévère Caton est-tu venu au théâtre? N'es-tu venu que pour sortir? » Ce trait spirituel a paru foudroyant pour Caton; je trouve qu'on y peut répondre. Caton assistait aux jeux de Flore en qualité de magistrat ; quand il connut quel caractère ils allaient prendre, le préteur ne voulut pas en autoriser la liberté par sa présence, et comme il n'avait nullement le droit d'empêcher un divertissement populaire qui à son origine avait probablement un sens religieux [1], il sortit.

Un autre jour, pour avoir attaqué des votes notoirement achetés par les candidats à la dignité consulaire, il fut, au sortir de la Curie, reçu à coups de pierres; comme il traversait le Forum pour gagner le tribunal, sa suite l'abandonna et s'enfuit. Il revint sur ses pas, monta à la tribune où sa parole désarma l'émeute. Rentré dans la Curie, les sénateurs le comblèrent d'éloges. « Moi, je ne puis vous louer, leur dit-il, car vous m'avez laissé dans le péril. » La liberté eût pu être sauvée s'il y avait eu à Rome beaucoup d'hommes comme Caton; malheureusement il n'y en avait pas un seul.

jeux floraux qui avaient lieu dans le grand Cirque; c'est sans doute parce qu'ils y avaient lieu que tout contre le Cirque un temple à Flore (Tac., *Ann.*, II, 49) avait été élevé par les frères Publicius, auteurs du *clivus* de l'Aventin, ce qui porte à croire que le temple était de ce côté du Cirque.

[1] Des danses de femmes nues existaient en Thessalie (Ath., XIII, 86), c'était peut-être un ancien rite pélasge.

Quand César envoya insolemment son ultimatum au sénat, Caton déclara dans la Curie qu'il aimerait mieux mourir que se soumettre à ces conditions.

Tel fut Caton, inflexible et immuable jusqu'à la fin, parmi la mobilité des hommes et des événements. « Nemo mutatum Catonem toties mutata republica vidit, » a dit Sénèque. Sénèque, serviteur trop dévoué de l'empire et apologiste trop complaisant d'un empereur, a rendu justice à Caton : « Les uns, dit-il[1], penchaient pour César, les autres pour Pompée, Caton seul était avec la république. » Salluste, qui du moins savait admirer les vertus qu'il ne pratiquait pas, le césarien Salluste a fait de César et de Caton un parallèle qu'il termine ainsi : « Caton aimait mieux être que paraître honnête[2]. » Horace, l'aimable courtisan d'Auguste, a célébré l'âme inébranlable de Caton, et il pensait sans doute à l'oncle de son ancien général Brutus, en peignant l'homme juste et ferme en son propos dont ni l'emportement d'une multitude voulant l'injustice, ni un tyran qui menace, ne font sortir l'âme de sa ferme assiette. « Mente quatit solida.[3] »

Les historiens de tous les temps (hors le nôtre, j'en suis fâché pour lui), se sont inclinés avec respect devant ce type de la virilité morale.

---

[1] Sén., *Ép.*, 104.
[2] *Catil.*, 54.
[3] C'est le sens d'*atrocem* animum Catonis. Atrox illa fides, cette fidélité inébranlable. (*Dict.* de Quicherat.)

Un dernier trait du caractère de Caton : il y avait dans cette âme si forte un grand fond de tendresse, qualité si rare chez les Romains ; il adorait son frère et montra un vrai désespoir quand il le perdit.

Ceux à qui déplaisent la constance dans les sentiments et qu'irrite la fermeté du caractère, qui jugent habile d'abjurer à propos des convictions gênantes, trouvent que Caton était un esprit borné, parce qu'il a conservé les siennes, en ont fait une espèce de fou chimérique. Mais, je l'ai déjà dit, nul ne fut plus clairvoyant que Caton : il avertit Pompée de son aveuglement quand il appuyait la démagogie de César ; il lui prédit qu'en grandissant César il se perdait, et dix ans après Pompée avoua que Caton avait eu raison. A ceux qui redoutaient les divisions de César et de Pompée, il répondit avec un grand bon sens que c'était leur union qu'on devait craindre. Tous deux voulaient la ruine de la république ; lui, qui voulait la conserver, résista à tous deux, sans se faire illusion sur les dangers qu'elle courait, mais ne croyant pas que, parce que la liberté était en péril, il fallait la trahir, y renoncer parce qu'elle était déréglée, la tuer parce qu'elle était malade.

Je demande au lecteur la permission d'insérer ici quelques vers qui résument la politique de Caton, et désignent nettement le point de vue moral auquel on doit se placer, selon moi, pour juger l'histoire des derniers temps de la république romaine.

Il font partie d'un ouvrage sorti des mêmes études que celui-ci et dans lequel j'ai cherché à faire revivre, avec leur physionomie vraie, le temps et les hommes. J'ai cru devoir renvoyer plusieurs fois le lecteur à cet ouvrage, parce que j'ai pu y développer ce qu'il ne m'était permis que d'indiquer ici, et parce qu'il complète pour cette époque, par l'histoire romaine hors de Rome, l'histoire romaine à Rome.

CATON.

Quand j'ai vu clairement le chemin du devoir,
J'y marche, et par de là je ne veux plus rien voir.
Des hommes, des partis, que fait l'ingratitude?
D'un peuple fatigué que fait la lassitude?
Est-ce pour le succès qu'on est honnête? et rien
Fera-t-il que le bien soit mal et le mal bien?
Que l'avenir inspire espoir ou défiance,
Cela n'a pas à faire avec la conscience.
Mais nul ne veut vraiment la grandeur de l'État,
Mais chacun songe à soi; — que m'importe? un soldat
Lorsqu'il voit que l'armée éprouve une défaite,
Doit-il abandonner son poste, ou tenir tête
A l'ennemi vainqueur, jusqu'au dernier moment
Et mourir ignoré sur le retranchement?
Rome de liberté, dit-on, n'est plus capable.
S'il en était ainsi, Rome serait coupable;
Elle serait punie et l'aurait mérité.
Mais faut-il pour cela trahir la liberté?
Parce qu'autour de moi je la vois menacée,
Est-elle donc moins sainte au fond de ma pensée?

C'est le contraire, et plus je la sens en danger,
Plus je sens qu'il la faut défendre ou la venger [1].

Un historien d'une grande modération, M. Merivale, a écrit ces paroles : « On enterre les morts et d'autres vivent à leur place; mais quand la liberté est enterrée, rien ne vit plus. »

Je termine ici l'histoire de la république romaine, car, le sénat vaincu et Caton mort, pour employer l'expression prophétique de l'homme qui est aujourd'hui l'honneur et l'espoir de la tribune française, M. Thiers, *l'empire était fait*.

[1] César, *Sc. hist.*, p. 149.

FIN

TABLE DES MATIÈRES

XIII. — L'ART CHEZ LES ROMAINS.

L'art à Rome étrusque avant d'être grec. — Quand l'art grec s'introduisit-il à Rome? — Pureté du goût grec dans les monuments de la république. — Le cirque de Rome et l'hippodrome d'Olympie. — Théâtres, masques et personnages dramatiques. — Amphithéâtres, gladiateurs, combats d'hommes et d'animaux. — Le gladiateur et l'athlète, athlètes à Rome. — Arcs de triomphe, basiliques et curies. — L'architecture grecque et l'architecture romaine. — Monuments d'utilité générale, égouts, aqueducs, voies romaines, rues de Rome, ponts, forums, marchés, magasins publics. — Architectes romains et architectes grecs. — Sculpteurs romains et grecs. — Sculpture grecque et romaine. — Portraits d'hommes, portraits de villes, de provinces, de fleuves. — La peinture et la mosaïque à Rome.   1

XIV. — LES TOMBEAUX ROMAINS.

Le tombeau à ses divers âges. — La tombe étrusque, la tombe grecque et la tombe romaine — Disposition des sépultures : le temple et la maison; urnes funèbres, peinture des tombeaux. — Bas-reliefs : scènes de famille et professions; commerce, tombeau du *boulanger,* état militaire, carrière des lettres. — Idées et symboles de la mort chez les Romains. — Leur croyance à l'immortalité exprimée par la mythologie, par les traditions héroïques. — Passage dans l'autre monde. — Allusions, sur les tombeaux, aux mystères de Bacchus et à l'initiation.   157

XV. — CATON ET LES GRACQUES.

La république romaine à la fin du cinquième siècle de Rome et au commencement du sixième. — Caton vieux Sabin. — Caton aux prises avec les dames romaines. — Carrière militaire de Caton ; Temple de la Victoire Vierge. — Censure de Caton, sa statue. — Travaux d'utilité publique. — La basilique Porcia près de la Curie. — L'aristocratie de la naissance et l'aristocratie de l'argent. — Dernière partie de la vie de Caton à Rome. — Origine et caractère particulier de la famille des Gracques. — Le père des Gracques. — Basilique Sempronia. — Les deux Gracques : différence de leurs traits, de leur caractère, de leur éloquence ; culte populaire rendu à leurs statues. — Ce qu'étaient les lois agraires ; un préjugé réfuté. — But politique de Tiberius Gracchus. — Assemblées du Forum. — Déposition du tribun Octavius par le peuple ; faute et excuses de Tiberius. — Scènes dans le Forum. — Meurtre de Tiberius Gracchus sur le Capitole. — Barbarie des patriciens. — Mort de Scipion Émilien ; sa villa de Laurentum. — Térence, son jardin sur la voie Appienne. — Caïus Gracchus se dévoue à l'œuvre de son frère. — Caïus Gracchus s'occupe beaucoup des routes ; pierres milliaires, substructions de la voie Appienne ; ses motifs politiques. — Politique artificieuse du sénat. — Caïus Gracchus vient demeurer dans la Subura, comme César. — Caïus Gracchus veut fonder une Italie. — Assemblée orageuse du Capitole. — Faute de Caïus Gracchus ; il va sur l'Aventin. — Caïus Gracchus se tue au delà du Tibre. — Atrocités des vainqueurs. — —Temple de la Concorde et basilique d'Opimius. — Cornélie, sa statue et sa grande âme.   259

XVI. — MARIUS ET SYLLA.

Patrie et origine de Marius.—Réforme électorale, les *ponts* des comices. — Jugurtha à Rome. — L'arc de Fabius. — Les Romains pénètrent dans la Gaule. — Première invasion des peuples germaniques. — Les Teutons et les Cimbres défaits par Marius. — Souvenirs de sa victoire en Provence. — Monuments à Rome, les trophées de Marius, le temple de l'Honneur et de la Vertu. — Portique et maison de Catulus. — Temple de la *Fortune de ce jour*. — Politique double de Marius; il assiége Saturninus au Capitole, Saturninus est tué dans la Curie. — Maison de Marius. — Guerre sociale; maison de Livius Drusus, son rôle politique, sa mort. — Violences dans la Curie et dans le Forum. — Sylla marche sur Rome, combat dans le marché Esquilin et près du temple de Tellus. — Fuite de Marius. — Départ de Sylla pour l'Asie. — Guerre de deux consuls dans le Forum. — Retour de Marius, Marius au Janicule, à la porte Capène. — Égorgements de Marius, sa mort. — Rome pendant l'absence de Sylla; incendie du Capitole. — Sylla devant Preneste. — Massacres à Rome. — Sylla à la porte Colline. — Massacre des prisonniers. — Les proscriptions, têtes dans le Forum. — Début de Catilina. — Temple de la Fortune, à Préneste. — L'abdication de Sylla; pourquoi il a abdiqué. — Sylla voue deux temples à Hercule. — Réédification du Capitole. — Mort de Sylla. 329

XVII. — CICÉRON, POMPÉE, CÉSAR.

Commencements de Pompée; son premier triomphe. — Réaction contre Sylla, Æmilius Lepidus battu sous les murs de Rome. — Rome en Espagne; Sertorius. — Lettre arrogante de Pompée au sénat. — Spartacus effraye Rome. — Ovation de Crassus; route des Ovations. — Tentative de réconciliation entre Pompée et Crassus. — Pompée attaque la constitution de Sylla. — Maison de Pompée dans les Carines. — Pompée est chargé de la guerre contre les pirates. — Violences dans la curie, tumultes dans le Forum. — Lucullus, jardins de Lucullus à la villa Medici. — Villa et tombeau de Lucullus à Frascati. — Pompée est chargé de la guerre contre Mithridate ; résistance de l'aristocratie ; Cicéron appuie Pompée. — Cicéron, ses portraits. — Sa maison dans les Carines. — Ses débuts oratoires sous Sylla. — Son début politique ; les Verrines, les juges sur le tribunal, l'auditoire dans le Forum. — Hortensius, ses villas, son portrait. — Maison de Catilina. — Crassus, jardins Liciniens. — Cicéron accuse Catilina dans le temple de Jupiter Stator, fait arrêter les conjurés au pont Milvius et les fait condamner par le sénat dans le temple de la Concorde. — Ils sont étranglés dans le Tullianum. — Clodius surpris déguisé en femme dans la maison de César, son absolution. — Arrivée à Rome de Pompée ; il attend le triomphe dans ses jardins, son second triomphe, ambition et vanité de Pompée. — Le vase de Mithridate au Capitole. — Temple et statue de Minerve. — Temple d'Hercule. — Fausse situation de Pompée. — César paraît. — Portrait de César. — César démagogue, relève les trophées de Marius. — Ses intrigues, procès de Rullus. — Procès de Rabirius. — Dédicace du Capitole. — César préteur. — Opposition de Caton ; tempête au Forum. — Signes funestes.   405

XVIII. — FIN DE LA LIBERTÉ.

Fin du consulat de Cicéron, Cicéron à la tribune. — César consul, sa loi Agraire, scènes dans la Curie, scènes dans le Forum. — César reste sous les murs de Rome jusqu'au départ de Cicéron pour l'exil. — Cicéron pendant son exil toujours à Rome par la pensée. — César en Gaule, Pompée à Rome. — Violences de Clodius, rappel de Cicéron, son retour triomphal. — Cicéron plaide pour rentrer en possession de sa maison du Palatin, indemnité, prix des maisons à Rome. — Villa de Tusculum. — Fortune de Cicéron. — Triste situation de Cicéron et de Pompée. — Union de César, de Pompée et de Crassus. — Pompée et Crassus élus consuls, bataille dans le champ de Mars. — Guerre de César en Gaule, retentissement à Rome de sa conquête, enthousiasme populaire, protestation de Caton. — Soumission de Cicéron, il plaide par complaisance. — Cicéron écrivain : le

TABLE DES MATIÈRES. 639

Traité de l'Orateur, mise en scène du dialogue à Tusculum. — Théâtre de Pompée, portiques, jeux. — Pompée impopulaire et mécontent; boude dans sa villa d'Alsium. — Guerre de Milon et de Clodius dans le Forum. — Milon tue Clodius sur la voie Appienne. — Lieu du meurtre. — Le corps de Clodius est brûlé dans le Forum, incendie de la Curie. — Plaidoyer de Cicéron pour Milon, aspect du Forum, présence de Pompée. — Le sénat veut s'opposer à l'ambition de César. — César achète Curion et Æmilius Paullus. — Celui-ci construit la basilique Æmilia. — Basilique Fulvia. — Première pensée du forum de César. — Débris d'une villa de César dans le lac de Nemi. — Cicéron préteur en Cilicie, son bon gouvernement, le *De Republica*. — César fait des conditions au sénat. — Orage dans le sénat. — Les deux tribuns envoyés par César s'enfuient de Rome. — Pompée quitte Rome, César poursuit Pompée qui passe en Épire. — César revient à Rome et prend le trésor. — Terreurs dans la ville. — Incertitudes de Cicéron, il finit par aller rejoindre Pompée. — Le camp de Pompée, semblant de Rome, émigration républicaine. — — Bataille de Pharsale, Pompée assassiné en Égypte, son tombeau près d'Albano. — Caton, sa vie et sa mort. — La morale dans la politique.. 488

FIN DE LA GAULE.

www.ingramcontent.com/pod-product-compliance
Lightning Source LLC
Chambersburg PA
CBHW071153230426
43668CB00009B/939